U0569505

四川省社会科学重点研究基地
四川省教育厅人文社会科学重点研究基地 主办
西华大学地方文化资源保护与开发研究中心

地方文化研究辑刊

DIFANG WENHUA YANJIU JIKAN

·第十七辑·

西华大学地方文化资源保护与开发研究中心 编

巴蜀书社

图书在版编目（CIP）数据

地方文化研究辑刊. 第十七辑 / 西华大学地方文化资源保护与开发研究中心编. —成都：巴蜀书社，2020.12

ISBN 978-7-5531-1440-8

Ⅰ.①地… Ⅱ.①西… Ⅲ.①地方文化—文化研究—中国 Ⅳ.①G127

中国版本图书馆 CIP 数据核字（2021）第 007133 号

地方文化研究辑刊（第十七辑）

西华大学地方文化资源保护与开发研究中心 编

责任编辑	周昱岐
封面设计	张 科
出 版	巴蜀书社
	成都市槐树街 2 号 邮编：610031
	总编室电话：（028）86259397
网 址	www.bsbook.com.cn
发 行	巴蜀书社
	发行科电话（028）86259422 86259423
经 销	新华书店
印 刷	四川永先数码印刷有限公司
版 次	2021 年 5 月第 1 版
印 次	2021 年 5 月第 1 次印刷
成品尺寸	185mm×260mm
印 张	22
字 数	550 千
书 号	ISBN 978-7-5531-1440-8
定 价	85.00 元

目　录

·地方文化与文化中国·

·文化述评·

·开发与应用研究·

·述忆与口述历史·

岷江流域文化研究

2018 年度岷江流域田野考古工作回眸

陈　剑

内容提要：岷江中游成都平原先秦时期遗址与墓地的考古成果以宝墩遗址、高山古城遗址、长沙村商周遗址、青白江区民强村墓地等为代表；成都平原还发掘了郫县指路村遗址、邛崃市樊哙村古墓群、天府新区正兴镇崖墓等一批汉代至唐宋遗址与墓葬；城守东大街遗址、鼓楼街古遗址等是成都中心城区城市考古的新收获。2018 年岷江流域科技考古研究及文物保护工作也取得了新成果。第二届中国考古学大会开幕式在四川成都举办，集中展示了岷江流域的收获。本年度还发表与出版了一批岷江流域田野考古资料。

关键词：岷江流域；田野考古；城市考古；中国考古学大会

一、成都平原史前聚落考古的收获

新津县宝墩古城遗址是成都平原大遗址保护考古工作的重心所在。遗址位于四川省新津县新平镇（原龙马乡）宝墩村和双石村，经过 1995 年至 1996 年的两次调查与试掘，对其年代与文化性质有了基本的认识。为了进一步认识其文化来源、生业形态、聚落结构与聚落变迁、人地关系以及社会发展状况等，近年成都文物考古研究所在该遗址进行了连续的田野考古工作。2009 年发现了宝墩遗址外城城墙，并在内城试掘地点采集了土样进行浮选，对宝墩遗址的生业形态有了初步了解。2010 年对内城中心区域鼓墩子进行了较大规模的发掘，以及对外城的罗林盘地点进行了试掘，均取得较多收获。2011、2012 年的田野考古也有较大收获，发现了多组大型建筑基址。2013－2018 年，国家文物局批准了宝墩遗址连续 5 年的发掘规划。近十年间，成都文物考古研究院在宝墩遗址发现了大量的唐宋、汉代、宝墩文化等几个时期的遗存，取得重大收获，揭露出了宝墩文化时期大量的重要遗迹，如大型建筑基址、浅土台基、房址、墓葬、灰坑等，初步获得了宝墩遗址内外城的聚落结构信息。在坚持规范田野考古的同时，还进行了环境考古、植物考古、体质人类学等多学科综合分析，为探讨宝墩遗址的古地貌、古环境、农作物的生产与加工等提供了宝贵资料。真武观城墙东北角缺口发现活动面3个，墓葬5座，表明该处城墙并非近现代取土所破坏，存在3条由城内向城外延伸的活动面，推测为不同时期路面。通过对路面的解剖，发现3条活动面分属宝墩、唐宋、明清时期，除宝墩时期早期夯土铺垫、晚期用料姜石铺垫外，其余两个时期活动面均由卵石铺垫而成。宝墩、唐宋时期活动面断于城外河边。未发现河沙叠压于城墙土之上情况，宋代墓葬处于城墙延伸区域，此处缺口最晚在唐宋已经存在。加之有宝墩时期活动面由城内向城外延伸情况，此处缺口可能一直存在，不排除为城门的可能。此外，发掘者剥离了该处城墙上晚于宝墩时期的堆积，发现城墙有在此处收口的可能，但需要进一步的工作来确认。若城墙确实在此收口且外城壕沟与河道相通，则此处为古城进出口的可能性较大。

到目前为止，宝墩遗址内城墓葬基本分布在低洼区域，平整的台地平面大都用于修筑不同形态的建筑，而该墓地位于台地正中平整区域。宝墩时期宝墩遗址内城未被河水冲毁，所在河流均在汉代之后。宝墩古城城内被早期河流分割成高高低低的台地和低洼地带，文化堆积大多分布在较低洼地带，更低洼一些的湖藻区共发现4处。从台地上墓葬破坏程度看，现存台地高度已经比宝墩时期矮60－70厘米，即台地上很多宝墩晚期堆积及遗迹已被破坏，我们现在在台地上所看到的房址等修建时较浅的遗迹大多为宝墩早期遗迹，晚期遗迹或修建时较浅遗迹均被宝墩时期之后的人类活动所破坏——从另一个角度似乎可以解释为何我们现在发现的房址与墓葬数量与修筑城墙这种大型遗迹所需人力的不均衡。宝墩遗址目前发现有早于原宝墩一期的遗存，而刘林盘古河道发现有宝墩文化三期的陶片，田角林发掘的灰坑H203年代为宝墩文化三期晚段，故宝墩遗址的延续时间应从早于宝墩文化一期遗存一直到宝墩文化三期，其绝对年代为距今4500－3800年。

此外，宝墩古城遗址2018年还发掘了一批破坏较为严重的墓葬遗存，明确了宝墩古城废弃后，宝墩遗址所在地自两汉至元明时期，都有频繁的人类活动。宝墩古城遗址的游埂子城墙有三个土台，当地人称“赵坟堰”“猪儿墩”“郭墩子”。2018年历时两个月，发掘各类遗迹19处，其中墓葬17处，灰坑1处，沟1条。部分墓葬还发现有纪年砖。出土器物超过100件，主要以陶器、陶俑为主，另有一些瓷器、铜镜、带钩、铁剑、摇钱树残枝等，目前仍在整理、拼对、复原等工作中。墓葬以东汉中晚期的砖室墓为主，另有少数宋元时期的墓葬。“赵坟堰”台地（5座）长方形双室墓，平顶，出土有三件青白瓷器、一件黑釉瓷器。墓葬形制、出土器物与简阳东溪园艺场元墓类似，判断M111是一座夫妻合葬的元墓。M111出土元代瓷器，石刻图像题材在元代十分流行，其时代应为元代；M112—M115时代应为汉代，约在东汉中期。M112出土器物较多，近甬道处还发现了摇钱树残枝与画像砖；M113、M114并列修建，墓向、结构均相同，随葬品种类也相近，应为同一家族墓；M115发现了残纪年砖，上书“□平元年”。土台为汉代堆筑，东汉墓葬下部发现有汉代灰坑。M122、M124—M127，墓室短而宽，时代应为东汉晚期；该台地墓葬形制、规格与“郭墩子”台地上分布的汉墓较为接近，时代可能相同；该台地墓葬墓向不一致，分布较为散乱；M122墓室近封门砖处，一块横砖侧面发现有刻画符号；土台目前看为汉代堆筑，上层东汉墓葬清理后发现下层有西汉时期土坑墓，将继续进行发掘。发现的一批东汉中期至晚期的墓葬，为成都平原汉墓的研究补充了一批新的资料。目前成都平原所发现的元墓极其少见，元代石室墓 M111 的发现补充了重要的资料，对我们了解西南元墓的地方特点有很大帮助。

高山古城遗址也是近年来成都平原史前城址考古的重要成果，遗址位于成都市大邑县三岔镇赵庵村，考古人员在 2003 年对盐店古城周边环境进行调查时就发现了遗址。2012 年，成都文物考古研究院启动了“斜江河流域先秦遗址考古调查”项目，高山古城遗址为这个项目的重点调查区域。截至 2018 年 3 月，在高山古城遗址 1600 平方米的发掘区，发现了新石器时代墓葬 115 座、人祭坑 1 个、灰沟 16 条、灰坑 168 个，同时出土了丰富的陶器、石器、骨器、木构件、动物骨骼、植物种子等遗存。到目前为止，众多遗存中，考古人员清理出了 116 具人骨，大量保存完好的人骨成了此次发掘的重要文物。这些成都平原最早的人骨，保存完好，在后续的人骨鉴定中，或将使得古蜀人来源这一问题迎刃而解。在清理过程中，考古人员发现，116 具人骨距今已有 4000 到 4500 年，以自然死亡为主，这是成都平原发现的最早的人骨资料。这些遗存是了解新石器时代成都平原居民最直接的资料，也是解开古蜀人来源问题的重要线索。在众多人骨中，十余个个体被拔除了上颌侧门齿。这是目前成都平原所见的最早的拔牙现象，也是中国新石器时代拔牙现象的人群中，地理位置最偏西的。推测这在当时应该是一种习俗，类似一种成人礼。从现有的考古资料可以发现，新石器时代的拔牙习俗流行于海岱地区，特别是在仰韶晚期至龙山早期的大汶口文化中大量流行。

2017—2018 年，中国社会科学院考古研究所四川工作队、成都文物考古研究院、青白江区文物管理所联合在青白江区三星村遗址进行发掘，揭露总面积约达 7000 平方米，发现了大量灰坑和较多墓葬，许多灰坑从现象上看可能具有特殊性或有祭祀的性质，清理的宝墩文化墓葬中，部分发现了圆形玉器和象牙制品。这些特殊的灰坑和墓葬分布于整个三星村遗址的东南角凸出部，地势略高且与遗址的主体范围断续相连，这可能与当时的某种特定环境相关或为一种特殊布局。通过了解遗址及周边的微地貌和其环境及遗存分布，进行环境考古研究尝试，探寻宝墩文化时期的农业和稻田遗迹及附近水域环境，可为成都平原北东区域的早期环境信息提供资料。2017—2018 年三星村遗址的遗存可分为三期：宝墩文化三期、宝墩文化四期、十二桥文化早期。较为丰富的宝墩文化四期遗存对于研究宝墩文化与三星堆文化的渊源具有重要意义。

二、成都平原商周时期遗址与墓地的发掘

2018 年，为配合城市基本建设，成都文物考古研究院对金沙遗址群范围内 20 处项目地点进行了考古勘探，总勘探面积约 284360 平方米，勘探采用探沟与探孔钻探相结合的方式，以较为完整地反映堆积全貌。在 20 处勘探地点中，5 处发现有古代文化堆积，于是进行了考古发掘。截至 2019 年 1 月，其中 4 处地点发掘完毕，1 处正在进行考古发掘。已完成发掘面积 4550 平方米，正在发掘面积 1000 平方米。其中，锦固标准件厂地点保存极差，“金牛社区用房”和“黄忠小学及幼儿园”地点相距仅 50 米，情况较为接近，以居址相关遗存为主。而“百仁 13.8 亩”地点，有一批墓葬发现，较为重要。

“金牛社区卫生用房”地点，2017 年 10 月至 2018 年 1 月进行了考古发掘。布设 10×10

平方米探方12个，发掘面积为1200平方米。该地点位于金牛区黄苑街，北边与“芙蓉苑南”地点紧邻，距“祭祀区”直线距离约600米。地层可分为6层：第①层为耕土层；第②－③层包含物较少，偶见唐宋时期瓷片；第④层较为纯净，包含物也较少；第⑤－⑥层为商周时期堆积。商周时期遗迹大多开口于⑤层下，部分开口⑥层下。发现灰坑81个，灰坑平面形状多为近圆形，剖面多为较浅的锅底状。也有部分圆形灰坑的壁、底均较为规整，可能是为某些特定用途而修造的。发现灰沟15个。墓葬3座，数量较少，人骨保存很差。M2931长约130厘米、宽约60厘米、深约30厘米，仅残存头骨轮廓，头向西北。随葬两件陶器，陶器破碎，未复原。出土遗物以陶器为主，亦有少量石器、铜器。

“黄忠配套小学和幼儿园”地点与“金牛社区用房”地点相距仅50米左右，中间有“芙蓉苑南”地点相隔。从发掘情况来看，两处地点的堆积、遗迹类型和比例及出土遗物均较为相似。再结合“芙蓉苑南”地点发现较多房屋基槽，推测这一带是金沙遗址中的一般居住址。

“百仁13.8亩”上市土地项目于2018年11月至2019年1月进行发掘，共布设10×10平方米探方8个，发掘面积800平方米，位于三环路羊犀立交西部，距离金沙遗址“祭祀区”直线距离约2200米。地层可分为4层：第①层为耕土层；第②层为明清时期；第③层较为纯净，偶见唐宋瓷片；第④层为商周时期。遗迹多开口于③层下，少数开口④层下。发现灰坑64个，灰坑平面多为近圆形，其中少量灰坑较深、剖面呈袋状、壁较规整，可能具有特定的用途。发现灰沟1条。墓葬12座，均位于发掘区南部，较为集中，推测南部可能为一墓地；北部更多是与居址相关的遗迹。墓葬均开口于③层下，仅一座头向朝东，其余均朝南。墓葬之间没有打破关系，与灰坑存在打破关系。该地点12座墓葬集中分布于南部区域，灰坑等与居址相关的遗迹多分布在东北区域，居址和墓地的区隔是比较明显的。12座墓葬葬俗基本一致，无打破关系，说明该墓地可能是当时居民有意规划的。

“金牛社区用房”地点邻近“阳光地带二期”地点，出土陶器面貌与其第二期早段较为接近，年代约在商代晚期至西周初年。两处地点所获遗存均属于十二桥文化范畴。与“祭祀区”出土陶器相比，相当于“祭祀区”发掘报告所分的第8－9段，年代在晚商至商周之际。但两地虽距离较近，陶器面貌却有一定差异。“金牛社区用房”地点与附近的“芙蓉苑南”“黄忠小学及幼儿园”地点构成了成片的一般居址分布区。这一带距离金沙遗址祭祀区、“朗寓”等高等级居住区域较近，在空间上存在密切联系的可能。“百仁13.8亩”地点，出土器物包括陶器、石器等。从发掘出土遗物初步推断，年代也大致相当。百仁片区多次进行过考古发掘，这一区域距金沙遗址核心区较远，文化面貌和聚落功能可能与祭祀区周围的诸地点有区别。通过对这些资料的整理，能够进一步厘清金沙遗址各区域的时空关系，从而为进一步探讨金沙聚落空间布局提供可能。

长沙村商周遗址位于成都双流区彭镇，东临双江路，西距双楠大道约440米，北距花园路约530米。杨柳河在遗址西部1.7公里处自北向南而流，东距白河约960米。2010年10月至12月，在2018年度发掘区以北“羽毛球训练基地”进行过考古发掘，发掘面积1000平方米，主体堆积时代为商周至战国时期。特别是春秋战国时期遗存的发现，有助于我们进一步了解成都战国时期的考古学文化面貌。2018年4月21日至6月19日，为了配合蓝润城二号地块三期建设项目，成都文物考古研究院根据勘探及钻探情况，在该项目北部略偏东布方进行发掘，按正南北向布 10×10 平方米的探方 3 个，发掘面积 300 平方米。发掘灰坑 37 个、墓葬 3 座、窑 1 个、灰沟 3 条，出土有较多商周时期遗物。根据出土器物组合及遗存叠压打破关系，可将该遗址第⑥－④层初步分作四期：第一期为十二桥文化早期；第二期为十二桥文化晚期；第三期为西周晚期至春秋早中期；第四期为战国时期。十二桥文化早期遗存包括第⑥层，开口于第⑥层下的 H31、H32，开口于第⑤层下的 H6、H9、H10、H12、H13、H18－H21、H23、H24、H26－H30、H33－H35、H37、M1－M3 等遗迹。H32 出土陶器以夹砂陶为主，有零星泥质陶。夹砂陶多为夹砂黑陶、灰陶、灰黑陶、灰褐陶、灰黄陶，有少量红褐陶、浅褐陶和灰白陶；泥质陶以黑陶为主，有零星灰黄陶、浅黄加灰白陶。以素面为主，有少量绳纹、凹弦纹、戳印纹等。可辨器形有绳纹敛口罐、小平底罐、高领罐、高柄豆、器盖、圈足等。H6 出土陶片较多，以夹砂陶为主，有少量泥质陶。夹砂陶以灰黑陶为主，其次为黑陶、灰黄陶、浅褐陶、红褐陶、灰褐陶、黄褐陶，有少量灰白陶、灰陶；泥质陶以黑陶为主，有少量灰黄陶、灰黑陶、黄褐陶、红褐陶和灰白陶。以素面为主，纹饰多见绳纹、凹弦纹，有少量方格纹、戳印纹、凸棱纹等。可辨器形有绳纹敛口罐、绳纹侈口罐、小平底罐、高领罐、高柄豆、觚、壶、瓮、器盖、器圈足、纺轮等。M1 开口在⑤层下，被 H10 打破，打破 H31、H32。M1 为竖穴土坑墓，平面长方形，墓壁略直，墓底南高北低，略有倾斜，头向 167°。葬式为仰身直肢葬，未见随葬器物。该期陶器组合为绳纹敛口罐、绳纹侈口罐、小平底罐、高领罐、高柄豆、器盖、瓮、盉、壶、瓶、觚、圈足等。柳岸村时代略早于十二桥一期早段，总装工程部第⑥层时代约为十二桥文化一期早段，精品房、褚家村 H4 时代也大致相当。因此可以将蓝润城第⑥层、开口于第⑥层下的 H31、H32 以及开口于第⑤层下的 H6、H18、H33、H34、H37 等遗迹时代定为十二桥文化早期，约为商末周初时期。

十二桥文化晚期遗存包括⑤层下开口的 G2、G3、H1－H3、H5、H7、H11、H14－H17、H22、H25 等遗迹。H11 出土陶片以夹砂陶为主，有少量泥质陶。夹砂陶多为黑陶和灰黑陶，其次为灰褐陶、灰黄陶、灰白陶，还有极少量浅褐陶、红褐陶和黄褐陶；泥质陶多为黑皮陶，有少量泥质灰白陶和泥质灰陶。以素面为主，纹饰多见绳纹和凹弦纹。可辨器形有绳纹敛口罐、素面敛口罐、素面侈口罐、小平底罐、盆、器盖、豆柄、尖底杯等。H17 出土陶片以夹砂陶为主，有少量泥质陶。夹砂陶以灰黑陶为主，其次为红褐陶、灰黄陶、灰褐陶、浅褐陶，有少量灰白陶、黑陶、黄褐陶、灰陶；泥质陶有少量黑陶、浅黄加灰白陶、黄褐陶。以素面为主，纹饰多见绳纹，其次为凹弦纹、戳印纹等。可辨器形有绳纹敛口罐、绳纹侈口罐、素面侈口罐、小平底罐、高柄豆、盆、器盖、尖底杯、器圈足、盉等。该期新出现素面敛口罐、素面侈口罐、尖底杯、曲腹小罐、帽形器等器型。星河路遗址第⑥层、H7267、H7268 时代约为西周前期。波罗村 KH59 时代约为西周早中期。因此可以将⑤层下开口的 G2、H1－H3、H11、H14－H17 等遗迹归入十二桥晚期，时代约为西周早中期。

西周晚期遗存包括第⑤层以及开口于第④层下的 Y1，Y1 开口于④层下，打破⑤层，打破 G2。Y1 由窑床、火膛、工作坑等组成。窑床略呈圆形，坑壁斜，四周有一层红烧土烧结面，底部呈斜坡状。工作坑呈椭圆形，底部向窑床方向倾斜。窑床内填土呈灰黑色，土质湿润紧实，含少量炭屑、红烧颗粒。工作坑内填土呈黑灰色，土质湿润松软，含炭屑、灰烬和少量红烧颗粒。Y1 陶器大多出土于窑床内，以夹砂陶为主，有零星泥质黑陶、浅黄加灰白陶。夹砂陶以黑陶为主，其次为灰黑陶、浅褐陶、灰陶、灰褐陶、灰黄陶，有少量黄褐陶、红褐陶。以素面为主，纹饰有零星绳纹、凹弦纹、乳丁纹等。可辨器形有小平底罐、高领罐、素面敛口罐、素面侈口罐、尖底杯、缸、器盖、圈足等。该期陶片素面占比更高，带纹饰的陶片数量减少。素面敛口罐比例增加。尖底杯折腹位置更靠下。新出现喇叭口罐、翻垂沿瓮、簋形器、尖底盏、绳纹圜底罐。该期与新一村遗址第⑧层出土器物组合相近，时代约为西周晚期，或可晚至春秋早中期。

第四期战国时期遗存包括第④层以及第④层下开口的 G1。第④层出土器物以夹砂陶为主，另有少量泥质陶。夹砂陶以夹砂灰黑陶、黄褐陶、灰褐陶、灰黄陶为主，其次为红褐陶、浅褐陶、深褐陶、灰陶，有少量灰白陶、深红褐陶；泥质陶以黑陶为主，有少量灰黄陶、浅黄加灰白陶、黄褐陶、红褐陶。陶器以素面为主，纹饰以绳纹为主，其次为凹弦纹，有少量凸棱纹、戳印纹、附加堆纹、乳丁纹、重菱纹、网格纹等。可辨器形有豆柄、翻垂沿瓮、簋形器、器盖、尖底盏、绳纹釜、圈足等。该期新增折沿釜、釜形瓮、卷沿釜等器形，形制与龙泉村、大江村遗址等出土同类器物相近，龙泉村、大江村时代约为战国晚期，则该期时代约为战国时期。

2010 年度发掘的“羽毛球训练基地”与此次发掘的“蓝润城二号地块”应属于同一个遗址。“蓝润城二号地块”所在区域以商周时期堆积为主，战国时期堆积较零散。结合钻探及两次发掘情况来看，该区域存在较大的水域，将遗址切割成若干区块。战国时期遗存主要分布在水域以东区域，商周时期遗存主要分布在水域以西区域。这与“牧马山文化资源”调查所揭示的先秦时期遗址分布特征相一致。即白河与杨柳河所辖区域内分布的大量先秦时期遗址，大多位于“黄土台地”上，遗址与遗址之间或为河道，或为漫滩，且大多过水严重。

为配合“地铁盾构管片生产基地”项目，2017 年 10 月 17 日以来，成都文物考古研究院、新都区文物管理所对新都区礼拜村遗址进行了发掘，布方面积 2300 平方米，已发掘完 1000 平方米。遗址出土陶器组合清楚，文化因素单纯，为认识三星堆文化面貌提供了非常重要的实物资料。遗址面积较大，且出土了石璧、玉璧、玉凿、罍等特殊遗物，说明该遗址具有一定等级，至少是个区域核心聚落。遗址保存较好，是进行聚落考古的理想之地。

双元村东周墓地位于成都市青白江区大弯镇双元村 7 组，该墓地在 2016 年 3 月成都建工集团一处电商综合物流园项目的基本建设过程中被发现。成都文物考古研究院即入场开始发掘，到 2018 年 7 月发掘工作结束，共发现古墓葬 300 余座，其中东周时期墓葬 280 余座，唐宋时期墓葬 20 余座，是四川地区一次性发现数量最多、揭露面积最大、出土文物最多的一处东周时期墓葬群。双元村东周墓地分布范围约 3 万平方米。从墓葬分布规律来看，整个墓地分为两大区，最先发掘的东北部墓葬 180 余座，墓葬呈组（群）分布，最后发掘的西南部墓葬 60 余座，墓葬呈排分布。两个区域之间零星分布 60 余座墓葬。双元村东周墓地共出土陶器、铜器、漆木器、骨器等各类质地随葬品 2000 余件。其中陶器 1100 余件，器形有罐、盘口罐、仿铜陶盏、尖底盏、釜、豆、器盖、纺轮等。铜器 680 余件，包括鼎、盏、壶、敦、鍪、尖底盒等铜容器；双剑鞘、剑、矛、戈、钺等铜兵器；凿、斤、锯等工具；还有铜镜、带钩、印章等。漆木器有床构件、豆、木蝉、盒等。另外还有骨质印章、各类料珠等。墓葬是现实社会的缩影，双元村墓地的发掘具有重要的考古学价值。首先，四川地区过去发现的东周墓葬以战国时期为主，而双元村东周墓葬群发现了许多春秋时期的墓葬，填补了春秋时期的空白，对东周时期巴蜀地区墓葬年代序列的建立、丧葬习俗的研究具有重要意义。其次，墓地出土的青铜器680余件，种类繁多，纹饰精美，为一次性出土巴蜀青铜器数量最多的考古发现，丰富了巴蜀青铜器和巴蜀图语的内容，为推动巴蜀青铜器甚至蜀文化的深入研究提供了重要的实物资料。再次，双元村墓地分布范围大，墓群分布具有规律性，墓葬等级差别明显，文化因素丰富，为研究东周时期古蜀社会结构、人口变化、文化交流，提供了重要的研究资料。

2018年6月至12月，为配合青白江区“装配式建筑绿色产业示范基地”项目的建设，成都文物考古研究院对青白江区民强村的一处工地进行了考古发掘，发现战国时期的墓地。发掘地点位于青白江区祥福镇民强村，货运大道南侧，京昆高速东侧，地处毗河北岸约两公里。本次共发掘战国时期墓葬38座，其中包括土坑墓22座，瓮棺葬16座。整个墓地按照墓葬的分布聚集情况可以分为西区和东区。西区墓葬共有9座，均为长方形竖穴土坑墓，长3—4.5米，宽约1米。方向以东北—西南向为主。葬具基本腐朽，从残留的痕迹来看，应有船棺和木板墓两种。出土器物中以陶器为主体，数量10—40余件不等。器形以圜底罐、圈足豆为主，还有釜、器盖、尖底盏、喇叭口罐等，均为成都平原战国时期墓葬中常见器形。多数墓中还随葬铜器，一般1—3件，以小型的武器、工具为主。器形有铜剑、铜矛、铜钺、铜削刀等。个别墓中还出土铜印章、料珠、料管、纺轮等。这批墓葬中仅少数成组分布，一般相对分散。人骨鉴定的结果显示墓主基本为成年人。东区墓葬共有29座，包括土坑墓13座，瓮棺葬16座。土坑墓中除一座规模较大，其余较为简单。小型墓葬均为长方形，长度多在1.5米以内，宽约0.5米。随葬品也较为简单，一般4、5件小型陶器，有的甚至仅有一件，不见铜器。人骨基本保存很差，多数仅剩牙齿。人骨鉴定的结果显示墓主多为2—5岁的幼儿。瓮棺葬均为两件陶器对接横置于简单挖成的墓坑中。葬具一般为一件平底瓮和一件圜底釜对接。瓮棺内均未发现人骨遗存，可能是婴幼儿的墓葬。东区墓地面积不大，墓葬分布较为集中，土坑墓多成排分布，应是墓地中的未成年人埋葬区。本次发掘地点原为村庄，历代人类活动对墓葬造成的破坏较甚。现存土坑墓深度较浅，应有部分墓葬已被晚期人类活动完全破坏，因此本次发现墓葬数量有限。从出土器物来看，土坑墓多以战国时期本地区常见的陶器、铜器随葬。文化面貌较为单纯，显示出这是一处战国时期土著居民墓地。另外小型土坑墓和瓮棺葬的集中发现，表明本地区战国时期对于未成年死者实行在墓地中单独分区、集中埋葬的习俗。本次发掘丰富了成都地区战国时期墓葬的材料，对于研究战国时期蜀地土著居民的埋葬习俗以及丧葬观念具有重要意义。

三、成都地区汉代至唐宋遗址与墓葬的发掘新成果

指路村遗址位于成都郫都区古城镇，距离宝墩文化时期的郫县古城北城墙仅100米左右。在近年对古城的考古发掘中，汉代地层堆积引起了考古人员注意。鉴于成都平原地区缺

乏汉代居住遗址的考古资料，2017年6月以来，成都市文物考古工作队针对指路村遗址几处秦汉堆积丰富、埋藏浅的遗址进行考古发掘，收获丰富。在3个月的发掘中，700余平方米的发掘面积内发现了两处房址、两口水井、一条道路以及窑址、灶、瓮棺、灰坑、灰沟等遗迹，以及陶罐、钵、釜形鼎、瓦当等出土文物。出土了古代“豪车”才配有的伞部配件“盖弓帽”。在汉井中的一件陶双耳罐上，刻有“×子乡”字样，它以实物证明指路村遗址就是汉代最基层的一个聚落。这也是四川地区目前为止发现最早的乡、里级遗存，在全国汉代考古中也相当罕见。在这个汉代乡、里级的聚落中，发现了一条由鹅卵石铺成的道路。道路最宽处约4.2米、最窄处约3.8米，上面铺设的卵石虽然破坏严重，仍能看出一定排列规律。路面上除了鹅卵石，还分布着大量陶片、板瓦、筒瓦及少量瓦当残片。道路两侧还分别有一条宽30—50厘米的排水沟。从道路宽度及设施处理来看，可以推测是这个聚落的主干道。房屋遗址有古蜀常见的干栏式建筑，也有古蜀不常见的基槽式建筑。还发现了数量众多的井，平均每隔30米就有一口，井口竖着陶制的井圈。另外还发现了瓮棺葬，这是秦汉时期关中地区常见的葬俗。在房址周围，发现了瓦当，据说当时只有级别比较高的人才能使用，而且是从中原带来的建筑习俗，在古蜀是没有的。遗址的年代为战国晚期至东汉时期。从出土器物及遗存来看，极可能是秦灭巴蜀以后移民及其后裔的聚落。不仅如此，这处遗址还发现了刻有“×子乡”字样的汉代陶双耳罐，以实物证明这片遗址就是乡一级的基层聚落。这是成都平原首次发现汉代基层聚落。以铭文形式例证聚落等级，这个发现在汉代考古中十分罕见。

桥津上街遗址位于成都市新津县五津镇的中国民航飞行学院新津分院西北门，为四川发现极少的汉代乡村遗址。该区域地势平坦、地理环境优越，自汉代以来一直有居民活动，留下了丰富的遗迹和遗物，汉代遗址为此次最重要的发现。目前汉代遗址发现灰坑20余个、灰沟8条、房址9座、卵石堆积4处、水井1口、古河沟和河道5条。遗址主体时代为西汉时期，发现有西汉时期典型器物，如釜形鼎、折腹钵、釜、瓮、凸棱纹盆、甑、卷云纹瓦当、半两和五铢铜钱等。从目前出土的汉代遗迹和遗物来看，此处应为一处较大规模的汉代居址，等级与乡里相匹配。通过此次发掘，大致弄清了该遗址的空间分布，居住区位于西部和北部，排水沟与东部和南部地势低洼处的河道相连，形成了经过人为规划、适宜生产生活的乡里聚落。遗址的发掘对于研究汉代居民的生产生活状况、聚落分布、经济生产模式、地形地貌等有着十分重要的意义，是研究汉代基层聚落不可多得的资料。同时，该遗址的发掘对于找到直线距离约2公里的宝资山汉代墓群的开凿和使用人群提供了重要证据和指向。除了汉代遗址，该区域还发现了唐宋、明清及近现代时期的遗迹遗物，其中出土的唐宋时期遗物较多，包括圈足碗、黑釉盏、四系罐、五足香炉、三彩器、盘口执壶、砚台等。

2018年10月，成都文物考古研究院在成都成华区槐荫路的一处市政道路工地中，抢救性发掘了一处东汉墓群。这处墓群共有4座券顶砖室墓，它们面向沙河、背靠小山包，4座汉墓中有3座保存较差，1座保存较好，墓葬墓向均朝西，呈一致平行排列。其中保存较好的汉墓M3，券顶、甬道、墓门及墓道较为完整，墓门处有一盗洞，总长14余米，其中墓室长约6.8米，宽约2.6米，顶高2.2米。甬道长约0.7米，墓道长约6.5米。墓室四壁大面积使用长方形实心花纹砖，以菱形纹为主，有部分联璧纹。券顶使用楔形花纹砖，纹饰亦为菱形纹。M3墓室南侧摆放着两座陶棺，棺底散落着零星铜钱。墓室里散落着各种随葬品，包括陶罐、陶釜、陶灯座、陶井、陶俑、摇钱树座及一把锈迹斑斑的铁剑，这座墓室曾经被盗。根据尚未被拿走的铁剑以及一枚遗落的指环，可以推测墓主可能是一男一女。而从随葬器物中出现大量侍俑的情况来看，墓主应当是当时的地方豪强。其中出土的陶罐、陶井、陶俑、摇钱树等随葬品，便折射出东汉庄园经济的背景，以及汉代人们崇尚的死后能够升入仙界的升天思想。这处墓群中最大的3号墓，其保存完好程度在成都市区难得一见，为研究东汉时期成都地区的丧葬礼仪习俗提供了重要参考资料。东汉是封建庄园经济，大地主吸引了大批佃农和工人依附，掌握了大量财富。墓中出现的侍俑、动物以及摇钱树，就是财富的象征。而摇钱树也被道家谓之“神树”，墓葬中出现摇钱树，也折射出汉代流行的升仙思想。

成都文物考古研究院考古人员于2017年7月至2018年6月间对位于四川省邛崃市泉水镇樊哙村的四处古墓群进行抢救性发掘，出土西汉武帝时期定敷侯刘越私印，该印为子母印，四川地区首次发现该类汉代印章。本次发掘工作共清理古墓葬近30座、窑址4座。墓葬主要包括汉代土坑墓和汉代砖室墓，另含少量唐宋砖室墓。墓地出土文物200余件（套），随葬器物包括陶器、铁器、铜器和银器。银质子母印出土于“皇坟”汉墓群9号墓，母印为麒麟钮，高约3厘米，麒麟立姿，昂首张嘴，胡须垂胸，肩生双翼，印面略呈方形，边长约2厘米，周边带框栏，内阴刻缪篆“刘越”二字。子印拱形钮略残，高约1.5厘米，印面略呈方形，阴刻缪篆“子仲”二字。根据文献调查以及考古研究，基本可确定该套印章为西汉齐孝王次子定敷侯刘越私印。“皇坟”汉墓群5号墓为画像砖墓，墓室两侧壁下部出土完整画像砖15块，画像题材包括车马出行、宴饮、收获、盐井、楼阁等，画像题材排列方式及画像内容可反映东汉时期先民们的宇宙观与生死观以及汉代社会生产生活的各方面，是研究汉代社会日常生活和生产技术的宝贵考古材料。樊哙村汉墓群的科学发掘对四川地区汉墓序列的建立和完善、丧葬习俗的深入研究、文化因素融合与变迁的综合考察等方面皆具重要意义，是研究古代四川地区经济、技术及丧葬制度的宝贵材料。

成都文物考古研究院自2017年以来经过一年多的考古工作，在天府新区正兴镇毗邻锦江的一处山坡上，发掘了一处大规模崖墓群。200多座东汉到南北朝时期的崖墓中，出土了陶狗、陶灯、陶俑等陶器模型，铜镜、青铜鸟及金银首饰等，与连续500余年的墓葬形制、精美的墓室浮雕一起，揭开汉代至南北朝时期成都生产生活、文化交流的一面。整个崖墓群依山而建，部分间距密集，一眼望去，如同蜂窝一般。此次考古发掘面积超10000平方米。尽管崖墓群多被破坏，但该崖墓群墓葬形制比较齐全。其中，东汉中晚期的崖墓普遍规模较大，且崖墓中分室较多，长长的墓道旁还开凿有排水管，防止墓室受潮。潘绍池表示，这些墓主人应该属于当时有一定经济基础的人群。崖墓群中最大的墓葬M19，墓室内的面积有83平方米。墓室内的葬具都是陶棺，散落在周围的则是猪狗鸡的陶器模型等。墓室内还凿刻有仿真的灶台，反映出汉代“事死如事生”的殡葬习俗。从现场发掘情况和考古研究来看，多室墓是同一个家族几代人不断开挖形成的。以M4崖墓为例，考古工作人员在室壁右侧还发现了人首蛇身的女娲、伏羲浮雕，入口两侧的汉阙浮雕，都表达了墓主人渴望升仙的愿望。相比东汉时期，南北朝时期的崖墓规模较小，有些墓室仅可容下一个人。崖墓群中出土器物丰富齐全，包括陶俑、陶灯等器物甚至还有青铜马刷、摇钱树上掉落的青铜鸟。魏晋时期铜镜上的龙虎纹、花卉纹清晰可辨。一只来自东汉晚期的45厘米高的陶狗，身姿健美，栩栩如生，从造型上看并不像一般的中华田园犬，而是和猎犬相近。鎏金青铜龙纹案腿虽然是残件，但也能从龙纹大致辨认墓主人不凡的身份。尤其精美的是魏晋时期一尊小型青铜跪坐人像，人像高鼻深目且为螺髻的发型，西域文化特色明显。这尊青铜跪坐人像表明在魏晋时期，成都以丝绸之路为桥梁，展开了丰富的文化交流。崖墓群出土文物补充了当地的文物考古资料，有助于研究当时的生产生活方式、对外文化交流情况等。

2017年7月至2018年3月，为配合金堂县某楼盘建设，成都文物考古研究院对项目施工范围内崖墓群进行抢救性发掘，共清理东汉中晚期至两晋时期崖墓90余座。此次发现的崖墓群墓葬形制丰富、持续时间较长，墓群自上而下可分为三层。其中第一、二层墓葬时代为两晋时期，以成汉时期墓葬占主体，共30余座，此前四川地区已发现的成汉墓葬不足10座。第三层墓葬时代为东汉晚期，以东汉晚期墓葬占主体，共40余座。墓群出土陶器、瓷器、铜器、银器、铁器等400余件随葬器物。陶器主要有罐、甑、釜、钵、鸡、狗、牛、马、舞俑、抚琴俑、镇墓俑等。此外还有罐、盂、壶等瓷器，铜镜、印章、摇钱树叶等铜器，手镯和戒指等银器，锄、环首刀等铁器。成汉时期的镇墓俑凸眼大耳阔嘴，与三星堆出土的青铜人头像面部特征十分相像，反映了当时的宗教信仰情况。成汉是两晋之间在成都地区存续时间仅43年的地方政权，此次考古发现对研究成汉政权性质、科技水平及宗教信仰具有重大意义。

四、成都中心城区城市考古的新收获

城守东大街遗址位于成都市锦江区城守东大街24号，东北距江南馆街遗址约200米，北距科甲巷遗址约100米。2018年4月，为配合成都鑫汇实业有限公司城守街、联升巷、城守东大街修建的商业用房及附属设施项目建设，成都市文物考古工作队对该地块进行了大规模勘探和抢救性发掘，揭露面积约2400平方米，发现了晚唐五代至两宋时期的坊市遗址。此次发掘清理了房屋基址、灰坑、水井、水沟等遗迹，出土造像及大量陶瓷器。房址保存较好，平面多为长方形，单间或套间，成排或成片分布。房址多层叠压，丁砖砌筑墙基，红砂石板柱础，个别房屋地面保存有较好的铺砖。居住面平整、坚硬，为青黄色垫土。房址内有灶、天井等遗迹分布。两宋时期的房屋垫土中有埋藏瓷罐、壶的遗迹现象。瓷罐、壶口朝上放置，口部利用碗、盏、板瓦、砖等覆盖。排水沟分干渠和支渠两种。干渠（G3、G7）为西北—东南向，间距约25米，保存较完好，建筑规模大，开口均位于第⑦层晚唐五代时期地层下，经过数次维修及改建。干渠最初兴建时均为土圹砖砌的明沟，用砖不规整，多为汉六朝时期旧砖，五代之后改为券拱式暗沟。从发掘情况看，沟渠的砖壁在修筑时预留有多个出水口与其他小型暗沟相通，可知其应属于当时城市地下排水系统的干渠部分。根据层位关系和出土遗物判断，干渠的修筑年代约在晚唐，历经两宋，元末明初时彻底废弃。支渠与干渠相连，属于干渠两侧生活区的地下排水设施，为土圹砖砌的平顶式暗沟。从干渠剖面上看，附属支渠有多条，最早的支渠修建年代约在唐代晚期，两宋时期陆续又有多次增补和修建。遗址内的出土物以瓷器为主，基本都属于生活日用器具，可辨碗、盘、盏、罐、壶、瓶、炉、盆、盒等。从窑口组合看，除本地的邛窑、琉璃厂窑、金凤窑、磁峰窑外，还有来自外地的湖田窑、龙泉窑、耀州窑、钧窑、越窑等窑场烧造的瓷器。另有少量的石刻造像。干渠旁有道路，方向可分为东北－西南向和西北－东南向两种，道路均始建于晚唐五代时期，可分为四个阶段。前三个阶段道路为瓦砾夯筑土路，第四阶段以青砖铺路，中央铺砖呈席状，两侧有排水沟。道路两侧有民居。时代越靠后，道路路面越窄，体现了宋代以降街道向长巷制发展的过程。

城守东大街遗址与江南馆街唐宋街坊遗址相邻，文化面貌相似，且两个地点发现的部分遗迹单位之间也存在一定的联系。遗址区所见的文化堆积最早为形成于唐代晚期的地层，唐代地层之下则基本都属于无文化遗物的生土。结合文献记载可知，这一带应属于唐末由剑南西川节度使高骈扩筑罗城后形成的城东新区。从发现的城市排水渠、街道、房屋建筑等的科学规划及合理布局可以看出，唐宋时期的成都城有着较高的城市规划和管理水平。此次发掘为以往考古发掘的补充及完善，对于进一步了解唐宋时期成都城市格局及社会生活情况均有重要的参考价值。关于该遗址的性质，通过对出土遗迹单位和大量生活遗物的初步整理研究，发掘者认为应与当时的市井生活息息相关，可能属于以餐饮娱乐为主的商业街区。遗址临近大慈寺，在唐宋时期是有名的庙会和集市所在地，可能与文献中记载成都城东有著名的“富春坊”有密切的联系。

成都市鼓楼街古遗址在 2018 年的发掘中也取得了重要成果。通过发掘和局部勘探解剖，目前已发现唐五代、宋元、明等时期的文化遗存，包括河道、水沟、房基、道路、水井、灰坑、窖藏等遗迹现象，同时还出土了大量瓷器、铁器、铜器、钱币、建筑材料等遗物。通过解剖与正式发掘，目前发现的重要遗迹有：1. 河道（HD），位于发掘区南部最底层，宽约 35 米，方向由西北向东南。查阅文献，这条河道或与唐末筑罗城前成都大城的护城河有关。2. 排水沟（G1、G2），G1 修建于河道之上，宽 2.5—3.2 米，为一沟双渠，当是唐末城市改造时修建的一条西北－东南向的排水主干渠，历经五代、北宋、南宋时期，几经改造、修补，废弃于元代早期。G2 修建于河道之上，位于 G1 南，宽 1.5—2 米，修建于元代早期，废弃于明初，几经改造、修补，是 G1 废弃后在其南侧缩窄的河道上砖砌而成。3. 道路（L1），位于发掘区北部，西北－东南向。其始建年代推测在唐末或略晚，每个时代宽度不同，最宽可达 9.4 米，最窄 3.2 米，废弃于明代早中期，就废弃原因而言，当与明代早中期修建王府重新规划用地有关。4. 房基，数排，位于排水沟（G1）及道路（L1）之间，房屋内有天井、灶等遗迹现象，推测为临街的店铺或民居，从现场情况看，这些建筑物的废弃堆积火烧痕迹明显，似与火灾或战乱破坏有关。

另外，鼓楼街遗址与 1996 年发现的内姜街遗址相距仅 295 米，二者宋元时期的文化面貌极为相似，两处皆发现排水沟及道路。通过测量，发现两处排水沟相互垂直，而道路则是同一条西北－东南向的道路。鼓楼街遗址发现大量瓦当、滴水、脊兽等明代建筑构件，或许与明代内江王府的建设有关。以上考古发现，对于研究唐五代至明代成都城的市政给排水设施、街巷民居的规划建设与布局提供了直接依据，对于探索各个时期的城市功能和社会生活面貌的变迁具有重要的参考价值。

五、岷江上游地区的考古收获

经四川省文物局和国家文物局批准，为配合《四川省文物地图集》的编写及岷江上游新石器文化研究课题的实施，自2000年来，成都文物考古研究院、阿坝藏族羌族自治州文物管理所、茂县羌族博物馆等单位合作在岷江上游地区调查发现了上百处新石器时代遗址，并对营盘山遗址、波西遗址等进行了考古勘探及发掘。此次发掘基本明晰了该地区的新石器时代文化内涵，建立了初步的文化发展演变序列。营盘山遗址是江源文明及古蜀文明发源地的核心所在，被国务院公布为全国重点文物保护单位，并被纳入全国大遗址保护名单。这些考古新发现为研究古蜀文明的渊源提供了重要实物依据，推进了国家“一带一路”倡议及丝绸之路的考古工作和文化遗产保护工作，配合国家大遗址保护成都片区相关工作的实施，加强“十三五”时期成都阿坝文化交流合作，提升区域文化一体化发展水平，实现合作共赢，并为省重点文化工程古蜀文明传承创新工程奠定基础，也为营盘山遗址的保护规划制定工作提供现场资料。四川省文化厅、阿坝州委及茂县县委县政府高度重视古蜀文明探源工作，多次对营盘山遗址及岷江上游地区考古工作提出要求和建议。茂县人民政府也在现场组织召开了营盘山遗址保护工作协调会。

有鉴于此，成都文物考古研究院与茂县羌族博物馆在2017年及2018年继续深入推进岷江上游地区的考古工作，组成了联合考古队。为配合全国重点文物保护单位茂县营盘山遗址的保护规划的编制工作及茂县羌族博物馆营盘山展厅的升级优化工作，联合考古队对营盘山遗址进行了深入的考古调查及勘探工作。2018年11月，联合考古队在遗址的北部偏东部位开挖探方，继续对2017年发现的大型灰坑进行清理，出土了一批陶器、玉石器，对营盘山遗址的内部分区和文化堆积的年代差异情况有了进一步的认识。同时，还对茂县沙乌都遗址、白水寨遗址、安乡遗址、勒石村墓地本体及其地理环境进行了实地考察。尤其是在沙乌都遗址再次发现了原生的文化层堆积，通过开挖探坑，清理出有叠压关系的新石器时代文化层及房址、灰坑遗迹，出土了较为丰富的陶器、石器及兽骨等遗物，为岷江上游地区新石器文化研究提供了新的实物资料。茂县沙乌都遗址为岷江上游地区一处典型的山脊地貌遗址，地势较为险要，与附近的台地型遗址——茂县营盘山遗址及河谷阶地型遗址——波西遗址相比较，不仅在地形地貌方面差异较大，在文化内涵及年代上也明显不同，值得进一步开展田野考古工作和深入研究。

六、岷江流域科技考古研究及文物保护工作概况

2018年，成都文物考古研究院科技考古中心开展了系列研究工作。作为协作参与方，参与的项目有：四川大学申报的国家社科基金一般项目——西藏史前时期农业的植物考古研究；西南民族大学旅游与历史文化学院申报的国家社科基金西部项目——成都平原先秦时期人口与社会、环境、资源研究；中国中医科学院中药资源中心申报的中医科学院院内项目或国家部委项目——成都老官山汉墓中医药植物遗存合作研究；四川大学历史文化学院负责，

成都文物考古研究院自有经费项目——成都平原宝墩古城史前生业研究；南京大学地理与海洋科学学院申报的国家自然科学基金面上项目——四川三星堆消失和金沙文明兴起成因的环境考古研究。另外成都文物考古研究院还作为主导方，与中国科学院大学共同进行了自有经费项目——成都平原先秦时期金属矿源与文明等研究。

成都冶铁工艺最早可追溯到什么时候？冶铁技术如何？在世界上拥有怎样的水平地位？2018 年底，成都文物考古研究院发布了最新考古成果，在蒲江县铁溪村发现了四川地区已发掘的最大规模冶铁遗址，再次印证成都为汉宋时期重要冶铁业中心。随着成都考古工作的不断推进，多个考古成果显示，成都冶铁工艺最早可追溯至西汉中晚期，在当时，成都人的冶铁技术已达世界先进水平。经抢救性发掘，四川省蒲江县鹤山镇铁溪村一组一处文物点被确认为保存较好的宋代冶铁遗址。遗址位于浅丘东坡，主要由冶铁炉、炒钢炉、燃料窑、房址、灰坑、排水沟和废料堆积层等组成。从发掘情况判断，该遗址活动面位于宋代地层之上，各遗迹内亦仅出土宋代瓷片，结合各遗迹形制，初步判断遗址时代为宋代。遗址中冶铁炉共 2 座，由窑壁、窑床、火塘、排渣沟组成，窑炉平面形制多为椭圆形，内径 2 米至 2.1 米、外径 2.2 米至 2.4 米，炉壁烧结面厚 10 厘米至 24 厘米。火塘内深 20 厘米，炉底有凹坑连接排渣沟到窑外。炒钢炉共 13 座，分布于冶铁炉周边，平面多呈椭圆形，大部分炉底残留有铁块，部分炒钢炉内填满铁块。

遗址功能分区明显，目前可确认的有烧炭区、冶炼区、生活建筑区等，其中出土大量冶铁方面的遗物，如铁渣、耐火砖、炉壁、铁矿石、积铁块、燃料木炭等。通过对冶炼遗物检测、分析和观察，可确认该遗址用青杠树烧制的优质木炭作为燃料，用赤铁矿铁石作为主要炼铁原料，且在冶炼过程中使用大量石英岩作为耐火石或造渣材料。在铁渣中还发现了大量处于冶炼状态的铁颗粒富集。据此，初步判断该遗址为宋代生铁冶炼及制钢的钢铁冶炼遗址。结合考古队近年在蒲江铁牛村、古石山等冶铁遗址的发掘工作，说明蒲江县自汉至宋一直是重要的冶铁业中心，这为研究四川地区古代冶铁手工业增添了一处重要的考古实物资料，具有重要意义。

“蜻蜓眼”珠，是类似于蜻蜓复眼造型，以眼睛图案作为装饰的圆形玻璃珠，也常称为“镶嵌玻璃珠”。近两年来，这种玻璃饰品一直有在成都的考古工地被发现。成都文物考古研究院先后在成都市范围内发掘的青白江双元村墓地、蒲江飞虎村船棺墓发现了“蜻蜓眼”玻璃珠，这引起了成都文物考古研究院科技考古中心研究人员的特别注意。这不光是因为它造型精美奇特，可能还有其他隐藏的文物信息需要被深度挖掘。研究发现，在中国春秋战国时期流行的蜻蜓眼等玻璃珠饰，并非完全都是西方的钠钙玻璃系统，其实我国古代先民也一直在利用当地资源技术等条件学习和模仿，并进行自己的创造，制作了包括蜻蜓眼在内的玻璃制品，那就是铅钡玻璃和钾钙玻璃。为了确认和搞清楚这批蜻蜓眼等玻璃珠饰的潜在信息，研究人员通过扫描电镜能谱仪对这批珠饰玻璃成分进行了无损分析，还联合中国科学院人文学院科技考古系同行奔赴上海，采用基于同步辐照的 X 光显微 CT 照相等高精尖无损分析手段，对出土的蜻蜓眼进行了较为全面的研究，搞清其内部结构和制作工艺。令人惊叹的是，据目前的初步研究结果显示，这竟然又是我国先民自己生产的玻璃制品实例，其中“蜻蜓眼”和部分绿色釉砂管全是钾钙玻璃，而部分灰黑色的釉砂管则是目前公认属于中国古代特有的铅钡玻璃制品。其眼睛图案的制作工艺包含镶嵌法、叠层堆积法等多种手法，与西方及中国内地玻璃制品有相似性。

成都平原沃土千里，是五谷生长的好地方。近年来，在成都平原上的考古发掘工作中，出土的植物样本丰富。从 2009 年开始，成都平原先秦遗址的植物考古工作提上日程，到目前为止，成都文物考古研究院科技考古中心研究人员已经对 5000 多份样品中的 1000 多份样品进行了分析。成都平原的先民最初可能是种植旱地谷物，到了距今 4500 年前后，开始引进了水稻种植技术。因为古蜀人口大量增长，原有的旱地作物不能满足需求，此后，适合成都平原种植的水稻成为主食。蜀先民并不是一开始就将水稻当作主食，单纯的旱作农业可能是成都平原最初的农业形态。在什邡桂圆桥遗址这个成都平原最早的新石器时代遗址的第一期的样品中就发现黍和粟这两种旱地谷物占有绝对优势。不过，这种在西北甘青地区能够适应的耕种习惯，在成都平原就有些不协调，要保障成都平原先民的生产生活，粮食生产不得不提高效率。考古工作人员在宝墩遗址发掘中辨认出的农作物种子，水稻种子占了半数以上，粟、黍这些只是一种补充。由于人口的快速增长，人多粮少的矛盾越发突出，人们急需通过多种方式来缓解困境，除了有可能采取一些限制人口增长速度的措施之外，开发新的高产农作物成为首选。在宝墩文化早期，人们的主食开始发生明显变化，水稻已经开始变为主要农作物。而成都平原河网密布，洪涝灾害频繁，容易淹没农田，进而导致饥荒，以往的旱地作物生产仍需继续，以备灾荒之年，粟和黍的重要性在宝墩文化晚期—三星堆文化时甚至有了明显的提升。在分析植物种子时，还发现了麦类作物的种子。到了十二桥文化时期，考古人员在十二桥文化的数个遗址中，共发现了十多粒小麦和大麦种子，不过，到了晚期巴蜀时期，这些麦类作物的踪迹却消失了。在现有的植物浮选样品中没能发现这一时期的麦类作物种子，并不意味着巴蜀的先民不再种植它们，而是因为现有的考古材料有所欠缺，随着更多考古材料的涌现，今后的植物考古工作也会带来惊喜。此后一直到晚期巴蜀文化时期，水稻的主食地位依旧牢不可动，不过，巴蜀先民除了水稻这一主食外，还有零食。在对植物种子的分析中，研究人员发现了不少葡萄属、猕猴桃属、桃、梅、核桃楸等果类。在成都市十二桥遗址新一村地点、郫都区菠萝村遗址等处出土的植物遗存中，研究人员就找到了猕猴桃属的种子。虽然并不能直接认定这些就是人们的日常水果，但它们出现在考古遗址中，与人类活动密切相关，有很大的可能被人们栽培利用。在此前的研究中，研究人员关注的重点往往局限于对每个时期的农业形态进行分析，而在今后的研究工作中，他们将更加关注人类的行为活动，这就需要和动物考古、环境考古等多学科进行结合。

成都文物考古研究院文物保护与修复中心专业人员 2018 年度深入考古发掘一线，针对蒲江县鹤山镇飞虎村船棺墓群、青白江区大弯镇双元村船棺墓群、青白江区弥牟镇三星村遗址、龙泉驿区大面镇南宋高氏家族墓等考古发现中出土的重要遗迹遗物，在考古发掘现场开展及时、有效地保护工作，使得重要遗迹、遗物能够在第一时间得到妥善处理。同时，对龙泉驿区大面镇南宋高氏家族墓 M12、高新区新川创新科技园李家山 M9 等重要遗迹和脆弱文物进行了整体提取，运至实验室进行室内考古清理与保护。文物保护与修复中心承担了宝墩古城、高山古城等大遗址考古，以及金沙国家考古遗址公园、邛窑考古遗址公园建设过程中的考古工作。同时在考古发掘过程中和发掘工作结束后，主动参与金沙遗址、江南馆街遗址和东华门遗址的后续保护、管理工作，与大遗址、国家考古遗址公园管理机构建立了良好的合作关系。考古工作后向地方人民政府、文物行政部门或文物管理单位提出了遗址保护的专业建议，推动了金沙遗址祭祀区核心保护区本体保护前期勘察、江南馆街坊遗址已发掘遗址保护展示等国家重点文物保护专项的立项和实施，也推动了东华门遗址四川省第九批文物保护单位的申报工作。

2018 年 4 月，成都文物考古研究院在新津邓双宝资山抢救发掘一批崖墓，其中一座崖墓里出土了两座彩绘陶楼，一座为两层楼阁式，一座为两层干栏式。陶楼是考古发掘中较为常见的一种随葬明器。陶楼通体彩绘，彩绘层保存完整。保存下来的陶制彩绘文物，易出现颜料卷曲、起翘、褪色、变色、胶质流失、变形等病害。陶质彩绘文物保护国家文物局重点科研基地在经过多年研究后仍然认为，彩绘加固是陶制彩绘文物保护的国际性难题，目前多是将高分子材料“移植”于文物保护。陶器保护首先要对表面保存的资料信息进行提取，包括文物制作材料、工艺等，尤其是彩绘层，是历史信息最丰富的部分，也是陶质彩绘文物病害最集中之处，且一旦发生病变不可逆转。两座陶楼刚被发掘出时，表面彩绘层被泥土覆盖，彩绘被遮盖，图案隐晦不清，而泥土层也开始出现不同程度的起翘、剥落。泥土层起翘部位轻轻碰触就会脱落，导致颜料层被连带剥落，造成画面损伤。因此，在开展保护修复之前，必须先对文物彩绘信息进行详细调查，保留文物最初的信息，为后期保护修复提供参考依据。对陶楼彩绘层信息的分析提取，包括颜料层的分析检测、图案无损分析研究等。前者主要是研究颜料成分，比如白色多为方解石，红色为朱砂、铁红，绿色为石绿，黑色为无定形碳。后者则主要通过高光谱摄影分析技术，从颜料层在不同波段光下的反射，分析被图层覆盖的彩绘图案。目前陶楼的清洗和信息留存工作已经结束，后续考古工作者将对其开展全面的病害分析调查，根据病害调查结果，制订保护修复对策、保护修复实验方案等。

2017 年至 2018 年，成都文物考古研究院在成都市青白江区大弯镇双元村发现了近 200 座春秋至战国时期的船棺墓群，其中 M154 船棺出土器物数量最多、等级最高。从去年 4 月开始，该院文物保护修复中心对 M154 船棺内的淤泥进行了清理，发现了雕刻彩绘髹漆木床等精美文物。这件漆床的部分构件以黑色为底漆，上有浮雕木纹，并用朱、赭二色绘有回首状龙纹与凤纹。虽然刚发掘出来时只能见到破损的残件，但床足、床头板、床侧板、床尾板等主体构件都有。经过初步清理，可初步判断这套漆床宽约 1 米、长近 2 米，一头上翘。目前只是将漆床构件清理出来，还要经过大量艰苦细致的工作，才能把它修复完成。被认为是古蜀王家族墓地的成都商业街船棺葬中曾出土了两套漆床，这次出土的漆床与商业街船棺葬出土 A 型漆床的形制和纹饰十分接近，虽然整体略小，但纹饰更精美，工艺更复杂，由此可判断 M154 墓主人身份是很高的。除了彩绘漆床，清理的漆木器中还发现了双耳联杯，很可能是合卺杯，即古蜀国婚礼用来喝交杯酒的器具。在对青白江双元村墓地 154 号墓葬出土遗物进行清理和修复的过程中，考古人员发现了一件木制双连耳杯。根据已经公布的考古发掘资料，该器型的发现在中国尚属首次，十分珍贵。耳杯在春秋战国时期的楚国是一种很常见的器物，在蜀地出土说明当时蜀国和楚国之间就已进行了文化交流。在楚文化中，耳杯形制通常是方耳，此次出土的耳杯形制为圆耳，并不常见。这些设计变化体现出了古蜀人独特的创造力。由于木制品非常容易腐朽，因此修复周期较长，目前正在对漆器进行脱水保护与后期修复，估计五年内可完成154号墓葬出土文物的保护修复工作。

七、第二届中国考古学大会在成都隆重召开

2018年10月22日上午，第二届中国考古学大会开幕式在四川成都举办。大会由中国考古学会、中国社会科学院考古研究所主办，四川省文物考古研究院、成都文物考古研究院、四川大学历史文化学院承办，中共四川省委宣传部、四川省文化厅、成都市委宣传部、成都市文广新局支持。来自国内高等院校、科研院所以及美、英、俄、日、韩、捷克斯洛伐克、蒙古、俄罗斯、巴基斯坦、乌兹别克斯坦、洪都拉斯、越南、柬埔寨等十余个国家的近400位中外考古学者围绕本次大会主题“古代文化交流的考古学研究”展开相关交流和讨论。四川省委常委、宣传部部长甘霖，国家文物局党组副书记、副局长顾玉才，中国考古学会理事长、中国社会科学院学部委员、历史学部主任王巍，英国著名考古学家、牛津大学杰西卡·罗森（Jessica Rawson）等出席开幕式并先后致辞，开幕式由中国考古学会副理事长、中国社会科学院考古研究所所长陈星灿主持。出席开幕式并在主席台就座的嘉宾还有四川省人民政府副省长杨兴平，国家文物局原副局长、中国考古学会原副理事长童明康，中国考古学会名誉理事、中国社会科学院考古研究所徐光冀，中国考古学会副理事长、北京大学考古文博学院赵辉教授，故宫博物院原副院长、中国考古学会原副理事长李季，四川省人民政府副秘书长刘全胜，四川省文化厅厅长周思源。

各位嘉宾在致辞中均对学者的到来和会议的召开表示欢迎和祝贺，对本次会议促进考古学者围绕各个地区文明化进程、区域互动以及整个中国区域内发生的社会变化和趋势等问题展开交流，并提出了热切期盼。顾玉才副局长表示，近年来党中央国务院高度重视包括考古在内的文物保护利用工作，《关于加强文物保护利用改革的若干意见》是全面加强新时代文物保护利用改革的纲领性文件。在谈到制约考古事业发展问题时他强调，要以《关于加强文物保护利用改革的若干意见》为抓手，加强顶层设计和统筹规划，加强行业管理，努力服务基层需要。他代表国家文物局对各地文物部门和考古单位提出树立大局意识、加强制度建设、积极促进考古成果的转化和社会共享；注重学术研究、主动策划科研项目、推动专项专题研究；加强人才培养的几点要求。最后他希望中国考古学会能够发挥桥梁纽带作用，增进学者间的深入交流，为考古学献礼献策。“中国考古学会已经成为我国考古学界最为重要的学术团体，始终引领着中国考古学的前进和发展方向。”王巍指出，本次大会以“古代文化交流的考古学研究”为主题，是中国考古学发现与研究成果的一次集中展示，也是中外考古学合作交流的一次难得的机会。古蜀文化并非孤立存在，而是与中原文化始终保持着紧密的联系。三星堆遗址、金沙遗址、罗家坝墓地……巴蜀大地以其深厚的文化底蕴，为我们提供了“古代文化交流”的最佳例证。杰西卡·罗森（Jessica Rawson）作为外国学者代表在开幕式上致辞。她首先代表受邀外国学者向大会表示感谢。几十年间她亲眼见证了中国考古学的发展与变化，作为一名英国学者，罗森教授不可避免地对中西之间的交流与联系给予特殊关注。她表示，中国与其他文明古国有别的重大特点是其发展的连续性与统一性。与中国学术界的广泛交流对于理解早期欧亚文明间的共通和差异、认识自身文化有重要意义，希望未

来能进一步成为开启学术交流与合作的重要实践者与见证者。

在中国考古学取得长足进步的当下，为表彰中国考古学家的相关研究项目和创新性成果，开幕式还进行了此前中国考古学会评选出的中国考古学终身成就奖、田野考古奖、研究成果奖（金鼎奖）、青年学者奖（金爵奖）等奖项的颁奖仪式。著名考古学家石兴邦先生获终身成就奖。开幕式过后，进入大会主题报告环节，该环节由中国考古学会副理事长、北京大学考古文博学院赵辉教授主持。中国社会科学院学部委员、中国考古学会理事长王巍研究员，中国科学院古脊椎动物与古人类研究所高星研究员，中国社会科学院考古研究所赵志军研究员三位学者的报告内容涉及人类起源、文明起源、农业起源等素有考古界三大起源问题的重大课题研究成果。文明的起源、形成和发展是世界性的课题，历来为国际学术界所关注。王巍研究员首先介绍了中华文明探源工程的研究背景，回顾了 15 年来的研究历程。“探源工程”构建了中华文明演进过程更为详实的各地区考古学文化年表，据介绍，围绕良渚、陶寺、石峁、二里头 4 处都邑性遗址在持续的大规模考古发掘后均取得了重要成果，成为实证中华五千年文明的重要证据。距今 5800 年前后，黄河、长江中下游以及西辽河等区域出现了文明起源迹象。距今 5300 年以来，中华大地陆续进入了文明阶段。距今 3800 年前后，以二里头为标志开启王国的文明，中原地区形成了更为成熟的文明形态，并向四方辐射文化影响力，成为中华文明总进程的核心与引领者。研究表明，多元一体文化现象背后的各地方社会，在其文明起源和早期发展阶段，在各自的环境基础、经济内容、社会运作机制以及宗教和社会意识等方面存在各种各样的差别，呈现出多元格局，并在长期交流互动中相互促进、取长补短、兼收并蓄。人类寻找自身起源的探索从未停止过。“中国地区材料对研究现代人起源这一国际学术问题毫无疑问至关重要，也已经得到国际学术界越来越多的关注。”高星研究员在发言中说到。他系统介绍了现代人起源这一问题的国际背景和进展，近 30 年“多地区进化”和“出自非洲”假说形成两派学术阵营。随着考古新发现、遗传学的发展、古人类学的新认识，有关假说得以发展和修正，不同人群间发生过基因交流、现代人都经历过复杂的融合与演化过程渐成学术界共识。随后高星研究员对中国新发现的人类化石、旧石器时代考古研究成果和古 DNA 研究进展进行了细致梳理，并对古人类学、考古学、分子生物学等不同学科对现代人起源问题的研究进行解答。他呼吁开展相关领域的交流合作，整合现有的资源与成果为相关研究的突破做出贡献。农业起源是人与动植物之间的协同进化过程，赵志军研究员从距今一万年前后稻作农业的孕育阶段、距今八千年前后稻作农业形成的早期阶段、河姆渡时期稻作农业形成的晚期阶段、良渚文化时期稻作农业社会的建立为线索进行梳理。他表示，农耕的出现不应依赖于是否有栽培作物的出现，而要回到人类行为上，农业起源是一个漫长的演变过程，而不是一个社会变革。在这个过程中，采集狩猎在社会经济生活中的比重日渐衰落，农耕生产的比重不断增强，最终农业取代采集狩猎成为社会经济的主体，人类社会发展迈入农业社会阶段。起源于中国的稻作农业经过数千年的发展历程，形成了独特的农耕生产体系以及与之相应的生活方式、认知观念和文化传统。中国古代文明的特色在中国农业起源过程中就已经开始显现并逐步形成。

随后，四川省文物考古研究院高大伦研究员、四川大学历史文化学院霍巍教授、成都文物考古研究院江章华研究员等三位学者带来的主题演讲则系统、全方位地向全世界考古学者展示了四川尤其是成都近年来的考古收获。高大伦研究员以《四川（院）考古大数据——巴蜀考古回眸与前瞻》为主题回顾了百年间该院在四川地区的重要考古发现，除此之外，还从年轻队伍培养、走出国门发掘、公共考古活动、联合办学、文创产业等多个方面对四川省文物考古研究院进行展示。霍巍教授表示从新石器时代文化的谱系建立，到以三星堆、金沙、十二桥遗址为代表的青铜文化，从南方丝绸之路的形成与发展，再到宋代画像石室墓的出现，这些文化的发展均是以巴蜀文明为原动力。江章华研究员简要介绍了从史前聚落考古到青铜时代考古、秦汉考古，成都文物考古研究院近年来的主要收获。此次会议为期 3 天，中国考古学会的 16 个专业委员会将分别组织学术讨论会，就各自专业领域内的学术问题进行深入广泛交流。鉴于四川近年在考古领域与文化遗产保护方面取得的显著成就，大会特别增设了古蜀文明及四川考古专场。大会召开期间还将组织学者参观三星堆遗址、金沙博物馆等多项活动。为了让考古学家讲好中国故事，主办方还组织举办了 16 场面向公众的学术讲座以及“古蜀文明与两河文明对话”“江口沉银——四川彭山江口古战场遗址考古成果展”等特色展览，升级后的 3.0 版四川虚拟考古体验馆也已在会前揭幕。

第二届中国考古学大会闭幕式由中国考古学会秘书长、中国社会科学院考古研究所副所长朱岩石主持。中国考古学会副理事长、北京大学教授赵辉对为期一天半的学术研讨会进行学术总结汇报：1. 旧石器考古专业委员会共有 30 位学者发言，涵盖理论与专题讨论、考古新发现、年代与环境研究等方面。会议还特邀俄罗斯学者参会，对备受学界关注的俄罗斯阿尔泰地区旧石器时代中晚期遗址的新发现和研究进展进行了介绍。丰富的内容吸引了来自多个科研机构和高校的 84 名学者参会。2. 新石器考古专业委员会共有 32 位学者做了发言，围绕“考古新发现”“区域文化和交流”“经济、技术与社会”“理论与反思”四个议题展开。北京大学张弛教授、赵辉教授，中国社会科学院考古研究所李新伟研究员，湖北省文物考古研究所孟华平研究员和国家博物馆戴向明研究员分别主持了不同议题的讨论和评议。80 多位专家、学者和公众聆听了讲演，并参加了讨论互动。3. 夏商考古专业委员会共有 40 位学者做了发言。学术报告围绕宏观及区域文化研究、文化互动与交流、商代专题考古、青铜器研究、商代城市考古等专题展开，分别汇报了宏观和区域文化的交流与典型遗址的考古新发现，下七垣文化、辽东半岛史前到夏商时期考古学文化、二里头文化的研究新成果，商代车马器、玉器的研究心得，聚焦于早期青铜器与铸造技术的起源和演变，汇报夏商都城遗址的考古和研究新进展，有超过 70 位学者旁听。4. 两周考古专业委员会共有 35 位学者做了发言。研讨内容涉及先周文化、西周封国、青铜器生产、两周历史等方面，对湖北曾国、江苏大港吴国遗址群，河北、贵州、西藏等地新发现进行介绍，70 多位学者和公众参与了会议和讨论。5. 秦汉考古专业委员会共有 39 位学者做了发言。研讨主题为“文化交流与融合视域下的秦汉考古”，内容涉及秦汉城址、聚落、陵墓及文化交流等方面，大约 70 位代表参加学术研讨会，并进行了广泛的交流和讨论。6. 三国至隋唐考古专业委员会共有 19 名学者做了发言。会议研讨共分三个议题：中外文化交流、墓葬及手工业、石窟与佛寺，与会学者就三国至隋唐时期涉及陆上丝绸之路和海上丝绸之路、东亚地区文化交流与发展、墓葬发现与研究、陶瓷手工业生产、石窟与佛寺研究等方面进行了专题报告，并进行了深入交流与讨论。与会代表约 60 人，会议期间听众 80 余人。7. 宋辽金元明清考古专业委员会共有 20 位学者做了发言，主题涵盖了宋辽金元明清时期的城址与市镇、墓葬、手工业与文化交流、建筑遗存等方面，研讨涉及的地域从北方到南方，还延伸到海上和草原丝绸之路。与会学者和在场数十位听众就研讨内容进行了热烈讨论。8. 文化遗产保护专业委员会共有30位学者做了发言，汇报的主要内容涉及文化遗产前瞻性理论研究、遗址和墓葬保护方案的规划设计、实验室考古田野现场应急处置和室内发掘清理与展示利用保护案例、可移动（馆藏）文物处理保护项目的实施案例等。与会代表54人，旁听20余人。9. 动物考古专委会共有25位学者做了发言，主要围绕祭祀用牲、动物考古所见生业经济、制骨手工业、动物考古研究方法与理论等几个方面。研究种属涉及哺乳动物、鸟类、鱼类等多个门类，研究材料在时间上从新石器时代至明清时期，在地域上除了中国各地考古遗址外，还有蒙古等境外遗址新出土的一手材料。研究方法上强调多角度、全方位对动物遗存进行综合研究。10. 植物考古专业委员会共有21位学者做了发言。研讨内容涉及遗址的个案分析、农业与环境的关系、学术问题的反思、区域和文化间的生业结构比较等，呈现出新领域、新发现和新方法等特点，对了解不同学者的研究现状和区域间的生业认识具有重要的促进作用，也对学科的新进展和已存在的问题起到了良好的反思作用。共有60余位听众参与讨论。11. 人类骨骼考古专业委员会共有30位学者做了发言。主要研讨内容包括古人类学近年来的新收获，骨骼人类学的形态学，骨骼病理学的多学科研究，骨骼同位素反映的不同时期、不同地域古代人群的食物结构和生业模式，古DNA研究中国古代北方和边疆地区古代人群的遗传结构和文化交流等。共有听众80余人。12. 新兴技术考古专委会共有22位学者做了发言。报告内容涉及考古学关注的重要问题，如早期铜器起源、青铜矿料来源、冶铁术的演化、古人食性分析等。同时也有高新技术聚焦于细部，以小见大的研究，如利用遥感勘探技术对丝绸之路古道——楼兰道的发现，运用汞同位素等新兴同位素对朱砂产地的研究、早期石器和商周青铜器的微痕分析技术研究。13. 公共考古指导委员会分组共有14位学者做了发言，围绕中国公共考古的现状与发展、考古院所公共考古实践的开展、考古学的普及与传播、考古相关文化创意产品与理念、社区考古等主题展开了热烈讨论，还围绕公共考古与当代社会发展组织了专题座谈。参加会议的还包括新华社、中国考古网、四川卫视、《中国文化报》、《中国科技报》、《中国社会科学报》、《中国政协报》、《华西都市报》等媒体的记者，中国考古网还在微博进行同步现场直播。听众还包括各文博机构、高校学生等共50余人。14. 丝绸之路考古专业委员会共有24位学者做了发言。主要研讨内容有中亚地区古代考古学文化与丝绸之路；柬埔寨吴哥寺和柏威夏寺等文化遗产发掘与保护修复；欧亚草原青铜时代游牧文化；阿尔泰山地鲜卑时期的游牧人群；玻璃珠、纺织品、金银器、玉器、铜器等物质遗存在丝绸之路上的传播轨迹与文化互动；丝绸之路上的粟特人；吴哥地区海上丝绸之路与商贸文化；新疆、敦煌地区的佛教造像；利用锶同位素等科技手段揭示帕米尔高原2500年前人群迁徙与文化交流等。听众人数超过50人。15. 环境考古专委会共有25位学者做了发言。学术报告包括3个议题，分别是环境与文化交流、气候演变与文化兴衰、遗址的地貌和沉积学研究。主要研讨内容包括：第一，中国西部干旱半干旱地区古代绿洲、沙漠的演化对东西方文化交流及区域文化和人类活动的影响；第二，淮河流域、宁绍平原、四川盆地、中原地区等地的区域文化兴衰与自然环境的关系；第三，喇家、良渚、商城等遗址以及黄河下游的古地貌、古沉积问题。听众人数较多，除了30名与会代表之外，旁听的还有20多人，包括学生、公众及相关领域的学者。16. 古代城市考古专业委员会共有10位学者做了发言。主要针对龙山时代陶瓦、汉长安城地下涵洞拱券技术来源、宁波地区汉晋城址、北魏平城建设中影响诸因素、汉魏洛阳城宫城太极殿宫院的勘察新收获、隋江都宫形制布局、隋唐洛阳城宫城认识过程、隋唐东都里坊空间结构、阿穆尔河流域中世纪古城址、重庆近世空间格局变迁等方面进行了研讨。来自俄罗斯以及北京、浙江、江苏、山西、河南等地的30余位专家学者聆听了各位代表的精彩发言，并就关注的话题进行了热烈讨论。17. “古蜀文明及四川考古专场”共有来自国内外的30多位专家学者先后从四川史前和古蜀文明、科技考古应用、两周至秦汉考古、唐宋明清考古及文物保护等方面对四川及周邻地区内的考古新发现、新研究进行了讨论，提出了一批新观点、新认识。与其他16个专场均为单一研究方向不同，古蜀文明及四川考古专场则是以古蜀文明和四川及临近区域内的古文化、古遗存为研究对象，利用各种研究方法对其进行探讨，可谓百家荟萃，济济一堂，给近百位听众带来了28场精彩纷呈的讲演。

八、本年度岷江流域田野考古资料的发表与出版

本年度出版了一批重要的岷江流域田野考古报告，如《茂县营盘山新石器时代遗址》《金沙遗址祭祀区出土文物精粹》《成都通锦路唐净众寺园林遗址》等。营盘山遗址位于四川省阿坝藏族羌族自治州茂县县城所在的凤仪镇，遗址地处岷江东南岸的三级阶地上。成都文物考古研究所联合阿坝藏族自治州文物管理所、茂县羌族博物馆在2000年、2002—2004年和2006年对该遗址进行了五次发掘。遗址的文化内涵包括新石器时代遗址、西周至战国时期的石棺葬遗存。《茂县营盘山新石器时代遗址》对五次发掘所获得的新石器时代遗存进行了全面介绍和初步研究（成都文物考古研究院、阿坝藏族羌族自治州文物管理所、茂县羌族博物馆：《茂县营盘山新石器时代遗址》，文物出版社，2018年8月）。《金沙遗址祭祀区出土文物精粹》是关于成都金沙祭祀区出土文物精粹的图录，器物有陶器、金器、玉石器、骨角器、木器等。每个标本都注明出土地点及标号，便于读者阅读使用。“祭祀区”的发现极大地丰富了成都平原青铜文化的内涵与外延，为探索古蜀国早期历史文化提供了大量的实物资料。众多具有特殊遗存和质料丰富的遗物出土，为我们认识古蜀国历史文化、精神信仰传统、艺术风格等提供了非常重要的历史信息（成都文物考古研究院、成都金沙遗址博物馆：《金沙遗址祭祀区出土文物精粹》，文物出版社，2018年8月）。学术辑刊《南方民族考古》第十三辑刊发考古发掘简报2篇，公布了四川茂县、重庆云阳两地的考古新资料；收录论文7篇，分别对东南亚的刻/印纹陶器、石寨山型铜鼓、西林铜鼓墓、汉代双兽搏斗铜刷柄、播州杨氏土司家族墓、遵义县鹤鸣洞道教铭刻及宝墩遗址出土的木炭遗存进行探讨；同时刊发“2015年度西南考古协作会暨贵州赤水河流域史前至汉晋时期遗址考古发掘现场会”会议纪要1篇（四川大学博物馆、四川大学考古学系、成都文物考古研究院：《南方民族考古》第十三辑，科学出版社，2018年1月）。《南方民族考古》第十四辑为手工业考古专辑，共刊发考古发掘简报2篇，公布了成都金沙遗址雍锦湾地点、湖北老河口杨庄遗址的考古新资

料；收录了2016年“手工业考古·重庆论坛——中国西南地区冶金与盐业考古学术研讨会”上的7篇论文，分别对巫山李家滩出土大口折肩青铜尊、楚系青铜器的铸造遗址、青铜器补铸现象、中国古代单质锌始炼年代、重庆地区清代冶锌生产与管理、盐源县盐棚山盐业遗存、重庆市巫溪县宁厂盐业遗产的保护与利用等问题进行了探讨。同时刊发了1篇研究明代蜀藩王墓地宫规制的论文以及“2017年度西南考古协作会暨西南地区聚落与城址学术研讨会”纪要1篇（四川大学博物馆、四川大学考古学系、成都文物考古研究院：《南方民族考古》第十四辑，科学出版社，2018年6月）。《南方民族考古》第十五辑刊发了考古发掘简报4篇，公布了重庆涪陵、湖北宜城、四川安岳和广西桂平四个地点的考古新资料；收录论文8篇，分别对三星堆遗址、新一村遗存与十二桥文化的关系、石寨山文化的同心圆纹盘与玉溪刺桐关遗址的性质、西南地区考古出土的汉代瓷器、川渝地区汉晋墓出土抚耳俑、湖南地区青瓷盘口壶、云冈石窟第13—30窟，以及动物粪便分析及其在考古学中的应用等问题进行探讨。同时刊发理论性研究论文1篇，讨论中国考古学的性质与任务（四川大学博物馆、四川大学考古学系、成都文物考古研究院：《南方民族考古》第十五辑，科学出版社，2018年10月）。《成都考古发现（2015）》一书收录考古报告30篇，包括有汶川龙溪寨遗址、茂县安乡遗址、丹巴蒲角顶遗址、盐源皈家堡遗址、会理饶家地遗址等新石器时期遗址发掘材料；2015年盐源盆地考古调查发现6处新石器时期至大理国时期遗址；新都二中遗址、郫县天台村遗址“万达广场”地点、西华大学古遗址等宝墩文化至十二桥文化遗址发掘材料；成都市金河路古遗址、通锦路汉代遗址，会东大山包、团山堡遗址，马尔康县石达秋遗址等春秋战国至秦汉时期遗址发掘材料；唐广都城遗址、新津倒骑龙遗址、盐源盐棚山遗址等唐宋元明时期遗址发掘材料；大邑高山社区墓葬、彭州青龙嘴崖墓群等汉代墓葬发掘材料；武侯区川音大厦墓群、金牛区通锦路墓群、成华区成华广场墓群等唐宋时期墓葬发掘材料；新津县老虎山摩崖造像调查材料；还有金沙遗址祭祀区植物大遗存分析、金沙遗址祭祀区古河道出土古树鉴定、成都市金河路古遗址出土动物骨骼鉴定、四川杂谷脑河流域采集玉石器材质分析报告（成都文物考古研究院：《成都考古发现（2015）》，科学出版社，2017年12月）。

《夏商时期玉文化国际学术研讨会论文集（2017·四川成都）》是配合2017年9月下旬在四川成都金沙遗址博物馆举办的“玉汇金沙——夏商时期玉文化特展”而召开的“夏商时期玉文化国际学术研讨会”的会议论文集。全书共收入论文33篇，内容涉及夏商时期玉文化内涵研究、玉器的最新发现及探讨、玉器的制作工艺研究、玉器材料分析研究等，是本次国际学术研讨会会议成果的集中体现（成都金沙遗址博物馆、成都文物考古研究院、中国社会科学院考古研究所：《夏商时期玉文化国际学术研讨会论文集（2017·四川成都）》，科学出版社，2018年10月）。《成都通锦路唐净众寺园林遗址》是一部对唐代成都净众寺园林遗址出土资料进行公布和研究的田野考古发掘报告，详细介绍了寺院园林遗址的组成部分，如灰坑、水井、房址、沟渠、池塘等，对出土器物开展了系统的类型学分析，并对遗址的年代、功能、性质以及寺院的地理方位、空间布局、园林区的营建背景等问题做了初步分析和讨论。同时本书附录还收入了同地点汉代遗址和隋唐至宋明时期墓葬的发掘报告（成都文物考古研究院：《成都通锦路唐净众寺园林遗址》，科学出版社，2018年9月）。《新建成都至都江堰快速铁路考古发掘报告集》收录了为配合新建成都至都江堰快速客运铁路建设而进行的抢救性考古发掘的调查报告、发掘报告及科技分析报告。调查报告有新建成都至都江堰快速客运铁路调查报告1篇，先秦时期发掘报告有郫县天台村遗址“万达广场”地点、“天府花城”地点、郫县波罗村遗址、郫县广福村李家院子遗址、都江堰冯家院子遗址、都江堰梳妆台遗址6篇，汉唐宋时期发掘报告有都江堰潘家祠堂汉墓、都江堰界牌村及大桥村唐宋墓、都江堰沿江村唐五代灰沟及宋墓、郫县红专村唐宋遗址4篇，植物考古报告有郫县波罗村遗址“宽锦”地点1篇（成都文物考古研究院：《新建成都至都江堰快速铁路考古发掘报告集》，科学出版社，2018年8月）。《江口沉宝——四川彭山江口明末战场遗址出水文物选粹》认为发掘江口明末战场遗址有着非常重要的意义，首先肯定地回答了学术界和社会长期关注的江口遗址是不是张献忠沉银地点的问题，可以确认该遗址即为张献忠与杨展江口之战的战场遗址；同时遗址的确认和丰富文物的出水，必将大大推动明清历史文化的研究。江口遗址的发掘为解决诸多有关张献忠的历史传说提供了实物佐证，为张献忠农民军的征战历史、政权建设、经济建设等方面的研究提供丰富的原始资料，同时对认识明代中晚期的社会经济状况、物质文化形态，乃至明末清初以来的社会历史走向等都具有重要的意义。目前，出水文物的整理和研究工作正在进行，为了尽早让公众分享这次考古发掘的成果，推动学界对遗址及其背后历史问题的研究，本书选取刊印了2017年发掘出水的以及彭山区文物保护管理所收藏的文物图片200余幅，这些文物涵盖了出水文物的绝大多数类型，同时也是各类文物中具有代表性的器物（四川省文物考古研究院、国家文物局水下文化遗产保护中心、眉山市彭山区文物保护管理所：《江口沉宝——四川彭山江口明末战场遗址出水文物选粹》，文物出版社，2018年5月）。乐山市西坝窑是一处古代地方性的民窑遗址，大致兴起于北宋，盛烧于南宋至元代，延续至明代，衰落于清代。与同时代相同类型窑炉相比较，Y1、Y5可能是目前我国宋元时期规模数一数二的大型馒头窑炉，二窑炉热工工艺设计先进，十分罕见。出土的实物标本以生活器类为主，时代明确，门类较为齐全，工艺较精，是一批具有重要科研价值的资料。《乐山西坝窑址》综合分析该窑址的窑炉、产品、装烧工艺，它在受到北方磁州窑、耀州窑等名窑影响的同时，与同时期四川盆地西部的金凤窑—瓦岗坝窑窑区，以及盆地东部的涂山窑系的关系非常密切，特别是与涂山窑系的产品品类、形制极为相像，应该有着共同的市场定位（四川省文物考古研究院、乐山市文物保护研究所、五通桥区文物保护管理所：《乐山西坝窑址》，文物出版社，2017年12月）。《仁寿牛角寨石窟——四川仁寿牛角寨石窟考古调查报告》为四川省文物考古研究院、西北大学文化遗产学院、仁寿县文化广电新闻出版局的合作成果，是2013年四川省科技厅批准的四川省省级公益院所基础科研基金资助“仁寿牛角寨石窟考古调查”课题的主要成果。此次调查对仁寿牛角寨石窟进行全面田野考古调查和测绘，还对仁寿牛角寨石窟实施了三维数字化工作，采用了航拍、三维扫描、摄影测量等科技手段（四川省文物考古研究院、西北大学文化遗产学院、仁寿县文化广电新闻出版局：《仁寿牛角寨石窟——四川仁寿牛角寨石窟考古调查报告》，文物出版社，2018年12月）。20世纪70年代，在四川省平武县古城镇火炬村小坪山组发掘的王玺家族墓地是明代龙州王氏土司的家族墓地。墓内装饰精美，出土遗物丰富，但限于当时的条件，多数精美文物未能刊发。《四川平武土司遗珍——明代王玺家族墓出土文物选粹》汇集了王玺家族墓地出土的文物精品，按照功用分为饰品、葬器、葬具、券书和石刻共五类，图文并茂，充分展示了四川土司文化遗产，为研究明代土司文化提供了重要的实物资料（四川省文物考古研究院：《四川平武土司遗珍——明代王玺家族墓出土文物选粹》，文物出版社，2018 年 8 月）。

本年度还以考古简报形式发表公布了一批岷江流域的田野考古资料。新津宝墩遗址是以成都平原为代表的长江上游地区的重要史前遗址，2009 年宝墩遗址考古工作重启以来，考古工作者以研究聚落、环境等重要问题为目的，开展了大面积的地面调查、系统钻探及重点试掘，发现了外城城垣，探明了城内堆积分布及保存状态，掌握了城址聚落分布、微观环境及生业形态等信息。为深入探索聚落布局、形态与变迁等问题，近年来考古工作者对宝墩城址内鼓墩子、罗林盘、田角林、胡墩子等地点进行了发掘，其中治龙桥地点的收获较为丰富（成都文物考古研究所、新津县文物管理所：《成都市新津县宝墩遗址治龙桥地点的发掘》，《考古》2018 年第 1 期）。宝墩遗址田角林地点宝墩文化遗迹有房址、灰坑、墓葬和沟，出土遗物有陶器和石器。此次发掘的宝墩文化遗存可分为五段，年代从稍早于原宝墩文化第一期早段至第三期晚段到第四期之际。2013 年的发掘，明确了早于原宝墩文化第一期早段的遗存，为宝墩遗址田角林地点的聚落结构研究提供了重要资料（四川大学历史文化学院考古学系、成都文物考古研究院、新津县文物管理所：《成都市新津县宝墩遗址田角林地点 2013 年的发掘》，《考古》2018 年第 3 期）。日隆汉代石棺葬墓地位于四川省阿坝藏族羌族自治州小金县日隆镇，2005 年 6 至 7 月，四川省文物考古研究院、阿坝藏族羌族自治州文物管理所、小金县文物管理所联合对该墓地进行了抢救性发掘，共清理石棺葬 41 座。墓葬排列密集有序，墓圹均为长方形竖穴土坑，葬具为石棺，平面多呈梯形或长方形。随葬器物主要放置在头端或龛内，包括陶、铜、铁、玉、石、骨器等。从墓葬形制和出土器物综合判断，墓葬年代为西汉中晚期至东汉中晚期。日隆石棺葬处于羌人西进的关键节点上，墓地的发掘为研究西南地区石棺葬的文化内涵提供了新材料（四川省文物考古研究院、阿坝藏族羌族自治州文物管理所、小金县文物管理所：《四川阿坝小金日隆汉代石棺葬墓地发掘简报》，《文物》2018 年第 10 期）。2017 年 1 至 4 月，四川省文物考古研究院等对彭山江口明末战场遗址进行了发掘，发掘面积 1 万余平方米，出水各类文物 3 万余件。其中Ⅱ T0767 出水金、银、铜、铁器 86 件，包括金册、银锭、铜钱和各类首饰等。从器物年代题记、金银器造型和工艺来看，遗址形成的最初年代大致在明末清初。金册、库银这类属于藩王府和官府的器物出现在江口岷江河道内，当与顺治三年（1646）张献忠江口沉银有关。本次发掘出水的大量器物对于研究明代晚期的政治、经济、军事乃至明末清初的历史走向具有重要意义（四川省文物考古研究院、国家文物局水下文化遗产保护中心、眉山市彭山区文物保护管理所：《四川眉山彭山江口明末战场遗址Ⅱ T0767 发掘简报》，《文物》2018 年第 10 期；高大伦、李飞：《从江口出水金封册看明代封册制度》，《文物》2018 年第 10 期）。2017 年 1 月 5 日至 4 月 13 日，四川省文物考古研究院等对位于四川眉山市彭山区江口镇岷江河道的江口明末战场遗址进行了第一次考古发掘，是国内首次采用围堰的方法在内水区域开展考古工作，发掘面积 10100 平方米，出水各类文物 30000 余件，其中“西王赏功”金、银币和“大顺通宝”铜钱等文物与明末农民起义军领袖张献忠直接相关，对研究明代的政治、经济、文化乃至明末清初的历史走向具有重要意义（四川省文物考古研究院、国家文物局水下文化遗产保护中心、眉山市彭山区文物保护管理所：《四川眉山市彭山区江口明末战场遗址 2017 年ⅡT1066 发掘简报》，《四川文物》2018 年第 5 期）。2015—2016 年，在成都市青羊区张家墩发掘隋唐至南宋砖室墓 15 座，形制可分为单室梯形、长方形与双室长方形。随葬品以陶瓷器为主，有瓷碗、盏、盘及陶俑等，另见少量铁器、滑石器和钱币等，其中七方石买地券较为重要。这些墓葬的发掘对研究成都地区民间道教信仰、丧葬习俗以及乡里建制等具有重要学术意义（四川大学考古系、成都文物考古研究院：《成都市清江东路张家墩隋唐至南宋砖室墓》，《考古》2018 年第 12 期）。2005 年 3 月、2013 年 11 月至 2014 年 4 月，都江堰市文物局等在都江堰渠首进行了考古发掘和调查，共发现 1 通汉碑、3 尊石人像以及百余件石构件等文物，为都江堰水利工程的修建、维护等相关研究提供了一批新的重要实物资料（成都文物考古研究院、都江堰市文物局：《四川都江堰渠首 2005、2014 年的发掘与调查》，《四川文物》2018 年第 6 期）。

（作者单位：成都文物考古研究院）

成都的友善基因与历史文化阐释[①]

潘殊闲

内容提要：天府之国的自信、四塞之国的好奇、移民文化的浸润、两河流域的交融、交通枢纽的通达、民族融合的氛围，综合氤氲出成都这座天府之国、首善之都的友善基因与历史底蕴。方干的“游子去游多不归”（《蜀中》）是今天世人所乐道的“成都是一座来了就不想走”的历史版，而它背后所折射的则是这座城市的综合实力与魅力。这当中，“友善”是成都赢得古今盛名的核心特质之一，也是核心竞争力之一。当今成都多次荣获全国最具幸福感城市、世界美食之都等殊荣，回望历史，何其相似。

关键词：成都；友善；历史文化；阐释

中共成都市第十三次代表大会工作报告指出：文化，是一座城市的独特印记，更是一座城市的根与魂。成都平原被誉为“天府之国”，是古蜀文明重要发祥地，孕育积淀出思想开明、生活乐观、悠长厚重、独具魅力的天府文化特质。要传承历史文化，弘扬现代文明，让天府文化成为彰显成都魅力的一面旗帜。

报告又指出：要深度发掘地域文化特质，从市民丰富多彩的生产生活实践中汲取营养，推动天府文化创造性转化、创新性发展，彰显继往开来、革故鼎新的时代风尚，发展“创新创造、优雅时尚、乐观包容、友善公益”的天府文化，让人文成都别样精彩！这里，报告赋予了天府文化以新的时代内涵，即创新创造、优雅时尚、乐观包容、友善公益。这个概括，不是一时心血来潮拼凑出来的，而是植根于历史与现实的深度考量。本文试图以天府之国的核心成都为基础，对天府文化的“友善”内涵作一历史文化的阐释，以求教于方家。

---

① 基金项目：四川省社科联重大委托项目（项目编号：SC17EZD034）的阶段性成果之一。

一、天府之国的自信

公元前316年秋，秦惠王遣张仪、司马错等率大军从石牛道南下伐蜀获得成果。自此，古蜀王国消亡。秦灭蜀国之后40年，即公元前277年，李冰作为第三任蜀郡守来到四川，开始了他治蜀与兴蜀的历程。李冰治蜀事迹甚多，但最有名的是创建都江堰、疏通成都“二江”等重大水利工程，使昔日并不宜居，更不宜业的成都平原变成了“天府之国”，极大地奠定了成都作为巴蜀地区政治、经济、文化中心的地位。对此，《华阳国志》这样描述道：“冰乃壅江作堋。穿郫江、检江，别支流，双过郡下，以行舟船。岷山多梓、柏、大竹，颓随水流，坐致材木，功省用饶。又溉灌三郡，开稻田。于是蜀沃野千里，号为陆海。旱则引水浸润，雨则杜塞水门，故《记》曰：‘水旱从人，不知饥馑。’‘时无荒年，天下谓之天府’也。”① “水旱从人，不知饥馑”是对天府之国最形象的描绘。在靠天吃饭的时代，粮食问题得到解决，这是社会稳定与经济发展的最重要基础。从上述《华阳国志》所述来看，李冰修建都江堰，不仅带来水利与灌溉的重大变化，与之同时的还有农业、航运业、竹木运输与加工业等的巨大变化。天府之国的核心成都呈现两江环抱的美景，且与岷江、长江相连通，真正成为长江上游的经济中心、航运中心和综合交通枢纽。

李冰无疑是开创天府之国的伟大功臣，但天府之国的彻底腾飞，还仰赖于另外一位先贤，那就是文翁。公元前156年，文翁担任蜀郡守，踵继李冰的伟业，进一步改变蜀地的自然与文化生态。《华阳国志》记载：“孝文帝末年，以庐江文翁为蜀守。翁穿湔江口，溉灌郫繁田千七百顷。是时，世平道治，民物阜康；承秦之后，学校陵夷，俗好文刻。翁乃立学，选吏子弟就学。遣俊士张叔等十八人东诣博士，受七经，还以教授。学徒鳞萃，蜀学比于齐鲁。巴、汉亦立文学。孝景帝嘉之。今天下郡、国皆立文学。因翁倡其教，蜀为之始也。”② 这是目前所能看到的文献所载“蜀学”的最早记录。蜀地告别古蜀方国时代融入中原，接受中原文化的洗礼才160多年③，蜀学就能比于齐鲁。这句话至少有两种理解，一是蜀中学人众多，学人的数量可以与孔孟之乡的齐鲁比肩；二是蜀中学术文化所达到的高度、取得的成绩、产生的影响可以与孔孟之乡的齐鲁比肩。两种理解都有根柢，都能站住脚。关于第一种理解，前文“学徒鳞萃”，实际上已经言明。关于第二种理解，《华阳国志》在随后的论述中有进一步的阐明：“蜀自汉兴，至乎哀平，皇德隆熙，牧守仁明。宣德立教，风雅英伟之士，命世挺生，感于帝思。于是玺书交驰于斜谷之南，玉帛践乎梁、益之乡。而西秀彦盛，或龙飞紫闼，允陟璇玑，或盘桓利居，经纶皓素。故司马相如耀文上京，扬子云齐圣广渊，严君平经德秉哲，王子渊才高名俊，李仲元湛然岳立，林翁孺训诰玄远，何君公谟明弼谐，王延世著勋河平。其次，杨壮、何显、得意之徒，恂恂焉。斯盖华岷之灵标，江汉之精华也。故益州刺史王襄悦之，命王褒作《中和颂》，令胄子作《鹿鸣》声歌之，以上孝宣帝。帝曰：‘此盛德之事，朕何以堪之。’即拜为郎。降及建武以后，爰迄灵献，文化弥纯，道德弥臻，

① （晋）常璩著，任乃强校注：《华阳国志校补图注》卷三，上海古籍出版社，1987年版，第133页。

② （晋）常璩著，任乃强校注：《华阳国志校补图注》卷三，上海古籍出版社，1987年版，第141页。

③ 如果从文翁镇蜀起算，至司马相如名动京城，尚不足30年时间，其“化蜀”之成效，不可谓不速。

赵志伯三迁台衡，子柔兄弟相继元辅，司空张公宣融皇极，太常仲经为天下材英，广陵太守张文纪，号天下整理，武陵太守杜伯持，能决天下所疑，王稚子震名华夏，常茂尼流芳京尹。其次，张俊、秦宓，英辩博通，董扶、杨厚，究知天文，任定祖训徒，同风洙泗。其孝悌则有，姜诗感物寤灵，禽坚精动殊俗，隗通石横中流，吴顺赤乌来巢。其忠贞，则王皓陨身不倾，朱遵绊马必死，王累悬颈州门，张任守节故主。其淑媛，则有元常、纪常、程玦及吴几先络，郪之二姚，殷氏两女，赵公夫人。自时厥后，龙宗有鳞，凤集有翼，搢绅邵右之畴，比肩而进，世载其美。是以四方述作有志者，莫不仰其高风，范其仪则，擅名八区，为世师表矣。其忠臣孝子，烈士贞女，不胜咏述。虽鲁之咏洙泗，齐之礼稷下，未足尚也。故'汉征八士，蜀有四焉'。"① 文翁化蜀之后所带来的"彬彬之盛"，于兹可以洞悉。其末所云"虽鲁之咏洙泗，齐之礼稷下，未足尚也"，正是对"蜀学比于齐鲁"的注解。对此，任乃强先生对这段文字有这样的评述："此章夸述蜀中人物，文格拟于汉赋，纂组典实，尽致极妍。究所称述，对于蜀中封建文化之发展，亦与历史实际符合，非徒藻丽取宠，以文胜质者比也。综其所举人物反映于社会发展方面者，有四方面：（1）代表中原文化之经、史、诸子，渐已成为蜀人通习之书，且多有较中原学人钻研深透之文学巨儒，为全国人所宗仰。（2）已多有仕宦京师，位至宰相、三公，及州郡刺史太守，著绩称者。（3）封建道德，广泛灌注人心。忠孝节义士女，所在多有。上下称扬，蔚为风气。（4）仍多绩学高明之士，肥遁不仕，以素王自娱，不谐于俗者，其所反应，则为富乐傲世，襟怀褊狭所使然也。常璩即为如此封建文化已入成熟阶段中长育之人物，具有如此四方面的赋性与本能，故所描绘各色人物，格外亲切而深刻。"②

天府之国一方面是自然条件的优渥，一方面是人文教育的大化，物质与精神，经济硬实力与文化软实力比翼齐飞，相得益彰。《管子·牧民》对此有深刻的认识："凡有地牧民者，务在四时，守在仓廪。国多财则远者来，地辟举则民留处。仓廪实则知礼节，衣食足则知荣辱。上服度则六亲固，四维张则君令行……不务天时则财不生，不务地利则仓廪不盈。野芜旷则民乃菅，上无量则民乃妄。"③

礼义廉耻被管子称为国之"四维"。礼义廉耻除了教化和"上服度"，即上层敦行礼度，以风化下层，更主要的还在于要有物质基础，也即"务在四时，守在仓廪"。"仓廪不盈"被称为"民不聊生"，何谈礼节与荣辱？

李冰治理下的天府之国让蜀中百姓"水旱从人，不知饥馑"，彻底告别了洪荒与饥馑，而文翁化蜀，宣德立教，又使蜀中之民崇文尚进，扬善明礼，以至盛德之事，声震宇内。

一个地区经济发展与人文进步，必定带来社会风气的改善。懂礼节，知荣誉，不可能待人不友善。所以，友善是文明的结果，也是文明的标志之一。天府之国之所以钟灵毓秀，与这种自然与人文的良性互动有极大的关系。常璩之后的蜀中，历史虽有起起落落，但这种植根于天府之国内在基因的蜀中文明之风代代相传，不曾断歇。所以，友善成都，是物质文明与精神文明高度发达的必然结果。这两种文明交织在一起，带给蜀人特别是蜀中的首善之域

① （晋）常璩著，任乃强校注：《华阳国志校补图注》卷三，上海古籍出版社，1987年版，第146页。
② （晋）常璩著，任乃强校注：《华阳国志校补图注》卷三，上海古籍出版社，1987年版，第146—147页。
③ 黎翔凤撰，梁运华整理：《管子校注》卷一，中华书局，2004年版，第2页。

成都一种天然的自信。所以，来到成都的人，无不为成都的热情友善所感动乃至感化。杜甫广德二年（764）从梓州回到阔别一年多的成都草堂时，接连用了“旧犬喜我归”“邻里喜我归”“大官喜我来”“城郭喜我来”（《草堂》）四组画面来表现成都及其官民的友善。杜甫的诗被称为“诗史”，这些诗句形象生动地诠释了成都的友善历史。

二、四塞之国的好奇

成都平原位于四川盆地的最底部，而四川盆地顾名思义四围都是崇山峻岭，翻开地图可以清晰地看到，四川盆地东边是巫山，南边是大娄山、大凉山且紧邻云贵高原，西边是龙门山、邛崃山以及横断山脉，北边是米仓山和大巴山。故《隋书·地理志》将其概括为“其地四塞，山川重阻”①。这个四塞之国，最直接的影响就是交通不便，与外界相对阻隔，所以，李白“蜀道之难，难于上青天”的浩叹，给世人留下深刻印象。再加上特殊的地形地貌和物产风俗，对盆地之外的人们充满较大的吸引力；而地处盆地的人们也渴望了解盆地以外的世界。这样，盆地内外构成了一种互摄互补的关系，彼此都对对方充满好奇。就盆地内部的人来说，对外面的世界，包括一切外来的人与物，都充满着一份新鲜、新奇、新异的心理期待与感知。而所有外来的人，也都对这里的一切充满惊奇、新奇与好奇。不妨来看以下事例。

唐肃宗乾元二年（759）冬，屡受打击走投无路的杜甫带着一家老小跌跌撞撞从陇南直奔成都。成都对杜甫来说只有文献上的认知，没有现实中的体会。对于长期在中原、在北方生活的杜甫来说，地处西南的成都显然是“陌生”的，对此，杜甫在他的成都开篇诗中这样描写道：

翳翳桑榆日，照我征衣裳。
我行山川异，忽在天一方。
但逢新人民，未卜见故乡。
大江东流去，游子去日长。
曾城填华屋，季冬树木苍。
喧然名都会，吹箫间笙簧。
信美无与适，侧身望川梁。
鸟雀夜各归，中原杳茫茫。
初月出不高，众星尚争光。
自古有羁旅，我何苦哀伤。（《成都府》）

这首诗虽然还带有浓郁的羁旅漂泊的苦涩味，但可以看出，山川迥异的成都让杜甫有“忽在天一方”的感觉。如果说初来乍到的杜甫对成都的第一印象是“曾城填华屋，季冬树木苍。喧然名都会，吹箫间笙簧”的视听觉冲击的话，那接下来在成都生活的三年零九个月，给他太多的异样之美的感受与享受：

① （唐）魏徵撰：《隋书》卷二十九，中华书局，1999年版，第564页。

乡关胡骑远，宇宙蜀城偏。（《得广州张判官叔卿书使还以诗代意》）
蜀天常夜雨，江槛已朝晴。（《水槛遣兴二首》之二）
蜀星阴见少，江雨夜闻多。（《散愁二首》之一）
窗含西岭千秋雪，门泊东吴万里船。（《绝句四首》之三）
锦城丝管日纷纷，半入江风半入云。（《赠花卿》）
蜀酒浓无敌，江鱼美可求。（《戏题寄上汉中王三首》之二）
蜀酒禁愁得，无钱何处赊。（《草堂即事》）

这些吟诵蜀国江山风物的诗篇，成为入蜀诗人对蜀国的诗性记忆，为我们了解杜甫所处时代的蜀地自然环境与人文背景，提供了十分难得的文字记录与真实的情感体验，非常宝贵。

与杜甫友好，世人并称为“李杜”的李白，二十四岁离开蜀中故乡，“仗剑去国，辞亲远游”（李白《上安州裴长史书》），对外面的世界充满好奇，直言：“见乡人相如大夸云梦之事，云楚有七泽，遂来观焉。”（李白《上安州裴长史书》）这种好奇，让李白云游四方，每到一处，用诗歌记录行迹，用诗歌印证万方：

长安一片月，万户捣衣声。（《子夜吴歌》之《夏》）
天姥连天向天横，势拔五岳掩赤城。天台四万八千丈，对此欲倒东南倾。（《梦游天姥吟留别》）
孤帆远影碧空尽，唯见长江天际流。（《黄鹤楼送孟浩然之广陵》）
山随平野尽，江入大荒流。月下飞天镜，云生结海楼。（《渡荆门送别》）
太白与我语，为我开天关。（《登太白峰》）
三山半落青天外，一水中分白鹭洲。（《登金陵凤凰台》）
日照香炉生紫烟，遥看瀑布挂前川。飞流直下三千尺，疑是银河落九天。（《望庐山瀑布二首》之二）
朝辞白帝彩云间，千里江陵一日还。两岸猿声啼不尽，轻舟已过万重山。（《早发白帝城》）

这些诗充满了李白式的好奇、惊奇与神奇，不失为当地的名胜佳语与旅游代言，堪称经典永流传。

三、移民文化的浸润

成都在历史上就是一个典型的移民城市。翻检史书可以清楚地看到，成都在历史上有几次大的“移民潮”。早在公元前316年秦并巴蜀之后，为了加强对巴蜀地区的统治，秦国就开始向巴蜀地区移民。《华阳国志·蜀志》有这样的记载：“周赧王元年，秦惠王封子通国为蜀侯，以陈壮为相。置巴、蜀郡，以张若为蜀守。戎伯尚强，乃移秦民万家实之。”[①] 按平均每家人口数为5计算，万家即是5万人。这个移民规模在当时不可谓不大。虽然这些移民

① （晋）常璩著，任乃强校注：《华阳国志校补图注》卷三，上海古籍出版社，1987年版，第128页。

不都是到成都，但郡治所在的成都比例应该是相当大的。“实之”之语，犹当玩味。秦并巴蜀之后，蜀地大乱，虽然公元前314至公元前285年的29年间，秦王曾三次封蜀王子为侯，又三次杀掉，背后的原因自然是蜀侯谋反①。与谋反同时的是蜀地民众南迁，其中一支蜀王南迁至今天的越南北部，称为“安阳王”②。一方面是加强对蜀地的统治，一方面也是充实因为蜀民迁徙流散而导致的空城，所以，“实”字是有客观历史背景的。

此后的蜀郡成都，迎来了李冰和文翁两位彪炳史册的郡守，相继改变了蜀地的自然生态和文化生态，一跃而成为取代关中的“天府之国”。加上四塞之国的自然阻隔，远离中原的兵燹祸乱，每当北方、中原等地方有战乱、自然灾害的时候，蜀中就成为移民迁徙的重要目的地。典型的如东汉末三辅移民入蜀③；西晋末陇西六郡流民入蜀④；安史之乱后北方移民入蜀潮，杜甫诗中有“故国莽丘墟，邻里各分散”（《逃难》）、“寂寞天宝后，园庐但蒿藜；我里百余家，世乱各东西”（《无家别》）以及“二十一家同入蜀”（《三绝句》之二）的咏叹；唐末僖宗避乱入蜀，引发至五代持续不断的入蜀移民潮，《资治通鉴》称“是时唐衣冠之族多避乱在蜀”⑤；“靖康之难”后北方溃兵和流民大量入蜀⑥；元明清三季，四川社会屡有动荡，农民起义时有发生，自然灾害与人为戕害的交替，至清初，四川人口已锐减至50万人以下⑦，于是，“湖广填四川”，成为四川历史上最大的一次移民潮。此次移民潮持续一个世纪，移民人口高达600多万，超过四川原有人口⑧。“湖广填四川”的“填”字非常形象。家园与城邑的荒芜空荡，需要靠外来人口填充，这与秦并巴蜀之后的“实之”，遥相呼应。进入20世纪，抗日战争全面爆发后，随着中华民国临时首都迁徙重庆，大批移民涌入四川。中华人民共和国成立之后，“三线建设”又带动了新的移民进入四川，来到成都。

上述简要梳理的以成都为中心的蜀地移民历史，可以清楚地看到成都历史人口结构的升降性、组合性、交叉性、迁徙性的特点。这样的人口特点，决定了所谓的“土著民”只是一个相对概念，因此，在成都居住的人，三代以上大多都是外来人口。既然大多都不是真正意义上的土著，先来的人对后来的人就没有特别的优越感、居高临下感。不仅没有这种明显的“外乡”与“本土”的严格分野，相反，出于一种天然的“同病相怜”心理，先来的“外乡”人与后来的“外乡”人特别友好，没有明显的排外心理。一个十分有趣的民间现象可以佐证这种历史文化的孑遗，那就是，蜀地之人对说普通话的外地人问路、买菜、买东西等，一般情况下，被问的人都会临时放弃自己的方言，改用能让对方听得懂的普通话回答，哪怕这种普通话被大家戏称为“椒盐普通话”。反观国内有的城市，则不太愿意放弃自己的方言，换用对方能听懂的普通话，这种现象的背后，就是这些地方的居民（其实，可能三代之内也是

---

① （晋）常璩著，任乃强校注：《华阳国志校补图注》卷三，上海古籍出版社，1987年版，第128—129页。

② （魏）郦道元著，陈桥驿校证：《水经注校证》卷三十七引《交州外域记》，中华书局，2013年版，第822页。

③ 如《后汉书》卷七十五《刘焉传》、《华阳国志》卷五《公孙述刘二牧志》等都有相关记载。三辅，指东汉的京兆尹、左冯翊、右扶风，今陕西中部。

④ 参见（唐）房玄龄等撰《晋书》卷一百二十《李特载记》，中华书局，1999年版，第2030页。

⑤ （宋）司马光撰：《资治通鉴》卷二百六十六，中华书局，2012年版，第8805页。

⑥ 如《建炎以来系年要录》卷十二载建炎年间，“自两河失守，兵官之败散者，多在兴、凤间招集溃兵入蜀”。

⑦ 关于清初四川的总人口，有多种说法，最少的只有8万人，最多的50万人左右，参见谭红主编《巴蜀移民史》，巴蜀书社，2006年版，第468页。

⑧ 葛剑雄主编：《中国移民史》第六卷，福建人民出版社，1993年版，第92—96页。

迁徙过来的）有一种文化优越感、地方优越感。而以成都为代表的蜀地，则明显地表现为一种对外来之人的接纳、欢迎乃至迁就，骨子里就是一种开放、包容与友善。安史之乱后，杜甫颠沛流离，一路栖栖遑遑地南奔入蜀，最后在成都定居下来，修建了茅屋，过上了一生难得的相对安稳、闲适的生活。其所以如此，是因为友善的成都接纳了他。成都的友善，具化为官员的接纳、亲旧的接纳、僧寺的接纳、邻里的接纳，这些接纳在不知不觉中改变了杜甫的审美情趣、诗歌风格、生活方式和诗学思想①，由此，也使成都在杜甫文化史上占有崇高的地位，这就诚如冯至先生所概括的："人们提到杜甫时，尽可以忽略了杜甫的生地和死地，却总忘不了成都的草堂。"② 今天的成都杜甫草堂博物馆，是所有杜甫遗址遗迹地中保存最完好、规模最大、影响最大最久远、历史最悠久的文化名胜。由此可以证明友善成都的历史基因与具体表征。

四、两河流域的交融

黄河与长江是中华民族的两条母亲河，黄河文明与长江文明各有特色又相互交融。四川位于中国地理位置的几何中心，恰好在黄河文明与长江文明的交叉点上。《史记·天官书》说："中国山川东北流，其维，首在陇、蜀，尾没于勃、碣。"③ 这是一个非常有趣的地理现象。它既是自然地理，亦是文化地理。

岷江是长江上游左岸一级支流，其正源出自岷山南麓松潘县北部水晶乡安备村境内弓杠岭南坡斗鸡台西侧。松潘在历史上一直是重要的军事要塞，远在公元前 3 世纪秦始皇统一中国时，就在今松潘城北的元坝子设立了湔氐县。汉代在此改县为道，三国迄隋，设立县治从未间断。唐武德元年（618）置松州。太宗贞观二年（628）置都督府，羁縻生羌部落。明洪武十二年（1379），设立松州卫（今松潘进安镇）和潘州卫（旧城在今若尔盖县东求吉乡），不久并为"松潘卫"，此"松潘"得名之始④。在相当长的历史时期，人们认为岷江的上游即是长江的源头，《尚书·禹贡》首言大禹治水"岷山导江"。此后《山海经》等史籍皆言"大江出汶（岷）山"⑤。有意思的是，就是这座岷山，它是长江水系的岷江、涪江、白水河与黄河水系的黑水河的分水岭！换言之，四川位于黄河流域与长江流域的交汇处，是连接黄河流域与云贵高原的过渡地带。

身处两河流域的巴蜀地区，先天具有勾连东西南北的区位优势和文化传统，所以，地处盆地的人们普遍具有一种开拓与开放，兼蓄与兼容的集体文化性格。"要想跨出盆地，那么，东出三峡，走出夔门，便与楚文化的江汉平原山水相通；北越秦岭、大巴山，便与秦陇文化的关中之地乃至河洛中原岭谷相连；走进西北，则与横断山脉的'藏羌彝走廊'嵯峨相接。司马迁说'栈道千里，无所不通'，本来闭塞的盆地反而因地理条件的多样性、多变性而导

① 潘殊闲：《成都对杜甫的接纳与成都对杜甫的改变》，《天府文化研究》（乐观包容卷），四川大学出版社，2018 年版。

② 冯至：《杜甫传》，百花文艺出版社，2007 年版，第 128 页。

③ （汉）司马迁撰：《史记》卷二十七，中华书局，1999 年版，第 1156 页。

④ 周群华：《松潘古城考》，《四川文物》1991 年第 6 期。

⑤ （晋）郭璞注，袁珂校注：《山海经校注》卷十三《海内东经》，北京联合出版公司，2014 年版，第 286 页。

致古代四方交通的便捷和交流的便利，使巴蜀地区具有突出的开放性和兼容性。”① 此论是非常中肯的。

正因为这种兼具两河流域的交融性，四川兼具南北文化的特质。最明显的就是，四川人既具有南方人的细腻、精明，又具有北方人的豁达、豪放。川菜特别善于吸纳各菜系的优长，创新融合，既有麻、辣、鲜、香的内在特质，又有色、形、韵、美的外在表征，所以，川菜适合于天南地北的人。川菜走遍世界，其理亦在此。而川菜中的火锅，最能体现这一地域文化特点。在四川人看来，无论山珍还是海味，都可以入锅涮烫；无论你是重口味还是轻口味，总能在食材、汤味和蘸碟中找到知音与感觉，所以，无往不至，无往不胜。其他许多带“川”字号、“蜀”字号的文化品牌，莫不是这种海纳与包容的结果，如川剧、川派盆景、川派武术，等等。

语言是文化的活化石，而方言则是地方文化的缩影。成都话是四川方言的官话，而地处南方的四川，其方言却属于北方方言区。四川方言在语音、词汇、语法等方面，都明显的与北方方言区有相同、相通、相似之处，而与吴方言、赣方言、湘方言、闽方言、粤方言等南方方言区形成明显差异，这是两河流域在语言文化上的交融表现。

的确，两河流域的交融，使这一地区的人们善于融通，对外来的人和事保持一种友好善意的态度，所以，待人以真诚，待事以热忱，是蜀中之人的集体共性。在巴蜀地区，对内有所谓“巴出将，蜀出相”的分野，但对外则表现出巴蜀之人兼具南北文化性格的地域特征。他们大都能文能武，亦俗亦雅，粗中有细，传统并不保守，新潮但有底线，从古之司马相如、李白、苏轼、杨慎、李调元到今之郭沫若、巴金，甚至朱德、陈毅、邓小平等从巴蜀大地走出的国家领导人，都能从其身上读出川人的特殊“味道”。

这种融通，使巴蜀之人普遍不喜欢钻牛角尖，不喜欢非此即彼的绝对，而是善于学习、善于适变、善于创新、善于综合，而这有一个前提，就是为人真诚、善良、友好，做事踏实、认真、执着，不简单排斥，不自以为是，不说大话，且说到做到。这种集体性格，造就了古今蜀中众多的“传奇”。一个为世人所津津乐道的现象即是，成都，甚至整个四川，虽然偏于西南一隅，长期远离中国的政治中心，但在历史上，以成都为中心的天府之国，却屡屡扮演区域乃至全国的经济中心、文化中心、交通中心的角色，并承担相应的义务，拥有相应的地位，这不能不引起我们的深入思考。

五、交通枢纽的通达

成都虽然地处西部内陆，又是盆地，四塞之国的比喻无疑是恰当的。但在没有通衢大路、机动车辆和航空飞行的远古、中古、近古时期，沿着崇山峻岭的山间小道以及大小河流的舟楫船筏，事实上东西南北，无不相互勾连。在古蜀时期，成都就已显现出打通南北、勾连东西的区位优势。今天，我们可以清楚地从三星堆和金沙遗址出土文物中看到成都在古蜀

① 谭继和：《巴蜀文化概说》，载徐希平主编《长江流域区域文化的交融与发展——第二届巴蜀·湖湘文化论坛论文集》，四川大学出版社，2013年版，第12页。

时期与南亚、东南亚、中亚乃至东西欧的通连与交往。

而秦并巴蜀之后，蜀守李冰修建的都江堰及其系列灌渠工程，有效发挥了灌溉、运输、防洪以及生产生活等诸多功能，奠定了成都平原及都江堰灌区跃升成为“天府之国”的生态基础、产业基础和航运基础[①]。今天人们提到成都，提到四川，往往概称其为“一带一路”与长江经济带的重要节点。其实，这不是今天成都的“蜕变”，而是历史的自然延伸。我们常说的“丝绸之路”最主要的有三条，一条是北方丝绸之路，一条是南方丝绸之路，一条是海上丝绸之路。三条丝绸之路，成都都是重要的节点，其中，南方丝绸之路的起点是成都，另外两条，成都是重要的货源地。追溯丝绸的发展史可以看到，蜀地有着非常重要而独特的贡献。首先是“蜀”字，其字形即为卷曲的蚕子。蜀国开山之祖名蚕丛。顾名思义，蚕丛即是蚕的丛集，其祖地相传为岷山蚕陵。成都自古即有“锦城”“锦里”等雅称，其实质乃是成都丝织业的高度发达。1995 年在新疆民丰县尼雅遗址出土的蜀锦护臂，上有“五星出东方利中国”八个篆体汉字，这是成都丝织品通达远方的实证。而 2013 年成都天回镇老官山汉墓出土的蜀锦提花机模型，系我国首次出土的斜织机实物模型，震惊世界，这是成都作为丝绸之都的物证。而诸葛亮“今民贫国虚，决敌之资，唯仰锦耳”[②] 的论述，从一个侧面反映了蜀中特别是成都丝织业作为支柱产业的历史事实。

三条重要的丝绸之路表面看是贸易通道，但实际上是交通大动脉。历史上遍布四川盆地四围的各种“蜀道”，客观上证明了“蜀道难”的背后的确是“蜀道通”。而交通的通达，必定让成都汇聚天南海北的客商，用万商云集形容一点不为过。杜甫“门泊东吴万里船”（《绝句四首》之三）绝不是诗人的想象，而是一种写实。这甚至可以从张籍的“万里桥边多酒家，游人爱向谁家宿”（《成都曲》）得到印证。“酒家”与“游人”构成了一种对应关系，而“多”与“爱”，则透露了这种对应关系的特殊指向。因为游人多，酒家才多；因为酒家多，游人的选择亦多。所以，张籍笔下的成都，已是名副其实的工商大都会、旅游集散地。而这一切繁盛的背后可以从《隋书·地理志》对成都的概括得到启示：“水陆所凑，货殖所萃，盖一都之会也。”[③]“凑”一作“辏”，本指车轮的辐条向毂集中，引申为聚集、集合。成都因为是水陆交通的枢纽，所以能做到“货殖所萃”。物流、人流的汇聚，必定带来资金流、信息流的交汇，其最终则显现为文化的交融。

毋庸讳言，能做到万商云集，说明城市交通发达，货源充足，特别是有地方特色的货源具有很强的吸引力。另外，说明城市的营商环境很好，对外地商人友好，没有不良的城市印记，没有排外、掐外、损外的城市恶习、陋习与污名，外地商人和客人才愿意到成都来经商、投资、旅游、生活。试想一下，如果成都没有友善的城市基因与城市氛围，能有这样的盛况吗？

六、民族融合的氛围

成都因为独特的区位优势，加上畅达的交通与移民文化的浸润，东西南北文化在这里交

---

① 潘殊闲：《李冰与天府之国》，《中华文化论坛》2018 年第 10 期。
② （宋）李昉等：《太平御览》卷八一五，中华书局，1960 年版，第 3624 页。
③ （唐）魏徵：《隋书》卷二十九，中华书局，1999 年版，第 564 页。

汇交融。这些文化中，自然包括了多民族文化。

首先是国内多民族的交融。四川是汉民族与藏羌彝少数民族的交汇点，是连接江汉平原与青藏高原的桥梁，而成都从古至今都是由汉入藏的通都大邑与桥梁。在成都西部不远的地方，就是藏族最大的聚居区康藏地区；在成都南边，则是全国最大的彝族聚居区；在成都西北，则是全国最大的羌族聚居区。藏羌彝呈半月形环绕成都，形成一条非常有特色与价值的“藏羌彝文化走廊”。在历史上，无论是茶马古道还是南方丝绸之路，所交汇的中心无疑是天府之国的心脏成都。今天，在成都武侯祠一带，已形成藏族聚居区，甚至西藏自治区的第二办公区也设在了成都。藏民把成都武侯藏人社区说的藏语戏称为藏族的“第四大方言区”[①]。除藏羌彝外，国内其他少数民族如回族等在成都不少地方都有相对集中的聚居区，且都高度融入成都，无拘无束。

其次是外国族裔。据宋人杨备恩《蜀都故事》所载，唐时成都西门外，“昔有胡人于此立寺为大秦寺，其门楼十间，皆以真珠、翠碧贯之为帘。后摧毁坠地唯故基在。每有大雨，其前后人多拾得真珠瑟瑟金翠异物。……盖大秦国多璆琳、琅玕、明珠、夜光璧。水道通益州永昌郡。多出异物，则此寺大秦国人所建也”[②]。这里所说的大秦国，是指东罗马帝国。唐代对外贸易十分发达，成都又享有“扬一益二”的盛誉，其实质是成都当时已是享誉海内外的工商大都会，有不少海内外商贸大贾长期在成都经商、定居，为了满足西域客商的宗教信仰，在成都修建了大秦寺。另外，花间词人李珣，“其先波斯国人，随僖宗入蜀”[③]，也是一证。

今天的成都，外国领事馆数量已跃居全国第三，仅次于上海、广州。来成都留学、从商甚至居住的外国人越来越多。

从古代到现代，成都堪称民族交融的典范城市。多民族和谐聚居，靠的是包容和友善。没有包容、友善，各民族难以平等相待，难以和睦相处，难以生存发展。而这种包容，最深层次的是文化包容；这种友善，最重要的是区域的集体友善。所以，包容与友善是成都这座天府之国首善之城的文化基因与城市氛围。

综上，天府之国的自信、四塞之国的好奇、移民文化的浸润、两河流域的交融、交通枢纽的通达、民族融合的氛围，综合氤氲出成都这座天府之国首善之都的友善基因与历史底蕴。方干的“游子去游多不归”（《蜀中》）是今天世人所乐道的“成都是一座来了就不想走”的历史版，而它背后所折射的则是这座城市的综合实力与魅力。这当中，“友善”是成都赢得古今盛名的核心特质之一与核心竞争力之一。当今成都多次荣获全国最具幸福感城市、世界美食之都等殊荣，回望历史，何其相似！

（作者单位：西华大学地方文化资源保护与开发研究中心）

---

① 石硕、奚玲玲：《兼容：天府文化的特质及其由来——兼论成都在汉藏交流中的连接、枢纽作用》，《天府文化研究》（创新创造卷），巴蜀书社，2018年版，第82页。

② （宋）吴曾：《能改斋漫录》卷七，文渊阁《四库全书》本。

③ （宋）黄休复：《茅亭客话》卷二，《宋元笔记小说大观》（一），上海古籍出版社，2007年版，第411页。

巴文化研究

应该重视对巴文化的研究

——从巴蜀关系论巴蜀文化研究

李殿元

内容提要：从巴蜀文化的历史上看，“巴”的影响并不亚于“蜀”；而从四川建置史看，由于历代统治者都将统治巴蜀的最高治所设在成都，故成都一直主导着重庆的发展。不可否认，重庆人对此，即使他们嘴上不说，在心理上总是有些苦涩的。成都主导的巴蜀文化研究，存在重蜀轻巴的倾向。重庆直辖后，极力塑造自己的独特文化，注重政治站位而不是巴文化研究的担当。巴蜀文化是一个整体，两种文化互相影响和渗透，对巴文化的研究，应该予以特别的重视。

关键词：巴蜀文化；巴蜀关系；重蜀轻巴；重庆直辖；特别重视

1941年，著名历史学家卫聚贤先生通过对大量巴蜀遗物的考证，提出了“巴蜀文化”这个词①。20世纪80年代，童恩正先生在《中国大百科全书》的《考古卷》中第一次对“巴蜀文化”进行了科学界定：“巴蜀文化——中国西南地区古代巴、蜀两族先民留下的物质文化。主要分布在四川省境内。其时代大约从商代后期直至战国晚期，前后延续上千年。”②再之后，广义的巴蜀文化认为，巴蜀文化是“四川省地域内，以历史悠久的巴文化和蜀文化为主题，包括省内各少数民族在内的，由古至今的地区文化的总汇”③。从40年代到20世纪末，尤其是在三星堆遗址发掘的80年代后，对巴蜀文化的研究，一直是四川学术界的研究重点。而这种状况，在1997年重庆直辖以后，发生巨大的变化。其中的来龙去脉乃至对学术研究的影响，值得一论。

---

① 卫聚贤：《巴蜀文化》，载《说文月刊》1941年第3卷第4期。

② 童恩正：《巴蜀文化》，载《中国大百科全书》之“考古卷”，大百科全书出版社，1986年版。

③ 林向：《“巴蜀文化”辨证》，载《华中师范大学学报》2006年第4期。

一、从四川建置史看，成都一直主导重庆

巴蜀文化的研究在重庆与成都之间产生恩恩怨怨，乃至对学术研究形成影响，与四川建置史上主要是成都主导重庆有关。

周慎靓王五年（前316），秦国兼并蜀国、巴国，设立蜀郡于成都，巴郡于江州。巴蜀之地自此纳入中原版图。

西汉元封五年（前106），汉武帝在全国设13州刺史部，置益州刺史部，益州管辖范围大致相当于整个四川盆地和汉中地区，形成了四川的雏形。益州刺史部治雒县（今广汉），置蜀郡、犍为郡、越嶲郡、牂柯郡、汉中郡、广汉郡、梓潼郡、巴郡、益州郡、武都郡等郡，下辖146县。蜀郡治成都，巴郡治江州，均为益州刺史部所管辖。

新莽地皇五年（24），公孙述占据益州并在成都称帝，取起于成都之意，国号“成家”。东汉建武十二年（36），益州重归汉廷管辖。初平二年（191），益州牧刘焉徙治绵竹。兴平元年（194），又将州治迁往成都。益州是当时最大的三个州之一。建安十九年（214），刘备、诸葛亮经由江州平定益州，建立蜀汉政权，以成都为国都，诸葛亮为益州牧。三国末年西晋灭蜀汉，分割益州，另置梁州。

西晋后期，李特率流民攻入益、梁二州。永兴三年（306），李特之子李雄在成都称帝，国号“大成”。至咸康四年（338）时，李雄侄李寿又改国号为“汉”，史称“成汉”。永和三年（347），大成国被东晋所灭。十六国时期的405—413年，谯纵又在此建立政权，自称“成都王”。

隋开皇元年（581），以渝水（嘉陵江下游古称）绕城，改楚州为渝州，治巴县。这是重庆简称渝的来历。

唐武德元年（618）改益州为剑南道，梁州为山南西道，县的建置将近300个。在川西高原，设立了很多羁縻州、县，以加强少数民族地区管理。

五代时期，王建、孟知祥先后在四川地区建立起前蜀、后蜀政权，均以成都为国都，分别历时18年、31年。

北宋咸平四年（1001），今四川地区分为益州（今成都）、梓州（今三台）、利州（今广元）、夔州（今重庆奉节）四路，合称“川峡四路”或“四川路”。其间设四川制置使，“四川”由此得名。崇宁元年（1102），因赵谂谋反之事，宋徽宗以“渝”有“变”之意，改渝州为恭州。宋孝宗淳熙十六年（1189），升恭州为重庆府，重庆由此得名。

元朝至元二十三年（1286）合并川峡四路，设“四川等处行中书省”，简称“四川行省”，是为“四川”建省之始。重庆为四川南道宣慰司驻地，还一度是四川行省的驻地（1288－1290）。之后行省衙门驻成都府路。四川行省辖境包括今四川中东部、重庆大部、甘肃南部、陕西南部等，同时对州县大加减并，基本形成了如今县的分布格局。至正二十年（1360），农民军明玉珍建都于此，国号“大夏”，辖今重庆、四川、贵州、云南等地。

明洪武四年（1371），朱元璋灭大夏国，复改为重庆府，隶属于四川承宣布政使司。四川是全国13个承宣布政使司之一，辖区除今四川、重庆外，还包括今贵州省遵义市和云南

东北部及贵州西北部，辖境已达川西高原和凉山地区，布政使司衙门驻成都府。并在川西高原地区设立卫所，进行军屯。明末，张献忠在成都建立过“大西”政权，辖四川盆地大部分地区。

清初，分全国内地为18行省，四川省为其一，省会先驻阆中，达20年（1646－1665）之久。康熙四年（1665）四川全境平定以后，省治才迁往成都。光绪十六年（1890），中英签订《烟台条约续增专条》，重庆开为商埠。光绪十七年三月，重庆海关在朝天门附近设立。

宣统三年（1911），四川爆发保路运动，揭开辛亥革命序幕，随后于成都成立“大汉四川军政府”，于重庆成立“蜀军政府”，宣布脱离清朝统治。随后成渝军政府合并为四川军政府。

民国元年（1912），四川军政府改组为中华民国四川都督府，省会设在成都府。民国28年（1939），国民政府迁都至重庆，将重庆由二级乙等四川省辖市升格为甲等中央院辖市，析出四川省。

1949年12月，中国人民解放军进驻成都，重庆为西南局驻地。1950年1月，撤销四川省，并将今四川地区划分为川西、川东、川北、川南4个行署区和西康省。1952年9月，又撤销川东、川西、川南、川北行署区，恢复四川省建制，在成都成立四川省人民政府。

重庆开埠以后，经济迅速发展，在中华人民共和国成立初期，重庆是全国仅次于上海的工业城市①，是西南乃至西部最大的经济中心，GDP是成都的3倍以上。但是1954年9月，重庆市再次并入四川省建制。

1997年，原四川省计划单列重庆市，并将地级市涪陵市、万县市、黔江地区从四川省整体划出，组建重庆直辖市。至此川渝分治，形成今四川省行政区域。

从四川建置史看，成都、重庆一直为四川境内雄踞东西的两大并立都市，由于历代统治者都将统治巴蜀的最高治所设在成都，而成都为古蜀都，“蜀”也就成为四川地区的简称。因为成都一直居于政治、经济、文化中心，主导着重庆的发展；即使是在重庆开埠后经济发展远超成都，且在抗战时期成为“战时首都”和“陪都”，中华人民共和国成立初期又成为西南局驻地，仍然不影响成都作为四川首府的地位。

二、从巴蜀文化的历史上看，“巴”的影响并不亚于“蜀”

虽然分属巴文化、蜀文化的巴蜀文化的概念是在20世纪40年代才提出的，但不可否认，由巴文化与蜀文化共同组成的巴蜀文化，不仅是独具特色的地域文化，而且是中华民族文化的重要构成。巴蜀文化是一个整体，而巴文化与蜀文化在数千年的历史中，既共同发展，你中有我，我中有你；又恩恩怨怨，争斗不息。

卫聚贤先生提出“巴蜀文化”，并没有因为成都在历史上的影响大于重庆而坚持将“巴”放在“蜀”之前，显示了历史学家的品质——只尊重历史的原貌。因为从巴蜀文化的历史上看，“巴”的影响并不亚于甚至超过了“蜀”。

---

① 李彦一：《重庆计划单列始末》，载《红岩春秋》2008年第3－4期。

古蜀国的历史文化当然了不起，三星堆、金沙遗址震惊世人；但是，罗家坝遗址也证明古巴国的历史文化同样辉煌灿烂。

记载古蜀、古巴历史的典籍首推《华阳国志》。《华阳国志》的卷一是《巴志》，卷二是《汉中志》，卷三才是《蜀志》①。巴文化因为与中原的楚文化接壤，得以更早地融入华夏文化共同体，巴人在保持着本民族独特文化的同时，与古蜀及蜀文化也有全方位的交融。流传至今的巴渝舞、下里巴人、巴乡清等典故，对巴文化是很好的诠释。

按《华阳国志》的记载："《洛书》曰：'人皇始出，继地皇之后，兄弟九人，分理九州，为九囿。人皇居中州，制八辅。'华阳之壤，梁岷之域，是其一囿；囿中之国，则巴蜀矣。其分野，舆鬼、东井。其君，上世未闻。五帝以来，黄帝、高阳之支庶，世为侯伯。及禹治水命州，巴、蜀以属梁州。禹娶于涂山，辛、壬、癸、甲而去。生子启，呱呱啼，不及视。三过其门而不入室，务在救时。今江州涂山是也，帝禹之庙铭存焉。禹会诸侯于会稽，执玉帛者万国，巴蜀往焉。周武王伐纣，实得巴蜀之师，着乎《尚书》。巴师勇锐，歌舞以凌殷人，殷人倒戈。故世称之曰，'武王伐纣，前歌后舞'也。武王既克殷，以其宗姬于巴，爵之以子。古者，远国虽大，爵不过子。故吴楚及巴皆曰子。"② 这里的"周武王伐纣，实得巴蜀之师"在巴是事实，而在蜀则很可能并非是四川境内的古蜀国。

虽然古籍中言川中之"蜀"言之凿凿，但是，在秦灭古蜀后，包括古蜀文字在内的古蜀文化是湮灭了的，因此，无论是被秦灭掉的蜀国还是新设立的蜀郡，这个"蜀"字都不会是古蜀国自己的称呼而是秦人也就是中原人对这个古国及其辖地的称谓，最多也只能是音同而字不同。正如段渝先生所说："我们今天所说的蜀，无论蜀族、蜀人还是蜀国、蜀文化，蜀都只是一个指代名称，与古代有实质性区别。"③ 那么，"蜀"字的来源、本义，究竟是什么？

因为古蜀文化的湮灭，有关古蜀历史和文化的记载不一定就是准确的。任乃强先生在《华阳国志校补图注》中说：记述古蜀历史最权威的是晋代人的《华阳国志》，《华阳国志》所记古蜀历史来源于汉魏时期的《蜀王本纪》，而"《蜀王本纪》为汉代人所记蜀人传说，只得如此三四著名之酋长，非能列举其世系……"④ 东晋常璩撰写的《华阳国志》列有《蜀志》，其资料来源既有汉代人关于古蜀国的传说，也有中原人对这个区域历史的记载，在已是中原文化统领四川地域的当时，常璩所言之"蜀"，实际上也就是中原人对这个区域的称谓。

以"周武王伐纣，实得巴蜀之师"来说，周书灿先生在《〈牧誓〉蜀、濮地望新考》一文中就认为长期以来，不少学者多将《牧誓》蜀国等同于以后的川境之蜀，这实在是误解。甲骨卜辞之"蜀"即《牧誓》之蜀，西周初年其位于今陕西汉中一带⑤。

关于古巴、古蜀的地域，《华阳国志》说蜀曾经"以褒斜为前门，熊耳、灵关为后户，

---

① （晋）常璩：《华阳国志》，参见《华阳国志校补图注》，上海古籍出版社，1987 年版。
② 任乃强：《华阳国志校补图注》卷一《巴志》，上海古籍出版社，1987 年版。
③ 段渝：《四川通史》第一册，四川大学出版社，1993 年版，第 36 页。
④ 任乃强：《华阳国志校补图注》卷三《蜀志》，上海古籍出版社，1987 年版。
⑤ 周书灿：《〈牧誓〉蜀、濮地望新考》，《南都学坛》2012 年第 1 期。

玉垒、峨眉为城郭，江、潜、绵、洛为池泽；以汶山为畜牧，南中为园苑”；而巴之“其地，东至鱼复，西至僰道，北接汉中，南极黔涪”①。据专家学者考证，“蜀”的范围主要是川西的成都平原一代，而“巴”的地域范围大体界定在今重庆直辖市全境及北起包括川北的秦岭南麓、南至鄂西清江流域、东至鄂西、西达川东的地区。较之“蜀”，无疑更为广大，这从今天巴文化、蜀文化的遗存区域也大体可以证明。

巴、蜀两国疆域相邻、犬牙交错，势必相互影响，所以在各自保留本民族的一些特点外，有更多的共同性，这是巴蜀文化名称的由来。即使如此，他们也仍然顽强地保留着一些不同的传统习惯。论及巴蜀文化的巴蜀区别，有一个最形象的词是“巴山蜀水”。巴文化所处地域以大山为主，其文化特色也像大山一样刚强直率；蜀文化所处地域多为平原浅丘，水系发达，其文化特色更像水一样温柔包容；仍然是“巴”在前“蜀”在后。

三、成都主导的巴蜀文化研究，存在重蜀轻巴的倾向

自巴蜀文化提出后，尤其是改革开放以来，巴蜀文化研究渐成热门课题。重庆因为作为四川省省辖市又地处巴文化核心区，对巴蜀文化的研究主要集中在巴文化领域；而成都，既是省会也是蜀文化核心区，其研究更集中在巴蜀文化领域。

虽然成都主导的巴蜀文化研究，似乎更集中在巴蜀文化整体，而事实上却是重在巴蜀文化中的蜀文化，存在重蜀轻巴的倾向。

下面仅以重庆直辖（1997 年）前的三本书为例予以说明。

童恩正的《古代的巴蜀》是较早研究巴蜀历史与文化的著作。该书共十二章 174 页，除“古代的四川”“巴蜀的文化”“秦灭巴蜀”“秦汉时期巴蜀地区经济文化的繁荣”这四章是综合叙述外，第二到第五章是“巴族早期的历史”“巴族奴隶制国家的形成和发展”“巴的社会经济”“巴国境内的各种民族”四章 49 页；第六到第九章是“蜀族早期的历史”“开明族在蜀国的统治”“蜀国境内的各种民族”“蜀的社会经济”四章 65 页②。

蒙默、刘琳等四川大学诸教授合著《四川古代史稿》，其中第一章为“先秦时期的四川”，下分三节，分别是：古人类与石器时代文化（一、古人类与旧石器文化遗存，二、新石器文化遗存）；古史传说与青铜器文化（一、蜀王传说与成都平原青铜器文化，二、诸巴传说与川东考古文化）；开明王朝“王巴蜀”（一、开明王朝的建立，二、开明王朝时期的社会经济）③。

四川省社会科学院重点科研项目《四川通史》第一册为“先秦时期”，共八章 280 页，其中第一章“四川史前时代”、第八章“先秦四川的民族”是综合叙述，第二到第四章是“古代蜀国的政治”“古代蜀国的社会经济”“蜀文化”三章 163 页；第五到第七章是“古代巴国的政治”“古代巴国的社会经济”“巴文化”三章 55 页；该书所附图表 23 项，其中仅有

---

① 任乃强：《华阳国志校补图注》卷三《蜀志》注释，上海古籍出版社，1987 年版。
② 童恩正：《古代的巴蜀》，四川人民出版社，1979 年版。
③ 蒙默、刘琳等：《四川古代史稿》，四川大学出版社，1989 年版。

3 图 1 表是与“巴”有关的[①]。

除了论文书籍外，三星堆、金沙遗址当然是了不起的发现，是辉煌的古蜀历史文化的有力证明，建立遗址博物馆、举办学术讨论活动等都是行之有效的宣传手段。可是，与巴文化有关，其发掘时间、成果并不亚于三星堆、金沙遗址的罗家坝遗址，似乎就没有这样的待遇。

罗家坝遗址地处秦、楚、巴、蜀文化交界处的四川省达州市宣汉县普光镇。1999 年，罗家坝遗址进行了首次发掘，发现了文化堆积非常深厚的巴人文化遗址，文化堆积为 11 层，文化层最深达 2.75 米，时代从新石器时代晚期、商周时期、春秋战国一直延续到汉代。在出土文物中，有许多造型独特、奇异诡谲的青铜器物，都堪称独一无二的旷世神品，而流光溢彩的金器，以边璋为代表的玉器，亦多为前所未见的稀世珍品。出土铸刻“长喙鸟”纹饰的铜矛属国内首次发现，是远古巴人的文化瑰宝。这次发掘使罗家坝遗址名声大振，这段尘封五千年的古文明也随之被揭开，它的价值震惊了世界。罗家坝巴人文化遗址和成都金沙遗址、成都商业街古蜀大型船棺独木棺葬遗址一起被称为“继三星堆遗址之后古巴蜀文化的三颗璀璨明珠”[②]。2001 年 6 月，罗家坝遗址被国务院核定为第五批全国重点文物保护单位；2016 年 6 月，第四次考古发掘发现了一批新石器时代的考古遗存，为证明巴文化可能起源于川东北提供了考古证据；2016 年 11 月，被列入国家大遗址保护“十三五”专项规划名单；2017 年 11 月，罗家坝考古遗址公园暨罗家坝遗址博物馆建设终于启动。

四、重庆直辖后，巴文化研究更受冷落

1997 年，原属四川行政区划的重庆市与涪陵市、万县市、黔江地区从四川省整体划出组建重庆直辖市。至此川渝分治，而对巴文化的研究，更是受到冷落。

重庆直辖后，立即抛出“巴渝文化”，“渝”是重庆的简称，“巴渝文化”的提出显然是只研究与重庆有关的文化，不再去管蜀文化甚至巴蜀文化。虽然重庆仍然在研究巴文化，但是，局限于重庆地域的巴文化研究，显然已经失去了巴文化研究的核心、中心、枢纽、领军等作用。

近代重庆，以其得天独厚长江水道的区位优势，在四川东部有着任何城市都无可替代的中心作用，因此也有着极高的地位。重庆要极力塑造自己的独特文化也无可厚非。但是，还有一个事实，重庆的历史不仅是近代这一百年，它长达数千年的历史属于大巴山区域，属于巴文化。虽然重庆并不是巴文化的发源地，而是巴文化的延续，但作为文化集结的大都市，怎能一味强调重庆是巴文化的核心，只是注重政治站位而不作为巴文化研究的担当呢？

重庆提出“巴渝文化”，引发了成都学术界的震动，还要不要继续保持巴蜀文化？蜀中学术大家隗瀛涛先生是力主继续坚持巴蜀文化的提法及其研究的。而在具体的学术研究中，重蜀轻巴的趋势只能是加强，并且古蜀文化、蜀巴文化、成都文化等提法也不断产生。终于

---

① 段渝：《四川通史》第一册，四川大学出版社，1993 年版。

② 《四川 9 处大遗址浓缩古蜀文化，每处都值得探索》，载《四川日报》2015 年 3 月 3 日。

在 2017 年，由成都市委、市政府提出了“天府文化”，并认为这是对巴蜀文化的传承、创新、拓展[①]。此后，成都学者们的精力，大多是在为“天府文化”进行阐述。

不管成都学者关于本地文化有多少提法，核心都是蜀文化即成都地域也就是成都平原的文化。

不可否认，在四川以成都学者为代表的地方文化研究主要就是蜀文化研究。在四川省的所有考古发现中，确实存在这样的现象，只要是涉及蜀文化的研究，在资金投入上非常慷慨，在宣传上更是不遗余力；而在巴文化的研究上却相对冷淡。川北的米仓道和荔枝道，按地理区域为巴文化遗迹，现申遗为“蜀道荔枝道”和“蜀道米仓道”。

作为四川省省会城市的成都，虽然在社会、政治、经济、文化等方面具有影响力，但除了成都平原，川北、川东、川西、川南还有广大的区域并非“天府文化”所在地，尤其是川北、川东，当是巴文化的传统地域。

巴文化涉及的无论是地域还是人口数量，在整个西南片区都占据着绝对的优势。虽然它涵盖的区域一直处在崇山峻岭之中，在文明程度上相较于中原和蜀地都显得非常落后，在广袤的巴文化区遗留下来可供研究的文物与文献资料也非常稀少而且分散，再加上一些政治因素，对于巴文化的研究并没有引起太大的重视，在资金支持上尤显不足，导致巴文化发掘和研究工作进展十分缓慢。

虽然巴文化的研究受到冷落，但是在巴文化的传统地域，仍然有本地学者在坚持。例如，2014 年地处达州市的四川文理学院成立了巴文化研究院；2017 年巴中市成立巴文化研究院；2019 年达州市巴文化研究院成立。他们的辛苦坚持，让巴文化的研究硕果累累。

五、巴蜀文化是一个整体，两种文化互相影响和渗透

早在巴蜀文明的初生时期，它就是一个善于容纳和集结的开放性体系。作为农耕文明的典型，巴蜀文化自然有其封闭板结和落后保守的一面，这是自然经济带来的必然的特征；但它确实又含有渊源于古典工商城市生活方式的极具开拓、开放性因素的另一面。巴蜀虽为盆地，虽为“内陆大省”，但它有很早就发达的“贿货山积”的工商业城市和充满向外扩张活力的水文化，努力冲破盆地的束缚，尝试突破传统、变异自我、超越自我。

正是这种静态的农业社会的小农生活方式与动态的工商社会的古典城市生活方式的矛盾运动，构成了巴蜀文化既善于交流和开放，又善于长期保持稳定和安定的多彩画面，引起了思想领域和思维方式的相应变化。掌握这一矛盾运动的特征，充分利用其开拓性、开放性因素的精华，对于推动今天四川城市化进程，无疑是有益的经验。

巴蜀文化从其诞生时期开始，即开始向大一统的中原文化凝聚和集结，实现“最广泛的文化认同”（美国学者亨廷顿语）的历史进程。一方面，从文化认同角度看，其特质和内涵从秦汉以后即融入中原文化之中，成为汉族文化的一部分。另一方面，从区域特色的延续性

① 范锐平：《深化改革开放，聚力创新发展，为建设全面体现新发展理念的国家中心城市而奋斗——在中国共产党成都市第十三次代表大会上的报告》，载《成都日报》2017 年 5 月 2 日。

角度看，它又在新的时代条件下，以蜀人自身的思维方式，努力实践其区域性文化个性的更新与崛起。从数千年的历史进程看，巴蜀文化始源独立发展的时期相对甚短，而其与汉文化融合融汇的时期则较长，表明历代巴蜀人对于母体文化体系有最广泛的文化认同的整体观念和大局观念。

巴蜀文化是一个整体，不可能轻易分离。

巴文化是中国古代西南及中南地区的巴国王族和巴地各族所共同创造的全部物质文化、精神文化及其社会结构的总和。巴文化因地处峡江，巨山大川制约了其空间的拓展，峡江水道因此取代了陆路山弯成为巴地聚落邦部往来的主要通廊。于是，巴国城市的演进轨迹与蜀地殊途大异，呈现出依附江河、线性串珠的生长状态。江州（重庆）、枳（涪陵）、平都（丰都）、垫江（合川）、阆中等为巴国历代都城。

蜀文化受惠于川西平原的千里沃野，蜀地是先秦时期西南地区文明程度最高、发展进程最为迅速的地区，其演进历程基本与中原夏商周王朝同步并行。各历史时期中，蚕丛、柏灌、鱼凫、杜宇、开明等王族在此更迭。

其实，自四川有行政区域以来，就是巴、蜀两种文化载体的结合，无论是巴还是蜀，谁也没有资格独立代表四川，所以称之为巴蜀。历史上的巴和蜀不可分，巴文化与蜀文化也不可分；即使是在重庆直辖以后，巴文化与蜀文化仍然不可分割。

因此，对巴文化的研究，应该予以特别的重视。

（作者单位：四川省人民政府文史研究馆）

阆中巴渝物质文化遗存爬梳

侯开良

内容提要：《山海经·海内经》载："西南有巴国，太皞（伏羲）生咸鸟，咸鸟生乘厘，乘厘生后昭，后昭是始为巴人。"谯周《三巴记》云："阆、白二水合流……曲折三曲有如'巴'字。"《华阳国志·巴志》载："阆中有渝水，賨人多居水左右，天性劲勇。"因此，巴渝文化源自阆中，亟待梳理和保护巴渝物质文化与精神文化的丰富遗存，由此管见世代相传的巴人先民创世文脉，聆听原汁原味的巴渝文化遗韵，体悟天性劲勇、文武兼备的巴渝文化独特精神。

关键词：阆中；巴渝；物质文化遗存

物质文化遗存主要是指"有形的文化遗存"，包括历史文物（生产、生活、祭祀工具及物品）、科学技术、历史建筑、文化遗址等。

《山海经·海内经》载："西南有巴国，太皞（伏羲）生咸鸟，咸鸟生乘厘，乘厘生后昭，后昭是始为巴人。"确认伏羲是巴人的先祖。《路史》载曰："太昊伏羲氏，母华胥，居于华胥之渚。"注云："所都国有华胥之渊，盖华胥居之而名，乃阆中俞水地也。"确认阆中"渝水"之称源于上古"华胥之渊""雷池""娲池"等。谯周《三巴记》云："阆、白二水合流……曲折三曲有如'巴'字。……阆中有渝水，賨人锐气喜舞。"《华阳国志·巴志》云："阆中有渝水，賨人多居水左右，天性劲勇。"阆中巴渝山水及人文哺育出劲勇的"巴象鼓舞"。

阆中渝水（嘉陵江）经垫江（今合川）汇入朝天门前长江。故隋代将汉之江州县、梁之楚州易名为"渝州"。著名史学家蒙文通著《古族甄微》言："渝水巴山悉在阆中，巴歌渝舞之所自出，此巴古国也。……以阆中上流之渝，名江州下流之渝，亦也阆中之巴名江州之巴。"阆中曾为古代巴国中心①。蒙文通先生著《巴蜀古史论述》说："巴国不止一个，秦灭

① 蔡正邦：《伏羲与巴蜀》，载《嫘祖文化与古巴蜀文化源流》，团结出版社，2014年版。

的巴是姬姓之巴，楚灭的巴是五溪蛮。……巴郡士女，前汉十三人，其十二皆阆中人，后汉以下始见江州、垫江各县人物，可见巴郡文化发达最早之地是阆中，武王封宗姬于巴自应在阆中。”[①] 在阆中，不仅有新石器早期（距今 1.5—0.8 万年）的华胥创世神话、新石器中期（距今 0.8—0.65 万年）的伏羲创世神话，还有灵山、兰家坝、彭城坝等系列考古发现，证明在新石器晚期（距今 0.65—0.41 万年）确有先民生活、劳作、祭祀等遗迹。

因此，巴渝文化之源在阆中，亟待梳理和保护其物质文化和精神文化遗存，以此管见世代相传的巴人先民创世文脉，聆听原汁原味的巴渝文化遗韵，体悟天性劲勇、文武兼备的巴渝文化之独特精神。

一、意味深长的“阆”

“阆”，不仅仅是一个文字符号，它是巴渝先民追求高质量生活的一种物化标记。巴蜀文化专家谭继和先生研究发现：甲骨文“良”字的本义是表示穴居时代烟囱通风情况好，加甲骨文“門”字后，以“閬”表明：这里是最好的穴居环境——神仙住的地方——琅嬛仙境。

在原始穴居时代，巴渝先民以粗糙的石块垒成门窗，以钻木取火的方式获得温暖与熟食，但烟熏火燎的滋味难受。如何解决通风透气问题？甲骨文“良”字给出了明确答案：用管道通风。开门看见有烟囱的洞穴是最好的穴居——阆苑。后人也以“阆苑”表示仙居图书馆。“阆中”乃阆苑之中，书香仙气聚集之地。阆山、阆水、阆苑代表着“仙乡人居”“仙苑人居”“仙阆人居”，书香仙道文化源远流长[②]。

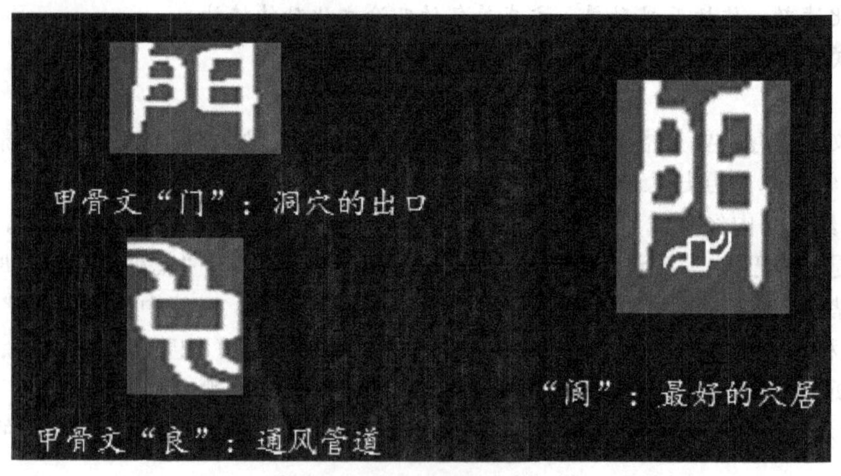

“阆”字最早或代表穴居时代烟囱通风情况好（侯开良作）

① 蒙文通：《巴蜀古史论述》，四川人民出版社，1981 年版。
② 谭继和：《阆中古天文科考座谈会发言》，载《中国古天文圣地——阆中》，吉林人民出版社，2018 年版。

二、沧桑巨变的“池”

阆中七里新区，俗称“七里坝”，上溯至唐宋叫“南池”，上溯至两汉叫“彭道将池”，上溯至上古叫“彭泽大池”，简称“彭池”，上溯至远古叫“华胥之渊”“仇池”，乃神话渊薮之地。

《华阳国志·巴志》载：阆中县（巴西郡）郡治，有“彭泽大池”。《汉书·地理志》载：阆中有彭道将池，东西二里，南北约五里，南池也，在城南十里。祝穆《方舆胜览》载：南池在高祖庙旁，东西四里，南北八里。元明《一统志》：南池自汉以来，堰大斗小斗之水溉田，里人赖之，唐时堰坏，遂成陆田。明《保宁府志》《四川通志》有类似记载。“唐时堰坏”明显有误，唐代宗广德年间（763—764），杜甫作《南池》云：“峥嵘巴阆间，所向尽山谷。安知有苍池，万顷浸坤轴。呀然阆城南，枕带巴江腹。芰荷入异县，粳稻共比屋……”文宗开成二年（837），贾岛作《南池》：“萧条微雨绝，荒岸抱清源。入舫山侵塞，分泉稻接村。秋声依树色，月影在蒲根。淹泊方难遂，他宵关梦魂。”南宋乾道八年（1172），陆游作《南池》：“二月莺花满阆中，城南搔首立衰翁。数茎白发愁无那，万顷苍池事已空。”清嘉庆《四川通志》载：“在众多潴水之中，阆中县彭道将池最为著名。”[①] 南宋时“万顷苍池”变为平陆。

始母华胥、人祖伏羲神话聚集地——仇夷山水示意图

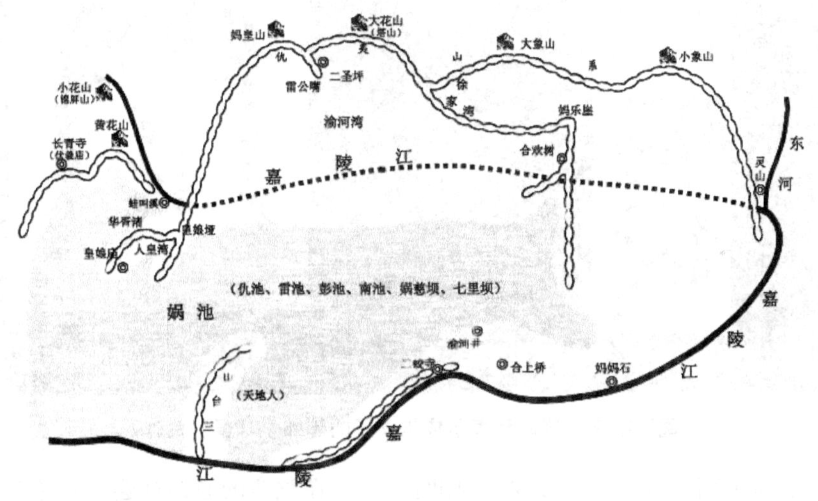

“枕带巴江腹”的南池——华胥之渊乃神话渊薮（侯开良绘）

查嘉陵江岸的地质变迁，远古嘉陵江水可能与南池水齐平，不排除南池曾为嘉陵江故河道可能性。随着洪水反复冲刷，嘉陵江水面比南池水面逐渐降低150余米，在锦屏山、塔山绝壁留下了累累划痕。

---

① 李家驹：《从〈太初历〉回望远古阆中“观象授时”》，载《〈阆史索征〉再续》，四川民族出版社，2018年版。

嘉陵江沿象山东去，在灵山前与东河相汇。原流入妈皇山与常青山之间的江水，汇聚周边溪涧、泉水，形成历史上著名的“华胥之渊”“彭泽大池”。妈皇山西南方向支脉在华胥之渊中形成古钟形半岛，高100余米，南、西、北面被池水包围。《尔雅·释水》云：小洲曰渚。相传华胥在渚岛履大人迹孕生伏羲，后人称该岛为“华胥之渚”，东侧的山垭为“皇娘垭”。“华胥之渊”既是中国创世神话渊薮地之一，也是“粳稻共比屋”的富饶之地。由此管见阆中水利建设及水稻的种植历史非常悠久。

三、欢洽欣悦的“亭”

《越绝书》载：“华胥之时，以石为兵（兵器），斩树木，为宫室。”华胥氏是母系氏族社会的杰出代表，生殖文化的主神。古籍中的宫室，多指修建在聚落附近的干栏式茅亭。白天是观测天象的“亮亭”，晚上是华胥国成年女子接待走婚男子的“等郎亭”。在新石器早期，或是氏族聚落防止近亲繁育、具有划时代进步意义的举措。时光荏苒，远古的“亮亭”“等郎亭”已演变为“阆亭”“凉亭”。但干栏式的吊脚楼，俗称“虚脚楼”，依傍着大户院落修建，在近现代社会也普遍存在。王扶民先生回忆：老家大院后侧建有干栏式凉亭。实行配偶婚姻制度后，这种凉亭逐渐演变为晚上查防盗贼、白天孩子戏耍的场所。

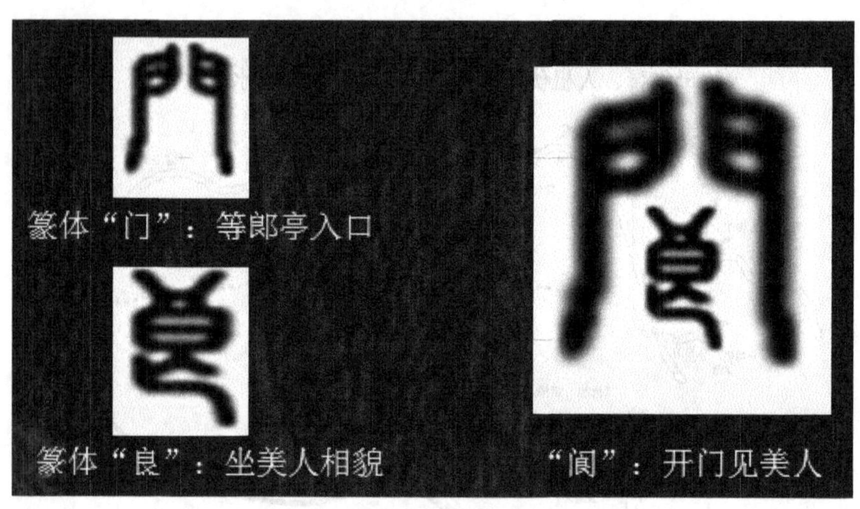

“阆”字在石器时代表示成年女子的等郎亭（侯开良作）

《诗经·唐风·绸缪》：“今夕今夕，见此良人。”在荒蛮的原始社会，暮色苍茫，悠然来到茅亭，门中良人相视一笑。在人神合一的华胥古国，“良”在先民心目中不再是“烟囱”而化生为“坐美女”意象。高雅的文化：“良”人，美人也；“良辰”，欢洽相爱时。“阆”字，演绎出“推开茅亭门，欢欣见美人”的绝妙意象，放眼世界，惟“阆苑仙境”独具这种魅力。

华胥国的“亮亭”“等郎亭”（侯健绘制）

四、氤氲缭绕的“祭”

中国科学院国家天文台李勇教授考察阆中灵山时说：“这个地方应该是古代观测日星运行规律的绝佳之地。……结合当地村民历来有烧火祭天的习俗，山顶圆台极可能是古人的一个燎祭台。”省市联合考古队清除了圆台正中的泥土石条后，有瓦砾堆积层约10厘米。其下是一块名曰“万善”的功德石碑，它覆盖着一个斜面及烧烤痕迹，最明显的烧痕有三团，深度1—3毫米。中国社科院冯时教授说：“考古调查和发掘，在灵山顶部发现的红烧土遗迹，不能排除是古代燎祭的遗留。”[①] 北京大学吕宇斐教授认为：“燎祭是先民对天地的一种最崇敬的心情，烧的东西多为谷物，也有烧动物甚至人的。这次发现（阆中灵山）祭坛遗址，其方位位于正北端与古人祭祀方位吻合，在4500－5000年前，这座祭坛就在不断进行燎祭，虽然还未找到祭祀物品，但也是很重要的发现。……如果时机成熟的话，可以向世界遗产委员会申请将遗址列入天文遗产目录。”[②]

“燎祭”是一种古老的祭天祈雨仪式，也叫柴燎。《诗经·大雅·旱麓》：“瑟彼柞棫，民所燎矣。”直到20世纪五六十年代，春夏久旱，灵山村民背上麦草、豆秆到灵山“烧山”，围着火堆喊：“烧山咯！下雨咯！娃儿有米吃哦！”燎祭促成了冷暖空气强对流，凝聚成积雨云层。

① 冯时：《灵山考古蠡测》，载《中国古天文圣地阆中》，吉林人民出版社，2018年版。
② 吕宇斐：《关于灵山遗址考察的意见和建议》，载《中国古天文圣地阆中》，吉林人民出版社，2018年版。

阆中灵山发现古代燎祭遗迹（侯开良摄影）

五、神权至上的“钺”

《路史》载：华胥为“九江神女巫”。到伏羲时代，人类宗教信仰仍较肤浅，需由部族首领兼领巫觋事务。作为父系氏族社会的杰出代表，伏羲理应掌握了天文地理知识，善于沟通天地神灵，是可以帮助部族驱魔、消灾、祈雨、求福的“大巫觋”。《山海经》认为：以灵山为代表的神山是群巫陟降天地、沟通人神的天梯。阆中巫觋文化自华胥、伏羲，到灵山先民一脉相承，有两件重要古钺可佐证古代至高无上的神权。一件是阆中市伏羲文化研究学会在灵城岩伏羲洞淤泥中采集的石钺，收藏于灵城岩道教博物馆；一件是 1981 年在彭城坝出土的殷商镂空虎铜钺（国家一级文物），收藏于市文保局。

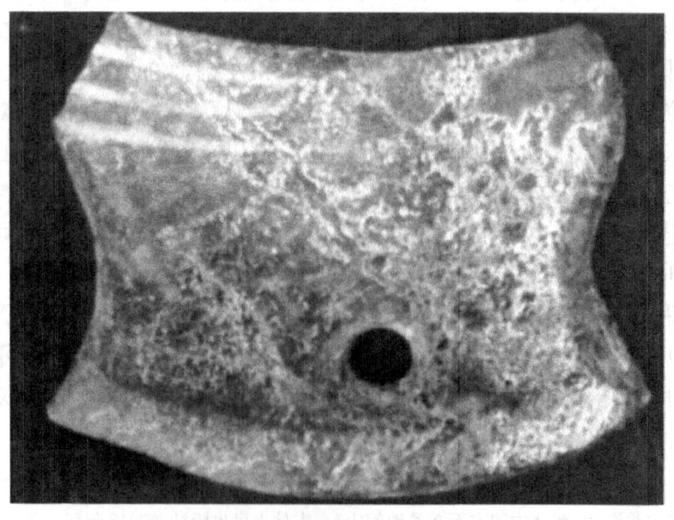

灵城岩道教博物馆收藏的石钺（侯开良摄影）

古钺，一般是古代先民绑在木柄上或高举在手中的法器，昭示着神权至上的庄重与威严。阆中地区先民自古以来崇拜天地主神，经常组织祭祀天地、人祖的巫觋活动。巫师们手握法器、高举古钺，踏罡步斗（三步九迹，寓意三元九星、三极九宫），祭拜天地、祖先及各路神灵，留下了非常珍贵的古钺法器。古代先民以灵台、祭坛为阵地，借助巫觋沟通神灵、观象授时，形成了丰富的农耕神巫文化传统。难怪杜甫作《南池》会惊诧："南有汉王祠，终朝走巫祝。歌舞散灵衣，荒哉旧风俗。高堂亦明王，魂魄犹正直。不应空陂上，缥缈亲酒食。"

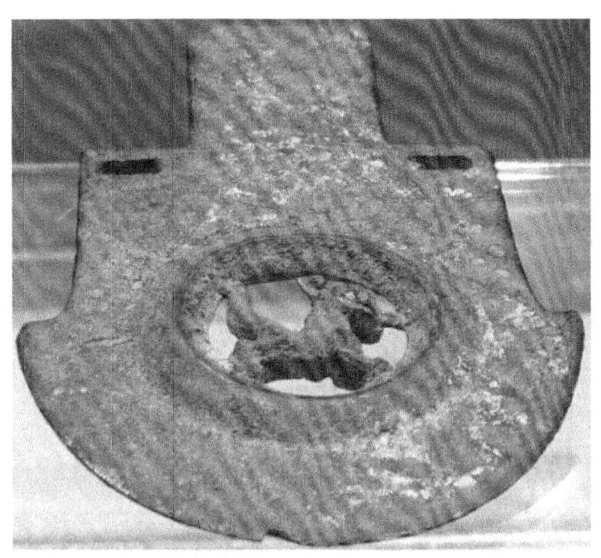

阆中市博物馆收藏的虎钺（侯开良摄影）

六、自成体系的"陶"

四川省文物考古研究所孙智彬先生对古天文科考项目组在灵山遗址采集的灰褐色夹砂粗陶残片感兴趣。他说："这些粗陶既不属于仰韶文化体系，也不属于红山文化体系，它们自成体系，应该是巴人地区早期族群的器物，最早可断定在新石器晚期（距今 6500－4100 年）。考古调查发现的粗陶可能与文献中的巴或蜀有着直接联系。巴蜀文化之前，这里有濮人、彭人活动。这一发现，不排除阆中灵山半岛曾经是远古聚落的可能性。文字记载的巴人最早活动是在汉水流域，距今有 5300 多年历史，茂县云盘山、文县姜维城和金川刘家寨的考古发现都可以印证。但文献中明确记载的巴人都城只有江州（重庆）和阆中。"①

灰褐色的夹砂粗陶是目前阆中地区发现最早的器物。陶质疏松，火候低，陶色不纯，有明显石英砂粒，可能是先民直接用河泥烧制的。省市联合考古队对灵山新石器晚期遗址调查、勘探和抢救性发掘，出土器物为瓮、缸、罐、盆、盘、钵、小罐、小钵、器盖及纺轮；

① 孙智彬：《阆中古天文科考座谈会发言》，载《中国古天文圣地——阆中》，吉林人民出版社，2018 年版。

陶色有红、黑、灰、褐及灰褐、黄褐色；纹饰有绳纹、附加堆纹、划纹、凹凸弦纹、戳印纹、镂孔以及多交错绳纹组成的方格纹和菱形纹等复合纹。

冯时先生认为，灵山遗址的“遗物多为陶容器和石礼器，很少出土生产工具，说明当时来到灵山的先民，其目的并不是以农业生产或手工业生产为业。……陶容器既有可能是祭祀容器，也有可能是祭祀者的生活器皿”①。谭继和先生认为：“考古调查发现的陶器残片，证实阆中区域内确有新石器时期先民活动的痕迹；证明阆中是中国文明起源传说最富集、最集中的地方之一，也是中国神仙文化的发源地之一。”

灵山新石器晚期遗址发现的部分灰褐色夹砂粗陶残片（侯开良摄影）

七、神秘礼天的“刀”

阆中古天文科考项目组做田野调查时，在村民新掘灵山遗址蓄水池底（距地面约 2.1 米）发现多个灰褐色或黑色薄陶罐残件，较大残体直径约 41 厘米，口径 16 厘米，径高 9 厘米；其东北侧发现一枚三孔石刀，残长 12 厘米，残宽 6－9 厘米，残厚 0.3－0.8 厘米，三孔均等分布，左端削薄呈刃状且刃部残缺。该发现引起了孙智彬所长和冯时教授高度重视。

冯时教授认为：“结合灵山的考古调查，磨制精细的三孔石刀或许显示了其与灵山作为祭祀场所的联系。……灵山遗址发现的三孔石刀或许也有这种以三孔象征三星的意义。”②

考古队在灵山新石器晚期遗址出土的石器有打制与磨制两类。打制石器多为刮削器、砍砸器；磨制石器多为斧、锛、矛、刀、杵、石球、纺轮、穿孔礼器等。所有石器体量较小，应不是生产、生活工具。

---

① 冯时：《灵山考古蠡测》，载《中国古天文圣地——阆中》，吉林人民出版社，2018 年版。

② 冯时：《灵山考古蠡测》，载《中国古天文圣地——阆中》，吉林人民出版社，2018 年版。

北京大学考古文博学院孙华教授论著《四川阆中灵山遗址考古发掘评议书》认为，阆中灵山“发现了文化堆积较好的新石器时代晚期遗址。遗址具有一定年代跨度，其中间阶段年代据碳十四年代测定在距今4800年前后，这是四川盆地年代很早的具有甘青史前文化传统的遗存，对于探讨川东北地区史前文化的面貌具有重要的意义”①。

项目组在田野调查中发现三孔石刀（侯开良摄影）

从三孔石刀掩埋的方位看，正好位于灵山（东）至玉台山（北）的东北方向，周围散落多个粗陶罐残体，说明这是先民祭祀天地人神的灰坑。他们是否以灵山（东）、小蟠龙山（东北）、玉台山（北）这三个山峦喻象三星，值得研究。陆思贤先生著《神话考古》认为，伏羲是“苍龙大火星的心宿二”的星神。巴人先民为伏羲后裔，灵山又位于东方，他们或以三孔石刀喻象东天苍龙七星中“大火星的心宿三星”，并以灵山、小蟠龙山、玉台山作为参照星堆。他们是否以一枚单孔的石刀（考古队发掘）喻象“大火星宿二”伏羲星神，并以盖阳山为其参照星堆，统览嘉陵江两岸众多的星堆，喻象统览银河两岸繁星，故谓之“盖阳”，已经难以考证。

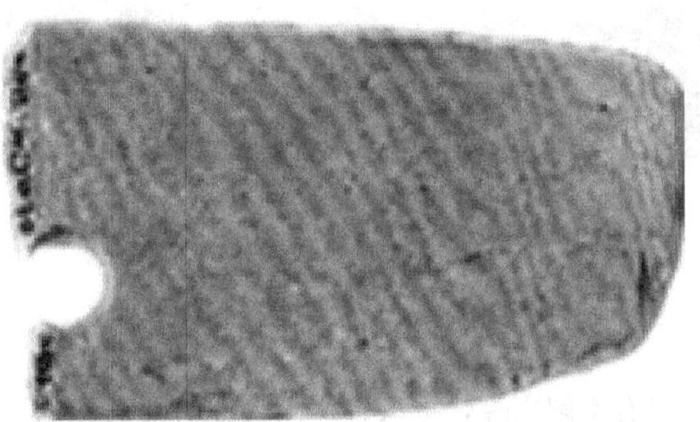

考古队在灵山遗址发现一枚单孔石刀（侯开良摄影）

① 孙华：《四川阆中灵山遗址考古发掘评议书》，载《中国古天文圣地——阆中》，吉林人民出版社，2018年版。

八、观天历象的“台”

台，古人用土或石筑成的方形平顶的瞭望高台。阆中有一些神秘而奇绝的台，如玉台山有“缘天梯兮北上”的古台，又名古台山；云台山有“一柱擎天”的云台，相传是新石器时代伏羲画卦的卦台；灵山顶的圜丘之下有石砌的八角观象台，残存正东及东南两方的石台为明清时建造，不排除其前身是新石器中晚期观星台的可能性；蟠龙山东南距山顶约400米有唐初袁天罡的占星台，不排除其前身是落下闳观星台的可能性；古治平园（东园）内有北宋治平年间的清风台、明月台，后山（现阆中师范音乐楼位置）还有七星台、璇玑殿，三台构成了登天之势。《史记·天官书》云“旋、玑、玉衡，以齐七政”（魁枕参首为旋，杓携龙角为玑，衡殷南斗为玉衡），而“天枢”玉台山（正北）、“天璇”伞盖山、“天玑”蟠龙山观星台、“天权”蟠龙山东南坡升仙台、“玉衡”七星台及璇玑殿、“开阳”凤翅山（现气象局）和“摇光”灵山（正东），正好呈现出了北斗七星的天象。这或许正是宋人朱寿昌在东园后山修建七星台、璇玑殿和观星楼的原因所在。

灵山顶遗存的八角形观象台残存部分（侯开良摄）

九、险峻崎岖的“道”

巴渝文化源头与盐巴有不解之缘，史家有“巴人逐盐而居”的说法。任乃强先生认为，灵山“十巫”既是神巫，又是“医方和制盐、炼丹的祖师”。远古时，巫咸国最早掌握了土法制盐的“巫术”，他们因盐而富，因盐失国。他们控制了食盐资源，《山海经·大荒南经》云：“巫载民朌姓，食谷，不绩不经，服也；不稼不穑，食也。”《唐书·地理志》载：“阆中、南部、新井、新政有盐。”明正德《四川通志》卷二十五《经略·盐课》载：“归并盐井，以便统一管辖。……阆中县者俱并入福兴场。”明《保宁府志》载：“盐课惟阆中南部有之。”阆中掘井煮盐的历史悠久，至清宣统年间，盐业依然兴旺。《南阆盐务图说》：“阆中有中井 51 眼、下井 944 眼；上盐厂 12 家，中盐厂 23 家……骡马托运南阆（巴盐）绝少，惟（人力）担荷背负者不下数万人。”① 阆中为何遗留众多古驿道：金牛道、米仓道、东川道、利阆道……还有嘉陵水道，仅为战略要道？《巴盐古道》项目组考察确认，早在 5000 多年前，巴人利用盐巴改变了朝不保夕的生活。他们凿井、汲卤、煮井盐，以物易物，勤劳的巴人开辟了险峻崎岖的背盐栈道，翻山越岭，将盐巴背出川。先民在“巴盐济楚”“巴盐输秦”等贸易通道留下许多荡气回肠的《背老二歌》：“背老二，好辛苦，一次亮肩三打杵。烟烽楼，吃晌午，两个烧馍菜豆腐。”“背上千斤爬高山，铁打腰杆都压弯。草鞋磨穿路难行，累得两腿直打颤。”“拐扒棒儿二尺八，上坡下坡全靠它。过河踩水探深浅，亲生儿子不如它。”

巴盐“背二哥”（载《南阆盐务图说》）

阆中古驿道也是著名的茶马古道。明《史志·食货志·盐茶法》载：“洪武末，置成都、重庆、保宁、播州（现贵州遵义）茶仓四所，令商人纳米中茶。”从云、贵、藏茶马古道运来茶叶经保宁分装，少量运成都，多数沿“利阆道”“米仓道”“金牛道”运往汉中及中原。阆中不仅有茶马交易集市，还有官府茶库。《盐茶法》载：阆中、汉中的茶叶质量好，信誉

① 刘先澄：《阆南井盐考》，载《阆苑纪考》，巴蜀书社，2011 年版。

高，茶商见“保宁牌”茶叶争相购买。明万历年间，一匹上等马可换茶 30 篦（约 120 斤）。几乎每天都有大量茶叶、盐巴通过人背、马驮，源源不断地进出保宁盐茶库，再远销陕、甘、宁等地。

崎岖的利阆茶盐古道（侯开良摄影）

十、备受争议的“城”

《四川通史》载：“巴是文明古国，建有城市当无可疑。”又云“巴以国都为中心形成的城市，政治军事性质最为突出，而尤具军事重镇的特征。”阆中是《华阳国志·巴志》明确记载的国都。段渝《巴蜀早期城市的起源》说：“巴国都城已经开始发挥中心城市的功能，初具都市规模。”《四川通史·语言文字》载：“秦汉时……巴蜀地区，包括在成都、阆中、江州这样的大城市，主要流行与汉字迥异的巴文字。”

秦汉时，阆中是与成都、重庆比肩的大城市。两汉及蜀汉时，阆中的文化水平明显优于江州。《华阳国志·序》载：两汉三国的巴郡士女中，前汉 13 人中阆中占 11 人；后汉 36 人中阆中占 6 人，江州 3 人；蜀汉 24 人中阆中占 11 人。

1979 年考古发掘的兰家坝新石器晚期遗址，与广汉三星堆一期文化内涵相一致。2017 年考古发掘的灵山新石器晚期遗址，距今 4500 至 5000 余年，独具嘉陵江干流燎祭、观象台等神秘文化内涵。两处遗址均发现灰坑、柱洞及陶、石遗物，城基、房舍、排水系统等城市要素有待进一步发现。

地方 时代	巴西诸县						巴郡			巴东	县级不明		总计
	阆中	西充国	南充国	安汉	宕渠	汉昌	江州	垫江	临江		巴郡		三巴合计
前汉世	11	0	0	0	1		0	0	0	0	1		13
后汉世	6	0	0	8	10		3	4	0	0	5		36
刘氏世	11	2	1	3	1	1	0	0	2	0	巴郡 1	巴西 2	24
列　女	3	0	0	2	3	0	0	0	0	0	0	0	8

《华阳国志·序志》中巴地士女分布图（据《华阳国志》绘制）

文史记载了多个重要时间点：约公元前 1046 年，周武王分封天下，“立七十一国，姬姓独居五十三人”（《荀子·儒效》），巴师“歌舞以凌殷人”，被封为宗姬子国。“武王封宗姬于巴自应在阆中”（蒙文通语），阆中巴子国都当建于公元前 1046 年之后。公元前 666 年，“其故里很可能就在阆中一带”（童恩正语）的鳖灵溯嘉陵江而上勘察、治理西蜀水患，开创了开明王朝，阆中成为古蜀东北军政重镇。周敬王四十三（前 477）年，汉水巴人（板楯蛮支系）不敌强楚，退守阆中，融合土著重建巴国，巴蜀从此交恶。公元前 377－361 年，清江巴人（廪君蛮）失国，部分巴人陆续迁徙阆中，《华阳国志》称“后治阆中”。就巴子国都而言，阆中建城史上限距今 3060 余年，下限距今 2500 余年。至于巴子国都之前，应该有更早的城建基础，遗址当在兰家坝一带。古城西门至鱼翅广场一带，早年建筑挖方，挖到一米多深是坟；继续深挖两丈多三丈（近十米），下面是地錾石，地基上铺着石板地面。……可惜城市发展太快，许多重要文物都被掩埋了。“巴国都城考古，已不好认定。”（孙智彬语）

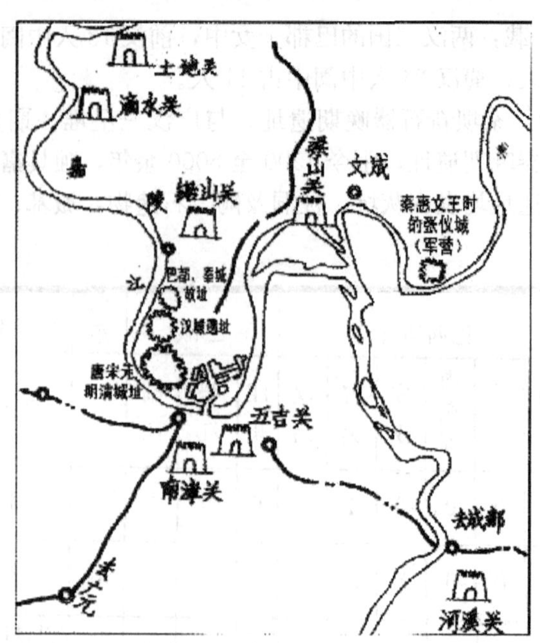

阆中古代城池变迁图（侯开良摄于市文保局）

十一、残梦依稀的“庙”

庙，从广、朝声，会意。本义是“皇宫里朝拜和祭奉的大殿”，引申为“供奉神灵或伟人的亭宇”，如宗庙（供奉祭祀祖先的处所）、文庙（纪念和祭祀孔子的祠庙）、武庙（祭祀姜太公等将帅庙宇）等。

阆中是《路史》《舆地纪胜》等古籍明确记载为伏羲母亲华胥的故里，华胥为“九江神女巫”，人祖伏羲是中国巫觋文化鼻祖。然而，“南有汉王祠，终朝走巫祝”的故地，已不见巴人先祖的庙堂，每当年末中元时，只有一江香烛纸火向天焚。

纪念华胥的“皇娘庙”在妈皇山下的皇娘垭（又名黄楝垭）东南侧山湾里。进山门、过旱船，上九级台阶是正殿三间。正殿塑华胥像，头戴王冠珠帘；侧殿分别塑伏羲、女娲像。皇娘庙香火旺盛，南来北往的香客络绎不绝，逐渐兴起了皇娘垭场。皇娘庙毁于清末战乱。

纪念伏羲的“伏羲庙”在长青山之巅，沿长青寺后陡峭的石阶行至最高处，建有伏羲殿，塑伏羲坐像，捧八卦太极图。殿下有多个神秘的古洞，相传华胥、伏羲母子曾在此居住。

纪念伏羲、女娲的“二蛟寺”在七里镇玉河村。仇夷山在嘉陵江的西南岸隆起了一道山梁，最高处海拔约250米。汉唐时建有大庙，三重大殿，错落有致；歇山式飞檐斗拱，坐北朝南。正殿彩绘伏羲女娲人首蛇身交尾神像，故称“二蛟寺”。上山需绕照壁，山门两侧石狮成对；下山有戏楼，广场可供千人聚会。上至广元、昭化、剑阁，下到南部、仪陇、蓬安，常年香客络绎不绝，虔诚朝拜人祖伏羲女娲[①]。

纪念古蜀丛帝的“鳖灵庙”在文成镇梁山村灵山。在灵山东南侧的半山腰有平台十余亩，靠近主峰位置有古庙，方志载为“鳖灵庙”，明清时改为“灵山寺”，1935年被国民党军队烧毁。这种“前庙后冢”的形制，多为帝王“仙穴”——“古蜀丛帝开明氏鳖灵庙在焉”（《舆地纪胜》），唐玄宗于天宝六年（747）敕封灵山为“仙穴山”。已故巴蜀史学家童恩正著《古代的巴蜀》说：阆中“长时间保留有鳖灵的遗迹”，且有“在此建庙祭祀”的独有历史现象，由此可判断“鳖灵确为巴人”[②]。

刘先澄先生考察得知，汉王祠在七里千鹤村杨家山的东北麓，汉鹚凫侯庙在彭城铺赐绯山下。范目，人称范三侯，巴人部族长，其远见卓识与劲勇，深刻影响巴人族群。秦汉之际，他迅疾组织7000巴人劲旅，助刘邦北定三秦之地，汉朝建立后，先后被刘邦封以建章乡侯、鹚凫乡侯、渡沔县侯。范目给刘邦建了汉王祠，巴人为纪念他，在其故里彭城赐绯山下修建了“鹚凫侯庙”。明《保宁府志》卷十四《艺文四》刊载了明四川按察司佥事、川北道杨瞻的《重建鹚凫侯庙记》。

刘先生认为，若能尽早在七里千鹤村重建汉王庙，在庙会期间能时常听到响彻云霄的巴象鼓声；尽早在赐绯山下重建范将军故宅和鹚凫侯庙，让蜂拥而至的游客瞻仰祭拜；尽快在彭城街口重竖“汉鹚凫侯范公讳目故里”等地标，这便是巴人后裔的幸事[③]。倘若能重建华胥、伏羲、鳖灵等巴人先贤的庙堂，更是传承阆中巴渝本源物质文化的幸事。

（作者单位：四川省阆中市历史文化名城研究会）

---

① 赵德榜、王扶民：《阆中地名匡正》，载《神奇的渝河湾》，阆新出内（2010）06号，2010年8月。
② 童恩正：《巴族早期的历史》，载《古代的巴蜀》，重庆出版社，1998年版。
③ 刘先澄：《也谈阆中巴文化遗迹汉王祠和鹚凫侯庙》，载阆中民俗荟微信公众号，2019年10月。

四川名人研究

中国历史上最卓越的文化精神孪生兄弟

——对苏辙研究的思考

张志烈

内容提要：苏轼、苏辙同为唐宋散文八大家，宋、明、清人对苏辙的评价都很高。近世以来，对苏辙的研究明显不足。本文从生命活动轨迹、兄弟互评、同时代人议评和核心价值观比较等方面，论述了他们是中国历史上最卓越的文化精神孪生兄弟，是高度相同而峰峦略异的两座大山，应该从时代要求出发，加强对苏辙文化精神的研究。

关键词：苏辙；兄弟互评；宋人议论；核心价值观比较

1983年曾枣庄、马德富两先生在校点《栾城集》的前言中，提到宋、明、清人对苏辙诗文的高度评价和重视之后，指出："最近三十余年来对苏辙的研究却很不够，各种文学史很少专门论及苏辙，研究苏辙的专论几乎还无一篇。鉴于苏辙诗文所取得的成就，以及他在文学史上的影响，很有必要整理出版他的《栾城集》，以加强对他的研究。"

又是三十多年过去了，应该说情况已经大大改观。关于苏辙的研究著作不断涌现，令人欢欣鼓舞。特别是2017年1月26日中央两办印发《关于实施中华优秀传统文化传承发展工程的意见》以来，弘扬传统文化精华，为建设新时期中国特色社会主义文化服务的方向、道路、措施都非常明确。于是，在全国范围内，研究东坡的热潮继续高涨。这是好事，是规律的必然，但与此同时，对苏辙的研究也的确应该踏踏实实地加强起来。为什么呢？熊朝东先生在他的《眉山苏辙》这本书的最后几行，写下几句令人感动的话："结束全文，笔者不禁仰天一声长叹，涕泪横流。笔者为苏辙事迹所震撼、所感动、所沉思。古今为人者、为学者、为文者、为官者，如苏辙者，有几人何！遗憾，千年以来，苏辙在其兄苏轼的巨大光环所罩下，默默而未能被所有世人去认识他、去读懂他、去研究他、去效仿他……真希望《眉山苏辙》的问世，能够起到些许引发更多当代为人者、为学者、为文者、为政者、为官者的思考，便倍感欣慰了。”

我很赞同朝东先生的话。1982 年秋天我拜谒郏县三苏坟，曾写了《雨中谒三苏坟和东坡〈狱中赠子由〉》：

坎坏长怀万姓春，誓淳风俗敢忘身。
头颅百破难迁辔，肝胆千回自照人。
民族脊梁须硬骨，江山麟凤此精神。
中华今日思昆仲，青史昭然有宿因。

其二

柏林含雨意凄凄，碧藓侵台野卉低。
公寝千年蕉梦鹿，我来万里草携鸡。
范湾语好堪传子，梁伯衣单不愧妻。
杖履追飞定何处，锦江入带月轮西。

中国人民永远怀思这一对“昆仲”！他们的宏富著作、光辉事功、人格魅力，可以说仍是今天中国人如何做人，如何面对生活的教科书，是我们涵养社会主义核心价值观的重要源泉。哥哥的“巨大光环”中散射出来的理念、道德、精神、器识在弟弟的心中全都具备，只不过因为环境遭遇的不同和个性的差异，其表现形式略显变化而已，他们兄弟相差两岁多，在肉体上不是双胞胎，但在文化精神上却胜似双胞胎！从生命活动的外在形式看，他们兄弟一生行事轨迹出奇地相同：幼年同校同师授读，同受父母教育影响；青年同时同路赴京应举，同榜进士及第，同路返川；同船出川，赴开封同应制举，同时被录取、授官，父没，同送柩归蜀；熙宁二年（1069）同时还朝，又同样反对王安石新法，同求外调。“乌台诗案”发生，同时遭贬；元丰末年（1085）同时调回朝，元祐中同样升官；哲宗亲政，朝局变化，又同时遭贬，并同样贬到岭南；徽宗继位之初，同时遇赦北还。由于他们在一起时，诗文共同做一个题目，不在一起时又互相唱和，故集子中作品题目也有很多相同，简直如同根的两杈树干，荣枯与共。然而从宋代到今天，诚如熊朝东先生所感慨的那样，能够去认识、读懂、研究、热爱、效仿东坡的人远比关注苏辙的人多。这个事实的存在，当然有其复杂的原因，也应该引起苏学研究界的思考。朱德元帅 1963 年 4 月 25 日为眉山三苏祠题诗云：“一家三父子，都是大文豪。诗赋传千古，峨眉共比高。”这个“高”字触动了我，多年来我总在想：东坡、子由都是雄峻的大山，其海拔高度相同，而峰峦略异。学者们如果准确地论证明白其“高度相同”，清楚地描绘出其“峰峦略异”，在事实真相面前，认识是能够逐步趋于统一的。下面简谈我对此问题的几点思考。

一、兄弟互评中蕴含的信息

子由评东坡语：

兄轼才高行备，过臣远甚，不唯众所共知，抑亦圣鉴所亮。（《兄除翰林承旨乞外任札子四首》第一）

既兄弟未可并退，而臣自知才气学术皆不如兄，是以自求引去。(《兄除翰林承旨乞外任札子四首》第二)

我初从公，赖以有知。抚我则兄，诲我则师。(《亡兄子瞻端明墓志铭》)

呜呼！手足之爱，平生一人。幼学无师，受业先君。兄敏我愚，赖以有闻……兄之文章，今世第一。忠言嘉谟，古之遗直。名冠多士，义动蛮貊。流窜虽久，此声不没。遗文粲然，四海所传。《易》《书》之秘，古所未闻。时无孔子，孰知其贤？以俟圣人，后则当然。(《祭亡兄端明文》)

少年喜为文，兄弟俱有名。世人不妄言，知我不如兄。篇章散人间，堕地皆琼英。凛然自一家，岂与余人争？(《题东坡遗墨卷后》)

公曰："子瞻之文奇，吾文但稳耳。"(苏籀《栾城先生遗言》)

辙幼学于兄，师友实兼。志气虽同，以不逮惭。兄刚而塞，物或不容。既以名世，亦以不逢。(《祭亡嫂王氏文》)

尝谓辙曰："吾视今世学者，独子可与我上下耳。"既而谪居于黄，杜门深居，驰骋翰墨，其文一变，如川之方至，而辙瞠然不能及矣。后读释氏书，深悟实相，参之孔老，博辩无碍，浩然不见其涯也。(《亡兄子瞻端明墓志铭》)

东坡评子由语：

我少知子由，天资和而清。好学老益坚，表里渐融明。岂独为吾弟，要是贤友生。不见六七年，微言谁与赓？常恐坦率性，放纵不自程。(《初别子由》)

惠示文编，三复感叹。甚矣，君之似子由也。子由之文实胜仆，而世俗不知，乃以为不如。其为人深不愿人知之，其文如其为人。故汪洋澹泊，有一唱三叹之声，而其秀杰之气终不可没。(《答张文潜书》)

子由之文，词理精确，有不及吾，而体气高妙，吾所不及。虽各欲以此自勉，而天资所短，终莫能脱。至于此文，则精确、高妙，殆两得之，尤为可贵也。(《书子由〈超然台赋〉后》)

昨日子由寄《老子新解》，读之不尽卷，废卷而叹。使战国时有此书，则无商鞅、韩非；使汉初有此书，则孔、老为一；晋宋间有此书，则佛、老不为二。不意老年见此奇特。(《跋子由〈老子解〉后》)

限于篇幅，对上引文字不能逐一讲解，只略说我的四点体会：其一，他们兄弟对彼此的评议都发自内心，不是虚伪做作；其二，他们互说对方的优点、特点，都经过深切地感受、体会、理解而得，是真实、准确的反映；其三，通观双方言论，显示出他们兄弟在道德、学识操守、才能等方面都达到共等的高度；其四，文如其人，我们可以从这些文字中体会到他们各自个性和风格的差异。

二、部分宋人的评议摘录

苏氏之道，最深于性命自得之际，其次则器足以任重，识足以致远……阁下又谓三苏之中，所愿学者登州为最优，于此尤非也。老苏先生仆不及识其人；今中书、补阙二公，则仆尝身事之矣。中书之道如日月星辰，经纬天地，有生之类皆知仰其高明；补阙则不然，其道如元气，行于混沦之中，万物由之而不知也。故中书尝自谓“吾不及子由”，仆窃以为知言。（秦观《答傅彬老简》）

静者宜膺寿，胡为忽梦楹？伤嗟见行路，优典识皇情。徒泣巴山路，空悲蜀道程。弟兄仁达意，千古各垂名。（王巩《苏黄门挽诗三首》其三）

贤哉子由，贤哉子由！忠言嘉谋，耸动冕旒。横身政府，不避怨仇。棣萼联芳，皆第一流。才不逮兄，器识俱优。（王十朋《苏颍滨赞》）

二苏兄弟行如冰雪，足以下照百世；望如九鼎，足以坐销群奸。（周必大《跋二苏帖》）

子由每多疾病，则学道宜；多忧患，则学佛宜。常坐党人，两谪高安，多与山林有道者语，知其为派遣忧患者也。（惠洪《跋苏子由与顺老帖》）

吾友陆务观，当今诗人之冠冕，劝子哦苏黄门诗……刘友子澄，忽自城中寄此卷相示，快读数过，温雅高妙，如佳人独立，姿态易见。然后知务观于此道真先觉也。（周必大《跋苏子由和刘贡父省上示坐客诗》）

苏氏兄弟平生大节，在于临死生利害而不可夺。其厚于报知己，勇于疾非类，则历熙、丰、祐、圣之变如一日，而后知世之以文词知二苏者，末也。（魏了翁《跋苏文定公帖》）

就以上简略引证可见，他们昆仲在坚守理想信念，践行道德操守上，“皆第一流”，仁和达都修养到同样的高度，所以“千古各垂名”！

三、核心价值观相同

我这篇小文的标题中说他们是“文化精神孪生兄弟”，主要意思就是想说明这个问题。

每个人都在自己的价值观支撑下生活！核心价值观是指精神结构中居于基础的、中心的、贯穿其他一切方面的部分。它是生命个体在生活实践和学习过程中积累、提炼并经过自己头脑反复确认过的主宰自己对人、对外在事物和内在自我的总看法、总观念、总图式，是支撑其生命活动、生存意志的柱石。

我曾经透过苏轼的全部著作和立身行事，把贯穿他全部思想精神的最根本、最基础的东西简略地概括出四点：（1）爱国爱民、奋厉当世的崇高理想；（2）求实求真、探索创新的认识追求；（3）信道直前、独立不惧的处世原则；（4）坚守节操、潇洒自适的生活态度。这就是苏轼的核心价值观。

近年来，在阅读苏辙全部著作和思考其生平实践的过程中，我觉得他们兄弟的核心价值观总体是相同的，而在关注大众、爱民重民的民本思想和担当家国天下责任的社会情怀、求实求真的浩然正气、不屈不挠的奋斗精神诸方面几乎完全一致。我称他们是“文化精神孪生兄弟”就是以这样的事实为根据的。

然而这两位大文豪的精神世界实在太丰富、太复杂了，这里无法详引材料，只能就上文说四个要点，略作挂一漏万的提示。

第一，爱国爱民，奋厉当世的崇高理想。奋厉，就是自强不息，努力奋斗；当世，就是担当起治国平天下的社会责任。这几个字就是子由为东坡写的《墓志铭》中，叙述东坡与母亲一起读《范滂传》后的对话而记载的。这种爱国爱民、胸怀天下国家的崇高信念，根本上说，是来自中华优秀传统文化的启沃，但他们兄弟却是直接来自父母的教诲。苏轼对母亲说自己长大后要学范滂时，才十岁，而子由才八岁。苏辙晚年在《藏书室》中记载当时情况："先君平居不治生业，有田一廛，无衣食之忧；有书数千卷，手辑而校之，以遗子孙。曰：'读是，内以治身，外以治人，足矣。此孔氏之遗法也。'"苏洵所言"孔氏之遗法"，见于《论语·宪问》：

> 子路问君子。子曰："修己以敬。"曰："如斯而已乎？"曰："修己以安人。"曰："如斯而已乎？"曰："修己以安百姓。修己以安百姓，尧舜其犹病诸！"

苏洵所说的"内以治身，外以治人"就是孔子说的"修己以安人""修己以安百姓"。这是儒学最重要的内容之一。"爱国爱民，奋厉当世"这条信念，东坡和子由都是终生坚持践行的。在理论认识上，东坡平生作《易传》《书传》《论语说》，北归时与苏伯固写信说："但抚视《易》《书》《论语》三书，即觉此生不虚过，如来书所论，其他何足道。"临终前又将这三书托付与钱世雄。儒家传统的民本思想是他的基本思想，诗文中论述很多。如《书传》中解释《五子之歌》时说："民可近者，言民可亲近而不可疏也。不可下者，言民可敬而不可贱。……失民则失天，失天则失国也。"在解释《多士》时说："天命之所不与，即民心之所秉为，民心之所秉为，即天威之所明畏者也。……以见天之果不外乎民，民之果不外乎天也。"在实践行动上，他一生为官，关心民生，处处为民做好事：在凤翔，改革"衙前"役法；在密州，抗蝗灾，拿出库粮收养弃儿；在徐州，领导人民抗洪救灾；在杭州，整治西湖以便航运、便灌溉、利民生，自己捐钱设免费病坊；在扬州，废除生事扰民的"万花会"；贬到惠州，还捐钱为当地修桥，推广秧马，帮助地方官建成广州历史上最早的自来水设施等。和哥哥一样，苏辙对"爱国爱民，奋厉当世"这条信念也是终生坚持践行的。在理论上，他对儒学中《论语》《孟子》都有很深入的研究和著述。他在《上两制诸公书》中说自己原先"无所不读"，后来"晚而读《孟子》，而后遍观乎百家而不乱也。……今辙山林之匹夫，其才术技艺无以大过于中人，而何敢自附于孟子？然其所以汎观天下之异说，三代以来兴亡治乱之际，而皎然其有以折之者，盖其学出于孟子而不可诬也"。他所说的就是孟子的民本思想。他在《进策五道·臣事下》之第四道说："臣闻圣人之为天下，不务逆人之心。人心之所向，因而顺之；人心之所去，因而废之。故天下乐从其所为。"他的《历代论》就是以重民、利民、爱民的观点来评鉴历史的。在实践上，他没有像东坡前后当八任州官那样有机会直接为人民做好事，但他元祐时期在朝中任职期间，上了150多篇奏状。这些论奏，都是从爱国爱民，关怀国计民生出发，对重大政事提出自己的议论和处置意见，对朝政产生过重大影响。最突出的有五个方面：对新党，主张严惩大臣，不问小臣；对新法，主张区别对待，慎重从事；对西夏，主张退还先前所占侵地，和睦关系，求得边防安定，以利经济发展；对治黄河，主张实事求是，不强制违反水流规律，顺其北流；对人民，主张关怀民间疾苦，反对加重对人民利益的剥夺（如《论蜀茶五害状》）。元祐在朝九年，是他为国为民作为最大的时段。晚年居颍，贬斥闲居，忧国爱民之心也永存胸中。所以我们可以说，在爱国爱民、奋厉当世的崇高理想上，他们兄弟是完全相同的。

第二，求实求真、探索创新的认识追求。求实求真，就是实事求是，按事物的本来面目认知它、处理它。凡事要调查研究，弄清真相，绝不盲从。苏轼在《上曾丞相书》中说："凡学之难者，难于无私。无私之难者，难于通万物之理。故不通乎万物之理，虽欲无私，不可得也。已好则好之，已恶则恶之，以是自信则惑也。是故幽居默处而观万物之变，尽其自然之理而断之于中。其所不然者，虽古之所谓贤人之说亦有所不取。"这种调查研究和对真实的认知观念，贯穿他一生。著名作品《日喻》《石钟山记》《书黄荃画雀》《书戴嵩画中》等，都体现出这个观点，而在政治实践上先后与王安石、司马光的分歧与争论，追根到底都是源于他坚持这种求实求真的认识追求。苏辙在这个求实求真的认识观念上，跟东坡一样的固执。他是事事"较真"的人，二十三岁时应制举，因为敢于"直言"，说真话，差点不被录取。他在逝世之前，把平生著作《诗传》《春秋集解》《古史》《老子解》，都做了最后修订，自己跟自己"较真"。对于政事，他更坚决认为必须求真求实。在《民赋序》中说："臣愚以谓为国者，当务实而已，不求其名。"在《进论五首·诗论》中说："夫六经之道，惟其近于人情，是以久传而不废。"（"近于人情"，这里是指合乎人们生活的真实情况）在《进策五道·君术》中说："臣闻善治天下者，必明于天下之情，而后得御天下之术。术者，所谓道也。得其道而以智加焉，是故谓之术。"在《观会通以行典礼论》的最后一段说："昔庖丁之论解牛曰：'良庖岁更刀，割也；族庖月更刀，折也。今臣之刀十九年矣，而刀刃若新发于硎。彼节者有间，而刀刃无厚。以无厚入有间，恢恢乎其于游刃必有余地矣。'盖圣人之于事，如庖丁之于牛，知之明故处之暇，处之暇故事无不济者。此其所以为圣人也。谨论。"他说的"知之明"，就是处理任何事都要调查研求，求实求真，认清情况。他在元祐中论役法敢于和司马光争论，论治理黄河敢于不同意文彦博之言，就因为他调查研究，求实求真，一切对事不对人。所以，他和东坡一样，在骨子里坚持实事求是的认识路线。

第三，信道直前、独立不惧的处世原则。这条信念乃是前面两条信念的必然结果。生活目标既然确定是爱国为民，行为准则又一切求实求真，于是便把自己从读书到实践的体会，即"幽居默处而观万物之变，尽其自然之理，而断之于中"的对"道"的理解，视为正确认识，因而独立不惧地坚持。苏轼《徐州谢上表》对皇帝说："信道直前，曾无坎井之避。……岂有意于为异，盖笃信其所闻。"最能体现坚持正确认识而独立不惧精神的是东坡元祐二年（1087）所写《与杨元素书》："某近数章请郡，未允，数日来杜门待命，期于必得耳。公必闻其略，盖为台谏所不容也。昔之君子，惟荆是师；今之君子，惟温是随。所随不同，其为随一也。老弟与温相知至深，始终无间，然不多随耳。致此烦言，盖始于此！"这封短信是东坡独立人格精神的鲜明表现，在有关诗文中流露的不惧任何困难坚持独立人格尊严的意象都与此有关。苏辙在坚持这条处世原则上，与东坡完全一致，而且表现得更为深沉稳重。苏辙应制举时的荐举人杨乐道，时为龙图阁直学士，非常欣赏苏辙，这位杨公"本河东人，家世将家，有功于国"，曾在南方带兵打仗，建立功勋。"然公之与人，谨畏循循无所迕。平居遇小事，若不能决。人皆怪其能将以破贼，疑其无以处之，不知其中有甚勇者，人不及也。盖其谨畏循循者，所以为勇而人莫知之。"（引文见苏辙《杨乐道龙图哀辞并叙》）这位杨老师是苏辙终生学习的偶像。他的外表沉静谨畏，而内心有人所不知的大勇。这对苏辙影响很大。苏辙十八岁时，张方平就评他哥哥是“明敏”，评他是“谨重”，与他父亲苏洵在《名二子说》中说他将“善处乎祸福之间”的观察一致，表面沉静而心坚强，确是他的个性。熙宁二年（1069），苏辙上书论事，宋神宗都看出来他“潜心当世之务，颇得其要”，即日在延和殿召见他，很快任命为“制置三司条例司检详文字”。但苏辙进入该司，与王安石、吕惠卿等议论不合，而且苏辙立刻投书王安石，指出他那些主张都不可行。安石大怒，想加罪于他，幸好陈升之反对才作罢。神宗听从曾公亮的意见，把他调为河南府留守推官，合则留，不合则去，他在皇帝面前都是这个态度。他在元祐五年（1090）的《论所言不行札子》中说：“臣以非才，误蒙擢用，尽忠献言，上牾大臣，下牾边吏。其所以再三论列，不为身计，诚以为外可以利民，而内可以报国故也。今所言不从，空结怨怒，无补于国，臣虽愚狂，何苦而为此哉?”处境再艰难，该说的还是坚持说，这就是一贯坚持的信念和初心。说真话，独立不惧，一生如此。《宋史》本传概括赞美说：“元祐秉政，力斥章、蔡，不主调停；及议回河、雇役，与文彦博、司马光异同，西边之谋，又与吕大防、刘挚不合。君子不党，于辙见之。”在坚守这条处世原则上，苏辙与其哥哥完全一样，所以就更加理解其哥哥。在《亡兄子瞻端明墓志铭》中他这样评价苏轼：“其于人，见善称之如恐不及，见不善斥之如恐不尽；见义勇于敢为而不顾其害。用此数困于世，然终不以为恨。孔子谓伯夷、叔齐古之贤人，曰：‘求仁而得仁，又何怨?’公实有焉。”

第四，坚守节操，潇洒自适的生活态度。苏轼内在有坚强的节操，他认识到的东西，不放弃，不妥协；对外又有巨大的适应性，乐观顽强，随遇而安，面对任何打击、任何矛盾、任何困难，都能以其特有的人生智慧，转换视角，调整思路，总能在现有环境条件下找到可以维持身心稳定的有利因素并契合起来，使之转化为精神解脱的良药，以保持自己诗意栖居的乐观人生态度。比如有名的《超然台记》，就是写他超然物外、所遇斯乘、无往不乐的生活体验。所谓超然，即游于物之处，不为物所蔽，即从庄子“逍遥”“齐物”的观念，主动转换视点，从而摆脱现实环境造成的苦闷。总之，在任何困厄面前，都坚守节操，智慧解脱，超然自得，不改其度。这是苏轼一生处逆境时进行心理自助、调适情绪、稳定精神的基本途径。在营建和坚守这种生活态度方面，苏辙和苏轼也是完全一致的。“超然台”这个名字，就是苏辙取的。苏辙写的《超然台赋》，苏轼评为“精确高妙，殆两得之”。苏辙在赋序中说，耕者、渔者，只要“安于其所”就都是快乐的。赋文前部写登台所见所思，后部回到对“超然”的议论，最后从超脱一切物累，归结到“惟所往而乐易兮，此其所以为超然者邪?”子由的赋和东坡的记精神完全一致，都是从“游于物之外”而达到“无所往而不乐”，实质是在变动的环境压力下探寻生命活动的最优化组合。这种生活态度是二苏晚年遭贬斥打击时保卫自己的精神武器。他们练气养生，治心养性，寄情山水，潜心学问，留下许多与《超然台赋》思想精神相类的重要作品，如《管幼安画赞并引》《除日》《七十三岁作》《卜居赋并引》等。

王水照先生曾说苏轼是“说不完，说不全，说不透，永远的苏东坡”。从他们兄弟俩“文化精神孪生兄弟”的关系看，我觉得苏辙也还有很多领域值得我们深入细致地学习、探讨。

（作者单位：四川大学文学与新闻学院）

苏轼与郭沫若对商鞅评价的分歧及其原因

杨胜宽

内容提要：苏轼与郭沫若这两位在文学史上以才华卓著著称的蜀士，他们对商鞅的关注保持了数十年之久，但在评价商鞅变法的历史功绩及其影响时，观点却截然相反，苏轼全面否定，郭沫若全面肯定，并且一旦形成就坚持不改，在一定程度上表现出“偏恶”与“偏爱”的倾向。其之所以如此，与二人所处时代的特殊背景和人生遭际而形成的思想认识与政治立场存在着复杂关系。

关键词：苏轼；郭沫若；商鞅变法；评价分歧；思想观念差异

生活于战国中期的商鞅（前395—前338），本名公孙鞅，卫国人。其青年时在魏国求仕，得到相国公叔痤（《史记·商君列传》作“公叔座”）的信任，官中庶子一职，为相国的家臣。公叔痤病重时，特别向魏惠王推荐公孙鞅为相国人选，评价其“虽年少，有奇才”，可堪重任；且对惠王说，如不能用，当杀之，毋令出境。意谓若他国用之，将不利于魏国。惠王并未采纳公叔痤的建议，认为乃其病重糊涂之言，没有杀害公孙鞅。公孙鞅知道在魏国难获重用，恰逢秦国孝公励招募天下贤士，兴争霸之业，公孙鞅慕名入秦，通过秦孝公宠臣景监的引荐，得以面见秦王。先后说之以帝道、王道、霸道，均不被所动，最后以“强国之术”打动了孝公，得到信任，委以左庶长之职，命其主持秦国变法①。他因富国强兵的成效及取得西河之地的战功，受封商于十五邑之地，号称商君，故其在历史上以商鞅而垂名。

商鞅得遇秦孝公，利用给予他的政治舞台与全力支持，大刀阔斧地推行变法，十年之后，秦国成为国富兵强之邦，为其后来吞并六国，一统天下，打下了坚实基础。商鞅的卓越才能得到充分展示，也印证了当初公叔痤的先见之明。然而，商鞅作为战国时代最具代表性的法家人物，在历史上却遭到长期非议，留下的骂名居多，而肯定其历史功绩者甚少。

颇有意思的是，像商鞅这样一位早年就显露出“奇才”，后来又用事实证明了其卓越政

① （汉）司马迁：《史记》卷六十八，中华书局，1982年版，第2217—2222页。

治军事才能的历史人物，在同样以才华出众闻名于世的两个蜀人苏轼与郭沫若那里，得到的评价却迥然不同。苏轼终其一生都对商鞅持否定性评价观点，且言辞激烈的程度可谓无以复加；而郭沫若无论在抗战时期，还是中华人民共和国成立后兼具官员和学者双重身份，其研究商鞅都得出了全面肯定和高度赞扬的一致评价结论，不仅与乡贤苏轼不同，就是在其对古代法家人物的评价中，也是一个少有的例外。苏轼与郭沫若生活的时代虽然相隔近千年，但对同一个历史人物的评价分歧如此之大，其中究竟有哪些因素左右着他们的认识与评判，值得深入探究。

一、苏轼一生对商鞅的否定性评价

苏轼对商鞅的评价，几乎伴随了其整个人生。从尚未入仕以前所作“策论”“进论”，到其晚年经历贬谪而零星写成的《东坡志林》有关篇章，其中都涉及论述法家和商鞅本人的言论内容。总体看，其全部评价几乎是一边倒的否定，其批评斥责言辞的激烈程度，在他评价古人的文字中算得上是最为尖锐的，而且这种激烈程度，随着其人生阅历的增加与年龄的增长而越来越明显。

苏轼作于嘉祐六年（1061）之前的数十篇“策论”“进论”中（依照当时规定，凡参加朝廷制科考试者，需呈送策、论各二十五篇给考官，备录取时参考①），均涉及对法家政治主张、商鞅变法的论述文字，其《策论·策别·课百官一》云：

> 周之衰也，商鞅、韩非峻刑酷法，以督责天下。然其所以为得者，用法始于贵戚大臣，而后及于疏贱，故能以其国霸。由此观之，商鞅、韩非之刑法，非舜之刑，而所以用刑者，舜之术也。后之庸人，不深原其本末，而猥以舜之用刑之术，与商鞅、韩非同类而弃之。②

这段话是苏轼一生评价商鞅言论中，对商鞅最客气的陈述，部分肯定其“峻刑酷法，以督责天下”为得，并且批评后人不应该完全弃之不用。

然而，如果仔细地分析全文，则其立意与措辞颇有值得注意之处。该文乃“课百官”六篇文章中的第一篇，主题是“厉法禁”。文章主要阐述了古代圣人依据人情乐赏而畏刑的普遍心理来制定赏罚办法：对于人人所乐的赏，实行自下而上的办法，让民众有一介之善，能及时得到奖赏；对于人人皆畏的罚，实行自上而下的办法，公卿大臣有毫发之罪，则会马上受到惩罚，特别是对于那些不遵从法令的权豪贵显，要进行严厉惩罚，以此来达到警示天下的效果。虞舜当初诛四凶，就是这样做的。故苏轼认为：“夫惟圣人为能击天下之大族，以服小民之心，故其刑罚至于措而不用。”③ 在他看来，商鞅的严刑酷法，初衷与舜颇为相似，其“得”处在于：“用法始于大臣，而后及于疏贱，故能以其国霸。”苏轼是从这个意义上加

---

① （元）脱脱等撰《宋史·选举志二》：“凡廷试前一年，举奏官具所举者策、论五十篇奏上，而次年试论六首，御试策一道。”（中华书局，1985年版，第3648页）苏轼因欧阳修等推荐，参加嘉祐六年的制科考试，其所上文五十篇当在嘉祐五年，则其写作这篇文章的时间应不早于此年。

② （宋）苏轼著，孔凡礼点校：《苏轼文集》卷八，中华书局，1986年版，第241页。

③ （宋）苏轼著，孔凡礼点校：《苏轼文集》卷八，第241页。

以肯定的，故说：“商鞅、韩非之刑法，非舜之刑，而所以用刑者，舜之术也。”但是，苏轼的论述并未到此为止。他接着又把二者区别开来，明确指出商、韩所制定和具体实行的刑法，跟舜所用的刑罚，是有所不同的，后世的庸人们，不去深究二者的差异，以为舜之刑与商、韩之刑法完全一样，故将其抛弃。虽然他没有具体阐释二者不一样在于何处，但从字里行间，可以明白其意思，用“严”“酷”来形容其推行的刑法，主要指其过度和滥用，没有完全体现出严厉惩罚权豪贵显以达到让小民心服口服的立法用刑宗旨。因为众所周知，商鞅变法所制定并付诸实施的法令，即使太子犯法，也要刑其师、傅[①]。其最根本的观念是主张人人守法，在法制面前，不能有任何人享有特权，必须体现人人平等。至于区别该自上而下或者自下而上，那不是商鞅变法的重点所在。这样的法令，显然就跟虞舜诛四凶而服天下小民之心的用意及效果不一样了。故苏轼在后文中，采用援古证今的手法，批评当时法令繁复而难以严格落实，又在执行中对大臣犯法加以“首免”，不仅使公卿大臣不再畏刑，还为天下民众起了坏榜样。他在文章之末提出的结论性意见是：“厉法禁自大臣始，则小臣不犯矣。”[②]

在二十五篇“进论”中，《韩非论》直接涉及对商鞅的评价，《秦始皇帝论》《荀卿论》等篇，虽未直接论及商鞅，但实际上与商鞅变法思想及所定法令产生的直接影响有密切关系。《韩非论》云：

> 昔周之衰，有老聃、庄周、列御寇之徒，更为虚无淡泊之言……自老聃之死百余年，有商鞅、韩非著书，言治天下无若刑名之贤，及秦用之，终于胜、广之乱，教化不足而法有余，秦以不祀，而天下被其毒。[③]

苏轼意在将道家的老、庄思想与法家的商、韩学说进行比较，认为前者虽非圣人之道，但不会给天下带来“恶”果；后者主张以刑名法术治理天下，在秦朝实施的结果，不仅导致了陈胜、吴广揭竿抗秦，一代王朝就此夭亡，而且流毒天下，难以肃清其影响。苏轼认为，秦王朝的失败，根本原因在于“教化不足而法有余”，没有把仁义之道与礼法刑政结合使用，只知以“残忍”的手段治国治民，“举天下唯吾之所为，刀锯斧钺，何施而不可”[④]，以为“杀人”就能让民众顺从。

本来，《韩非论》应该专门论述韩非思想学说的是非功过，但苏轼却有意将商鞅与韩非并提，其意在于提示，韩非的刑名思想学说，乃主要来源于商鞅。我们从其文章末段所引《史记·老子韩非列传》“太史迁曰”，可以追踪到这一讯息。司马迁在该传末尾发表评论云：“申子卑卑，施之于名实。韩子引绳墨，切事情，明是非，其极惨核少恩。”[⑤] 而其在《商君列传》末也发表了类似的评论：“商君，其天资刻薄人也，迹其欲干孝公以帝王术，挟持浮说，非其质矣。……及得用，刑公子虔，欺魏将卬，不师赵良之言，亦足以发明商君之少恩

---

① （汉）司马迁：《史记》卷六十八，第2231页。
② （宋）苏轼著，孔凡礼点校：《苏轼文集》卷八，第242页。
③ （宋）苏轼著，孔凡礼点校：《苏轼文集》卷四，第102页。
④ （宋）苏轼著，孔凡礼点校：《苏轼文集》卷四，第102—103页。
⑤ （汉）司马迁：《史记》卷六十三，第2156页。

矣。"[①] 其批评两人的言辞十分相似。

对于商鞅法制思想在历史上产生的流"毒"，特别是深刻影响了秦朝的治理模式，苏轼在多篇文章中论及并加以强烈批评。《秦始皇帝论》云：

> 至秦有天下，始皇帝以诈力而并诸侯，自以为智术之有余，而禹、汤、文、武之不知出此也。于是废诸侯、破井田，凡所以治天下者，一切出于便利，而不耻于无礼，决坏圣人之藩墙，而以利器明示天下。[②]

批评秦朝之以"诈力""智术"得天下，至其治理天下，则毁坏圣人所制定的礼义，专门用"利器"（严刑峻法）作为治国的根本大法。秦王朝的这些做法，显然都是来自商鞅变法传下来的政治遗产。特别是其用法而不用礼，把圣人最推重的仁义教化全部抛弃，其影响所及，就是国人只知道追逐"求生避死"的一切便利，视礼义廉耻为无用之赘疣。而商鞅变法的重要口号，就是"苟可以利民，不循其礼""贤者更礼，不肖者拘焉"[③]，甚至把殷王朝的灭亡，归罪于"不易礼"的结果。不仅没把礼当回事，而且认为是完全无用的东西，应该摒弃。

《荀卿论》批评李斯"焚烧夫子之六经，烹灭三代之诸侯，破坏周公之井田"[④]，是背弃圣人之道的恣意妄为，直接导致其快速灭亡。文章虽然意在批判李斯，但其源头则始于商鞅。开阡陌、征赋税，废诸侯，置县令，这些都是商鞅变法的核心内容，是其土地制度改革、行政管理体制改革的重大举措[⑤]。这套办法，并没有因商鞅被车裂而终止，秦国历代君王均沿用其法，矢志不渝地追求国富兵强目标，到嬴政手里，最终完成一统天下的霸业。但在苏轼看来，其由此得之，亦由此失之，秦二世而亡，就是商鞅流"毒"未已的直接印证。

苏轼在其二十六岁时被任命为凤翔府签判，开启了一生的仕途之旅。就在其仕宦进入第九个年头的熙宁二年（1069），王安石在宋神宗的强力支持下，开始了历史上与商鞅变法一样著名的熙宁变法。本来在宋仁宗后期极力主张刷新吏治、改革因循苟且之弊的苏轼，此时却因改革的出发点和核心内容与王安石的变法方案相去甚远，很快成为熙宁变法的批评者和反对派代言人，其认为王安石变法急功近利且重用趋附势利之人，不仅用诗的艺术表达形式"托事以讽"[⑥]，而且在上奏皇帝的万言书中，借评价商鞅来寄寓自己的不同政见，其《上神宗皇帝书》中有言：

> 唯商鞅变法，不顾人言，虽能骤致富强，亦以召怨天下，使其民知利而不知义，见刑而不见德。虽得天下，旋踵而失也。至于其身，亦卒不免，负罪出走，而诸侯不纳，车裂以徇，而秦人莫哀。[⑦]

---

① （汉）司马迁：《史记》卷六十八，第 2237 页。
② （宋）苏轼著，孔凡礼点校：《苏轼文集》卷三，第 80 页。
③ （宋）司马迁：《史记》卷六十八，第 2229 页。
④ （宋）苏轼著，孔凡礼点校：《苏轼文集》卷四，第 101 页。
⑤ （宋）苏轼著，孔凡礼点校：《苏轼文集》卷四，第 2232 页。
⑥ （宋）苏辙著，曾枣庄、马德富校点：《栾城集·栾城后集·亡兄子瞻端明墓志铭》，上海古籍出版社，1987 年版，第 1414 页。
⑦ （宋）苏轼著，孔凡礼点校：《苏轼文集》卷二十五，第 730 页。

说商鞅“不顾人言”，这是历史的真实情形。在秦国动议变法时，秦孝公召集重臣甘龙、杜挚和商鞅一起商议变法事宜，当时以甘、杜为反对方，商鞅为主张方，彼此爆发了激烈争议，商鞅阐述其必须变法、且须不畏人言地强力推进变法的理由，讲了一段很著名，也是后来王安石据以陈述其主张变法理由的话：“且夫有高人之行者，固见非于世；有独知之虑者，必见敖于民。愚者暗于成事，知者见于未萌。民不可与虑始，而可与乐成。论至德者不和于俗，成大功者不谋于众。是以圣人苟可以强国，不法其故；苟可以利民，不循其礼。”① 表明商鞅主张变法的决心极大，也充分预料到将要遭遇的反对阻力。在他的观念中，只要能够强国，所有既往的治国之道都不足效法；只要对民有利，圣人制定的礼制都可以弃之不用。他特别强调，变法这种大事不必与众人（包括民众和大小官吏）商量，对于民众而言，只可与乐成，而不可与虑始。王安石力劝神宗排除阻力，下定变法决心，就是沿用商鞅所言之意作为重要依据的②。

苏轼对于商鞅变法可以很快使国家富强起来，虽不否认，但认为这样的政策法令太过倾向于国家利益，民众却未必能得到多少实惠，特别是在变法初行阶段，会让民众不理解或超过其承受程度而产生怨怒与抵触；并且变法措施重利而轻义，推行峻法酷刑而弃用道德教化，即使夺取天下，也会很快丢失。苏轼不仅指出商鞅变法追求富国强兵而没有很好顾及民众的舆情与实惠，所以难以得到民众的拥护和同情，而且用秦王朝兴勃亡忽的历史教训来委婉提醒神宗，如果一味专信王安石，可能有亡国灭种的危险。

而其被贬黄州期间的元丰三年（1080），在读了《战国策》之后作《商君功罪》一文，再提商鞅变法的功过是非，其寓意似乎更加显豁：

> 商君之法，使民务本力农，勇于公战，怯于私斗，食足兵强，以成帝业。然其民见刑而不见德，知利而不知义，卒以此亡。故帝秦者商君也，亡秦者亦商君也。其生有南面之福，既足以报其帝秦之功矣，而死有车裂之祸，盖仅足以偿其亡秦之罚。理势自然，无足怪者。后之君子，有商君之罪，而无商君之功，飨商君之福，而未受其祸者，吾为之惧矣。③

文末数语，直指“世之君子”，目的当然不是单纯评价商鞅，而是借说商鞅之过之祸以讽喻当时的新法推手及其追随者，并且告诫其将受到恶报。

哲宗元祐时期，苏轼的仕途迎来了辉煌。不仅职务在数月之间三获提升，而且身居显要，处于政治权力的中心。他于元祐三年（1088）作《六一居士集叙》一文，其中阐述欧阳修接续孔、孟、韩愈之儒学传统的努力与发挥的作用，在论及儒、法思想的分歧及其影响时，对商鞅等法家人物的学说进行尖锐批判：

> 孟子既没，有申、商、韩非之学，违道而趋利，残民以厚主，其说至陋也，而士以是罔其上。上之人侥幸一切之功，靡然从之。而世无大人先生如孔子、孟子者，推其本

---

① （汉）司马迁：《史记》卷六十八，第 2229 页。

② （元）脱脱等撰《宋史》卷三二七：“至议变法，而在廷交执不可，安石……谓‘天变不足畏，祖宗不足法，人言不足恤。’”（中华书局，1985 年版，第 10550 页）

③ （宋）苏轼著，孔凡礼点校：《苏轼文集》卷六十五，第 2004 页。

末，权其祸福之轻重，以救其惑，故其学遂行。秦以是丧天下，陵夷至于胜、广、刘、项之祸，死者十八九，天下萧然。①

其中值得注意的提法是“残民以厚主”，这是苏轼对商鞅等法家理论学说更加激烈的批判，认为这种学说，主要是对君主有利，而对民众则只会造成伤害。这实际上反映了苏轼在熙宁变法时与王安石的主要观念分歧。他在熙宁及元丰初年所作诗文，内容的核心都在于指责新法唯利是图，为了达到迅速充盈国库的变法目标，成立条例司，推出青苗、市易、手实等法，均以逐利增税为主要目的，而这些政策的直接受害者，正是广大社会底层民众，特别是附着在土地之上生存的农民。在苏轼看来，王安石变法的主要政策措施，都来源于商鞅变法及申、韩学说。其变法措施之所以难以赢得民众，尤其是农民的拥护和接纳，根本就在于没有平衡好富国强兵与照顾民众利益的关系。

苏轼晚年遭逢朝局大变，他被一贬再贬，远及天涯海角。在此期间所作《志林》，所载内容虽起于元丰（1078—1085），迄于元符（1098—1100），时间跨度约二十年，但多数篇章应为晚年贬于岭南所作②。其中“论古”卷有《司马迁二大罪》一篇，意在批判商鞅，文章引述了《史记》对商鞅十年变法成效的描述，然后指出：

此皆战国之游士邪说诡论，而司马迁暗于大道，取以为史。吾尝以为迁有大罪二……则论商鞅、桑弘羊之功也。自汉以来，学者耻言商鞅、桑弘羊，而世主独甘心焉，皆阳讳其名而阴用其实，甚者则名实皆宗之，庶几其成功，此则司马迁之罪也。秦固天下之强国，而孝公亦有志之君也，修其政刑十年，不为声色畋游之所败，虽微商鞅，有不富强乎？秦之所以富强者，孝公务本力穑之效，非鞅流血刻骨之功也。而秦之所以见疾于民，如虎豹毒药，一夫作难而子孙无遗种，则鞅实使之。③

苏轼认为，司马迁《史记·商君列传》中大肆赞扬商鞅变法的成绩及其对秦国的贡献，是根本错误的。所谓司马迁的“二宗罪”，一是对商鞅变法成功的高度称颂，二是这种称颂给后世追求富国强兵的世主产生了恶劣影响。他说后世的世主对其顶礼膜拜，袭用其政策法令，对于民众采取“流血刻骨”的刻薄手段，以获取成就其功业的美名。但秦王朝推行商鞅的那套办法，结局却是无比悲剧的，认为秦民视秦王暴政如虎豹毒药，彼此完全处于对立地位，这样的政权自然没有好下场。而秦王朝尖锐官民矛盾及其历史悲剧结局，都是商鞅变法所导致的。

苏轼评价商鞅至此，可谓厌恶痛恨至极，不仅全盘否定其一生的变法成就，而且把后来秦王朝灭亡、历代试图通过变法来改变时政弊端所带来的问题，都一并归罪到商鞅变法的主张上！

---

① （宋）苏轼著，孔凡礼点校：《苏轼文集》卷十，第315页。

② 苏轼元符三年（1100）自儋州渡海北还，前往安置地廉州，与友人郑嘉会书信中有云：“《志林》竟未成……甚奈公两借书籍检阅也。”（《苏轼文集》卷五十六《与郑靖老尺牍四首》其三，第1675页）故《宋史》卷二百〇八《艺文志七》将其著录为《儋耳手泽》（第5369页）。直视为在儋州所作。

③ （宋）苏轼著，王松龄点校：《东坡志林》卷五，中华书局，1981年版，第107—108页。

二、郭沫若不同时期对商鞅的高度肯定

郭沫若对商鞅的研究，主要集中在20世纪四五十年代，70年代虽还有所论述，但其观点完全没有变化。值得注意的是，40和50年代，无论就社会的巨变，还是就郭沫若自身的人生经历而言，都有着很大的差异。40年代其撰写《十批判书》《青铜时代》两部代表性历史研究专著时，不仅处在中国全民抗战的特殊岁月里，而且是在充满白色恐怖的国统区工作，郭沫若研究历史和创作历史剧，都带着服务现实的目的性指向，其批判后期法家申、韩思想学说，就具有反对蒋介石独裁专制的深层用意。从他对主张君主独裁专制的韩非之极度不喜欢并斥责其学说为“法西斯式的理论”[①]，到其自言《高渐离》里“存心用秦始皇来暗射蒋介石”[②]，都可以体会到这一点。故有学者称，郭沫若在抗战特殊时期的韩非子研究，其“影射史学”具有一定进步意义[③]。到50年代，中国新民主主义革命取得了胜利，社会主义政权的建立，标志着将与统治中国两千多年的封建制度及其官方意识形态彻底决裂，法家不法古、不循礼的变革政治主张受到肯定，而以孔孟为代表的儒家思想，则归为被批判清算之列。在这种政治形势下，郭沫若对儒家思想的态度也在进行微妙的调整，他在1950年为《十批判书》改版重印所作的跋语中说：“我所采取的是历史唯物主义的立场，在这个立场上我仿佛抬举了先秦儒家，因而也就有人读了我的书而大为儒家扶轮的，那可不是我的本意。先秦儒家在历史发展中曾经起过进步的作用是事实，但它的作用老早变质，它的时代也老早过去了。……在今天依然有人在怀抱着什么‘新儒家’的迷执，那可以说是恐龙的裔孙——蜥蜴之伦的残梦。”[④] 其说儒家思想已变质，其作用已过时，并对当代“新儒家”进行批评，都体现出郭沫若在40年代研究儒家思想的学术立场上出现明显转变。与之形成对比的，则是对法家历史作用的更多肯定，尤其是对于法家代表人物商鞅。

颇为巧合的是，郭沫若四五十年代对商鞅的评价，似乎完全没有受到时代巨变及其自身经历处境不同的影响。因为在40年代研究法家时，他区分了前期法家和后期法家，其对包括李悝、吴起、慎到、商鞅在内的多位法家人物均表示肯定，唯独对申不害持批判态度，认为在他的“术”治理论中，更多地带有后期法家的思想特征，其与韩非鼓吹君主弄权用术的君主本位独裁专制理论相一致。在被郭沫若肯定的几位前期法家人物中，又以对商鞅的评价为最高，几乎没有任何贬义，这是其对法家人物评价态度上很少见的。商鞅也成为郭沫若在不同时代背景和经历处境下，评价上数十年保持高度一致的唯一一位法家代表人物。

郭沫若40年代评价商鞅，是把他作为前期法家的代表人物之一，在与后期法家的区别中来进行肯定的。他在1945年写作了《前期法家的批判》一文，从考察春秋中叶兴起的“礼”“法”之争来看待法家思想兴起的时代合理性与历史进步意义。他深刻指出，这种争端

---

① 郭沫若：《后记——我怎样写〈青铜时代〉和〈十批判书〉》，《郭沫若全集·历史编》第2卷，人民出版社，1982年版，第473页。

② 郭沫若：《〈高渐离〉校后记之二》，《郭沫若全集·文学编》第7卷，人民文学出版社，1986年版，第129页。

③ 宋洪兵：《郭沫若的法家观及马克思主义史学家法家观的内部分歧》，《史学月刊》2021年第2期。

④ 郭沫若：《蜥蜴的残梦——〈十批判书〉改版书后》，《郭沫若全集·历史编》第3卷，人民出版社，1984年版，第77—78页。

的实质就是："春秋中叶以还，财产的私有逐渐发展，私有权的侵犯也逐渐发展，为保障私有权的神圣，便不得不有适合于新时代的法令之产生。"① 财产私有，自然造成社会阶层的改变，"时代不同了，虽在庶人，有产即尊；虽在大夫，无产即卑。礼必须下下来，刑也必须上上去。这是一种新的秩序"②。

在该文中，郭沫若单列一部分论述商鞅的变法内容、效果及其影响。他从商鞅重法的角度来衡量前期法家推动社会进步的积极作用，而后期法家则与之相反：

> 至于他的用法而不用术，正是初期法家的富有进步性的地方。初期法家主张公正严明，一切秉公执法，以法为权衡尺度，不许执法者有一毫的私智私慧以玩弄法柄。吴起、商鞅是这样，就是染上了黄老色彩的慎到，也是这样。"术"是执法者以私智私慧玩弄法柄的东西，这倡导于老聃、关尹，而发展于申不害，再结穴于韩非。③

商鞅所代表的前期法家推动各国变法以实现富国强兵的目标，郭沫若认为这是时代变革的大趋势，符合历史发展规律，何况商鞅所推行的变法，并没有完全把实现国富兵强与照顾人民的利益、改变他们的身份地位割裂开来，而是尽可能兼顾平衡，而后期法家则通过玩弄权术，专为君主一人谋利益，两者判然有别：

> 纯粹法家以富国强兵为目标，他们所采取的是国家本位，而不必一定是王家本位。他们的抑制私门是想把分散的力量集中为一体以谋全国的富强，人民虽然受着严刑的压迫以为国家服役，但不必一定为一人一姓服役，因而人民的利益也并未全被抹杀，人民的大部分确实是从旧时代的奴隶地位解放了。商君正是这种法家的成功的代表。……鬼祟的权谋数术，专为一人一姓谋利益的办法，是还没有把他污染的。④

商鞅变法，是在周密策划布置、开展社会信誉试验、继承之前的变法经验（如吴起在楚国的变法）基础上整体推开的，很多做法有创新性，有的甚至具有划时代进步意义。比如破坏井田制，《史记·商君列传》有"为田开阡陌封疆，而赋税平"的记载⑤。战国时代，最早是鲁国实行"初税亩"制度，国家承认田地私有，并一律据实征税。这被视为开各国风气之先，也是沿用多年的井田制遭破坏的显著标志。秦国推行这项土地税收制度改革起步较晚，且进程颇为曲折。郭沫若在1972年所作的《中国古代史的分期问题》一文中，专门阐述各国的改革进程，而谓秦国"最迟"。之所以迟缓，其实就有几经曲折的原因。他在"自注"里依据《史记·六国年表》及《秦本纪》梳理了赋税制后户籍制的改革详情⑥，在秦国经过了六十年的曲折变化，才在商鞅变法时真正按照土地和户籍征税。郭沫若对此做出高度评价：

> 故商君的"坏井田，开阡陌"，在这变法过程中是更为重要的事项，它是把生产方

① 郭沫若：《十批判书·前期法家的批判》，《郭沫若全集·历史编》第2卷，第312页。
② 郭沫若：《十批判书·前期法家的批判》，第313页。
③ 郭沫若：《十批判书·前期法家的批判》，第329页。
④ 郭沫若：《十批判书·前期法家的批判》，第329页。
⑤ （汉）司马迁：《史记》卷六十八，第2231页。
⑥ 郭沫若：《奴隶制时代·中国古代史的分期问题——代序》，《郭沫若全集·历史编》第3卷，第8页。

式和社会制度改革了。

把旧有的井田制打破，承认土地的私有而一律赋税，这是一个划时代的变革。①

看来商鞅的“强国之术”，最重要的就是把土地从奴隶主贵族阶层的手中夺过来，重新进行分配或者进行交易，确立新的土地所有权与地界标志，对土地所有者按统一税率征税，充分调动农民的垦荒和粮食生产积极性，达到农民增收和国家增税的双重效果。

商鞅变法能够取得巨大成功，除他本人的决心与毅力之外，自然离不开最高统治者的支持，古代自上而下的历次变法，其成败往往取决于此。商鞅不仅深得秦孝公的信任，直到其去世都没有改变态度，故使秦国的变法得以坚持十年不变，其成效才充分显现出来。即使秦惠文王上台以后听信谗言，用酷刑处决了商鞅，但其所定的各项法令，在以后的各代秦王当政时，均得到较好贯彻，直至秦始皇依然如此。郭沫若对秦、汉沿用商鞅法令的情况专门进行了考察，证明“商鞅的遗法”影响巨大而深远：

他是一位时代的宠儿，生当大变革的时代，又遇着信任专一的孝公，使他能够放手做去，收到了莫大的功名，他比起李悝、吴起来实在是更加幸运的。秦王政后来之所以能够统一中国，是由于商鞅变法的后果，甚至于我们要说秦、汉以后的中国政治舞台是由商鞅开的幕，都是不感觉怎么夸诞的。②

中华人民共和国成立以后的50年代初期，郭沫若古史分期观点的最大变化，是将奴隶制与封建制的分界点确定在春秋战国之交。按照郭沫若在20世纪70年代的说法，其关于古史分期观点的第三次改变，是受了毛泽东思想的影响，他说是毛主席给了他“一把钥匙”，才打开了“中国古代社会的这个关键”。并且说其在1952年写作《奴隶制时代》，“是有意识地照着毛主席的指示走路的”③。这些意思固然是郭沫若真实心声的表达，但同时也要看到，郭沫若的古史分期观点变化，其实跟他40年代对诸子思想及战国时代意识形态的全面考察是分不开的。因为在《十批判书》中，其分析当时的社会发展变化态势，就反复强调，战国时代是中国古代封建社会发展的上行期，并且以此为尺度，来判断各家思想的保守或者进步。其肯定前期法家的思想主张及其变法实践，就是一个典型例证。

因此，郭沫若50年代对商鞅变法及其对历史发展所产生的积极作用的评价，就与40年代高度一致。比如其在1952年所作的《奴隶制时代》中，梳理了春秋至战国年间诸侯各国推行土地税制改革的次第，指出：

鲁国的变革在春秋各国中比较早，其他国家都还要迟些。……秦国更迟，直至公元前三五〇年的秦孝公十二年才“废井田，开阡陌”，真正改变了制度。④

所指正是秦孝公支持商鞅推行变法的最大历史事件。而其在1959年所作的《关于中国古史研究中的两个问题》一文中，论述商鞅变法对秦国富强所起的决定性作用的观点仍然没

① 郭沫若：《十批判书·前期法家的批判》，《郭沫若全集·历史编》第2卷，第325页。
② 郭沫若：《十批判书·前期法家的批判》，第323页。
③ 郭沫若：《奴隶制时代·中国古代史的分期问题——代序》，《郭沫若全集·历史编》第3卷，第4—5页。
④ 郭沫若：《奴隶制时代》，《郭沫若全集·历史编》第3卷，第34页。

有任何改变：

> 春秋、战国之间有很多划时代的变化，地主和农民的对立愈来愈明显……秦国是经过这个变化强盛起来的。……秦国的变化也不会是一朝一夕之功，如在“开阡陌”之前就有秦简公七年（前四〇八年）的“初租禾”，大概遭到新兴地主的反对，行不通，所以秦孝公用商鞅实行变法后，秦国的社会就起了根本的变化。①

郭沫若在1972年为《奴隶制时代》一书出版专门写了一篇序言，重点交代其关于古史分期观点的改变及其原因，其中论及商鞅变法的划时代意义，有如下的评价：

> 秦国是在秦孝公十二年（前三五〇年）由于商君的变法，“废井田，开阡陌”，重耕战，图富强，才扬弃了奴隶制而转入封建制。②

至于商鞅变法对秦国完成统一中国的重大作用及其在历史上的深远影响，该文做出的评价与之前也如出一辙：

> 秦自孝公以后至于始皇，相传六代，沿守着商君的法制，奖励耕战，勤俭建国，发奋图强；又加以得到地理上的形势，居高临下，俯瞰着东方六国，远交近攻，进行蚕食……因此，秦虽变法最迟，而却收到了最大的成功，变法以后仅仅一百三十年，在秦始皇的手里终于完成了统一全中国的大业，同时也完成了此后统治全中国二千多年的中央集权的大封建局面。③

从以上的梳理可以清楚地看到，自20世纪40年代至70年代的三十年间，郭沫若对前期法家的主要代表商鞅在秦国推行的变法，其基本认识从未改变，其全面肯定和高度评价的态度一直没有发生过变化，这在他对法家思想及其代表人物的研究中，是极其少见的情况。

三、苏轼与郭沫若评价商鞅严重分歧的原因

苏轼与郭沫若两人均对商鞅变法给予了很大关注，苏轼关注时间近四十年，郭沫若则有三十年之久。仅此而言，说明商鞅在他们心目中占有重要位置。只不过各自的看法几乎截然相反，并且各自所持观点一直没有发生过明显变化。就两人评价商鞅的视角看，实际上都集中于两个问题，即商鞅变法的作用和影响，但他们得出的结论却完全不同，难以找到稍微接近的认识共同点。那么，究竟是什么原因导致这种现象的存在？

首先，是对“法”的认识不同。“法”字的本义指刑罚。许慎《说文解字》：“法，刑也。平之如水，从水。廌所以触不直者去之，从去。”④ 段玉裁注：“刑者，罚罪也。《易》曰：‘利用刑人，以正法也。’引申为凡模范之称。……竹部曰：范者，法也。土部曰：型者，铸

---

① 郭沫若：《奴隶制时代·中国古代研究中的两个问题》，《郭沫若全集·历史编》第3卷，第230页。
② 郭沫若：《奴隶制时代·中国古代史的分期问题——代序》，《郭沫若全集·历史编》第3卷，第8页。
③ 郭沫若：《奴隶制时代·中国古代史的分期问题——代序》，第11页。
④ （汉）许慎：《说文解字》，中华书局，1979年版，第202页。

器之法也。”[①] 春秋战国以前，法均指刑罚，故通常“礼”“刑”对举，有所谓出礼入刑的传统说法。故汉人陈宠有言：“伯夷之典，惟敬五刑，以成三德。由此言之，圣贤之政，以刑罚为首。”[②] 据《尚书·周书》的记载，舜命伯益（亦作伯夷）作刑典，可能是古代最早的刑罚典，认为五刑的作用在于成就三德。到周穆王时，命吕侯作《吕刑》，《周书》详载五刑的名称及使用范围，以发挥“礼之所去，刑之所取，失礼则入刑，相为表里者也”[③] 的社会治理功能。而“法”之引申为模范、规范义，大约在春秋时代，故孔子有言云：“道之以政，齐之以刑，民免而无耻；道之以德，齐之以礼，有耻且格。”何晏注“道之以政”句引孔安国曰：“政谓法教。”邢昺疏：“道谓化诱，言化诱于民，以法制教命也。”[④] 在儒家开派人物孔子那里，认为用法制、刑罚手段治民，比起用道德、礼义教民，效果是大不一样的。这表明，春秋时期，“法”已具备政令规例之义，与刑罚相别，但又不同于对民众有教化意义的礼，已显示出礼、法对举的态势。班固《汉书·艺文志》论法家云：“法家者流，盖出于理官，信赏必罚，以辅礼制。”[⑤] 其判断是有根据的，且真实揭示了春秋战国时代法家产生的历史源头与社会背景。早期的法，被作为礼的辅助工具使用，法家的理论主张以赏罚为根本，至少儒家认为是如此。

苏轼对法的认识，正是以此为依据的。他在嘉祐六年（1061）应制科试时的论题是《礼以养人为本》，苏轼的文章显示出其对礼法关系的基本认识。他在文章中引述西汉刘向的话说：“礼以养人为本。如有过差，是过而养人也。刑罚之过，或至杀伤。今吏议法，笔则笔，削则削，而至礼乐则不敢。是敢于杀人，而不敢于养人也。”然后明确自己的论点：

> 夫法者，末也。又加以惨毒繁难，而天下常以为急。礼者，本也，又加以和平简易，而天下常以为缓。如此而不治，则又从而尤之曰：“是法未至也，则因而急之。”甚矣，人之惑也！平居治气养生，宣故而纳新，其行之甚易，其过也无大患，然皆难之而不为。悍药毒石，以搏去其疾，则皆为之。此天下之公患也。[⑥]

苏轼认为，礼的根本作用在于“养人”，而法的主要功能是“杀人”，所以再不适用的礼也比动辄杀人的法要好，故有礼本法末的关系论。看来苏轼所理解的法，比较偏重于刑罚之义，即使后来产生的法家关于法的理论已经越来越明显地超过了刑罚的范围，但他依然认为其基本功能就是以“杀人”为特征。

郭沫若对法的认识，是建立在春秋战国时代社会制度发生巨变的历史背景基础上的，他认为春秋时期“旧的礼制已经失掉了统治作用，世间上有了新的‘争端’，故不得不用新的法令来加以防范”[⑦]，“礼制”与“法令”二者不是同时并存且对社会治理发挥互补作用的，而是后者顺应社会发展趋势而必须取代前者，是彼此相互斗争的对立关系。郭沫若论春秋过

① （清）段玉裁：《说文解字注》，上海古籍出版社，1984 年版，第 470 页。
② （南朝宋）范晔：《后汉书》卷四十六，中华书局，1979 年版，第 1549 页。
③ （南朝宋）范晔：《后汉书》卷四十六，第 1554 页。
④ （清）阮元校刻：《十三经注疏》卷二，中华书局，1980 年版，第 2461 页。
⑤ （汉）班固：《汉书》卷三十，中华书局，1983 年版，第 1736 页。
⑥ （宋）苏轼著，孔凡礼点校：《礼以养人为本论》，《苏轼文集》卷二，第 50 页。
⑦ 郭沫若：《十批判书·前期法家的批判》，《郭沫若全集·历史编》第 2 卷，第 312 页。

渡时期的社会秩序调整变化云："时代不同了……礼必须下下来，刑必须上上去，这是一种新秩序。"[①] 他所理解的法，虽然包含了刑罚的内涵，但更重要的则是法令内容，与《韩非子》所说"法者，宪令著于官府，刑罚必于民心，赏存乎慎法，而罚加乎奸令者也"[②] 的意思相接近，它兼具赏罚两种功能，不仅让民众知道不能干什么，还知道应该干什么，就像车的两轮，彼此依存，相互作用，缺一不可。从这个意义上看，礼制就不再有存在的价值了。

其次，是对"变法"的态度不同。"变法"一词，在中国古代历史发展进程中，逐渐被固化为特指春秋战国时代诸侯各国先后推行的以富国强兵为主要目标的政治改革运动，此后与之相类似的历代政治变革活动，也都以"变法"目之。其实，就这个词汇的本义而言，是指对已有的或者现行的制度与法令进行变革。它并不只是一个方法论问题，更涉及认识论问题。前面已经说过，"法"这个概念有本义和引申义，至迟到春秋时代，它就由原先的专指刑罚，衍生出了法令、规范、规则的意义，而此时兴起的诸子百家，他们思考的问题既有关于社会人伦方面的，也有关于自然万物的，包括对宇宙万象的终极追问。尽管各家关注和思考的侧重点不尽相同，但几乎所有的诸子学说，都认识到万物有其变化与规律，其中也包括人世社会的新旧交替，生生不息，是历史发展的必然趋势。儒家经典之一的《易》，就是讲变易、变通之道的，所谓"乾道变化，各正性命，保合太和，乃利贞"[③]。变化是天地化育之源，只有不断变化，万物才利于生息。《管子·任法》："民不道法则不祥，国更立法以典民则祥……故曰：法者不可恒也。"唐房玄龄注"国更立法"句云："言能观宜改法以主于人则国理，故祥也。"[④] 这里的法，指治国之道，按照该文作者的看法，仁义礼智都包括在其中。《商君书·更法》："孝公平画。公孙鞅、甘龙、杜挚三大夫御于君。虑世事之变，讨正法之本，求使民之道。君曰：'……今吾欲变法以治，更礼以教百姓。'"[⑤] 这里的"正法""变法"，与"更礼"并举，皆指所要调整的一整套治理国家方法。就是在这一次的君臣激烈争论中，孝公最后采纳了商鞅的意见，委任其主持秦国的变法工作。这是历史典籍里最早用到"变法"一词。从《管子》《商君书》这些从春秋到战国形成的法家著述中可以看出，管仲、商鞅跟同时代的政治家一样，都认为顺应时事变化而适当改变治理国家的方法，是必要的，也是合理的。

苏轼早在入仕之前，在其读书留意古今治乱盛衰之迹的过程中，就明白了社会发展与万物生长一样，必须遵循变化规律，顺应人情需求，不断改革社会弊端。故其所作"策论""进论"，均一再强调人心向背是天下安宁、政权稳固的根本所在，所以反复强调必须革新时弊，励精图治，奖赏有功，积极作为。但他认为王安石变法致力于生财逐利，所以从一开始就不认同，故其对王安石所效法的商鞅变法，也一概持批判否定态度。其反对的理由也是相同的，就是不赞成以"变法"的名义与民争利，这样不顾民众的利益，将丧失人心，会导致亡国的可怕后果。故其在《上神宗皇帝书》中批判商鞅变法不顾人言的做法时，就是基于如

---

① 郭沫若：《十批判书·前期法家的批判》，《郭沫若全集·历史编》第2卷，第313页。
② 梁启雄：《韩子浅释》，中华书局，1982年版，第406页。
③ 《易·乾卦·彖》，曾枣庄、祝尚书编《三苏全书·苏氏易传》卷一，语文出版社，2001年版，第141—142页。
④ 《二十二子·管子》卷十五，上海古籍出版社，1986年版，第151页。
⑤ 《二十二子·商君书》卷一，第1102页。

下的理论依据："故天下归往谓之王，人各有心谓之独夫。由此观之，人主之所恃者，人心而已。……苟非乐祸好亡，狂易丧志，则孰敢肆其胸臆，轻犯人心？"[①] 苏轼所理解和赞成的变法，应该让民众得到实惠，得到他们的拥护，而不是相反。

郭沫若则从春秋时代的私有财产出现所引起的一系列社会变化来定义"变法"的概念。在他看来，法家的产生应该追溯到春秋时代的子产。他于公元前543年成为郑国的执政，做了两件最具影响力的事情，即"作丘赋"与"铸刑书"。而这两件事，又是彼此密切关联的。郭沫若认为："子产的《刑书》虽然已经失传，但它的内容是承认私有财产权并保护私有财产权是毫无疑问的。"他以《左传·昭公六年》所载的两首《舆人诵》体现的内容变化为例，论述子产作丘赋是对私有财产进行"新的编制"，实行三年得到了国人的普遍拥护，故新《舆人诵》云："我有田畴，子产殖之。子产而死，谁其嗣之？"子产为了让私有财产得到保护，因此要以《刑书》的成文法形式，来加以固化[②]。郭沫若认为，私有财产权得到国家的承认，并且用法律加以保护，这不仅破坏了井田制，而且催生了以土地为财富标志的地主阶级的形成，这是一场巨大的社会变革，"社会有了变革，然后才有新的法制产生，有了新的法制产生，然后才有运用这种新法制的法家思想出现"[③]。要说历史上最初形态的变法，就是子产在春秋时代的郑国推行的，其变法的重点是土地所有权变革及与之相关的田赋制度确立，国家承认土地私有，并按照实有土地面积征税，从理论上说，可以达到国家增税和农民增收的双重目的，因为它一方面避免了偷税漏税，另一方面又鼓励多垦多劳多得。郭沫若肯定前期法家的变法（商鞅变法是其代表），能够兼顾国家和民众的利益，就是由此得出结论的。

再次，是对"商鞅变法"的功过看法不同。商鞅在秦国推行十年之久的变法，其效果是十分显著的，秦国不仅自此迅速强盛起来，且最终吞并六国，而且商鞅之后的一些政治家的高度肯定也是有力的证据。所以司马迁在《商君列传》中所记述的内容，大抵是可信的。

苏轼说司马迁将"战国之游士邪说诡论"取以为史，并且认为秦国的富强，乃秦孝公务本力穑之效，根本不是商鞅推行变法取得的功绩，这当然是不太客观公正的看法。秦孝公固然是有为之君，但没有商鞅十年不遗余力地推行全面变法，是没有办法达到那样明显的成效的。至于其责怪司马迁依据战国游士所谓"邪说诡论"来肯定商鞅变法，大概是受了《史记·范雎蔡泽列传》有关记载的影响。在该传记述蔡泽事迹部分，重点讲述了蔡泽入秦见秦相范雎并成功劝说其功成身退的过程，其中有云："蔡泽曰：'若夫秦之商君，楚之吴起，越之大夫种，其卒然亦可愿与？'应侯（范雎）知蔡泽之欲困己以说，复谬曰：'何为不可？夫公孙鞅之事孝公也，极身无贰虑，尽公而不顾私；设刀锯以禁奸邪，信赏罚以致治；披腹心，示情素，蒙怨咎，欺旧友，夺魏公子卬，安秦社稷，利百姓，卒为秦禽将破敌，攘地千里。……是故君子以义死难，视死如归，生而辱不如死而荣。士固有杀身以成名，唯义之所在，虽死无所恨，何为不可哉？'"[④] 因为范雎在见蔡泽之前，此人就四处宣扬，明言入秦就

① （宋）苏轼著，孔凡礼点校：《苏轼文集》二十五，第730页。
② 郭沫若：《十批判书·前期法家的批判》，《郭沫若全集·历史编》第2卷，第312—313页。
③ 郭沫若：《十批判书·前期法家的批判》，第314页。
④ （汉）司马迁：《史记》卷七十九，第2420页。

是要取代范雎的相位，所以范雎听蔡泽提及商鞅之事，以为对方在设计游说自己急流勇退的陷阱，所以有“谬曰”云云。其实，范雎对商鞅的评价，均属正言，并非颠倒是非的谬论。苏轼因此而谓其说为“邪说诡论”，要么是对文本的误读，要么是借题发挥。在对商鞅变法功绩的评价上，蔡泽与范雎的看法一致，他说：“夫商君为秦孝公明法令，禁奸本；尊爵必赏，有罪必罚；平权衡，正度量，调轻重；决裂阡陌，以静生民之业而一其俗；劝民耕农利土，一室无二事，力田稸积，习战陈之事。是以兵动而地广，兵休而国富，故秦无敌于天下，立威诸侯，成秦国之业。”① 二人在秦昭王时先后为相，其对商鞅的高度评价如此一致，绝非夸饰谬赞，而是相信事实。

郭沫若对商鞅变法成就的评价，一方面肯定其变法的出发点以国家为本位，而不以君主为本位，认为这是其不同于后期法家的根本区别所在。惟其以国家利益为本位，故其推行的变法措施，不是专为一人一姓谋利益，所以一切不利于国家的私智权术，都是其“法”所不允许的，即使贵为公子、太傅，犯了法同样要受惩罚。另一方面，他认为商鞅变法在追求国家利益的同时，也努力照顾民众的利益，让他们得到变法的实惠。他指出：“纯粹法家以富国强兵为目标，他们所采取的是国家本位，而不必一定是王家本位。他们的抑制私门是想把分散的力量集中为一体以谋全国的富强，人民虽然受着严刑的压迫以为国家服役，但不必一定为一人一姓服役，因而人民的利益也并未全被抹杀，人民的大部分确实是从旧时代的奴隶地位解放了。商君正是这种法家的成功的代表。”② 也许正因此故，才有司马迁所称道的商鞅变法“行之十年，秦民大悦，道不拾遗，山无盗贼，家结人足”的国强民治可喜局面③。

最后，是对“商鞅遗法”的影响理解不同。商鞅在秦国的变法因损害了奴隶主和贵族势力的利益而阻力不断，加之其执法严厉而得罪了以公子虔为代表的犯法人群，故当支持他的孝公一死，这些力量迅速结合成为反对变法的急先锋，设计对商鞅的迫害。商鞅以谋反的罪名被施以车裂，结束了其沉浮荣辱的跌宕人生。商鞅虽然死了，但其所定法令并未因之而废。《史记·秦始皇本纪》援引贾谊之言云：“孝公既没，惠王、武王蒙故业，因遗册。”“及至秦王，续六世之余烈，振长策而御宇内。”④ 自惠王直至秦始皇的百余年间，秦国一直以孝公所追求的富国强兵为目标，商鞅的法令始终在起作用。苏轼与郭沫若都关注到这一点，但各自看法不同。

苏轼认为，商鞅变法的“流毒”，不仅深深影响着秦政权，而且汉朝数百年间也没有摆脱其影响。其中继承商鞅变法最典型的例证，就是桑弘羊在国家垄断经营盐铁方面的生财之道。《史记·平准书》及《汉书·食货志》均记载了汉武帝任命桑弘羊为治粟都尉主管天下盐铁所采取的一系列举措，其效果是“富商大贾无所牟大利，则反本，而万物不得腾踊”；“民不益赋而天下用饶”⑤。这是本于商鞅变法鼓励耕织本业而抑制工商末利的思路，而将其充分发挥，让国家获得农产品、盐铁等物资市场经营的全部利润。汉昭帝继位以后，令丞相

---

① （汉）司马迁：《史记》卷七十九，第2422页。
② 郭沫若：《十批判书·前期法家的批判》，《郭沫若全集·历史编》第2卷，第329页。
③ （汉）司马迁：《史记》卷六十八，第2231页。
④ （汉）司马迁：《史记》卷六，第279页。
⑤ （汉）司马迁：《史记》卷三十，第1441页。

田千秋、御史大夫桑弘羊召集数十位贤良文学之士辩论武帝的盐铁专营政策利弊得失，史称“盐铁之议”。根据后来桓宽整理成书的《盐铁论》内容，其中有《非鞅》一篇，可以看出桑弘羊与以儒生为代表的文学之士对商鞅变法的截然不同态度。儒生们完全不赞同桑弘羊对商鞅变法“革法明教，而秦人大治……功如丘山，名传后世，世人不能为，是以相与嫉其能而疵其功”的高度评价，指责商鞅“弃道而用权，废德而任力，峭法盛刑，以虐戾为俗，欺旧友以为功，刑公族以立威，无恩于百姓，无信于诸侯，人与之为怨，家与之为雠”[①]。他们的目的，在于通过贬斥商鞅变法以制止桑弘羊的垄断专营政策。王安石的熙宁变法，更在此基础上向农民放贷取息，以增加国库收入。所有这些做法，都被苏轼认为在与民争利，所谓“民不益赋而天下用饶”，都是桑弘羊欺骗汉武帝的。他引用司马光的话说：“不加赋而上用足，不过设法侵夺民利，其害甚于加赋也。”[②] 在苏轼看来，从商鞅到王安石的所谓变法，都逃不脱为了国库充盈而与民争利的套路，并且到后来，愈演愈烈。其力斥商鞅变法的“流毒”，意在批判熙宁变法的用意甚明。

郭沫若在《前期法家的批判》中，根据《荀子·议兵篇》《汉书·百官表》等史籍资料的记述，不仅具体考察了秦、汉的吏制、兵制等多存“商君的遗法”，而且变法时形成的一整套政策法令，都为后来的封建社会治理体制提供了参照和完善的模板，中国封建社会能够延续两千年之久，商鞅的贡献是很多的，其影响是极为深刻的。故其 1972 年所作的《中国古代史的分期问题》一文，在运用历史唯物主义观点对古代历史发展进行审视时，依然把秦始皇完成统一中国的伟业与商鞅变法的成功紧密联系起来，而且认为统治中国两千多年的大封建局面，都在其影响之下。在郭沫若眼中，商鞅不但是他那个时代的宠儿，而且是整个中国历史发展的宠儿。

综上所述，苏轼与郭沫若对商鞅及其变法的评价分歧是巨大的，引起这些分歧的原因也是多方面的。比较而言，似乎郭沫若的评价较之苏轼更加合理一些，毕竟其所处的时代，已经不再如之前的文人那样去看待长期的儒、法之争了。但我们从两人评价商鞅的言辞中，多少能够感受到苏轼的“偏恶”与郭沫若的“偏爱”，而导致他们各自立场偏向的深层背景，则是其所经历的时代变局，及受此影响而遭遇的复杂人生变故。客观而言，商鞅变法既不像苏轼所批判的那样一无是处，也不是郭沫若所赞誉的那样十全十美。商鞅变法的主要问题，倒不在其法令内容的是非上，而是在于执法过程中出现的不公与偏激。比如太子犯法，按照其坚持在法令面前人人平等的变法原则，那就应该依法办事，惩罚太子。但商鞅却以“太子，君嗣也，不可以施刑”为借口，刑其傅公子虔，黥其师公孙贾[③]。这不仅自己破坏了执法公正严谨的原则，而且为后来公子虔报复诬告埋下了祸根。而变法实行一年后，国都有些最初不接受法令的民众，后来态度改变了，称“令便”，商鞅不仅没有理解他们的态度转变，反而将其称为“乱化之民”，统统把这些人发配到边城以儆效尤，从此国人不敢议令[④]。类似的处置失当为后来的批评者留下口实。西汉刘向严厉指责商鞅严刑峻法：“今卫鞅内刻刀

① （汉）桓宽：《盐铁论》卷二，上海古籍出版社，1990 年版，第 27 页。
② （宋）苏轼著，王松龄点校：《东坡志林》卷五，第 108 页。
③ （汉）司马迁：《史记》卷六十八，第 2231 页。
④ （汉）司马迁：《史记》卷六十八，第 2231 页。

锯之刑，外深铁钺之诛，步过六尺者有罚，弃灰于道者被刑，一日临渭而论囚七百余人，渭水尽赤，号哭之声动于天地，畜怨积雠比于丘山。”① 这些内容多不见于《史记》，惟“弃灰于道者刑”见于《李斯列传》，其言云：“故商君之法，刑弃灰于道者。”张守节《正义》：“弃灰于道者黥也。《韩子》云：‘殷之法，弃灰于衢者刑。子贡以为重，问之。仲尼曰：弃灰于衢必燔，人必怒，怒则斗，斗则三族，虽刑之可也。’”② 查《韩非子·内储说上》有云：“殷之法，刑弃灰于街者。子贡以为重，问之仲尼。仲尼曰：‘知治之道也。夫弃灰于街必掩人，掩人，人必怒，怒则斗，斗必三族相残也，此残三族之道也，虽刑之可也。且夫重罚者，人之所恶也，而无弃灰，人之所易也，使人行之所易，而无离（同罹）所恶，此治之道。’”说明刘向是张冠李戴，且有移花接木以彰其恶的用意。

（作者单位：乐山师范学院）

① （刘宋）裴骃：《史记集解》引刘向《新序》，司马迁《史记》卷六十八，第2238页。
② （汉）司马迁：《史记》卷八十七，第2557页。

明代“任都堂”任汉宦迹考略

——续补《明代温江名宦“任都堂”任汉生平考》

张振刚

内容提要：任汉，四川温江明代进士，历任御史、江西巡抚、南京大理寺卿，是有明一代任职最高的温江人。笔者在《明代温江名宦“任都堂”任汉生平考》一文中简要梳理了任汉的生平轨迹，特别是为官任职经历。本文作为该文的续篇，主要是根据新掌握的材料，对任汉为官宦途中可供研究的几项具体事迹进行梳理和考证，以期丰富任汉这一历史人物的形象。

关键词：温江；任汉；宦迹

任汉，字宗海①，号桤庵②，四川温江县维新乡人。生于明天顺六年（1462）③，卒于嘉靖四年（1525）。明代进士，历任湖广道监察御史、江西巡抚、南京大理寺卿，是有明一代任职最高的温江人。任汉在温江留下了钓鱼台、任大理墓等历史遗迹，以及“真御史”“两都堂”等传说故事，是温江历史名人，明清时期被列为乡贤于温江乡贤祠中祭祀，在现存的历代温江县志中有载，被列入《四川通志》“人物卷”④，并被《中国人名大辞典》收录⑤。

笔者曾在《地方文化研究辑刊》第十四辑撰文《明代温江名宦“任都堂”任汉生平考》，依托对任汉祭文的释读，考证了任汉为官的主要经历，但尚不够完整。在后续的研究中，笔

① 关于任汉的字，笔者共发现有 3 种记载，分别是：宗海、宁海、少卿。据《成化二十三年进士登科录》一卷、清同治九年湖北省《郧阳志》、清同治十年江西省《万年县志》记载，任汉的字均为“宗海”。《中国人名大辞典》中记录任汉的字为“宁海”，该记录有误。

② 中共成都市温江区委党史研究室、成都市温江区地方志办公室整理重印，清宣统《温江县乡土志》卷六，2008年11月，63页。

③ 资料来源于《成化二十三年进士登科录》一卷，页第三甲第二十四名。转引自“美国哈佛人物传记数据库”（https://www.inindex.cn/）。

④ （清）张晋生：《四川通志》卷八。

⑤ 臧励龢等编：《中国人名大辞典》，商务印书馆，1921年版，第 226 页。

者又发现史料中的若干记载，可以弥补任汉一生时间链上的空缺，更发现一些关于任汉就学、施政等方面的记载。本文就以这些史料记载为基础，对任汉入仕为官经历进行补充，对任汉的为官、为人事迹进行考证，以期为温江明代名宦任汉树立一个较为明晰的形象。

一、任汉生平若干问题的补充

（一）任汉科举中试时间

根据民国版《温江县志》记载，任汉于“成化丁未年登进士”，这与《明清进士题名碑录索引》中记载的“明成化二十三年”一致。《明清进士题名碑录索引》更进一步记载了任汉的进士名次：第三甲 24 名[①]。由此可见，任汉进士及第的年份为明成化二十三年即公元 1487 年。

根据笔者搜集到的资料，这里再补充两点。一是任汉乡试中举的时间，据明天启《成都府志》记载，任汉中举为成化丙午，即成化二十二年，公元 1486 年[②]。二是任汉会试中的细节问题。据《成化二十三年会试录》记载，在 1487 年的会试中，任汉取得的名次是第一百八十七名，治《诗经》。

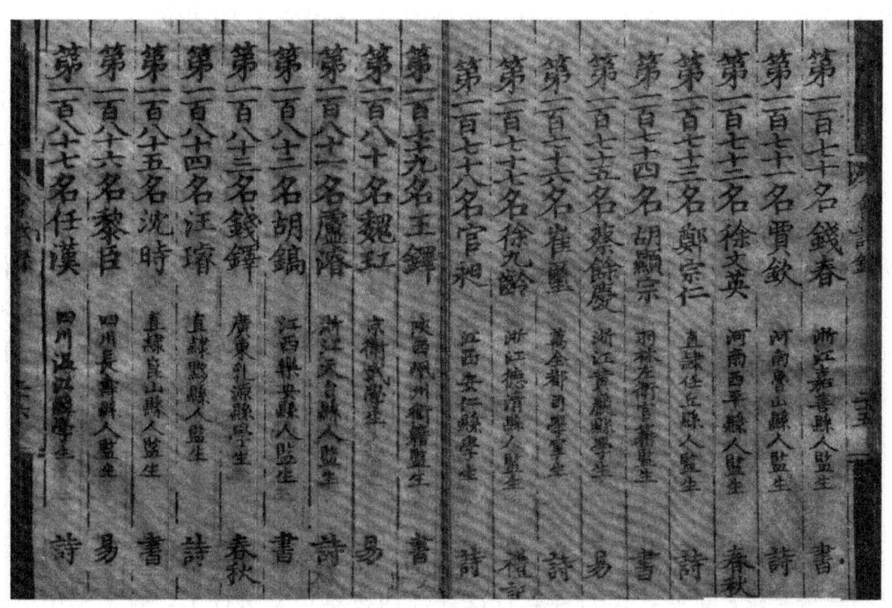

第一百七十名錢春 浙江嘉善縣人監生 書
第一百七十一名賈欽 河南魯山縣人監生 詩
第一百七十二名徐文英 河南西平縣人監生 春秋
第一百七十三名鄭宗仁 直隸任丘縣人監生 詩
第一百七十四名胡顯宗 羽林左衛官籍監生 書
第一百七十五名蔡餘慶 浙江會稽縣學生 易
第一百七十六名崔璽 萬全都司學生 詩
第一百七十七名徐九齡 浙江德清縣人監生 禮記
第一百七十八名官昶 江西安仁縣學生 詩
第一百七十九名王鐸 陝西鳳州衛籍監生 書
第一百八十名魏玒 京衛武學生 易
第一百八十一名盧濬 浙江天台縣人監生 詩
第一百八十二名胡鎬 江西樂安縣人監生 書
第一百八十三名錢鐸 廣東乳源縣學生 春秋
第一百八十四名江璿 直隸黟縣人監生 詩
第一百八十五名沈時 直隸崑山縣人監生 書
第一百八十六名黎臣 四川長壽縣人監生 易
第一百八十七名任漢 四川溫江縣學生 詩

《成化二十三年会试录》

① 朱保炯、谢沛霖编：《明清进士题名碑录索引》上册，上海古籍出版社出版，1979 年版，第 714 页。

② （明）冯任修，张世雍等纂：天启版《新修成都府志》（五十八卷）卷十三“科第表”。其点校版收录于成都市地方志编纂委员会、四川大学历史地理研究所整理《成都旧志丛书》，成都时代出版社，2007 年版。

（二）任汉担任御史前的为官经历

任汉祭文中，重点叙述了任汉监察御史之后的为官经历，而缺少对任汉为官初期的记载。笔者在最近的研究中发现，任汉在任职监察御史之前，曾担任过行人司行人和南京都察院理刑。

关于行人一职：

《明实录·大明孝宗敬皇帝实录》卷一百十四记载弘治九年六月，“乙亥，授……行人王经、萧渊、任汉……南京都察院理刑”。明世宗的《御祭任汉文》记载，任汉“发身科第，职列行人”①。

明代设置有行人司，取《周礼》“行人”之名。行人司置“司正”及左右“司副”，下有“行人”若干。洪武二十七年（1394）规定，“行人以进士为之”，掌管捧节奉使之事，凡颁诏、册封、抚谕、征聘诸事皆归其掌握。这一职位在京官中地位虽低，但声望甚高，而且后续仕途升转极快。据记载，明代初中之进士，多以能任此职为荣。

关于南京都察院理刑一职：

据《中国历代官制大辞典》解释，都察院理刑又称“理都察院刑狱”，是一种“试职名，明朝进士实授官前所任试职之一，半年后实授，多授官监察御史。始于洪武（1368—1398）中，正德（1506—1521）中革”。这时任汉担任的是一种锻炼性的职位。

（三）任汉生平的时间链条

结合前文，根据上述研究和考证，任汉一生，特别是为官的时间链条就得出了清晰的轨迹：出生（1462年）—中举（1486年）—进士及第（1487年）—（观政、行人，具体任职时间暂无法考证）—南京都察院理刑（1496年）—南京都察院监察御史（1497年，监察湖广道）—江西按察使司佥事（1501年）—浙江按察副使、整饬温处兵备兼管分巡（1505年）—浙江按察使（不详）—广东按察司副使（1509年）—广东按察司按察使（1510年）—江西右布政使（1511年2月）—江西左布政使（1511年11月）—都察院右副都御史、巡抚江西（1512年）—都察院右副都御史、提督抚治郧阳等处（1514年）—南京大理寺卿（1516年）—致仕（1522年）—去世（1525年）。

二、任汉事迹考述

（一）上书中央，陈述己见

据《明孝宗实录》记载，1503年，任汉在江西按察司佥事任上，曾上书中央，陈述己见。由于这则记载为难得的最接近任汉原著的材料，所以将具体内容摘录、句读如下：

江西按察司佥事任汉上地方事宜：

> 一谓：江西盗贼充斥，土豪大户往往窝藏分财，宜下所司榜示：强盗能自首，免罪；能捕获同伴或指引官兵提拿者，重赏。仍责府县操练机兵民快杀贼，且每村大户内

① 中共成都市温江区委党史研究室、成都市温江区地方志办公室整理重印，清嘉庆版《温江县志》第三十一卷，2008年11月，31页。

推选一人立为团长，再于小户内每二十家或十五家选一人立为保长。遇贼入村劫掠，团保长统领壮丁救获，其附近村落以次策应，府县巡捕官即聚兵追捕。有能御贼获原赃者倍赏，原赃以七分给主、三分给赏之。若有被杀伤死者，给银十五两殡葬；病者给银五两医疗。大户窝藏者处以极刑，全家徙化外，田产给拿贼有功之人。若团、保长纵村户为盗，坐以窝主罪名。本村住人亦连坐。

一谓：江西地挟产薄而科赋比常加倍，景德镇烧造磁器所费不赀。卫所军士有半年不得支粮者，乞暂将角□羊京折粮银，两并起运充军粮米，减半坐派，多剩存留以济军士。其军需颜料并磁器之类，亦暂停免二三年。

一谓：贵溪县上清宫近年累遣内臣赍香建醮，器皿香料果品之费动以千计，况本宫先毁于火，所司又区画搭盖殿宇门庑百十余间，及往来迎送夫马廪给、铺陈皆小民供办，艰苦。乞罢止差官建醮着为令。

一谓：江西豪族肆恶害人，事发既拟应得罪名，又妄行。奏扰或一二十次，监候或二三十年。每累中证人等丧躯破产。乞今后如遇奏诉冤枉者，查曾勘辩三次以上，或原问衙门转详大理寺奉旨听决人犯，或经巡按衙门会审无冤及监候八九年以上者俱立案不行。其凶犯原问充军为民者，即发遣；死罪者，即奏请处决。

一乞：今后知州知县，止于进士举人，两途选授，其历任必六年然后行取。不分举人进士，皆与科道部属。其次，或增秩加俸，或敕劳奖劳，若犯赃真银百两以上者俱发边卫充军，如或公错别无入已赃者止拟本罪，不许援例黜退，并起送降调。其推官、问理、刑名所系亦重，而祗候止于一名，宜照知县事例增为四名，以养其廉。

命下具奏于所司。

该疏主要涉及以下几个方面：一是为解决江西匪乱中充斥地方大户的问题，提出了具体的剿匪策略和地方治安维护策划；二是为解决江西地薄赋重的问题，请求减半征派江西的税赋，并暂免景德镇瓷器、军需等特种税赋两三年；三是请求皇室停止每年遣派内臣到江西上清宫建醮之事；四是针对当时江西司法中存在的弊端，建议快审快结；五是对地方州县主要官员的人选办法提出建议。

上述这些问题，既有任汉身为江西按察使司佥事分内之事，也有超出其管辖权限和范围的事宜。可见，当时的任汉，虽然品阶不高，仅为正五品，但相当有担当，除了忠于本职之外，还胸怀天下之事。《明实录》作为遴选、记载全国范围内重大事件的官方材料，能将任汉的奏议内容详实地记录在案，这本身就是对任汉的一种褒奖和鼓励。同时，皇帝命令将任汉的奏议具体交给相应的衙门办理。

（二）不惧压力，建议“广盐淮卖”

明正德十三年（1518）前后，著名的思想家王阳明（心学集大成者），给当时的明武宗接连上疏《疏通盐法疏》和《再请疏通盐法疏》①，要求朝廷应当允许“广盐”发卖到两淮地区。在王阳明的上疏中，有一段话是这样的：

① （明）王阳明：《王阳明全集：奏疏、公移》（简体注释版），华中科技大学出版社，2015年版，第92页。

查正德六年奉总制江西等处地方军务左都御史陈金批：据江西布政司呈，准本司右布政使任汉咨称，查得江西十三府俱系两淮行盐地方，湖西、岭北二道滩石险恶，淮盐因而不到。商人往往越境私贩广盐，射利肥己。先蒙总督衙门奏准广盐许行南、赣二府发卖，仰令南雄照引追米纳价，类解梧州军门，官商两便，军饷充足。

正是这一段话，揭示出任汉与明代盐政中一个重大事件“广盐淮卖”的联系：正德六年(1511)，任汉时任江西右布政使，曾奏请建议允许广盐贩卖到湖西、岭北二道。而正是这一举措，引起了明代盐业生产组织与生产形态的变迁，开启了明朝中后期盐业改革的大幕。

明代，盐实行专卖制度，由政府严格管控。盐税是中央政府和地方政府的重要经济来源，据统计，盐税占政府财政收入的三分之一强。当时，食盐生产和销售均被政府严格控制，全国被分为15个盐区，每一个盐区包括产区和销区，盐只能在划定的区域内销售，绝不可跨区销售。这种制度，称为“划区行盐”。在严格管控之下，买盐、卖盐都有明确的活动区间，无论买方还是卖方，如果越界，那么所买所卖的盐，都是“私盐”。《大明律》规定：“凡犯私盐者，杖一百，徒三年。”情节严重者可判死刑。官府还建立了一套严格的盐业缉私制度，各级官员都有责任缉私，如有“通同脱放者，与犯人同罪”。

1511年，任汉时任江西右布政使。当时整个江西在盐政上属于两淮盐区，按照规定，只能允许从淮盐输入。然而，江西的湖西、岭北二道地处南岭山脉，地势险要，淮盐到此不仅运输成本极高，时间也不能保证，所以淮盐盐商不愿意到此卖盐（注意：只是具体承担行销功能的盐商不愿意到此处卖盐，并非两淮盐区的管理者）。这就造成“湖西、岭北二道缺少食盐、有人走私广东盐区私盐”的现象。任汉敏锐地发现并关注到这种情形，并根据实际情况，及时提出解决建议：由官方放开对广盐的限制，允许广盐在江西境内湖西、岭北二道销售，并对在此二道销售的广盐从重进行征税。此举有三项成效，一是解决此两道居民食盐短缺问题，二是解决两道的食盐走私问题，三是用以弥补赣南平乱的军费不足和缺乏问题。这里要特别指出，或许任汉并不是第一个看到广盐销往江西两道优点和好处的官员，然而，由于事关盐政大计，涉及盐区经济利益，面对淮盐利益集团的巨大压力，敢于提出此项建议的，始于任汉。

王阳明正是看到了任汉此项建议和举措的效果，所以积极上疏促成广东盐在江西和赣南两地允许销售区域扩大，为他平定宁王宸濠之叛找到了重要的军费来源，奠定了经济基础。

（三）临危受命，担任江西巡抚

任汉出任江西巡抚的前后，正是历史上著名的“江西农民起义”愈演愈烈之时，当时江西各地爆发了多起农民起义：东乡的王钰五、徐仰三、傅杰一起义；姚源洞（今万年西南）的汪澄二、王浩八、殷勇十起义；华林山（今高安境内）的罗光权、陈福一起义；大帽山（今寻乌南）的何积钦起义；靖安县的胡雷二起义等。各地起义军互相支援、声势甚大。而朝廷对待农民起义，大多数是持坚决剿灭的态度的。

就在任汉出任江西巡抚之际，江西进士、状元，时任内阁大学士的费宏专门写了一封书信给任汉，即同时收入《费文宪公集》和《皇明经世文编》两部文献集的《与江西巡抚任公宗海书》，书信表达了对任汉担任他家乡江西巡抚的期许，并对治理江西盗匪之乱提出了自己的建议：

……江西之事弊也极矣，所以属望于执事者久矣。简擢之命既下，缙绅交贺，以为得人。而吾乡人士喜溢眉宇，列郡之民自是其有更生之乐乎？闻姚源逋寇至德兴者，皆愿听抚于执事。中孚之感可及豚鱼，盖不诬也？但乡人来者谓或阳境内尚有余孽数千，亦是姚源流出，岂抚之犹未尽乎？抑延蔓难图也。执事必思所以处之而不致其滋蔓矣！窃意，其中有名首恶不过数人，其余悉出胁诱，未必无自新之意，第晓之或未详明当时所降黄榜旨意，亦坐不知首恶主名未及指出，今宜指数其尤恶者数人，明白晓告，惟此数人不赦，自余一无所问。或此数人能自相擒斩以献并赦其罪。则彼欲驱民以张势与助盗以为奸者，其心必相疑、其党必自散。此兵家伐谋伐交之策。且于诛恶之义、宥过之仁，两无所失。不知以为何如也？初河北群盗不下十数万人，前旨既下，解散者七八万，而刘六、刘七、齐彦名及刘三、赵风子辈，始孤弱溃遇而南矣。亦惟此数万人多出于胁诱，而非欲死于锋镝之下也。好生恶死，人心同然，江西之民，岂独甘就死地乎？在为民牧者，有恻怛慈爱之心而明示以可生之路耳。传者又谓狼兵未至，贼惴惴有必死之忧，以为其锋不可敌追乎。狼兵既至，与之交通，纵其奔逸，则其势益横，略无忌惮。盖往时流劫不过一二百里，犹未敢离其巢寨；今则至德兴至弋阳又至上饶，骎骎至微衢界上，且有由铅山而入福建之举。是犹病寒之证，传经不已，而且为流注，非有仁心仁术如执事者，其孰能救之？闻狼兵半已擅止帚，民固不堪其毒而深幸其止帚也……

对此，任汉有他自己的态度和看法，他认同费宏的看法和建议，认为对起义的领头人物，应坚决予以清剿，而对于被迫胁从者，应该予以甄别和从宽处理。这与后面他弹劾江西按察使王秩的做法相符。据《大明武宗毅皇帝实录》卷之一百一记载，正德八年（1513）庚子，“贼首王浩八等自华埠之败大窘，欲归故巢，诡言听抚，按察使王秩信之，遂令知县龚渊等送之姚源。巡抚都御史任汉、巡按御史江万实劾秩轻信寡谋，并及副使李情、都指挥许时等罪，兵部议逮秩至京究治，情、时等俟事宁并核功过，以闻，仍移文都御史俞谏等毋再信听抚之言以误大事，从之”。

因为按察使王秩将姚源贼首王浩八等送回姚源，而没有追究其首恶之罪，巡抚任汉就连同巡按御史弹劾了王秩。但面对被贼首裹挟的普通民众，任汉是主张教育之后放其回乡的。面对依附宁王朱宸濠的民众，任汉也持此种态度。结果，这一做法，也给任汉自己带来了不好的后果。《明史·列传·卷九十一》记载：

……宸濠夺民田亿万计，民立砦自保。宸濠欲兵之，岳持不可。会提学副使李梦阳与巡按御史江万实相讦，岳承檄按之。梦阳执岳亲信吏，言岳子沄受赇，欲因以胁岳，宸濠因助梦阳奏其事，囚掠沄。巡抚任汉顾虑不能决，帝遣大理卿燕忠会给事中黎奭按问……

其后果是，任汉担任江西巡抚只有短短的一年时间，就被迫病休。《明实录·大明武宗毅皇帝实录》卷之一百十一记载，正德九年，即公元1514年，“己丑，巡抚江西都察院右副都御史任汉奏乞养病，许之”。

（四）重视教育，重建东山书院

虽然担任江西巡抚时间不长，且主要精力都放在处理“匪乱”上，但任汉仍关注文教事业。作为有抱负的士大夫，任汉一直秉承着“仓廪实而知礼节，教化善则民风淳”的理念。其典型举措就是重建东山书院。

东山书院位于江西余干，宋淳熙间赵汝愚等闻朱熹“得道统之正”，乃建馆城冠山东峰，延朱熹主讲其中。后又为兵毁。

正德六年（1511），时任江西右布政使的任汉带兵收复并驻扎在余干县东山书院旧址。此时，他关注到了余干书院的情况，考虑重新恢复书院，并专门选择和查勘确定了重建位置——冠山中峰。正德七年，任汉转任江西巡抚，命令余干知县徐冠将东山书院迁建于冠山之中峰。而且重建的规模较之以往有所扩大，具体为：“中构堂5间，南向有祠，堂之东仍构云凤堂，西筑讲堂、东西廊、号房以处讲学者。规制为之一新。”此事被当时的江西提学副使李梦阳记录了下来。笔者在清同治十一年江西《余干县志》中找到了李梦阳撰写的这篇《东山书院记》[①]，笔者在这里句读、摘录如下：

> ……正德六年，予按县登山履书院坏址，会江西右布政使温江任公以兵留县，又取其地复之。曰：夫盗贼不平者教化不行也，兵阵无勇者义不明。又亲视其长轻也。又曰东峰孤峻而风，书院合徙中峰。中峰妥而结，有龙池焉，炎暵不之竭也。乃于是令知县徐冠丈中峰地，东西得二十八丈，南北七丈。中构堂五间，南向以祠，而堂之东仍构云凤堂，西构讲堂，又构东西廊、号房，以处讲朱子之学者。是役也，任公出百金，右参政董公出五十金。二公者，以兵留县者也。书院成，议所祠者，任公曰：夫士养于学足以，奚贵于书院。盖书院者，萃俊而穿业者也。夫士群居则杂，杂则志乱，志乱则行荒，故学以养之者大也。书院以萃之者，其俊也，俊不萃则业不专，业专则学精，学精则道明，道明则教化行。而人知亲长之义则盗贼可不兵而平也。故书院者，辅学以成俊者也。然必人焉以为之归，祠之而重其地。东山书院祠者，朱子乎？然有赵氏父子兄弟也。又其后有以道名其乡者……

任汉重建东山书院，无疑为东山书院文脉的延续做出了巨大的贡献。同时，任汉在繁忙的军务之间，还专门提出重建东山书院，并带头捐“百金”，以身垂范，并针对“姚源盗乱”提出“夫盗贼不平者教化不行也，兵阵无勇者义”，也反映了任汉主张招抚、教化而不是强势镇压，想通过建设学校，教化当地民众，达到“而人知亲长之义则盗贼可不兵而平也”的效果。

（五）设县万年，尊师崇礼

江西省万年县始设于公元1512年，而倡议设立万年县的正是时任江西巡抚的任汉。

收录于清同治十年《万年县志》中的《明正德庚辰县志旧序》一文（正德庚辰即公元1520年，当时万年县仅立县8年），详细阐述了万年县建县的始末：

> 万年为新造邑，居鄱、余、乐、贵四邑之徼。地僻而土刚，山深而岭峻，民生其间多负气尚侠。且去各县志稍远，鞭长不及马腹。正德初岁饥，遂乌合弄兵，四出焚戮，势张甚。上闻，遣总制陈公金出师剿之，逾年始平，爰兴，方伯任公汉等议必置邑，東

① 清同治《余干县志》卷十六“艺文”。

以官法，广无后虞，疏奏乃割四邑附近地合为一邑，而开治所于万年峰之阳。

万年所处地方原为周边四个县的交界地带，距离四个县的县治所在均路途遥远，再加上当地地势险峻，民风彪悍，一旦遇到饥荒就会引发民乱。即使朝廷出兵平定，不久也会死灰复燃。基于此，任汉根据当时地势、人口等情况，上书朝廷，建议从鄱阳、余干、乐平、贵溪4个县各分出一部分来新设立一个县，成立县衙等机构，以加强管制，长久治理。新设的这个县使用的是当地一个山峰（万年峰）的名字——万年，表达“建定后，兹邑之终不可复改”之意。后人吴昭在《万年县治记》也记载了此事，并且对万年县的名字进行了解释：除了因为万年峰之外，万年县名还包含有“以辖之示矜慈规久远也”的意义。

任汉与万年县，除了上述联系外，还另有关联。

据清同治十年《万年县志》记载：

> 夏瑜，字廷献，夏营人，性端重，有学行，领景泰癸酉乡荐，授教授，历台州、永丰、雩都、怀宁、温江凡五任，能以师道自居，善造就人才，所任有声。在温江九年，深器儒家子任汉。亲抚教之，如己出。后汉登第，任江西左布政，适创建县治，亲诣夏宅，拜母与瑜子伋，序家人礼，为文以祭瑜墓。

从上述记载可见，原来，任汉在温江县学就读时的授业恩师是夏瑜。夏瑜是江西万年县夏营村人，曾任温江教授。任汉中进士前，从学于夏瑜，夏瑜对任汉很是器重，悉心教导。任汉科举入仕后刚好到夏瑜的老家江西任职，因此在创建万年县时，专门前去恩师家里拜谒，与师母、恩师的儿子夏伋执家人礼，极为亲切。此时恩师已经去世，任汉专门为恩师写了祭文。

任汉既有设立万年县之功，更有尊师崇礼的名声，所以被列入万年县的“名宦祠”供奉。嘉庆版《四川通志》甚至记载，“民立生祠于万年县”。

（六）体察民情，裁撤河泊所

《明实录·武宗实录》记载，“甲子，革湖广沔阳州黄蓬湖、赛港湖二河泊所，以抚治都御史任汉奏其课少民贫故也”。这条记录记载了武宗正德十年（1515），任汉在都察院右副都御史、提督抚治郧阳等处（简称郧阳巡抚）任上裁撤河泊所的事迹。

任汉在郧阳巡抚任上发现，由于生产力有限，郧阳境内沔阳州黄蓬湖、赛港湖二河泊所“鱼利绝少，课米办纳甚艰，所司追征多致逼迫逃窜”。即由于这两个河泊所所辖水域收成有限，仅够渔民勉强糊口。针对此情况，任汉专门上疏朝廷，请求撤销这两个河泊所，免除辖区内鱼税，以与民生息。在任汉的坚持下，朝廷终于于武宗正德十年下令裁撤了这两个河泊所。

此外，万历《郧台志》中收录了任汉的《乞免额外派办以苏困苦事疏》[①]，详实地表达了任汉减轻民负、为民请命的想法：

> ……兵革六年，百姓疲敝，如人大病之后气体羸弱，调摄培养尚恐未及，岂可枉加摧锉？除岁办正税正差不开外卷查一件分豁民情事……民实难措办，正谓财已竭而敛不

① 万历《郧台志》，台湾学生书局，1987年版，第439页—444页。

休，民愈穷而赋愈急……近来既遭兵荒又罹水旱……须从长议处，行令各该司府以后凡有分派，将郧、汉、荆、襄四府山谷之中偏州小邑及新设县分量为除豁，不得视同腹里达县……

（七）诀别仕途，归家悠游

虽然位高权重，但任汉不留恋权势，在大理寺卿职位上任职六年后，1522年，任汉再一次提出，因父亲生病，希望退休回老家温江为老父亲尽孝。这已经是他多年来十余次提出退休请求了。这次，皇帝终于答应了。据《明实录·大明世宗肃皇帝实录》卷之十九记载，嘉靖元年（1522）十月，“南京大理寺卿任汉以亲老屡乞休不允，至是复诅终养，吏部覆奏，得旨暂准侍养，候其父病痊仍赴部听用”。

任汉退休回乡后，在新开江（今江安河）旁，修建了住宅，同时修建了钓鱼台。任汉夙愿得偿，侍奉亲老之余，在温江生活的逍遥自在，史载其“锦衣承欢，时人歆艳。宅傍新开江合小溪流处，汉筑钓台其上，后人名其江曰钓鱼江。左右有歧竹，蔚然深秀，汉优游其间，以终”①。

“人事有代谢，往来成古今。”任汉给温江留下了钓鱼台、钓鱼江等史迹和传说，在清嘉庆版《温江县志》中还可以看到钓鱼台和钓鱼江，并被命名为“钓台歧竹”，不仅成为当时温江著名八景之一，也成为温江世代流传的宝贵的精神财富。

三、关于任汉的其他几个问题

（一）关于任汉的出身问题

关于任汉的出身，民国版《温江县志》记载，任汉“父承钦，永乐辛卯年举人，官光禄寺署正”②。

笔者查找到《成化二十三年进士登科录》，中间有关于任汉的详细记载，任汉的亲属关系如下：

曾祖：任必通。祖父：任远。父：任永钦。母：张氏。妻：邹氏。

由此材料可见，民国版《温江县志》关于任汉父亲的记载有误。再者，永乐辛卯年为公元1411年，任汉中举为1486年，这样算来，任汉父子中举年份相差75年，时间跨度太久。

关于其父任永钦，暂时未发现更多材料。不过，根据天启《成都府志》记载，在任汉以前，温江有一任姓的举人，名为任永修，其中举年份为成化十三年即公元1477年，在时间上与任汉相近。但其与任汉的关系，尚未见到相关记载材料；任永修是否担任过光禄寺署正，也未见到相关材料。所以，其与任汉的关系，现阶段只能存疑。如果以后有材料可以考证出其是任汉的父亲，那任汉父子举人也可以称得上温江科举史上的一段佳话了。

（二）关于任汉的户籍问题

据《国朝历科题名碑录初集》记载，“任汉，四川成都府温江县，军籍”。

---

① 中华民国版《温江县志》卷八“人物”。

② 《温江县乡土志》卷八载为“任永钦”，见温江区地方志办公室整理点校版，第三册，第十一页。

明时，籍和贯是两个不同的概念，两者实为二事：籍和贯，籍是籍，贯是贯，不可混淆①。

关于明代的户籍，《明史》有如下概述：“凡户三等：曰民，曰军，曰匠。”而且明代实行世袭，其役、籍不可改，作为基本户籍的军、匠、灶确实如此，故《明史》有“凡军、匠、灶户，役皆永充”之说。

在明代上述各类户籍中，军籍的数量仅次于民籍，列所有户籍中的第二位，相当于当时全国户籍人口的五分之一。而军籍进士是明代一个重要而独特的科举群体，对明代的政治、社会、文化等方面产生了重要的影响。明代许多著名阁臣，如李东阳、高拱、张居正、叶向高等都出自这一群体。显然，任汉也属于这一群体。

（三）关于钓鱼台、任大理墓等的问题

任汉在温江留下的遗迹曾有钓鱼台、大理墓等。但这两处遗迹的具体位置在哪里，尚无定论。

民国版《温江县志》有专门的词条。“钓鱼台：在治东南十里，临新开江。明大理寺卿任汉致仕归，筑钓台于此。”“任大理墓：在钓鱼台西，有世宗御祭碑。”

关于任汉墓，据清乾隆《温江县志》第二卷 45 页“陵墓”篇记载，任汉墓在“县东十里，嘉靖御祭，两京六部及本省司、道、府、厅、县等衙门致祭，碑暨石人石马现存”。

清嘉庆版《温江县志》记载有“任公墓”，“邑东钓鱼江有明都堂任汉墓。其地昔为居民侵占。乾隆五十年生员周伟、监生罗春富等禀县学监生胡时超捐钱二十千文赎侵地”。

那么钓鱼台和任大理墓的位置具体在哪里呢？

民国版《温江县志》在桥的记载中有一条为五福桥。“五福桥：在任督堂故里，长 8 丈。”

由上述记载可见，历史上曾经存在的钓鱼台和任大理墓，以任督堂故里之名，位于五福桥附近。那么五福桥在哪里呢？经查，1983 年由当时的四川省温江地区地名领导小组和四川省温江县地名领导小组编印的《四川省温江地区温江县地名录》中有一个关于五福大队和五福桥的记载②，并有相关地图。具体如下：

> 五福大队，位于（涌泉）公社东部，因五福桥得名。
>
> 五福桥，跨江安河上木桥，现已不存。相传清代中期杨姓五世同堂自建一桥以资纪念，故名。

---

① 王毓铨：《谈古代的籍、贯问题》，载《王毓铨集》，中国社会科学出版社，2006 年版，第 348—355 页。

② 四川省温江地区地名领导小组、四川省温江县地名领导小组编印：《四川省温江地区温江县地名录》，1983 年版，第 60 页。

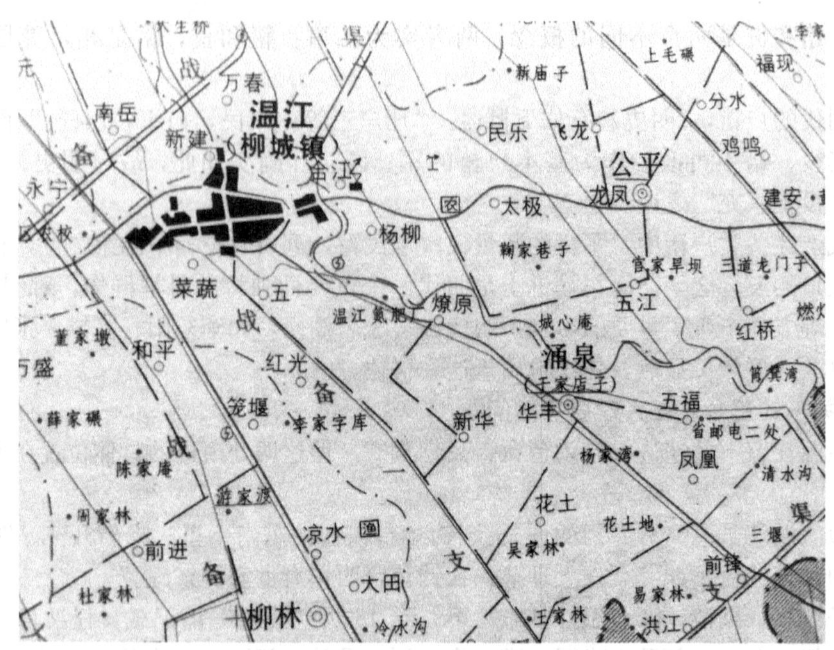

1982 年《温江地区地图集》中温江县地图可以看到五福

根据成都市温江区民政局、成都市温江区区划地名学会今年编撰的《成都市地名录 · 温江区分册》记载，五福大队 1984 年 2 月改称五福村，2005 年撤销并入凤凰社区①。

所以，根据以上考证可以判断出，任汉退休后悠游其间的钓鱼台和任大理墓等遗迹位于今涌泉街道凤凰社区内。

除了上述两个较为知名的任汉遗迹之外，笔者还发现另一个与任汉有关的遗迹。据清嘉庆版《温江县志》记载，温江曾有一条街叫“任家街”：“任家街，邑南白塔之西，相传明都堂任汉故址。”此处的白塔即为白塔子（培风塔），可见，至少在嘉庆时，在白塔子西面有一条以任氏命名的街道。

（四）任汉的家族传承

明代温江，任氏家族是显族。关于任汉之后的家族传承，《温江县乡土志》“卷八氏族”记载：

> 任汉“子孙繁衍，曰万镒，岁贡，巩昌府训导；曰宏，岁贡；曰理，岁贡，曲靖府推官；曰全，岁贡，云南布政使司都事；曰表，贡生；曰本伦，贡生，江西益府典宝”。明亡，张献忠占据成都时，“任氏族人抗议不屈，阖门殉难”。

除了上述直接叙述任汉后人传衍的文字外，清嘉庆版《温江县志》还有另外一段记述，揭露出任氏家族的另一个方面。文字如下：“都堂遗迹，邑西南十五里青泰寺有明时所铸钟。里人相传为任汉香火。并云任姓地亩甚宽，西至三渡水，东北至新开江。献贼之乱，团家聚

---

① 成都市温江区民政局、成都市温江区区划地名学会编撰：《成都市地名录 · 温江区分册》，2020 年版，第 22 页。

勇，与贼相持于长滩（地名），战败全家覆没，鲜有孑遗”。这段文字不仅叙述了明时任氏家族的庞大和显赫，还交代了其家族的没落。

（五）任大理子孙阖族殉难处

作为对任氏家族存续的最后记载，民国版《温江县乡土志》卷九记载有：“任大理子孙阖族殉难处，在治西二十五里处，陈家渡西长滩。”

陈家渡西长滩的位置，在今温江区永盛镇金马河畔。

四、余　论

（一）关于任汉研究的当代价值

明代是温江人才辈出的时代，任汉无疑是其中的杰出代表之一。任汉在御史任上“抗列论疏”，使得“权贵敛避”，以“真御史”之名开启了仕途之旅，获得皇帝明世宗“振扬风纪”“克效勤劳”“孝诚甫遂”的肯定；也得到同朝为官的同仁“公有夙德，国器圭璋”“有德如山，有才如水”的评价。其为官清廉、执纪严明的品德和兢兢业业、勤勤恳恳的工作态度无疑值得今天的我们学习、继承和发扬。

（二）温江其他历史名人研究的思路和方法

“温江离省近，民俗向称饶。”4000多年的历史孕育了一代又一代的温江名人，历代《温江县志》就记载了不少。但是由于资料的相对缺乏，对于温江的历史名人来说，目前缺乏的首先是相对清晰的人生轨迹和较为饱满的人物形象。

而名人资源开发的形式无论如何变化，都必须建立在对名人相关资料的搜集、整理、重组之上。这就需要围绕温江历史名人资源，创新工作方式方法，认真开展调查研究工作，展开历史名人生平研究。通过对相关史料的甄选和集结，丰富人物的研究细节，尽量还原历史名人的人生轨迹；充分依靠专家队伍，认真核实文献史料，收集当前国内外学术研究和文化传承动态，全面准确掌握历史名人相关情况，科学分析传承前景，合理制定传承规划；赋予温江历史名人新的时代内涵和现代表现形式，让历史名人及其文化“活”起来，真正走出历史、融入当代。本文正是以此为目的的一次尝试，期望能通过这次考证，为深入研究和探讨“真御史”任汉任督堂的当代价值提供基础的材料和依据。

（作者单位：成都市温江区文物保护管理所）

张问陶书画年谱

胡传淮　胡　瑶

内容提要：张问陶（1764—1814），字仲冶，号船山，四川遂宁人。清代杰出诗人、诗论家，著名书画家。乾隆进士，曾任翰林院检讨、江南道监察御史、吏部郎中。出任山东莱州知府，后辞官寓居苏州虎邱山塘。嘉庆十九年（1814）三月初四日，病卒于苏州寓所。撰有《船山诗草》。其诗天才横溢，价重鸡林，有“青莲再世”、“少陵复出”、清代“蜀中诗人之冠”之赞誉。本谱以纪年的形式，介绍了张问陶的书画创作活动情况及成就，兼及生平事略。

关键词：张问陶；张船山；书画；行迹；年谱

张问陶（1764—1814），清代四川遂宁人，字仲冶，号船山，乾嘉诗坛泰斗、书画大家，著有《船山诗草》及《船山诗草补遗》共26卷，创作书画作品数千幅，时有“青莲再世”“少陵复出”“家无船山字，枉为读书人；家无船山画，不算书香门”之誉。拙著《张问陶年谱》（胡传淮著，巴蜀书社2000年初版、2005年修订再版），重点介绍张问陶诗歌创作情况，对其书画涉及不多。有鉴于此，我们特撰其书画年谱，按年月日重点记其有准确创作时间的书画作品，以补前谱之不逮。挂漏之处，敬祈高贤郢政。

乾隆二十九年甲申（1764）**一岁**

农历五月二十七日（公历6月26日），张船山出生于山东省馆陶县署（今山东省冠县北馆陶镇）。其父张顾鉴时任馆陶县知县兼署冠县事。

张船山祖籍四川省遂宁县黑柏沟两河口（今四川省遂宁市蓬溪县金桥镇翰林村两河口）。高祖张鹏翮（1649—1725），康熙九年（1670）进士，官至太子太保加赠少保、文华殿大学士兼吏部尚书，谥文端，治河名臣、诗人、书法家，时称“贤相”，《清史稿》有传；曾祖张懋诚（1667—1737），官至通政使，署工部右侍郎；祖张勤望（1694—1757），官至山东登州府知府；父张顾鉴（1721—1797），官至云南开化府知府；兄张问安（1757—1815），号亥白，清代诗人、书法家，著有《亥白诗草》八卷；弟妇杨继端（1773—1817），号古雪，诗人、画家，著有《古雪集》三卷。

张船山，名问陶，字仲冶，号船山，另有柳门、乐祖、老船、宝莲亭主、蜀山老猿、豸冠仙史、药庵退守、群仙之不欲升天者等别号。

乾隆三十四年己丑（1769）**六岁**

是年六月，船山随父由山东馆陶至湖北。是岁起至乾隆四十九年（1784），船山一直寓居湖北均州、荆门、汉阳。其父先后任湖北均州知州、荆门直隶州知州和汉阳府同知。

乾隆三十八年癸巳（1773）**十岁**

居湖北荆门，船山一直随马学乾读书。马学乾，字行天，号杏里，一作杏理。贡生，浙江秀水（今嘉兴市）人。清孙桐生《国朝全蜀诗钞》卷二十三介绍船山云："天姿英敏超悟，读书有夙慧，十岁能诗。"并学书画，名亦渐起。

乾隆三十九年甲午（1774）**十一岁**

马学乾对船山很器重，以远大期之，并作《答张生问陶》诗云："尔亦拈诗赠，长城筑不难。须臾楼凤五，突兀许人看。"后来，马学乾撰《怀玉山人集》十二卷，船山为之序。乾隆五十四年（1789）夏，马学乾去世后，船山撰《马学乾传略》云："杏理师诗文不事雕饰，一以自然为宗。先大夫宰山左延至署，既自齐、偕之楚，从父以下兄弟十数人，皆执贽焉。问陶年最幼，受业最后，而所以期望问陶者独厚。忆髫龄初解韵事，先生曰：'此子他日当以能诗名。'先大夫赠诗云：'家半熏陶依至数，交以患难见真情。'盖实录也。"

乾隆四十九年甲辰（1784）**二十一岁**

三月，船山由湖北汉阳出发，北上京师。至京师，与周氏结婚。周氏，系涪州（今重庆市涪陵区）人，生于乾隆二十八年（1763），系出名门。其祖父周煌（1714—1785），号海山，乾隆二年（1737）进士，官至浙江学政、兵部尚书，人品端正，工诗善书，著有《海山诗稿》《琉球国志略》；周氏之父周兴岱（1744—1809），字冠三，号东屏，乾隆三十七年（1771）进士，官至礼部侍郎、都察院左都御史；周氏之母杜氏（1745—1807），忠州（今重庆市忠县）人，乾隆二年进士、工部主事杜鹤翱女，知书识理。

乾隆五十年乙巳（1785）**二十二岁**

四月初一日，岳祖父周煌病卒于京师，享年七十二岁。

八月，船山与妻周氏一家（周兴岱率全家扶周煌灵柩归蜀）出京师，西归故乡四川。回家的路线是由北运河南下至扬州，再上溯长江，到汉阳接父母，然后同回蜀中遂宁。

是年，书《过浣花溪同田桥作》诗轴，灵秀妍媚，近于钟王。

乾隆五十一年丙午（1786）**二十三岁**

五月，回到故乡遂宁，作《初归遂宁作》，有“北马南船笑此身，归来已是廿年人”之叹。

七月，作《岁寒三益》立轴，水墨纸本。款识：“丙午秋七月张问陶写此百寿。”钤印：船山、问陶书画。

闰七月，船山与兄亥白同赴成都，参加四川乡试，寓居成都南门十方里，游历了成都杜甫草堂、万里桥、青羊宫、南楼等名胜。乡试未中。妻子周氏于十月病故于涪州，年仅二十四。船山于功名淹滞之际，又赋孤鸾之恨。

乾隆五十二年丁未（1787）**二十四岁**

春，船山葬亡妻周氏于遂宁城北嘉禾桥，后迁葬两河口（今蓬溪县金桥镇两河口）祖茔。

九月，船山在成都入赘林家。继配林氏，名颀，字韵徵，号佩环，美而能诗，善书画，为名媛才女，著有《林恭人集》；其父林俊，字西厓，江苏人，顺天大兴（今北京市大兴区）籍，乾隆二十五年（1760）举人，官至四川布政使。张船山和林颀被誉为“中国古代十大知音夫妻”之一。

乾隆五十三年戊申（1788）**二十五岁**

三月，从成都出发，由栈道入京师，参加顺天乡试。五月，抵京。八月，参加乡试，考中第十三名举人。有《重阳京兆榜发志喜》云：“重阳风雨竟无声，秋榜传来乍有情。自笑登科逢故实，和凝衣钵十三名。”

夏，作书法立轴，五律一首，水墨纸本。款识：“戊申夏日船山张问陶。”钤印：船山书画、张问陶印。

乾隆五十四年己酉（1789）**二十六岁**

春，兄亥白至京师。兄弟二人应会试落第后，一同西归。至绵州，船山撰书《绵州客夜》七律诗轴。书法修美遒劲，多用方笔，结体刚健，饶有自然平易之趣，收入王艳霞编《清代草书》中。

十一月，再次赴京师，与兄亥白同行。

是年，石韫玉会试下第，寓宣武门外松筠庵。船山始与石氏缔交，过从甚密。

乾隆五十五年庚戌（1790）**二十七岁**

三月，船山参加会试，考中第三甲五十五名进士，入选翰林院庶吉士。是科状元石韫玉，榜眼洪亮吉，均系船山诗友。他们对船山诗书画非常佩服，竞相敛手，称其才“为长安第一”。

七月，著名画家王学浩赠船山《大通秋泛图》。王学浩，字孟养，号椒畦，江苏昆山人，著有《易画轩诗录》。

七月，作《咏怀旧游》十首，其中咏《天津》有句云："十里渔盐新泽国，二分烟月小扬州。"从此，"小扬州"就成了天津的雅号和代称。民国时期著名小说家刘云若，有一本描写天津风土人情的畅销小说《小扬州志》，书名即本此。

七月，作《山水图》，设色绢本。款识："空亭无人，林烟欲暝。董香光临倪高士，用笔酣丰，所谓心手两相忘，融化同造物，非耶？庚戌七月望后。船山张问陶写。"董香光，即明代书法大家董其昌，号香光居士。船山转益多师，对董其昌很推许，曾作《跋董》云："董香光书法入二王而出诸家，自晋人兰亭后推之为巨，学书者于此处着眼，为下手初功处。"

十月，为画友陈寅堂《白日掩荆图》题诗。

十一月十九日，李赓芸出都，船山与阮元、陈登泰、张时霖、朱锡经、王泽等，送之于广宁门外。

十二月，为朱沧湄《海市图》《知鱼乐图》题诗。朱沧湄，即朱文翰，字沧湄，安徽歙县人，船山进士同年。

十二月十三日夜，石韫玉、钱昌龄、洪亮吉、朱锡经，集于船山寓斋，通饮达旦。次日，船山以诗分致四人。是年，船山与石韫玉酬唱往来颇密。石韫玉《船山以诗见遗，奉答四绝》云："遂宁太史以诗鸣，小草何嫌换旧名。试看峨眉山下水，出山不减在山清（船山释褐后，诗曰《出山小草》）。""静掩荆关镇日眠，偏能踏月去朝天。醉中骑马长安市，错被人呼李谪仙。""冰雪聪明铁石心，诗名远播到鸡林。太平黼黻将谁属？司马高文冠古今。"

十二月十六日，题张鹿樵《悬岩积卷图》。

十二月下旬，题藕香阁《玉窗清影图》；题画家万上遴画《竹》。

冬，船山赡于才，深于情，四海骚人，靡不倾仰。秀水诗人金筠泉（孝继），忽告其所亲，愿化作绝代丽姝，为船山执箕帚。无锡诗人马云堤（灿），又赠船山诗云："我愿来生作君妇，只愁清不到梅花。"足见当时船山之粉丝，对其崇仰之甚。

小除日，船山与洪亮吉在京师寓所松筠庵祭诗，嘱王子卿作图，各题长歌纪之。王子卿，名泽，安徽芜湖人，善画山水，精篆刻。

是年，作《山水》，设色绢本；题陈栻《江西吟月图》卷子，该图先后有张船山、王文治、袁枚、徐嵩、钱伯坰、陈庆槐、李驥元、宋湘、朱文治等34位名士题咏。

乾隆五十六年辛亥（1791）**二十八岁**

正月，题杨绍恭《山阴雪棹图》。杨绍恭，字子靖，山阴（今浙江绍兴）人，时居常州。

二月，题倪星堂画《扇》；与诗人、书法家王芑孙（江苏长洲人）订交。船山乞假归蜀，王作诗送之。有云："书如章草纵横极，诗似江花浅淡春。"

二月十九日，出都返故乡蜀中，都中好友饯别送行之什甚多。道经洛阳，与武进徐书受会樱桃沟。

六月，题《蔡文姬塞外小像》。

六月，作《隶书七言联》，纸本，款识："辛亥长夏隶奉石坪先生正画，遂宁张问陶。"钤印：问陶之印、史官。（徐无闻旧藏）

六月，作《隶书七言联》文曰："千山结翠延词客，一丈挑云过石梁。"款识："辛亥长夏隶奉了澂和尚大法眼，遂宁张问陶。"

九月，由成都归遂宁老家。

乾隆五十七年壬子（1792）**二十九岁**

二月，遂宁灵泉寺僧道嵘，集钟嵘《诗品》中句，为《船山诗草》作序。《船山诗草》乾隆五十七年刻本，据《清人别集总目》载，华中师范大学图书馆有藏，这是目前所知最早的《船山诗草》刻本。清末朱克敬《儒林琐记》云："张问陶初名其集曰《推袁集》，后乃更今名。"实误。因是年船山尚未识袁枚；乾隆五十八年，由洪亮吉推荐，才始与袁神交。船山诗集早在交袁之前就刻版印行，取名《船山诗草》了，何更名之有？

闰四月，船山于成都南台寺作《南台痛饮图》，又名《南台寺饮酒图》，赠送蜀中丹棱诗友彭田桥（名惠支）。此图现存四川大学博物馆，被中国古代书画鉴定组编入《中国古代书画图目》第十七册，编号为川 2—136。图上有清人张船山、彭惠支、陈一沺、蔡曾源、蔡曾沂，民国谢无量、刘师培、吴之英、廖平、朱山、龚煦春、曾学传等人题咏。

十一月二十八日，舟发成都赴京师。题王学浩画张问安《过海图》。

除夕，作《诗痕迹图》，手卷纸本。款识："壬子除夕与亥白兄神女庙祭诗作，并绘小景以志。船山张问陶画并题巫峡舟中。"钤印：船山、问陶、老船。

是年，张吉安旅宿迁，以书讯蜀中张船山。

是年，作《寒食东风日又斜》诗轴，字体平和圆融，用笔流畅，自然雅致。又作《自书诗册》册页，十二开，纸本，凌霞题跋。

乾隆五十八年癸丑（1793）**三十岁**

春，船山初入河北，作《拾杨稊》，述其地灾况。

春，作书法立轴，纸本。有"灯前夜夜写幽篁""五月梅花冷碧纱""数朵幽兰画不真"等诗句，款识："癸丑春月船山书。"钤印：船、山、张、小蓬壶。

二月二十三日，送画家王泽归江南，云："梦绕江南旧酒楼，临歧还为故人留。愿君别后书千纸，只写青山莫写愁。"

四月，船山任翰林院检讨。

五月四日，王芑孙移居烂面胡同之何宅，船山、法时帆皆有诗相和。

五月，王学浩复履京师，寓松筠庵，船山赠以"君不见大棺丹漆小棺白，今年新鬼多于客"诗反映京中此年大疫。画家王学浩作《武连听雨图》。武连，即武连驿，位于今四川省剑阁县武连镇。图有二：船山一、亥白一。其图今尚存一幅，藏四川省遂宁市博物馆。

五月，船山题著名诗人法式善《诗龛向往图》，图为扬州八怪之一、著名画家罗聘所画。

五月，王芑孙、曹贞秀（号墨琴）夫妇合写船山《论文八首》及《西征曲》八首，合为一卷，赠船山。王芑孙，字念丰，号铁夫，苏州人，工书法，仿刘墉，具体而微；其夫人曹贞秀亦以翰墨闻，善小楷。船山作诗答谢。

是时，船山诗书画名日盛，广交海内外书画名流，先后与孙星衔、桂馥、罗聘、杨芳灿、宋湘、法式善、何道生、王芑孙、王学浩、秦瀛、杨揆、何道冲、吴山尊、洪亮吉、冯敏昌、伊秉绶、纪晓岚、刘墉、吴荣光、袁枚、翁方纲、铁保、梁同书、万上遴、王昶、王素、石韫玉、朱鹤年、毕沅、吴锡麒、宋葆淳、陈鸿寿、英和、姚文田、姚元之、屠倬、黄钺、黄易、瑛宝、董洵等乾嘉时期书画名家，均有交往题赠。

六月，题法式善《溪桥诗思》卷子；题吴鬲画；题杨子靖《长河修禊图》；谢宋葆淳画山水相赠，并送其归山西。

六月二十八日，船山与兄亥白过东读画楼，访罗聘。罗聘欣然拈笔取亥白手中扇写《墨兰》一丛。

八月一日，法式善四十岁得子，名曰“桂馨”。船山嘱妻林颀画桂一枝纪瑞，船山赋诗，王芑孙作记，曹贞秀书，传为佳话。此卷名《桂馨图》，卷上有何道生、叶绍楏、赵怀玉、李如筠、伊秉绶等人题跋。

仲秋，作《丹凤朝阳》图。

八月，赠诗李涪江并索画；罗聘为船山作《昌黎送穷图》；船山题罗聘《墨幻图》《墨戏图》；题著名诗人秦瀛小照。

八月十一日，张问安归蜀，船山与王芑孙、顾王霖、孙星衍、何元烺集于何道生方雪斋，为之送行。

九月九日，船山画菊数枝、蟹数只，并题绝句一首。有云：“今年不作登高会，怕有遥山似故乡。”

九月，题沈砚畦《射猎图》。

九月，题罗聘《墨幻图卷》。款识：“癸丑九月题两峰先生墨幻图，遂宁张问陶。”

九月下旬，书写“买山何日住东川”诗赠友。有云：“剩此手中诗数卷，墨光都藉性灵传。”题识：“癸丑暮秋下旬，船山张问陶。”

十月五日，在京师宣南烂面胡同，成立城南诗社，又名城南吟社。主要成员有张船山、王芑孙、何道冲、王苏、李如筠、何道生、法式善、刘锡五、徐嵩等诗人。

冬，作《梅花》八首，向称名作；清代以来，和者如云，却鲜有佳什。船山《宝鸡题壁》《两生行》《春水》《驿柳》《梅花》等诗，以及“只有长江无别恨，大波东去不回头”“静忆家人皆万里，独看帘月到三更”“已近楼前还负手，看君看我看君来”等名句，令人击节叹赏，足以奠定其诗坛地位。后又绘《梅花图册》（八开），纸本，构图简练，清幽淡雅，以墨笔见长，以意境取胜，亦为杰作，今存四川省博物馆。法式善有《题张船山画梅》诗。

十一月，题边颐公画《浴雁》；题《牡丹》卷子。

是年，船山与查有圻订交。查号小山，儒商。船山撰《矗竹山房诗集序》云：“乾隆癸丑，予假满来京师，与查君小山望衡居，朝夕过从，遂订交。”

是年，诗坛泰斗袁枚盛赞船山诗，给洪亮吉书中云：“吾年近八十，可以死；所以不死者，以足下所云张君诗犹未见耳！”大学者、湖广总督毕沅也寄书船山订交。一时才名籍甚，可想而知。

乾隆五十九年甲寅（1794）**三十一岁**

正月，为著名诗人孙星衍《仓史造字图》题诗。

正月十五日，船山应法式善之邀，与吴锡麒、罗聘、汪端光、李骥元、张道渥、杨伦、孙星衍、刘锡五、李銮宣、张师诚、李如筠、何道生、徐嵩会饮于诗龛。

二月，船山与法式善、刘锡五、李如筠、何道生、王芑孙、徐嵩、何道冲会于城南，雅游乐甚，宜兴潘大琨为之作《城南雅游图》。六月，王芑孙作文记之，以申友朋之谊。王芑孙《城南雅游写像记》有句云："踞坐执盏，就童子倾壶酒注盏中，欲满而未满者，遂宁张问陶乐祖也。"

二月，在京师陶然亭为著名学者王昶归里饯行；题朱鹤年画《万寿寺白皮松》。朱鹤年，字野云，江苏泰州人，以山水、人物画见长，与龚自珍为莫逆交，高冠大屐，绝不作江湖态。题满洲才子图牧山（名清格）画《兰》；题罗聘画《墨梅》。乾嘉承平之际，风雅鼎盛，张船山与朱鹤年、汤贻汾、朱文新、吴大翼、屠倬、马履泰、顾莼、盛惇大、孟觐乙、姚元之、李秉铨、李秉绶、陈镛、陈均、杨湛思，有乾嘉"十六画人"之称。

三月六日，同罗聘、吴锡麒、法式善、赵怀玉等人载酒游二闸，醉后作歌，并题罗聘所绘《大通春泛图》。

三月，题赵怀玉《古藤书屋图》。赵怀玉，字亿孙，号味辛，江苏武进人，清著名诗人，曾作《题张仲冶雪中狂饮图》云："僵卧碎玦呼不起，看繁星，历乱如棋走。"洪亮吉《北江诗话》卷二云："余在翰林日，冬仲大雪，忽同年张船山过访，遂相与纵饮，兴豪而酒少，因扫庭畔雪入酒足之。曾有句云：'闲中富贵谁能有？白玉黄金合成酒。'"

四月二日，船山至吴锡麒宅作诗会。与会同人有曹锡龄、刘锡五、李銮宣、王祖武、雷维霈、熊方受、钱开士、王苏、李如筠、何道生、何道冲。

夏，手批徐明理《心田诗稿》。徐明理，号心田，苏州金庭镇西山岛北部东村人，乾嘉时儒商，博学善诗，著有《心田诗稿》二册，后附《且适吟稿》。乾隆末年，徐心田至京师，与船山有交游。《心田诗稿》二册书名，皆船山手书。并有船山识语，一云："甲寅上巳，将与心田、少仙游钓鱼台修禊，晨起题签。"又"是日且得淡云、寄庐同游，饮酒乐甚。清明灯下记。"一云："甲寅五月二日，张问陶读竟，七月十一日重校记。"该稿今藏上海图书馆。

五月初二夜，贼入船山飞鸿延年之室，尽卷壁上书画而去。

五月十二日，吴锡麒过张船山飞鸿延年之室，观罗两峰画折枝花草，仿陈白阳，有散僧入圣意。（《有正味斋日记·还京日记上》）

五月，题师苣塘《润州春望图》；画家袁瑛以《乔木高居画扇》赠船山，船山以诗谢之。袁瑛，字近华，号二峰，苏州人，宫廷画家，工山水、花卉。

六月，胡唐（字城东）刻"船山"小印赠船山，船山以诗答谢。题欧阳修南唐官砚记拓本，为法式善赋，砚藏铁保侍郎家；题魏成宪《西苑校书图》。

七月一日，为吴县徐明理点勘诗稿讫，并跋其原委。上海图书馆藏吴县徐明理《心田诗稿》稿本，凡二册。有船山及王芑孙批校。上册末有船山墨笔题识云："甲寅五月二日，张问陶读竟；七月一日重校讫。"

七月四日，孙渊如比部招集樱桃传舍，同会者张船山、吴锡麒、罗两峰、法时帆、王葑亭、刘澄斋、田铁舟畿、冯鱼山、魏春松、方茶山体、伊墨卿秉绶、何兰士、张水屋、宋芝山、胡黄海。是日炎蒸殊甚，饮难避暑，席不招凉，不能视酿国为无热邱也。（《有正味斋日记·还京日记上》）

七月，画扇赠钱云岩编修之子新梧。钱云岩即钱福胙，浙江嘉兴人，船山进士同年。其子新梧，即钱仪吉，清代著名学者。少聪慧，其父领之谒船山，船山为之延誉，于扇上画桐一、梅一以赠，并题两诗。

七月，作《题画》诗二首，其一云："青山隐约两三峰，一抹秋光画不浓。记得锦官城内外，万家烟雨看芙蓉。"题著名学者孙星衍《瑞松图》；画《细雨骑驴入剑门图》赠张道渥判官入蜀；游京城天庆宫观刘銮塑像。

七月二十七日，贼再次入船山书画室，盗去澄泥砚一、歙砚二、雪舫水晶印一、王子卿刻"陶"字小钟印一、胡城东刻"船山"狮纽小玉印一、黄仲则（诗人黄景仁）铸"长毋相忘"仿汉瓦当铜印一。

八月八日，吴锡麒招两峰、张菊坡、张水屋、孙渊如、张船山、宋芝山饮梦烟舫，以水屋将之四川简州任也。芝山携唐人双钩右军六帖来观。（《有正味斋日记·还京日记上》）

八月，题查映山给谏《听雨楼》卷子。八月二十一日，雨中自题《山水》小幅。

八月，张水屋将赴简州任，索罗聘作《剑阁图》，船山题诗，有句云："我醉正思归，逢君将入蜀。示我剑阁图，乡山如在目。"署款："乾隆甲寅八月，水屋先生之任蜀中，罗两峰、宋芝山各画《剑阁图》一幅赠行，中秋前四日先生饮于梦觉草堂，属余作诗纪事，酒酣即席作长歌一首送之，遂宁张问陶。"钤印：剑外张郎（白文）、船山（朱文）。此作题跋累累，翁方纲、吴锡麒、邵晋涵、孙星衍、宋葆淳、赵怀玉等人均有题咏。

九月，题王蓬心太守画《平苗图》。蓬心，书画家王宸之号，江苏太仓人，王原祁曾孙，官湖南永州知府。题王香圃《随园香雪海观梅图》；题罗聘所赠《昌黎送穷图》；题林瑶图照。

九月十九日，吴锡麒邀罗两峰、王葑亭、赵味辛、孙渊如、张船山、魏春松、叶琴柯作展重阳会。屠笏岩自山右来，欢聚至二更而散。（《有正味斋日记·还京日记上》）

十月，题《池南老屋图》。图为沧州张赐宁主簿画，池南老屋位于今遂宁市高升街小学前洗马池东南，船山曾撰《忆洗马池南茅屋作诗寄家人》，吴锡麒有《张船山池南老屋图记》；题西山画《兰竹》；题诗友刘大观所藏才女金逸《瘦吟楼诗贴》；题李鼎元《登岱图》；得吴树萱学使题《兄弟武连听雨图》诗。

十一月，戏题罗聘《鬼趣图》八首。《鬼趣图》是罗聘的名作，画家以夸张手法描绘出一幅幅奇异怪谲的鬼怪世界，借以讽喻社会现实，堪称古代杰出漫画。袁枚、张船山、姚鼐、钱大昕、翁方纲均为之题咏。

十二月，作行书《见山楼醉雪歌》手卷，水墨纸本。题识："甲寅腊月二十五日大雪，自吏部过堂归，云岩同年招同竹西孝廉游陶然亭，值冯鱼山前辈昆季携酒至，小饮而散，是夜同醉于见山楼，作歌纪之。"钤印：船山张问陶印。云岩，即船山进士同年钱福胙；冯鱼山，即冯敏昌，广东钦州人，书画家。光绪三十三年（1907）丁未六月既望，嘉兴钱振声病中谨记："此卷系赠叔高祖学士云岩公长歌墨宝，先生与先学士庚戌同年也。"

十二月，题毕卓小像；画《落梅》自题；以朱树声所仿唐寅《黄甲趋朝图》赠邵葆祺；作《美人如意歌》题画。

冬，著名学者、诗人吴锡麒致船山书云："倘能来，当雪藕丝，剥莲蓬，尽有越中女儿酒，可以供君一醉。"

是年，题佩香夫人《秋灯课女图》。骆绮兰，字佩香，号秋亭，江苏句容人，袁枚女弟子。船山题诗载骆绮兰《听秋轩诗集》附录《听秋轩赠言》卷一。

乾隆六十年乙卯（1795）三十二岁

正月十八日，朝鲜著名诗人、学者朴齐家（今韩国首尔人），从罗聘处投诗于船山云："曾闻世有文昌在，更道人将草圣传。珍重鸡林高纸价，新诗愿购若干篇。"罗聘处适有船山近作一卷，朴齐家遂携之归国。船山有诗云："性灵偶向诗中写，名字宁防海外传。从此不妨焚剩草，郁陵岛上有遗篇。"船山天才踔厉，价重鸡林，朝鲜因争相传抄船山诗而致使"朝鲜纸贵"，郁陵岛上又有了中国性灵诗篇。《韩国之汉文学》（韩国李丙畴著，1991 年韩国民音社出版）第二册宋载邵《朴齐家的文学观》云：朴齐家三次入华，通过好友张问陶拜望结识了经学大师孙星衍、画家罗聘等人。在与张问陶的交往中，学习汉诗，研习书画，对张问陶的诗书画推崇备至。朴齐家曾把《别船山吉士》和《赠张船山问陶归四川》（《贞蕤诗集》卷三）写给张问陶，在《赠张船山问陶归四川》诗中说："蜀客题诗问碧鸡，行人驱马出粘蝉。相思总有回头处，江水东流日向西。"后来，朴齐家回国，带了船山许多诗稿、书法、绘画回去，使船山的诗书画在韩国广为流传。

正月，题朱承宠侍读《廉石图》。

二月，题明代著名画家丁云鹏《文殊洗象图》；画《茶菊》。

二月，韩国著名诗人、书法家尹仁泰（今韩国首尔人），题写船山"怀人书屋"匾（隶书），船山有诗云："写以朝鲜使，天涯若比邻"；书法家朱文翰题写船山"绣佛斋"匾（篆书）。

二月六日，晴，孙渊如、魏春松踵消寒之会，招同罗两峰、屠笏岩、邵二云、王葑亭、赵味辛、汪剑潭、伊墨卿、方茶山、朱沧湄、张船山、吴锡麒、叶琴柯集于樱桃传舍。（《有正味斋日记·还京日记下》）

二月十二日，题《红豆村人诗稿轴》。款识："奉题红豆村人诗稿，即以赠行香亭先生教正，乾隆乙卯闰花朝雪后，遂宁张问陶书于京师寓斋。"

闰二月十六日清明，船山与王麟生、徐石溪、查堂、查小山携酒游钓鱼台看桃花，归过法源寺。今北京法源寺观音殿西墙尚嵌有张船山绘《西方接引佛像》、石韫玉撰《西方接引佛像赞》，款识："灵海张问陶谨绘。"钤印：船山。又作行书四言联："买石饶云，移花得蝶。"款识："乙卯清明游钓鱼台，遂宁张问陶。"

闰二月二十八日，船山与孙星衍、吴锡麒、张问安、王芑孙、徐嵩、毛大瀛、徐明理等，小集樱桃传舍，船山即席为图，同人题诗其上。是日有雨。船山以朝鲜四家诗示吴锡麒，锡麒据以考订朝鲜故实。

三月，题孙星衍《马扶风绛帐传经图》。

四月，船山赠吴锡麒高丽墨一挺；吴锡麒作《谢张船山检讨惠高丽墨启》。

五月，王芑孙选授华亭县教谕，将出都门。船山与何道生、吴锡麒、石韫玉、王苏、法式善、赵怀玉、严烺、王祖昌、王宁炜等为之赠行祖饯无虚日。

五月，为钱云岩同年画《石榴花》题句；题徐寿徵《心陶书屋图》；为大学士英和题瑛宝指画《山雨欲来风满楼》诗意画。瑛宝，满洲正白旗人，大学士永贵长子，字梦禅，官笔贴式，工书，善山水、花鸟、人物，尤长指头画，与刘墉为文字交。为孙星衍题《问字堂图》；作画自题；为魏春松画《扇》戏题。

六月，画《松》；画《马》；题王学浩《牡丹》小幅；观王学浩作画。

七月五日，阴，吴锡麒与葑亭给谏合筵宴客。集者罗两峰、王椒畦学浩、陈肖生嵩、李虚谷、熊介兹、郭频伽麐、朱少仙，张亥白、船山、受之昆季，查兰圃、小山昆季十二人。不期而至者，法时帆祭酒也。骤雨忽至，花竹生凉，诗思诗怀，豁然自远。（《有正味斋日记·还京日记下》）

七月，送书画家王学浩归昆山；题《画》；为“雨过天青石砚”写砚铭，云：“微雨乍凉，偕香圃过子受寓，共饮。醉后索书册页数十幅。兴犹未尽，见文具中有雨过天青石砚，因洒余沈戏题之。子受其能以此为润笔否？乙卯秋七月，船山醉笔。”

九月十四日，吴锡麒家人买菊数十盆，红黄相映，亦秋窗胜赏也。晚邀两峰、米楼、芝山、墨卿、船山小集。船山携画马来观。画师如韩干，画肉而不画骨，珠络头，夷官丰干，短胡，目炯炯如星，装束古异，桂未谷辨为唐人笔也。（《有正味斋日记·还京日记下》）

九月，题《大通秋泛图》；为著名学者桂馥题画蝶；自题画马；题著名书家翁方纲赠桂馥竹根三赞画册，祝桂馥六十寿。

十月，题吴云同年《除夕游山图》；题查小山《拥书仗剑图》；自题山水；为王香圃作《补梅书屋图》并题，状元石韫玉诗云：“张郎示我《补梅图》，水墨萧疏近世无。谁可与花作知己？孟襄阳外只林逋。”题冯培给事《种竹图》。

十月，为杨瑛昶题《观津祈雨图》。杨瑛昶，字米人，安徽桐城人，署宝坻知县，是乾嘉时期京师竹枝词代表作家，著有《都门竹枝词》《燕南赵北钞》《不易居诗抄》。其室人金梦兰，名香甦，著有《净香居诗草》。金梦兰有《题菊花赠张太史夫人韵徵》诗：“好调脂粉写铅华，小阁匀红带晚霞（夫人居曰匀红阁）。展向窗台闲对影，称他人意淡如花。”后来，船山与夫人林韵徵又联句题《净香居诗草》云：“清绝诗人配（船山），逌然鸾凤音。一空脂粉气（韵徵），独记妙明心。点笔晨留画（船山），收弦夜倚琴。尘劳修净业（韵徵），鸿案对沉吟（船山）。”夫妇联袂作诗，可谓佳话。

十一月，冬日无事，船山为妻林颀画像，得其神似。林颀以诗谢云：“爱君笔底有烟霞，自拔金钗付酒家。修到人间才子妇，不辞清瘦似梅花。”

是年，作行书四言联。作《山水》手卷，设色纸本。作《丹笔钟进士图轴》，邵松年《古缘萃录》著录。

嘉庆元年丙辰（1796）**三十三岁**

正月初八，船山至罗聘寓斋，观罗聘书画。

正月，为桂馥题《思误书图》；为许嘉猷题《春江放棹图》；题诗人李鼎元“爱吾庐”；为著名学者、诗友洪亮吉作《枫林揖别图》；寄诗答杨米人明府。

二月，题胡梦湘（稷）《梦游图》；为洪亮吉题《寒檠永慕图》；为诗人王友亮题《花坞夕阳迟图》。

三月，题潘苕庵《托钵图》；题画《双松》。四月，为董炼金孝廉题画。

五月，题著名诗人钱载《盘山五松图》；题著名诗人赵希璜《云车飞步图》；题黄钺同年为吴子华仿石田翁全庆堂玩月卷子；题云峰道人伊大麓为刘大观画《焦山》册。

六月，题满族诗人铁保、玉保《联床对雨》卷子；题《戴花骑像图》赠桂馥。

六月十二日，题赠诗友赵希璜《四百三十二峰草堂诗钞》云：“下界崎岖上界平，车声安稳逐雷声。竟飞天外翻无味，小驻云中却有情。奇句拈来游兴远，好山多处长官清。手挥灵雨如行县，不用群仙苦送迎。丙辰六月十二日渭川明府属船山张问陶题于京师飞鸿延年之室。”

七月一日，与石韫玉、吴树萱游法源寺，互有诗酬和。

七夕，船山与伊秉绶、吴锡麒、法式善、赵怀玉、桂馥、洪亮吉、何道生等集澄怀园看荷作画。

七月，作《鼎甲纯祜图》立轴，设色纸本。题识：“丙辰新秋仿元人画法，船山问陶。”钤印：船山。咸丰九年己未（1859）劳沅恩题云：“《鼎甲纯祜图》，亦唐世大兄先生雅鉴。己未冬日弟劳沅恩题于都门客次。”劳沅恩，绍兴人，咸丰间官直隶知县，能画、工花卉。

七月，作《荷锄图》；题明沈俊画《鹦鹉冢》卷子；自题小画。

七月，画《竹》寄阿雨窗。阿林保，字雨窗，满洲人，由笔帖式官闽浙总督，著有《適园诗录》。

秋，船山为石韫玉作《蜀黍根螽斯》小幅。老秸根三节，旁挺二芽，蚱蜢土色者四，绿而长者一，踞其上，毫芒逼肖。题曰：“嘉庆丙辰秋日，为琢堂年兄写。”

十月，为陈嵩题《咏篁轩图》；为宋鸣琦三姐涂母宋孺人作《味雪楼图》；题谭光祜《英雄儿女图》。

十一月，书行楷八言联：“刚日读经柔日读史，无酒学佛有酒学仙。”纸本，款识：“丙辰十一月始雪，船山张问陶。”钤印：张问陶印、张氏柳门。题《丙午借中秋图》；题陈嵩画梅册页。

十一月，张问安将还蜀，与同人为之饯行。船山将亥白送至广宁门，洒泪作别。

十二月，题黄易为法式善作《诗龛图》。黄易，字小松，浙江杭州人，西泠八家之一。工诗、书、画、篆刻，著有《书画诗翰合册》《秋景庵印谱》。

十二月十九日，船山与洪亮吉、赵怀玉、伊秉绶、翁方纲等集祀苏轼生日，船山以亮吉嘱，作苏轼像。

十二月，作《封侯图》立轴，设色纸本。款识：“丙辰嘉平之望，船山张问陶。”鉴藏印：吴璧城鉴定印。

冬，题王霖画查有圻《仗剑拥书图卷》，款署：“寄调卜算子慢，丙辰冬日为小山题于怀人书屋。船山张问陶。”同题者有：法式善、吴树萱、汪端光、李鼎元、石蕴玉。

小除夕，船山与洪亮吉、吴锡麒在卷施阁祭诗，三人合作《高士图》，又称《祭诗图轴》。吴锡麒作《小除夕卷施阁祭诗记》。船山题云："贾尉诗名胜，黄金铸等身。可知无佛处，又出谪仙人。与尔千年隔，怜余万首新。高寒一杯酒，聊以奠心神。"李佳继昌《左庵一得续录》著录。又作《岁寒三友图》，立轴，设色绢本，款识："丙辰嘉平小除夕日，仿陈道复作此遣兴。船山。"钤印：张问陶、船山。

是年，作《贾阆仙故事》，立轴，水墨纸本。钤印：船山张问陶，吴锡麒题诗堂，洪亮吉、吴树萱题。

是年，朝鲜王朝历史学家柳得恭（1748—1807）编纂清朝诗人诗歌选集《并世集》，介绍了性灵派诗人袁枚、张问陶、罗聘、张道渥、龚协、庄复朝、庄会琦、熊方受等人的性灵诗。

嘉庆二年丁巳（1797）**三十四岁**

正月，为陈大用题《甬东听雨图》；瑛宝作指画《梦月图》赠船山，船山以诗志谢；为陈闻之题《玉川子像》；作《悟诗图》赠邵五；题王春波《潇湘听雨》卷子；题吴子华《梅花》小照。

正月十五日，为法式善作《行书七言诗页》。款识："丁巳上元，梧门祭酒命，馆后学张问陶题。"是日，为查有圻再题《仗剑拥书图卷》，首句云："才人击剑马相如，侠似荆卿转好书。"款署："丁巳上元，船山又题。"

三月，作行书册页（二开），水墨纸本。题识："丁巳三月四日，大雪晨起。张问陶。""春暮纪寒，遂宁客子张问陶。"钤印：问（朱文）、陶（朱文）。

春，船山因父于上年十二月卒于故里，只身奔丧归蜀，眷属留京，移居好友熊介兹梦庵宅。熊介兹，名方受，号梦庵，广西永康人，船山同年进士，官礼部主事、山东东昌知府、兖沂曹济道。善书法，有《梦庵诗钞》。

春，以砚赠诗友吴锡麒。吴锡麒《寄张船山》云：张船山检讨问陶，诗国旧交，酒人知己，离尊合燕，靡不与偕。值其丁外艰将返，以砚为赠。既手自镌铭，并以札来云："忧患纷冗中，万念俱冷，惟于先生之别，怦怦时动于中。谨就案上砚手自镌铭，用以志别。砚质甚恶，仅可值三百钱，聊以为别后相思之助耳。"铭曰："公还武林，我归峨岷。铭砚赠行，曲水伤春。以记嘉庆丁巳之别，在永和修禊之辰。"（《有正味斋日记·南归记上》）

九月重阳，石韫玉有《九日酬张船山检讨》。

九月，船山抵遂宁；十一月，葬父于故乡两河口（今四川蓬溪县金桥镇翰林村两河口）张氏祖茔。

嘉庆三年戊午（1798）**三十五岁**

正月，由成都出发，北上京师。二月出栈宿宝鸡，作《宝鸡县题壁十八首》，盛传天下。三月中旬，抵京，居家守制。

四月初六，从梦庵移居贾家胡同。

夏，作《东坡笠履图》；题著名诗人朱文治《绕竹山房图》；为兵部尚书初彭龄题东坡雪浪斋铭拓本；题朱鹤年画。

六月九日，《行书题画诗扇页》。署款："墨卿同门正，戊午六月九日游积水潭归书于七十二鸳鸯吟社。船山张问陶。"字势方整，遒劲古拙。

七月，书作《自题一微尘精舍》："屋小刚容我，劳生此一涯。"字体古健潇洒，超逸绝伦，在乾嘉书坛独树一帜。

七月二十四日，船山致书吴锡麒，二人"情同骨肉"。书言：因战乱，船山"只得只身来京，竟不能奉母北上，此心耿耿"；"亥白在川藩署中管理奏章，弱弟寿门奉母里居"。

秋，画山水自题；题张桓同年《烟波垂钓图》；题赵子克《采芝图》；陈荫山斋中作指画；题朱鹤年画；题朱鹤年赠陈耐庵画；作《达摩面壁图》；题金芝原一百二十本《梅花书屋图》；题朱鹤年画《苇间沿缘之舫图》；题宋鸣琦《梅下生图》；题陈曼生《珠泉读画图》；画《鹰》自题；画《僧》自题；题法式善《续西厓十二咏画册》；题谭光祜《吹铁箫乞食图》；为著名书家伊秉绶题黄公望以米家山法写摩诘山菓草虫诗意画。

十一月，石韫玉奉旨补授重庆知府，船山有诗《送石琢堂殿撰出守川中》。

冬，画《马》；题《画》；题马秋药《江船诗梦图》；画《拾得像》并题句；题宋鸣琦《巢云别墅读书图》；送张鞠园出守江南，题《扬子饱帆图》。

小除夕，与同年方体祭诗，画《贾长江祭诗图》。

嘉庆元年至三年刻《船山诗草》三卷、《二集》六卷，日本内阁文库藏。

嘉庆四年己未（1799）**三十六岁**

正月，好友伊秉绶出守广东，留赠残书一车，船山以诗志谢。题《秋林策蹇图》送同年言朝标出守夔州；题徐寿徵《登岱图》；题李如筠书扇。

二月，作行书题壁诗："细雪玲珑玉，堆盘湖水香。一枝花下藕，五月忆江乡。"款署："己未二月八日船山题壁。"此题与翁方纲、阮元、伊秉绶之书合为一卷，杨澥题卷首曰："鸿泥印雪。"

三月至四月，船山与诸诗友煮酒论文。严荣《述庵先生年谱》记王昶入都，蒙嘉庆帝召见，"公事之余，无私谒。惟法时帆祭酒式善、何兰士御史道生、张船山编修问陶，偶相过从，谭艺而已"。法式善四月二十一日致吴锡麒函云："稚存、味辛、惕甫、船山、兰士、山尊诸故人，煮酒论文，且得王兰泉侍郎把臂入林，颇足慰藉。"

四月，自贾家胡同迁寓横街。

夏，船山以"万里风沙悲独往，旧时李杜愧齐名"诗，怀洪亮吉西征；仪征汪端光旅京，与船山共作《新绿》诗。

八月二十三日，作《无量寿佛》，立轴纸本。题识："嘉庆己未八月二十三日画并题二诗，船山居士张问陶。"钤印：张问陶印、船山。

九月二十九日，作《人马图》扇页，设色纸本，款题："游戏之笔，略存人物梗概而已，马不必果神骏，人亦不必定是支道人也。己未九月廿九，大风，清寒特甚，为韵亭（莫瞻菉）先生画扇，此等意味，惟六月披裘人能领略耳，船山张问陶。"钤印：不断百思想、大愿船。

秋，题朱鹤年画；送王学浩归昆山；题张莳塘画；题朱成《湖山草堂图》；为同年张若采画骆驼并戏题一诗，赵怀玉有《为张大令（若采）题张检讨（问陶）所画骆驼》诗；题王学浩画《天台观瀑图》。

冬，为诗人韩是升题《小林屋图》；为著名诗人宋湘题《明宋忠烈公朱卷册》；题画家王泽《旧梦轩图》；题《赠诗图》送同年赵睿容之官闽中。

十月，作《克勒马画像》手卷，纸本。画心题："克勒马画像。仿宋摹唐本昭陵六马中特勒图意补图。嘉庆己未岁十月张问陶笔。"画上有嘉庆四年十一月八日翁方纲长题《礼烈亲王克勒马图歌》；光绪二十四年戊戌（1898）六月王继香补题并识《克勒马画像诗》。翁方纲，清代诗人、书画家；王继香，绍兴人，光绪进士，善金石、篆刻。

十月十六日，作《题朱野云画行书诗轴》。款识："题朱野云画，己未初冬既望山尊、吉士将南归，属书拙作寄奉晓村五兄教导之，船山居士张问陶。"

十二月，撰朱文治《绕竹山房诗稿序》。朱文治，字诗南，号少仙，浙江余姚人。乾隆五十三年举人，官海宁州学正。工梅兰竹石，一时名流多与唱酬订交。又工诗，著有《绕竹山房诗稿》。船山序云："己未冬日，少仙同年将归浙江，时冷雪初晴，庭宇皓洁，夜风扫云，明月欲动。少仙指其新旧诗数卷，属予作序。予谓眼前真境，即吾少仙诗境也。""嘉庆四年长至前五日，遂宁张问陶京师寓斋呵冻书。"

是年，作《芍药》扇面，赠别法式善，现藏故宫博物院。

嘉庆五年庚申（1800）**三十七岁**

正月，题画遣怀；题《滇游图》送尤维熊之官云南。

二月，船山弟张问莱（号旗山）官浙江主簿，船山作《湖山宦兴图》以赠，题款："嘉庆庚申二月旗山主簿弟之官浙江，作此送之，老船。"

二月，为曹雪泉题《雪泉图》。

二月，作《八哥》立轴，水墨纸本。题识："庚申花朝前二日，船山张问陶写。"

三月，作《天桥春望图》。1933 年，有人建议齐白石画一幅北京天桥风物图，齐白石说："从前张船山画过《天桥春望图》，我就不必续貂了。"画家瑛宝过访船山。

四月，题彭昭麟《秋林射猎图》；题方体《莳园图》；题大学士朱珪《梅石观生图》；作钟馗《抚琴图》；题江德量摹灵宛沚小幅；题友人《江乡小景》。

闰四月二日，书《七律诗》轴，纸本，行书。共二首：即《题画》（墟落人烟带晚霞）；《漫兴》（甜红邻枣一枝低）。款识："庚申闰四月二日。"钤印：船山、张问陶印。此书主宗米芾，又兼取徐渭之法，用笔行中带隶，出锋自由多变，结体圆浑中见拙朴，点画均匀中见错落，书风别具自然平易之韵趣。

闰四月二日，题瑛梦禅《蝶仙图卷》（绢头摹影正徘徊），款识："梦禅居士印可，庚申四月二日张问陶题。"钤印：船山。

闰四月，奉敕选翰詹三十人，各书扇五柄；五月复选十二人，分书养心殿屏幅，船山均被选中。

五月，作《橹摇背指菊花开图》，款识："渭泉少好菊，意中常有橹摇背指菊花开情景，曾作图题咏之，后二十年入蜀，适寓夔州，即少陵题此语处也，诧为前缘，因属余复作此，庚申五月张问陶记。”

五月，手书近作一册，赠绵州孙文骅。字势苍劲奇横，得苏、黄之神髓。

七月，题画：“秋冷人如鹤，深衣坐水窗。疏林红一树，新雨绿连江。樵响岚光破，潭分塔影双。村童沽酒得，归路认鱼桩。”

七月，题《画》；自题《小游仙馆》；题著名诗人钱沣画《马》；为张桓同年题《风木图》；题郑大谟诗集，郑大谟，号青墅，福建闽县人，船山进士同年，系朱紫坊名儒、林则徐岳父，著有《青墅读史诗》十卷。

七月十八日，《行书题画诗》，款识：“素人先生正之，嘉庆庚申七月十八日，船山张问陶书于无尽意斋。”“素人”为船山画友朱本，字素人，号溉夫，扬州人，擅画。

八月，分校秋闱，得桐城姚元之、庆云崔旭、天津梅成栋。后来梅成栋赴春闱不第，有句寄船山云：“桃李门墙开遍了，春风何日到梅花?”船山答云：“莫向东风羡桃李，梅花已作杏花看。”一时都传为佳话。崔、梅后来均成为诗人，号“燕南二俊”。崔旭、梅成栋、姚元之，均出自张船山门下，并受到张的奖励与提携，故世称“张门三才子”。

八月，作《松鹤延年》立轴，绢本设色。题识：“嘉庆五年秋八月，拟宋人笔。船山居士张问陶写。”

九月，题汪汝弼《听泉图》。

九月，送汪剑潭司马之粤西，并送大竹、小竹。汪端光，字剑潭，江苏江都人，官广西镇安府知府。长子汪全泰，号竹海（大竹）；次子汪全德，号竹素（小竹），嘉庆十年进士，官至江西布政使，船山弟子。道光十年（1830），汪全泰《和卓海帆秋柳诗，怀张船山先生》诗云：“永丰坊底一株黄，忆昔题诗向草堂。……三十年来似尘梦，重吟秋柳倍凄凉。”所咏“三十年”前，即嘉庆五年（1800），汪全泰、汪全德应举不中，其父外任，张赋诗送别旧事。

九月十五日，作《菊花双雀》镜心，绢本。题识：“同沾春露，独傲秋霜。嘉庆五年秋九月之望，拟白阳山人画意。船山居士张问陶。”白阳山人，即明代苏州画家陈淳，字道复，号白阳，文徵明弟子，工诗善画。

十月，入史馆；题瑛宝山水画卷。

十一月二十八日夜，作《松石轴》，纸本。松干略垂，虬枝旁有方石，其题诗即在石上。诗云：“片石写萧闲，松门早闭关。有生皆过客，无事即深山。老眼观群动，神丹想大还。尘劳偏误我，相对惜朱颜。”款识：“庚申十一月廿八夜人定，张问陶写并题。”钤印：张问陶印、船山。清代书画收藏鉴赏家葛金烺《爱日吟庐书画续录》卷六云：“船山此本有石涛之奇横而不怪，具南阜之思致而有韵，骎骎乎迈前贤矣。”按：此诗原集中未录，谅系定稿时所删，是集外之诗，尤可珍焉。

十二月，题所藏方泰交《葛稚川移居图》；为许作屏“涛园”作图。作《书画十六开册页》。

嘉庆六年辛酉（1801）**三十八岁**

正月，题著名学者、好友黄丕烈《祭书图》；自题山水。

除夕，作《家庆图》，题云："此家庆图也。辛酉除夕写寄寿门七弟，三蓓蕾者，望吾兄弟新年皆得子耳。船山。"

四月中旬，朝鲜著名诗人、汉学家柳得恭在京师渴望拜访张船山并为船山画题诗。《燕台再游录》载：嘉庆辛酉四月，柳得恭在京城与李鼎元（号墨庄）叙旧时问："'张船山可见否?'墨庄曰：'船山极佳士，不坠家声。其兄问安，字亥白，孝廉，亦通士也。'"不久，柳得恭在诗友王霁（号伯雨）处见张船山所画扇面，题诗云："石上无枝数树，疏疏点缀微红。只应写意而已，莫问是花是枫。"后与船山从弟张问彤畅谈，讯问当时川楚白莲教起义情况，并在其所著《燕台再游录》中介绍云："张问彤，字受之，号饮杜，四川遂宁人，即张船山问陶从弟也。"可见柳得恭对船山一家之关注和熟悉。柳得恭和朴齐家、李德懋、李书九合称为朝鲜"汉学四家"。

五月，奉派教习庶吉士，共教习十五人。

七月，作《行书五言诗轴》。款："璞山词丈正句，辛酉初秋喜晴之作，问陶。"钤印：张问陶印、勾漏山房。

夏，作《楷书五言诗轴》。款："石士太史正句，辛丑长至日书。"有句云："人生百无患，大患在心死。"陈用光（1768—1835），字硕士（一字石士），江西新城人，嘉庆六年进士，官至礼部左侍郎，工古文辞，师姚鼐，名重一时。

八月，题著名画家王泽画朱文治"绕竹山房"第五图；题董小楂《停琴伫月图》。

八月七日，作《新柳雏莺图轴》，款云："南雅仁兄，辛亥八月七日晴窗，老船。"南雅，即船山好友顾莼。

八月二十三日，画《兰》，题诗二首。著名学者桂馥《戏题船山画兰》云："兰花误认作山茶，一叶惊看赴蜇蛇。若使画眉调黛色，远山醉倒玉钩斜。"

九月，分校秋闱。有诗《赠高兰墅鹗同年》，题下自注："传奇《红楼梦》八十回以后，俱兰墅所补。"不少学者认为高鹗是船山妹夫，实误。船山四妹张筠，适镶黄旗汉军袭骑都尉高扬曾。

九月，作《菊花》书法成扇，设色纸本。款识："嘉庆辛酉秋试分校闱中，为蘧楼太史仁兄作。是科以九月初三入闱，故不画挂面而画菊。船山并记。"

十月十六日，作《行书五言诗轴》(东高村远近，蹊路几弯环)，款识："辛卯十月十六日同希白兄出永定门暂憩东高村忠祐禅林，问陶。"钤印：船、山。

十一月，作《行书五言诗轴》(林影千层入，樵风一迳深)。款识："石农先生正句，辛亥冬月，问陶呵冻书。"钤印：勾漏山房。

十二月十六日，题莫瞻菉藏某女史《菊花图》扇面，设色纸本，诗云："阅遍繁华悟已迟，闭门饮酒和陶诗。前身恐是东篱菊，淡月新霜画几枝。"款识："辛酉腊月十六日为韵亭（莫瞻菉）先生写，问陶。"画中莫瞻菉题诗三首并跋云："此画出于女史而隐其名，观船山题句，若出己作者，戏拈二绝以志其实。"

十二月十九日，船山同法式善、杨芳灿、王希曾等拜东坡生辰，船山画《东坡像》。

是年，作《花卉》册页，十二开；又作《菊花》书法，成扇，设色纸本。

十二月，作《山水图轴》，水墨纸本，题诗一首："峡云微酿雪，十里几阴晴。野鹤峰头老，疏林石上生。世缘何日谢，人境此中清。欲采丹砂去，春山杜宇声。"款识："嘉庆辛丑暮冬过心红峡写此以志，船山张问陶画并题。"钤印：老船、问陶。（平湖葛昌楹旧藏）

嘉庆七年壬戌（1802）**三十九岁**

初春，作《寄梅图卷》，款识："银槎尊兄属写寄梅图并题句请正，嘉庆壬戌初春二十日。问陶。"卷后题跋者有：法式善、顾莼、瑚图凌阿、吴云、吴廷琛等人。

春，题著名画家顾莼《从游赤壁图》；题夏文焘借石写照；题李鼎元《归槎图》。

三月二十一日，题《出塞图卷》，款识："快亭（蒲忭）同年正之，壬戌三月二十一日，问陶。"蒲忭，字快亭，江苏淮安人，乾隆五十三年乡试中式，嘉庆七年进士。与张问陶、王文治、吴锡麒等友善。同卷题跋者有：姚鼐、陈鸿寿、赵翼、梁同书、王芑孙等人。

七月十六日，作《百花图》手卷，绢本。题识："嘉庆壬戌秋七月既望对临恽南田真本，船山张问陶。"钤印：问陶私印。鉴藏印：传经堂鉴赏、何绍基印、赵之谦、少仲、勒方锜印。甲子（1864）长至日悟九勒方锜题卷首"风致萧远"；赵之谦、何绍基题跋。勒方锜（1816—1880），字悟九，号少仲，江西新人。道光举人，官至贵州、福建巡抚，河东河道总督。

八月，船山书联"虚怀能自得，实政要人为"，赠陈鸿寿（号曼生，即"曼生壶"之制作者）。此为船山平生少作之魏楷体，笔墨灵秀华美，遒劲不滞，气势拔强，不随流俗。此等笔境，非胸积丘壑者焉可为之？

八月十六日，作《行书五言联》（潇洒送日月，昂藏出风尘）绢本，款识："壬戌八月十九日，集百一山房为古云仁弟书，船山张问陶。"钤印：张问陶印、龙蟠凤逸。

秋，送好友陈曼生之官粤东；题《黄叶林间自著书图》送邵瑛归余姚。

是年，题《明程孟旸山水卷》云："画树难，画柳尤难。观此卷前幅画柳数株，略有生意，尚不离画工窠臼。至后半幅，为老人八年以后补作，入能入神，真画工矣。学问与年俱进，即此可验。嘉庆壬戌问陶识。"钤印：老船。

嘉庆八年癸亥（1803）**四十岁**

正月，撰李寅熙《秋门草堂诗钞序》。李寅熙，号秋门，诸生，无子，浙江嘉兴人，著名作家巴金伯高祖。其诗集由其弟李文熙（号介庵，巴金高祖）付梓，船山序云："李君秋门为浙西名士，少与云壑、裴山诸公相周旋，提倡风雅，跌宕文史，其学蒸蒸日进，偶尔吟咏，尤自矜重。""季弟介庵能梓而传之，夫亦可以无憾也矣！""嘉庆癸亥春正月，遂宁张问陶撰。"

三月，《行书七言诗页》，诗云："潇洒秋衣野岸风，西南山断夕阳红。余花几点开墙角，好树千林界水东。渔艇乍来诗偶得，莼丝将老箸愁空。镜湖敢望膺殊锡，愿借溪桥第几弓。"款识：癸亥暮春下澣，船山张问陶题于京寓之勾漏山房。

五月，作《神鹰图》，题诗云："神鹰撇然来，攫身立高树。风劲乍低头，沉思击何处。"

款识："癸亥五月，为受笙仁弟写。问陶笔。""受笙"为海宁人陈大均，与船山屡有诗歌唱和。

八月十五日，书行书诗轴"屋小刚容我"，赠吕星垣。

秋，作《柳如是小像》；为和腾额观察作《松菊犹存图》；题陈雪樵（名广宁）参戎《摊书图》；题《独乐园图》，唐伯虎画卷，祝枝山书记。

十月，撰侯坤《蠹竹山房诗集序》。侯坤，号竹愚，安徽无为州人，贡生。

十二月，作行书题画诗册页，十二开，纸本。款识："癸亥十二月二十一日书，问陶。"钤印：船山、群仙之不欲升天者。鉴藏印：天汉和乐、玖聃贰十年精中所聚、九丹鉴藏。题签："张船山诗真迹，与石居藏。宣统辛亥（1911）玖聃再题。"玖聃，即近代鉴赏家朱柽之。

除夕，撰王佩兰《松翠小菟裘文集序》（嘉庆九年刻本，上海图书馆藏）。王佩兰，字锦汀，婺源（今属江西）人。乾隆三十年（1765）进士，官苏州府训导。

是年，作行书屏六幅，今存四川眉山三苏祠，有《咏菊》《题山水》《阶前小松》《出塞图》《赠友》等。

是年，汪世泰（紫珊）来京，同人雅集，文酒笙歌，殆无虚日，钱枚（谢庵）于席上以画相赠，张船山、吴山尊、汪紫珊相继题跋。船山题云："嘉庆癸亥七夕谢庵以此卷相赠紫珊，是日同人集紫珊寓斋观赏竟日，时紫珊将出都，因题同人姓名于右，以为别后相思之助。吴自求兰园、闻澜瀛舫、袁通兰村、邵广铨兰风、钱廷烺小谢，王郎畹香捧砚，张问陶题记。"画题如今散落，画已不存，张船山、吴山尊、汪紫珊三题裱于一轴。

嘉庆九年甲子（1804）**四十一岁**

二月三日，上幸翰林院，赐宴于稽古论思堂，演乐三部，礼成。以高宗纯皇帝韵，诸臣得分字赋诗者共167人，船山与焉。翌日，赏大小臣工有差。

春，作《花鸟》四屏，设色纸本，款识：一、岁次甲子三月桃花开时。船山张问陶。二、岁次甲子桃月吉日。三、甲子年三月桃开之际。四、岁次甲子桃月上浣吉日。船山张问陶写。

五月，作《朱熹诗意图》："胜日寻芳泗水滨，无边光景一时新。等闲识得东风面，万紫千红总是春。"款署："甲子仲夏日，船山张问陶并记。"

秋，作墨笔《菊花》立帧，行书七绝。款署："甲子秋日花下戏墨。"又书旧句作书法立轴，水墨金笺。题识："甲子新秋与香竺荃心仙李集莲庄仁弟冯春席月之斋，书旧句请正。张问陶。"钤印：张问陶印、龙蟠凤逸。

冬，题方绩诗集。方绩，安徽定远人，官四川布政使，有《敬恕堂诗集》。

冬，作草书《题高其佩指画诗轴》，洒金纸本，款识："高且园指画山中雪意画，作于雍正乙卯，嘉庆四年为初颐园前辈题，九年冬书于依竹堂。问陶。""颐园"为初彭龄（1749—1825），字绍祖，号颐园，山东莱阳人，乾隆四十五年进士，道光年间官至兵部尚书。

是岁，作有草书立轴"门外车尘渐扫除"，水墨纸本。题识："省斋二兄正句，船山张问陶。"钤印：群仙之不欲升天者、船山。

嘉庆十年乙丑（1805）**四十二岁**

二月十五日，为叶梦龙所藏明代著名画家沈周作《仿李营丘山水》题跋。叶梦龙，字仲山，号云谷，清南海（今广州）人，书法家，官户部郎中。船山题云：“小舟藏水屋，高树抱山村。风乱金徽理，秋凉玉鼎温。烟云都有气，纸墨转无痕。一扫丹青色，心精万古存。乙丑花朝，云谷农部属。张问陶。”钤印：张问陶、船山。该画尚有翁方纲、伊秉绶、蔡之定、吴山尊、吴荣光、宋葆淳、谢兰生等清代名人题跋。

三月三日，作《松梅仙石图轴》。自题：“岁寒之盟不必拘拘三友也，嘉庆乙丑上巳船山。”

四月，题南宋张即之《楷书华严经残卷》“嘉庆乙丑初夏遂宁张问陶获观”。钤印：张氏仲冶。同题跋者有：钱樾、伊秉绶、翁方纲、吴鼒、宋葆淳、翁方纲、张维屏诸人。

四月，作《达摩渡江图轴》。

四月三十日，书《喜雨》诗书法轴。

四月三十日，作《行书诗札页》，款识：“乙丑四月三十日喜雨，张问陶和。”

五月五日，作《行书唐元宗端午宴群臣诗》扇页，款识：“花溪老伯正书，张问陶嘉庆乙丑端阳写于京师。”

五月，作《达摩面壁扇页》，设色纸本，自题：“西来谁信渡江南难，波浪萧萧一苇寒。面壁九年缘底事，者回丢掉破蒲团。乙丑五月，张问陶。”

五月，作“古径幽寻远”书法题画立轴，纸本。题识：“乙丑五月，船山。”

五月，作《红叶仙猿》立轴，设色绢本。款识：“嘉庆乙丑五月为雨谷三兄明府作，船山。”钤印：船山、张问陶印。船山善画猿，曾为涪州陈夔让（号郁度）画一白猿坐怪石上，题一绝云：“青红山果不成林，峡古江寒夜雨深。谁与此公论剑术，相看多少故乡心。”又自记云：“余与郁度同年，俱有猿猱之性，都门话别，作此赠之。”

五月，作《面壁独悟》镜心，设色纸本。题识：“乙丑五月，张问陶。”钤印：张问陶印。有句云：“面壁九年缘底事？者回丢掉破蒲团。”

夏至，作《荷花翠鸟图》，纸本。款识：“莲能坐佛，鸟思得鱼。君子之风，大河之渠。乙丑长至，船山张问陶。”收藏印：荣氏旧藏。签：“梁溪承余堂珍藏，荣德生赠。乐农珍藏。”此图曾为著名民族工商业家、无锡荣德生（号乐农居士，原中华人民共和国副主席荣毅仁之父）珍藏。

首夏，题胡舜臣、蔡京《送郝玄明使秦》书画合璧卷，题云：“嘉庆乙丑首夏遂宁张问陶，南海伍良、叶梦龙，番禺潘正亨观。”钤“张氏仲冶”白文印。另翁方纲、刘墉、钱樾均有题。此作现藏于日本大阪市立美术馆。

仲夏，作《睡猿图》立轴，设色纸本。

夏，题友人《息隐园图》；题《秋江归棹图》送韩鼎晋侍御省亲归长寿；自题《扇面》；题《揭钵图》；刘墫方伯画草虫廿四种于扇，刘统勋细楷书唐宋以来草虫诗廿四绝于背，纪树馨户部装卷，嘱船山题诗，卷后有刘墉、王杰、朱珪题识。

长夏，作《柳下鸣禅图》，设色绢本，自题：“乙丑长夏作，寄花溪先生正，张问陶。”

长夏，作《达摩面壁扇页》，此画构图与是年五月所作《达摩面壁扇页》大体类似，题诗亦同，仅有“面壁十年缘底事”作“面壁九年缘底事”之别。此作书法更趋飞动险绝，一稿多画，两作均为真迹无疑。

六月八日，作《论道图》，纸本设色，今存。款识：“乙丑六月八日遂宁张问陶。”

七月十二，作《双猿图扇》，设色纸本，款识：“嘉庆乙丑七月十二日午窗为小如先生作，自题小诗请正，船山。”

中秋，撰陈庭学《塞垣吟草序》（嘉庆十年刻本，上海图书馆藏）。陈庭学，字莼涘，宛平人。乾隆三十四年（1769）进士，官陕西汉兴道。

重阳，撰王友亮《双佩斋诗集序》（嘉庆十年刻本，上海图书馆藏）。王友亮，号葑亭，婺源（今属江西）人。乾隆四十六年（1781）进士，官至通政司副使。

九月二十八日，改官江南道御史；作《晚凉洗马图》。

冬，题徐炘侍读《从戎图》。

冬，作《行书诗轴》，有句云：“锦堂高敞僻麟筵，珠履霞裳集偓佺。”款识：“嘉庆乙丑冬，恭祝大山年伯暨年伯母冷太夫人七旬双寿，遂宁张问陶。”

十二月八日，作书法手卷，水墨纸本。款识：“嘉平日为邑侯黄教师悬孤之辰……乙丑暮冬之月奉贺岭翁黄老师并请郢政。”钤印：张印、船山。

是年，作《为鹤汀画马轴》，著录于《古缘萃录》。作《游鹿图》，载《日本现在支那名画目录》。

嘉庆十一年丙寅（1806）**四十三岁**

春，题徐寅亮兵部《艾湖春泛图》。作行书《扇面》，纸本，题识：“丙寅春日近句，船山张问陶。”钤印：船山。

三月，作《行草书诗册》，款识：“翌廷二兄先生正之，丙寅三月，船山张问陶。”

四月二十八日，题书画《扇面》。题识：“乾隆乙卯夏，同小山及葑亭、石溪诸君游尺五庄旧作，今十二年矣。嘉庆丙寅四月二十八日，张问陶。”钤印：船山小印。此扇面上，尚有清代书家沈德潜、翁方纲、李兆洛等人书作。

五月，作《观音画像》，今存。

五月六日，为张道渥作《行书扇面》，款识：“丙寅春暮，庭中牡丹仅放一花，题句宠之，水屋先生和正，端午后一日书，问陶。”

夏，画《松鼠》，题云：“不能成仙人，何不学仙鼠？游戏山水间，消闲且飞舞。”

七月十九日，作《行书五言》，立轴纸本。款识：“近作五绝句，丙寅初秋十九日，船山张问陶书于京寓之萱草书堂。”其一：《谢巴陵令朱右佺同年寄君山茶》云：“岳阳秋老洞庭闲，曾拍双桡翠霭间。二十五年弹指隔，又扇茶灶说君山。”又见其书此诗，有作“二十五年挥手隔”者。

七月，作《空谷幽兰图》立轴，又名《兰蕙图》，设色纸本。自题：“偶捡丛兰画几枝，各标神韵肯参差。高花飞舞低花笑，同倚春色自不知。”题识：“南雅为寿芝写蕙，且嘱予画兰俪之。予与南雅之画皆无成格，只好作遣兴诗耳。戏拈小句即博寿芝一笑。此两幅无所谓诗、无所谓画也。嘉庆丙寅岁秋七月豸冠仙史张问陶识。”钤印：问陶、中年陶写、师造物。

收藏印：仪征阮氏珍藏书画。《兰蕙图》二幅，蕙为顾莼画、兰为船山画。顾莼，号南雅，苏州人，嘉庆进士，书工楷法，写兰花，苍秀浑脱，颇极自然。

秋，题《太常仙蝶》，英和夫人介文作；介文，姓萨克达，自号观生阁主人，满洲正白旗人，协办大学士英和妻。幼时画蝶，栩栩如生；后见瑛梦禅指画，遂悟其旨。山水、人物、花木、鸟虫，无一不精，亦工书。《玉台画史》《八旗画录》有载。

题观生阁《纪梦图》，瑛梦禅画；题吴荣基《乘风破浪图》。

冬，作书法立轴，水墨纸本。款识“丙寅冬中张问陶”。作《诗翰轴》，著录于《古缘萃录》。

是年，著名篆刻家董洵（号小池）为船山刻治一枚青田石印章，印文：“唐诗晋字汉文章。”边款：“嘉庆丙寅为船山侍御刻，小池。”

嘉庆十二年丁卯（1807）**四十四岁**

春，题《画》：“雨晴风暖卖花天，一线春光上纸鸢。牛背儿童应叹我，青云何路胜归田。”

春，作《墨鹅图扇页》。

二月，作书法四条屏，蜡笺。题识：“嘉庆十二年花朝，录旧砚缘诗四章于依竹堂。竹香观察年大人属正。船山弟张问陶。”

三月，作行书诗手卷，水墨纸本。引首：“张船山丁卯诗翰卷，丁丑正月雨庵题。”内有《夏日题依竹堂》《题朱涤斋画》《武功道上望太白山》等诗。题识：“丁卯三月为丹崖明府书，即正之。船山张问陶。”钤印：剑外张郎。

四月，奉派巡视南城，初一到任视事。

六月初九夜，船山与友人灯下话别，书诗作《巡视南城履任口占》以道官味。有句云：“自笑书生寒乞相，也来小试执金吾。”

七月初七，作《幽兰扇页》，款识：“丁卯七夕后一日萱草书堂坐雨写此遣兴。船山。”此作原为近代著名收藏家张重威先生旧藏，钤：“重威鉴赏。”

夏，题英和与夫人介文《秋灯伴读图》；题杨惕吾《新阡图》；为石叙民（名同福）题《杨柳岸晓风残月词意画》。

重阳节，绘《兰花图》扇面，此图今藏四川省博物馆，款署“张问陶笔，丁卯重阳京师寓画”。

十月廿七日，船山致书问候吴锡麒。书云：“半年余，久疏顾候”；“晚自老母四川，此心日系成都，而一时又不可竟归，颇为闷闷。半载以来，碌碌簿书，几成俗吏。……宦味可知矣。”“明年九月截取，早得报满，一麾而出耳!”

是年，作《桃溪放棹》立轴，设色绢本。又作设色《山水人物》立轴，绢本。钤印：张问陶印。

嘉庆十三年戊辰（1808）**四十五岁**

二月，作花笺行书七绝大帧，款署：“戊辰二月午庄。”

三月，题朱素人画《望瀑图》。

四月，作《行书题画诗轴》，洒金纸本，诗云："凌空梯磴望中分，时有青猨弄白云。逋客不归山更好，英灵何处勒移文。"署款："戊辰四月题画，船山张问陶。"

四月，书行书七言《赠默斋仁兄联》："官久方知书有味，才明敢道事无难。"自识云："偶得此二语，书寄默斋仁兄印可。"款署："嘉庆戊辰四月船山张问陶。"有颜字的雄壮气势，亦有米字的神韵变化，笔法灵活，圆转自然，系乾嘉时代书法佳品。刊于日本《书道全集》(二十四)。此联现悬挂于苏州木渎古镇冯桂芬榜眼府第书屋内。

四月八日，为钱仪吉（新梧）题《衎石斋记事稿》："大文合理，小文惬情，情理两得，浩气纵横，如此妙少年，益以阅历，因文见道，致用可必。嘉庆戊辰四月佛生日，世愚弟张问陶读。"钱仪吉乃船山进士同年钱福胙（云岩）之子。

四月二十九日，南城得代，仍官御史。

夏，题鲍士贞藏《送穷图》，江兼甫画；题孙星衍藏孙子名印；题张若采《梅屋课女图》。

秋，题钱天山《六和观潮》卷子；题黄凯钧《驯鹿庄图》。

冬，《清稗类钞》载：张船山、赵怀玉、洪亮吉、吴山尊等同官京师，约定每遇大雪，无须招邀，即会集陶然亭，饮酒赋诗，规定迟到者请客。

冬，作《竹报平安图》，立轴。款识："嘉庆戊辰冬勾漏山房作，问陶。"

冬，作《双清图》，立轴，纸本；作《岁朝图》，题识："嘉庆戊辰冬，勾漏山房作，问陶。"

冬，作《行书七言诗轴》，纸本，题识："嘉庆戊辰冬，读友淮斋诗集，并题驯鹿庄图，张问陶。"

十一月十七日，作《行书七言诗页》，款署："戊辰首夏即事，十一月十七日呵手书寄榆亭四兄正句，船山张问陶。"

是年，作行书《题画诗》，立轴，水墨洒金蜡笺本。钤印：张问陶、船山，郑翰丞题签。

是年，山西河东道衙刊刻《船山诗草》20卷。此系船山好友刘大观主持刊刻，时刘任山西河东兵备道署山西布政使。此刻本今江西省图书馆、辽宁省图书馆、山东大学图书馆、南京大学图书馆等处有藏。

嘉庆十四年己巳（1809）**四十六岁**

二月花朝，题跋山东寿光诗人李世治《怡堂诗草》，云："雄浑高淡，清奇秀丽，无美不备，于高密二李先生外，自树旗鼓，可谓英杰矣。"

四月，分校恩科春闱；题蒋元亭《静观图》。

四月，作《行书扇页》，有句云："酒诫中年凭毅力，诗狂何日忏虚名。"款识："己巳四月书奉春圃仁兄正之，船山张问陶。"

七月，选吏部验封司郎中，赴滦阳引见；八月旋京。

十月，作《猿戏图》立轴，又名《五猿图》，设色纸本。款识："嘉庆己巳十月拟崖白画意，张问陶。"船山曾云："古无以画猿名家者，同人皆以余摹为神似，所谓我书意造本无法也。”

十月，作《草书七言诗扇》，款识：“滦阳道中作，己巳初冬，书奉思亭仁兄教之，船山张问陶。”此扇乃船山为吴修所书。吴修，浙江海盐人，字子修，号思亭，工诗古文，有《青霞馆论画诗》及《昭代名人尺牍小传》行世。

冬，题金陵江芳谷《致园图》；题复园画册；题屠倬《双藤书屋图》；题钱载《兰竹》。

嘉庆十五年庚午（1810）**四十七岁**

正月，题程素斋《主园图》；题曹夔音临赵松雪画《仲长统乐志论图》。

二月，作行书屏，手绘笺本。款识：“庚午二月，张问陶。”钤印：司封郎中、袖里青蛇。

二月，作《兰菊图》。款署：“庚午二月花生日，船山戏笔。”又题：“此琉球国纸，吃墨，不能试色也。”

四月，题严元照《秋扇图》；题胡梦湘观察道装小照；作《猴趣图》立轴，设色纸本，题识：“嘉庆庚午四月，船山张问陶。”钤印：问陶书画。

四月，作《行书七言诗扇》，款识：“庚午四月偶作，澹人仁兄同年正之，船山张问陶。”钤印：司封、问陶。

五月，作行书《春寒诗》扇面，纸本，今存。有句云：“听风听雨耐春寒，阅尽尘劳梦转安。”款识：“庚午五月，船山张问陶书。”钤印：船山、忍辱仙人、司封。

仲夏，船山与吴鼒作《雪夜泊舟》书法，成扇，纸本。船山书“形势抗西岳”诗一首，题识：“吉甫五兄大人教正，弟张问陶。”吴鼒题诗曰：“楼船载雪月明里，一色溪山夜如水。岩前哀猿噤无声，沙上鸥眠惊不起。”钤印：吴鼒、拾得、羌无故实。吴鼒，字山尊，安徽全椒人，清嘉庆四年进士，官侍讲学士，工诗书画。

七月，作《啸月吟风图轴》，设色纸本，款识：“庚午初秋画，船山居士。”图中有吴嵩梁一跋，文曰：“啸月吟风又一时，家山万里寄相思。平生剑术浑无用，老向秋林借一枝。船山罢官后，侨寓江南，求归蜀不得，兰卿前辈今以遗墨属题，怆然赋此，距别君于虎丘已十二年矣。道光五年七月，侍吴嵩梁。”

七月，为诗友查有新《春园吟稿》题识，有云：“余三十年作诗，才解谋篇之法，君竟优为之，安得不传？庚午首秋遂宁弟张问陶识。”

七月，部选山东莱州府知府；二十七日重赴滦阳引见。

八月，作《山水扇面》镜心，设色纸本，款识：“庚午八月二日，为铁濂仁兄作于滦阳，船山张问陶。”钤印：张问陶印。著名诗人宋湘作《送张船山前辈出守莱州即次留别元韵》。题彰德郡斋《石盆铭》，有云：“我亦行将领郡符，为君题句几踌躕。风尘莽莽摇鞭去，能得韩陵片石无？”款识：“庚午八月，题彰德郡斋石盆铭，应雨岩宗兄之命。即希正之，问陶。”

九月，作行书屏“揽辔朝天塞马肥”等诗立轴，水墨纸本。款识：“庚午重阳前五日，为午庄八弟书于京师，问陶。”钤印：莱州太守、船山。

九月，作《莲塘鸭戏图》立轴，水墨纸本。题识：“子珊三兄大人法正，庚午九秋船山张问陶”。道光二十三年癸卯（1843）夏，赵鹤题云：“船山先生斯图，苍润古秀，得白阳天趣耳。”钤印：赵鹤之印、松崖。

九月二十日，船山挈眷出都赴莱州任。行前，作《松猿图》，题：“庚午秋日别都，船山张问陶写。”临行，潘炤请船山为其《红楼梦词》品评，可惜船山将赴莱州，来不及一评。《红楼梦词》卷首有张船山题词云：“诗甚佳，惜在于役匆行之际，恕不僭评。船山顿首。”

九月，题图裕轩、曹慕堂两先生《戒坛合祀图》；过阜庄驿题壁；题保九真观察小照。

秋，作《双猿图》立轴，设色纸本。题识：“半壁溪山暗复明……庚午秋船山张问陶。”

冬，题金渭厓《看山驻马图》；题孙星衍《纪遇图》，罗聘画；题陈竹崖观察《鉴舟图照》；题廖云程《风雨怀人图》。

十一月，撰马学乾《怀玉山人诗集后序》。马学乾，字行天，号杏里，船山之师。船山序云：“先生幼孤，少壮刻苦力学，性端谨，不苟言笑，内严而外宽。……先君子官齐楚，延至署，陶叔侄弟兄咸执贽焉。忆髫龄初学诗，先生喜曰：‘此子他日当以能诗名。’盖先生之于陶宠异特甚，而期望为独厚。凡今日之得稍进取，不至流动曲学无闻者，皆先生昔日循循善诱之益也。……嘉庆庚午仲冬，受业门人遂宁张问陶谨述。”

冬，作《行书七言联》，题款：“庚午岁腊，莱州郡斋撰赠渌卿仁弟正句，船山问陶。”此联字势多变，行笔沉着老辣，有林逢年（渌卿）、华长卿题跋。

是年，作《枇杷》立轴，设色纸本。钤印：张问陶印、船山。作《兰菊图》。

嘉庆十六年辛未（1811）**四十八岁**

正月初八赴济南发郡城莱州，向大吏面呈莱州灾情，请发放仓谷，赈济饥民。三月在本郡。闰三月再赴济南。四月下旬月夜独泛大明湖。七月初一日复往济南。九、十月至莱州属县，府试各县文童。

闰月，作《行书七言诗扇》，有句云：“新凉万种秋滋味，都在劳人默坐时。”署款：“辛未闰月为时斋二兄大人正，船山张问陶。”此扇经小万柳堂收藏并出版。

重阳，作《封侯图》立轴，设色纸本。

十二月，倡捐谷700石，以煮粥施赈。但杯水车薪，船山悲愤忧伤，遂以病为由，愤然辞职。

除夕前八日，辛从益宿留智庙，见张船山题壁，借韵写怀。辛从益，字谦受，江西万载人，船山进士同年，官至吏部侍郎，善吟咏。

张船山任莱州知府，勤政爱民，廉洁持正，断案如神，是继狄仁杰、包拯、宋慈之后的第四位中国历史断案名家，有“大清神断”之誉。

嘉庆十七年壬申（1812）**四十九岁**

正月，作《致朴园书札》一通，札中有云：“三月内即可起身，道远囊空，必须绕道江浙一带，设措归资方能旋蜀，落叶归根，从此打叠官身，真作鸥鸟矣；然虚船一只，前路茫茫，亦惟有放乎中流，听其所止……”读之可体味到张船山辞官之际，囊中空空，归途路远，无可奈何的窘迫境地。

正月九日，作《张船山自书诗卷》；十七日，手具辞郡文书。二月初九，辞郡交印。船山罢郡后远近索书者不绝，口占云："秋蛇春蚓太绸缪，官吏绅民次第求。四海墨花飞不尽，又留千纸在莱州。"

小阳春，作《绶天百禄图》立轴，题云："铁珊老先生五十华诞，画此为祝。"

二月七日，作《行草七绝诗轴》，款云："云岩五兄正，壬申二月七日书于莱州，船山张问陶。""云岩"为钱福胙，钱陈群孙，字尔受，号云岩，与船山为同科进士，后任福建学政。

二月，作《旧时月色扇页》，款署："旧时月色。与于庭大兄别久，思之甚切。今春忽寄手翰并附素箑乞诗，即录近句求正，复写此，聊志月明满地，千里相思云。时在壬申花朝前一日。遂宁弟张问陶。"

二月十六日，作《行草书七律诗页》，文曰："壬申二月二十六日，燮亭仁兄招同冯旭林明府、傅寿卿城守、陈白亭明经，重践余于道士谷。是日，内子挈三女登蠡勺亭望海，即席有作，即呈粲政。全家分路游山海，人影衣香出郡城。海上鱼龙妻女笑，山中诗酒弟兄情。黄冠紫绶成何事，红杏青松践此行。可止形骸容放浪，到无官日梦俱清。船山张问陶。"钤印：张问陶印、进士为官不若服田获寿保年。

春，作《行书七言诗页》，有句云："乐圣何妨且避贤，无田也自说归田。"款识："壬申春日辞郡留题盖公堂，药庵退守张问陶。"

三月，与门生袁深惜别。袁深，颍州（今安徽阜阳市）人，因崇拜船山而跟随船山十七年，堪称船山的铁杆粉丝。船山离开莱州时，袁深饱含深情，恋恋不舍辞别，袁深时年已届五十八岁，后不知所终。

四月，抵苏州，侨寓虎丘山塘街青山桥与斟酌桥附近。其居右倚甫里祠，左距白公祠不远，故自题所居曰："乐天天随邻屋"。故址即今苏州山塘街山景园，梁章钜、梁恭辰《楹联丛话全编·楹联四话·名胜·庙祀》云："虎阜山景园为张船山太守问陶旧园故址，近人有一联云：'七里旧池塘，共几辈交游，连宵诗酒；三更好明月，况万家灯火，一片笙歌。'"

状元石韫玉闻船山卜居吴门，喜而赋诗《喜同年张船山太守卜居吴门》云："释褐升朝二十春，与君众里最相亲。暂游吴市花惊目，并坐萧斋酒入唇。""醉对鸡豚呼佛子，狂将奴仆命骚人。梦中忽有神来告，决计辞官作逸民。"

五月，题顾鹤庆《渎山春泛图卷》，有句云："不著莺花水自香，横塘清远胜山塘。"款识："壬申长至，为秭生大兄题于虎丘。张问陶。"钤印：自渡、张问陶、船山、宝莲亭主。

六月中旬，作大幅精品《花鸟图》，纸本立轴。款识："壬申夏六月中浣，富祥仁兄雅属正之。宝莲亭主张问陶。"

夏日，作《葑溪小筑》（四段），卷，设色纸本，陈鸿寿题引首并题画名。款识："壬申夏日，小住吴门，于庭大兄以其家园八景出观，因逐一赋诗奉报，深愧不工也。船山弟张问陶。"钤印：问陶、船山、问、陶、船山书画、老船、勾漏山房。鉴藏印：安巢珍藏、泉唐许氏安巢鉴藏、千里鉴藏、宋畿之印。

夏，钱塘陈文述与莱阳赵曾，在苏州招船山、王芑孙、陆纯小集湖舫，送伊秉绶入都。

夏秋，题文华殿大学士兼军机大臣尹继善《游摄山图》；题女诗人杨继端《古雪斋七夕云心字图》；题庆蕉园方伯《潇湘一曲图》；题寒石上人《吾与庵图》；题范苇舲《西泠春泛图》；贺大书家梁同书九十寿；题卢湘槎明府《骑鹤清游图》；题乐天天随邻屋；题查丙唐《黄叶林中自著书图》；为孙补之题《醉墨堂图》。

立秋日，为王斯年《秋塍书屋诗集》撰序。王斯年，字海村，浙江省海宁人，官长淮卫千总，师事张船山。《序》云："乾隆庚戌，余初入翰林，嘉庆乙丑改御史，己巳改吏部郎，官京城者二十年。四方才俊以诗订交者，皆欢好如昆季。及岁庚午，出守莱州，逾年壬申，以病乞休，就医吴会，闭门养疴。虽今雨时来，而当年故人风流云散，惟三五落拓未遇者，尚邂逅于虎邱桃坞间。""时王君海村同客吴门，暇日以所刻诗卷见示，且属序于余。海村东南之秀也，而性沉毅，言动劲直，有燕赵豪士风。故所著诗皆语真而气厚，如其为人。昔与余屡聚散于京师，又屡试未售，时帆、芸台诸前辈皆爱其才，惜其遇。今且年逾强仕，而秋榜一名难于千佛。不得已刊少壮所作，聊以自娱，其怀抱亦可慨矣。""嘉庆壬申岁立秋日，船山张问陶书于山塘寓楼。"

八月初三，作书法扇面，纸本。题识："壬申八月初三为云伯仁弟正。问陶。"

中秋，作《古洞仙猿图》立轴，设色绢本。题识："壬申中秋写奉蕉园太史（世）叔正。张问陶。"钤印：船山。按："蕉园"为大学士尹继善之子庆保，字佑之，号蕉园。官至广州将军，擅画花卉虫蝶，颇得生动之趣。（注：庆保生平载于《八旗画录》）

八月十八日，作《草书七言诗》，纸本。款识："壬申八月十八日为莲因六弟题于无锡舟中，问陶。"

秋，作行书扇面，纸本。款识："壬申新秋，病后为少山尊兄先生，正之。船山张问陶。"钤印：张问陶。

秋，为王斯年《秋塍书屋文集》撰序。有云："嘉庆壬申秋，余既序海村诗，付诸梓矣。他日海村携文一卷见示。""余与时俯仰，倦而知还，胸中侃侃未磨之气，往来不释。读海村文，不觉抚髀自叹也。""壬申九秋，船山张问陶识于虎邱山馆。"

初冬，作行书《徐州兖州道中》立轴，水墨蜡笺。题识："徐州兖州道中即目，雨田大兄正句。壬申冬初张问陶书于山塘。"钤印：船山、莱州太守。

十月，作《三清图轴》，款识："嘉庆壬申冬十月，写奉松坡大兄先生属并正。遂宁张问陶。"钤印：船山。

冬，读雪斋上人吟草，即题《寻梅招鹤图》；绘《瑞庵居士小照》；题蕉园方伯小卷（《泛月理琴》《梧叶舞秋风》《潇湘水云》《平沙落雁》四幅）；题冯秭生《渼川春泛图》；为莲汀题《载书访友图》；题孙星衍藏卷宋赵公震画《五柳归来图》；题著名诗人屠倬《论诗图》；题《予惜马图照》；题汪心农观察《试砚斋图》《守梅山馆图》；题汪竹坪《竹坪图》；题胡栗堂《罗浮遇仙图》。

十二月九日，作《行书七言诗页》，有句云："鸾坡回首不胜情，鸥鹭丛中理旧盟。"款识："壬申腊月九日白公初陪圣徵（吴锡麒）前辈小集，得句即正。张问陶。"钤印：船山。

是年，杨铸题《张船山画册》，又与张船山游虎丘，谈诗生公石上。杨铸，字子坚，江苏丹徒著名布衣诗人，著有《春自堂诗》。林则徐有《为杨子坚铸题张船山问陶画册，即次册中韵》；著名诗人陶澍有《张船山太史游吴时，曾与杨子坚谈诗生公石上，子坚历久不忘，因绘为图》。道光十五年（1835），清代画家诗人盛大士为杨铸绘《生公石上论诗图卷》，刻石，嵌于苏州沧浪亭五百名贤堂前院西廊壁。石共三块，每块纵 32.2 厘米、横 107 厘米。图前有朱为弼篆书引首及邬鹤徵序文，图后有陈用光、陶澍、林则徐、陈銮、钱泳、赵函等人题诗。图中绘嘉庆壬申（1812）船山寓苏州时，杨铸向他请业、在虎丘生公石上松下对坐论诗的情景。杨铸《虎邱访张丈船山留饮青山楼》云："神交几载梦燕台，意外吴门快举杯。四海竟传奇句早，一楼如待谪仙来。特生此笔留诗史，已遂名山惜吏才。不觉寸心倾吐尽，水光花影共潆洄。"《横波舫同渊如船山两丈作》云："酒阵才停笔阵来，青山红树亦低回。可知今夕非荒宴，都是乾坤有数才。"

是年，游虎丘遇学者张澍。张澍作《游虎丘遇家船山问陶前辈晚归寓舍共酌》云："生公石上坐移时，大笑鱼惊跃剑池。路畔行人休见怪，莱州太守自吟诗。"

是年，作行书《扇面》，纸本，张船山、孙星衍、伊秉绶诸大家共书此扇，珠联璧合，熠熠生辉，堪称精品。作行书册页，十二开，水墨纸本。作《奔马图》，绢本设色。又作《猿树图》，今存，题云："唐王建《寒食诗》有'颠狂绕树猿离索'之句，余于壬申解组，官况似之，因画此幅以寄正。"

是年，作《行书七言联》，文曰："名画要如诗句读，古琴兼作水声听。谷人祭酒句，壬申九日，为丹厓仁兄书。张问陶。"

是年，船山在虎丘寓所与潘奕隽、吴慈鹤等举苏轼纪念祭。

嘉庆十八年癸酉（1813）**五十岁**

正月，题方葆岩制军《青溪放棹图》，方葆岩，即方维甸，安徽桐城人，官至闽浙总督；题唐仲冕刺史《焚香扫地图》，唐仲冕，湖南善化人，号陶山，官苏州知府、陕西布政使。题吴芝田《添香伴读图》；题汪竹坪寿源小隐五十小像；题李觉斋《印须我友图》。

正月，作行书自作诗《扇面》，纸本。题识："癸酉春方葆岩制军以诗寄怀，步韵答之。"

二月上浣，赵翼探梅邓尉，小住虎阜，过访张船山，与船山谈诗。船山同赵翼、范来宗、潘奕隽等诗人雅集孙子祠，作《孙祠雅集图》。

二月十三日，应两淮盐运使四川邻水人廖寅（号复堂）之约，别家人，暂赴扬州。十七日至扬州，廖复堂假馆以待。

二月，在扬州，题潘朗斋《品剑图》《河阳春色图》；为妾杜素芬题《怜影图》；题杨警斋太守《鸥江春暖图》。甘泉经济从船山游，年十三岁。

三月，在扬州作行书《七绝诗轴》："书兴飞来醉不知，淋漓大笔蘸天池。凭他东海初升日，万古神光照此诗。"下笔有神，熟而不俗，如行云流水，舒展自如，意象万千，使人目不暇接，大有活泼清新、生气盎然之感。字间牵丝连绵，线条虚实分明，轻重有致，虽狂放而不离法度，得晋唐笔意。款识："莱州蠡勺亭题壁，癸酉三月书于扬州，船山居士张问陶。"鉴藏印："份臣审定，真迹无疑。"刊于日本《明清书道图说》。

三月上巳，与石韫玉、吴锡麒、洪梧、江易堂、贵征诸人集两淮盐运使廖寅之题襟馆修禊事。

三月十二日，作《行书七言联》，联曰："酒香略许同心对，花好还宜慧眼看。"款识："药庄十二弟涵真抱素，儒雅风流，今春相聚于扬州，彦会连宵，极笙歌文酒之兴，醉后录近句请正，并希正笔。丹徒孔同甫、长洲张伯冶、海宁陈受笙、临川乐莲裳察书。嘉庆癸酉三月十二日，船山张问陶识。”

三月十七日，舟发扬州回苏州寓所。

春，作《行书七言诗扇》，款识：“癸酉春，方葆岩制军以诗寄怀，步韵答之。”钤印：药庵、张问陶印。方维甸（1759—1815），字南藕，号葆岩，安徽桐城人，方观承子，乾隆四十六年进士，官至闽浙总督。

春，船山作《人物扇面》。画两位卖花老农，一立一坐：立者头戴斗笠，担里盛满鲜花；坐者梳着短髻，斗笠摆在身旁地上。二人顾盼有情，生动传神，细笔勾出身形、衣纹，略施淡彩。右上方自题一绝：“早听时务夜听香，镇日茶瓜习送迎。洗耳已无清涧水，到门恰喜卖花声。”藏李一氓处（载《中国民间秘藏绘画珍品》第三集，江苏美术出版社 1996 年出版）。

春，船山在吴门晤彭兆荪，云：“神交二十年矣。”彭兆荪，字甘亭，江苏太仓人，工诗文。

四月，撰蔡逸《茜云楼诗集跋》。蔡逸，字逸史，浙江海宁诸生。船山跋云：“余自京朝出守东莱，解组后小住吴门。海宁逸史蔡君过访山塘，出示所为诗。”“夫江浙为文学渊薮，诗人尤夥。……余虽倦游戢影，尚能击节而和之。嘉庆癸酉初夏，药庵居士张问陶。”

四月，在苏州。题万承绍司马《自镜图》；为汪心农题《澌门居六十小像》；绘《水月炼师照》《李仙像》。

五月二十七日，船山五十岁生日，诗友查有新撰《船山先生五十》诗以贺：“岷峨秀气绝人寰，又见坡翁出世间。诗卷一官成一集，政声三月重三山。已忘封事名垂史，但看楞严学闭关。半百年过能称意，桃花坞畔暂时闲。”

夏，作书法册页，纸本。题识：“案上偶得索册，乃济川侄孙所委。淡墨秃颖，一挥而就。时癸酉夏至后三日。中简大兄，张问陶。”钤印：船山小印。

夏，题汪继培《风定苏潭看月生图》；题孙星衍小像；题汪梯愚《月桂传香小照》；题盛元度《邓尉探梅》诗画卷；蕉园方伯装成尹继善、庄有恭、袁枚、王文治画像册，并附船山画于同册；画《兰》；题著名诗人齐彦槐改官以后诗；题胡荫兰《松窗读易图》；题刘潮《卷勺园图》《南涧访僧图》；题诗赠山阴重葺徐文长故居；为女冠韵香题《空山听雨图》。

夏，作题昔年仿文徵明《山水轴》，水墨纸本。款识：“嘉庆癸酉夏日泊舟金山脚下，偶捡行箧，得昔年摹文衡山山水一帧，蓬窗烧蜡，系诗一首。船山并记。”文衡山，即明代书画家文徵明，号衡山居士。

八月十日，撰冯珍《尊古斋诗钞跋》。冯珍，字子耕，号秋谷，江苏吴江监生。船山跋云：“余自庚戌入翰林，改御史，改吏部郎官，前岁庚午出守莱州，二十余年浮沉中外，新知旧雨，皆以诗结翰墨缘。”“壬申春仲，辞郡还山，就医吴会。适冯秋谷参军归自浙中，过余草堂，昕夕谈艺，出示《尊古斋近稿》。……嘉庆癸酉中秋前五日，遂宁张问陶书于虎丘青山桥寓楼。”

八月，与诗友陈曼生、郑祖琛、杨铸游镇江焦山。今焦山巨公崖尚存石刻记其事。

秋，作《三清图卷》，款识：“嘉庆癸酉冬日，船山张问陶写生。”钤印：船山。

冬，题上海黄以恬《青山淡虑图》；题胡始泉《蕉窗试砚图》。

九月二十五日，王芑孙致王苏书云："船山、琢堂皆病卧。廿五日往视琢堂于卧内。"十月初三日，王芑孙又致王苏函云："琢堂疟止，定于初九日起身赴省。船山至今未见也。"

十月，作《长江秋晚图卷》，纸本水墨，款识："癸酉孟冬月上澣，偶见蓉峰刘公旧藏巨然公宝翰，船山张问陶灯下临于后一角。"引首张问陶题："寒江渡口，渊如仁兄正之，张船山识。"

冬，船山在苏州山塘与诗友吴嵩梁相晤。雪中，别吴曰："得一觐老母，即埋骨于此，亦无憾矣！"

是年，为好友海盐查澹余撰《邓尉山庄记》。

是年，船山为其珍藏之明人归昌世绘《兰竹山石图》题跋："江南四月雨晴时，兰叶幽香竹弄枝。蝴蝶不来黄鸟睡，小窗风卷落花丝。"归昌世，明人归有光之孙，画家。此图今存安徽省怀远县图书馆。

嘉庆十九年甲戌（1814）**五十一岁**

船山一生，印款较多，主要有：张问陶、问、陶、船山、问陶、老船、船、山、船山小印、船山书画、船山、问陶书画、张问陶印、张问陶四十以后作、问陶之印、遂宁人、剑外张郎、生于山东、布衣身、东川男子、夫容城主、庚戌进士、司封、豸冠仙史、宝莲亭主、勾漏山房、莱州太守、管领三神山、戏于海者、进士为官不若服田获保年、药庵退守、世间何物似情浓、一切惟心造、昌歜羊枣、生欢喜心、真、大愿船、天真、漫与、第二、游戏、放下、扁舟载酒、晓梦窗、好奇、幽室青灯、羌无故实、五铢、画眉仙史、劳我以生、知足不辱、自渡、雪舫、拾得、菊涧、真知此中之妙……

正月十七日，王芑孙致王苏书云："琢堂在家度岁。船山直至岁杪止疟。"

二月，作《蜂猴图》。

三月，船山因久患疟病，变为噤口痢，不食数日，医治无效，至初四日申时（公历4月23日下午3至5时），病逝于苏州虎丘山塘街寓所，享年51岁。其弟张问莱时任浙江余杭县丞，于是日半夜，自杭州赶到，仅及小殓。诗友王芑孙于四日夜闻讣，六日亲赴吊唁，舟抵虎丘，已盖棺矣。在好友查小山（有圻）资助下，遵照石韫玉之意，船山寄殡于苏州西南三十公里太湖之滨光福镇南玄墓山。逾年，得鲍树堂（勋茂）千金相赠，始得归葬四川遂宁两河口张氏祖茔（其墓在今蓬溪县金桥镇翰林村两河口唐家湾小月亮坪金子土内），埋碧于故土。

船山逝世，文坛齐悲。师友门人，挽诗甚多。祭酒吴锡麒《哭张船山》云："如此惊才仅中寿，问天何苦更生才？"状元石韫玉《悼船山同年》云："灵运生天竟我先，空传诗卷五千篇。世间缘尽应分手，地下才多孰比肩？肆志英雄都纵酒，慧心文字总通禅。清谈从此无人会，每拊流波辄泫然。""才似张衡信绝伦，即论为政亦超尘。幽兰竟作当门草，老桂终成抱火薪。直道不容宁晦拙，急流能退已如神。君恩祖德皆难负，何苦脂韦误四民。""与君离合太无端，坐看荣枯到盖棺。八口零丁归未得，一官落拓弃非难。中郎有女终谁适？伯道无儿死更安。今日寝门将卒哭，此生何地再追欢？"著名诗人陈文述《挽张船山太守》云："十年京洛问骚坛，第一才人压建安。自有诗名齐李杜，即论文望亦苏韩。际天星斗怀中落，绝代风云笔底蟠。读到宝鸡题壁句，长虹落纸夜光寒。”诗友杨铸《哭船山先生》云：“从今怕见青天月，天末清灵未可呼。”张问安《哭船山仲弟》云：“惊心三月姑苏耗，到眼京华一纸书。天纵忌才胡至此？人真无命待何如！一官久已浮云似，十载难忘判袂初。怪底近来消息断，可知魂早返乡闾。”“雁行中断黯伤神，辗转思量现在身。小弟官仍栖浙水，大家儿况是清贫。诗名自足传千载，佳节真看少一人。此后艰难多少事，书堂无语独沾巾。”《七月廿八日，得旂山季弟书，知船山仲弟确耗》云：“浙水传来信不讹，惊开泪眼更摩挲。细看月日分明是，远阻关山可奈何？衰绖未除诸女远，衣冠会葬故人多。山邱华屋须臾变，忍听风前薤露歌。”“连年踪迹苦依人，谁识清贫太守身。到死倍伤离别久，关怀总是弟兄真。最怜旅殡留元墓，何以高堂慰老亲？犹有春前音问在，一回展看一沾巾。”（《亥白詩草》卷八）。袁洁哭云：“人间留大笔，海内失仙才！”傅世洵《张船山赞》云：“弱冠闻君已出群，中年阅历老弥真。旁人漫哂无余味，三百年来见此人！”苏州人士绘其像，刻石于沧浪亭，以继欧苏。

张船山书画作品成集者有：《张船山手书诗稿》一卷（张问陶手稿，四川省图书馆藏）、《张船山手稿》一卷（有虎痴记语，四川省图书馆藏）、《京朝集》三卷（张问陶手稿，上海图书馆藏）、《张船山删剩诗文集》二卷（张问陶手稿，南京图书馆藏）、《张船山删剩文集》一卷（张问陶手稿，福建省图书馆藏）、《张船山自写诗册》（1909年上海神州国光社出版，国家图书馆藏）、《张船山先生诗画册》（游艺图书社1910年出版，国家图书馆藏）、《白居易新乐府》一卷（张问陶抄本，国家图书馆藏）。船山还手批、题跋有《东坡先生诗集注》（西华师范大学图书馆藏）、《松风阁诗集》十卷（南川周立矩撰）、《椒园诗稿》一卷（正定王定桂撰）、《台山诗集》八卷（绵州何人鹤撰）、《瀛洲集》三卷（英和撰）、《容台集》一卷（英和撰）、《海门诗钞》（李符清撰）、《借树山房诗钞》（陈庆槐撰）、《清芬精舍小集》（王岳莲撰）、《青墅诗钞》（郑大谟撰）、《闽归诗集》（曹文汉撰）、《自春堂集》（杨铸撰）、《心田诗稿》（徐明理撰）、《青虚山房集》（王太岳撰）、《红楼梦图咏》（改琦）、《红楼梦词》（潘炤）、《摄山游卷图》（尹继善）、《四百三十二峰草堂诗钞》（赵希璜撰）、《悔木山房诗稿》（赵睿荣撰）、《玉壶山人集》（改琦撰）、《修斋堂诗钞》（李承烈撰）等，皆系船山手迹，弥足珍贵。

船山诗书画三者，一人兼擅。主张“性情图画性情诗”“墨光都借性灵传”，成为乾嘉时代诗书画大变革中崛起的一位伟大诗人、书家、画家，以其卓越成就享誉清代诗坛画苑，在中国书画史上占有重要地位。

二百余年来，评赞船山书画者极多。如：法式善赞船山云：“峨眉秀色钟吾友，诗画当今无对手。”伊秉绶《张莱州船山》云：“峨眉山上仙，谪为宰相系。彩笔星斗芒，宝剑春坊字。”陈用光称颂船山：“画为写意高人笔，诗是登坛大将才。”邵葆祺云：“人知张公画癖如支遁，常拈秃笔写性情。”朱为弼《族侄仁荣桂轩小稿序》云：“居春明十有余年，见都人士之为诗者，惟服膺张船山、鲍双湖两先生，其诗皆以古谊抒写性灵者也。”（《蕉声馆文集》卷五《族侄仁荣桂轩小稿》）蒋宝龄《墨林今话》卷八云：“船山才情横轶，世但称其诗而不知书画俱胜。书法放野，近米海岳。山水花鸟人物杂品，悉随笔为之，风致萧远。椒畦（王学浩）孝廉谓其脱尽凡骨，虽画名家弗及也。船山又工画马及鹰，最得神俊之气。”李调元云："船山先生善画猿，世皆知之矣。"葛金烺《爱日吟庐书画续录》卷六云："船山书得力平原（颜真卿），行草酣嬉淋漓，激昂顿挫，其精采类刘文清（墉）而操纵过之，已开何蝯叟（何绍基）之先声矣。""船山（画）有石涛之奇横而不怪，具南阜（高凤翰）之思致而有韵，骎骎乎迈前贤矣。"秦祖永《桐阴论画》下卷云："张船山问陶，山水虽非专门，秀逸之趣能脱尽习气，写生亦思致潇洒，机趣翩然。"李浚之《清画家诗史》戊上云："诗有'青莲再世'之目。山水秀逸，写生亦笔致潇洒，尤喜画猿，书法险劲。"窦镇《国朝书画家笔录》卷二云："书法险劲，近徐青藤。诗沉郁空灵，于从前诸名家外，又辟一境。"孙桐生《国朝全蜀诗钞》卷二十三云："字势苍劲奇横，得苏、黄之神髓。"著名学者吴鼒题张船山《疏柳颠禽图》（藏南京博物院）云："疏柳颠禽意态横，小窗对砚肖双晴。张郎已是工山水，又与边鸾斗写生。"著名诗人陈文述《书林新咏》云："老船画笔如诗笔，驿壁留题句最工。落叶长安一樽酒，奇鹰恶马状英雄。"赵睿荣《题张船山检讨指墨莲》小序云："老船自谓冻窗作此，仿佛爪甲间闻冰雪声。"盛大士《溪山卧游录》云："张船山太守问陶，诗名重于海内，画特其余事也。然山水深得古法，折枝鹰鸟，苍秀得神。余于虎观斋中见其所画奇石，独开生面。"李玉棻《瓯钵罗室书画过目考》云："书法晋人，略兼北魏。工山水人物花木，尤善写猿鸟。"张复旦《船山字》云："船山之诗世共传，船山之字无人镌。即见人亦多难识，仙品空劳凡眼力。我得七字联一对，日挂斋头寻三昧。有笔重若泰山垂，有画颓若枯树枝。有勾坚如生铁铸，有撇懒如醉人肢。故作丑态妍偏露，故为拙形巧正宜。总是精神从内注，体裁位置任推移。钟王颜柳何能范？不妨自古我作师。此是天才高没及，独成一家如其诗。昔在燕京身价重，王公席上笔未空。外夷曾费千金求，而今片纸若麟凤。吁嗟呼！此字奇古没与伦，不必规摹失其真。但嘱此宝传勿替，长见千古一奇人！"孙海《遂宁县志序》云："近代之船山先生，尤为籍籍。其诗篇字迹，几于家有而户存。"清末大书法家翁同龢对张船山书法十分推崇和喜爱，拓晓堂《翁同龢鉴藏大系略稿》（续八）载："1865 年 6 月 12 日（五月十九日），是日翁同龢得张船山手抄《金丹》一册，亟录之，劳累几至手腕脱落。"著名书家杨守敬《学书迩言》云："乾家间之书家，莫不胎息于金石。博考名迹，惟张船山、宋芷湾绝不依傍古人，自然大雅。由于天分独高，故不师古而无不合于古。"书画家贺良朴云："船山善画猿猴，描写情状，恍听三峡啼声。其画山水，亦别开生面，不落寻常蹊径。诗与书皆不懈而及于古，与画可称为三绝。文采风流，名动海内，不囿于蜀中一隅也。"近代诗人柳亚子《论诗三绝句》说：郑珍和龚自珍、黄遵宪以及清初的顾炎武、吴伟业，康乾时代的王士祯、袁枚、黎简、张问陶等人，都配称"三百年来第一流"的诗人。于右任、郭沫若、张大千等曾书船山诗作赠送友人。

船山在书画上反对依傍门户、模拟古人。云："模宋规唐徒自苦，古人已死不须争。""浮名未屑以诗传，况肯低头傍门户？"船山中晚年书作，全是自家面目。从《书兴》《跋董》等墨迹可见：船山书法既有颜之宽博，又具褚之卓异，去颜肉增褚骨，墨浓不伤体势，笔瘦犹能纵驰，风神韵致可与米海岳抗衡。其线条如老干虬枝，腾挪自如，信笔所至，天真纯朴，旷放俊逸，天韵独标，风骨具在，已入化境，可与明代大书家徐渭相伯仲。船山书法大多是即兴书写的诗句和馈赠之作，往往不署年月，作书时间，故难一一考证，这亦足见其无意作书家，浮名不屑以书传，但恰得"无意于佳乃佳"之境。其书法险峻遒劲，运笔振迅，真率从容，饱蘸浓墨，乘兴而书，不著常法，却妙手偶得之。或点画凝重，笔力沉雄；或超势飞动，淋漓酣畅；或大处落墨，神采飞扬。船山字外功夫极深，悟性极高，故挥毫泼墨全为自己面目，蹊径自成，另辟一境。尤其是船山晚年，归隐山水田园，深浸佛道，去浮躁之气，破红尘之缚，空灵高妙，展现自我，书风更见冲淡直率，禅意十足。其书风已由中年之大气豪迈渐向晚年之冲淡空灵转变，最终形成了苍茫、率意、淡雅、空灵的船山书风。

（作者单位：四川省蓬溪县政协；中国书法研究院）

天乎于汝不为薄，千树梅花一声鹤[1]

——浅析清代郫县诗人许儒龙的梅花诗

刘　迪　王燕飞

内容提要：许儒龙是清代郫县著名诗人，有700多首诗歌流传于世，其中涉及梅花的诗歌有50多首。许儒龙爱梅、种梅、寻梅、写梅、忆梅、咏梅，像宋代诗人“梅妻鹤子”林和靖一样，也以鹤为伴。在梅花诗中，诗人托梅言志，显个人之品；视梅为友，遣高雅之趣；借梅抒情，表愁苦之思；托梅寓意，显隐逸之风。许儒龙的梅花诗直抒胸臆，感情恣肆，多言志抒情之作，为咏梅诗增添了新的元素，在咏物诗史上具有一定的价值和意义。

关键词：许儒龙；梅花诗；情感；志向；咏物诗

北宋初期，诗人林和靖（967—1028）倾心于梅花之高标逸韵，隐居西湖孤山，植梅养鹤，闲居赋诗，终身未娶，人称“梅妻鹤子”。沈括《梦溪笔谈》卷十《人事二》记载道：“林逋隐居杭州孤山，常畜两鹤，纵之则飞入云霄，盘旋久之，复入笼中。逋常泛小艇，游西湖诸寺。有客至逋所居，则一童子出应门，延客坐，为开笼纵鹤。良久，逋必棹小船而归，盖尝以鹤飞为验也。”[2] 六百多年后的清朝，在四川郫县也有一位诗人，他歆慕林和靖的人品，以梅为友，以鹤为伴，写下了诸多咏梅诗篇，表达对梅与鹤的喜爱，寄托自己高洁的品格。他就是清代康乾年间郫县著名诗人许儒龙。

许儒龙（1688—1751），字士元，号水南，郫县犀浦（今成都市郫都区犀浦镇）人。乾隆元年（1736），儒龙以博学鸿词科征，赴京会试而被放，遂遍游大江南北，后由武夷山返棹归里。在先人旧庐的基础上，筑野园，起亭台，在其中研究经史，吟啸放浪。儒龙工诗

---

① 基金项目：四川省社科联重点研究基地“西华大学地方文化资源保护与开发研究中心”重点项目“《孙锴诗集》整理与研究”（项目编号18DFWH－057）阶段性成果。

② （宋）沈括著，侯真平校点：《梦溪笔谈》，岳麓书社，2002年版，第79页。

文，著有《水南诗集》《水南文集》《岷南诗草》等诗文集。生平见嘉庆《四川通志》卷一八七、《锦里新编》卷五、同治《郫县志》卷二三等。

儒龙十分喜爱梅花，往往多方罗致佳种，有得自江南平望的绿萼梅："丙申二月，舟过平望，初见绿萼，今属友人得其种。"① 有得自阴平万山下的点脂梅和紫晕梅："华阳张野人有梅二株，得自阴平万山下，一名点脂，花碧色，瓣间作小红，或有或无，隐约可爱。一名紫晕，较点脂形质略同，而丰神尤艳。余甚奇之，因嘱友人郑重购归，狂喜弥日。"② 还有得自成都城里故明代蜀王府墙边之梅："得于故蜀府墙隅，植之斋前，培护甚至。"③

除了梅花，儒龙还喜爱鹤，他多次将梅与鹤并提，如"天乎于汝不为薄，千树梅花一声鹤"④；"益种花木，梅三百余本……蓄二鹤，时一清唳，友人为颜小堂曰'梅海鹤天'"⑤。许氏日以赏梅养鹤为乐，其清高绝尘的风韵雅致在其梅花诗中体现得淋漓尽致。在其诗文集中，提到梅花的诗有 50 多首，提到鹤的有 10 多首；儒龙还写有《澹志斋记》《水南园记》和《养鹤说》等文专门谈及梅与鹤。许儒龙的梅花诗，数量较多，特色鲜明，具有一定的研究价值和学术价值。本文即以此为研究对象，对其梅花诗试做分析。

一、"勉共雪霜占阅历，懒从风月斗精神"

——托梅言志，显个人之品

刘盈说道："王冕的《墨梅》、苏轼的《红梅》、陆游的《落梅》、高启的《梅花》等都是吟咏梅之品格，以梅自喻。"⑥ 梅的品格、精神被历代文人反复吟诵。在这一点上，许儒龙亦如此。

据《水南园记》记载，儒龙父亲早年住在犀浦西村，屋后有一园。父亲去世后，他奉母居住于此，对园子加以修葺，"于是园略成，题为'水南'，近郫水也"⑦。大概自开始经营水南园起，儒龙就大量种梅。《水南园记》有云："益种花木，梅三百余本。"⑧ 他写有《水南斋侧老梅》《旧园梅叹》《小园梅花一首》等诗，足见其对梅花的喜爱。许氏用托物言志的写法，刻画梅花的孤高、坚贞、自信，以此象征诗人仕途失意而劲节不改的崇高品格。如《小园梅花一首》云：

> 树树寒香总得春，时时相对也宜人。三年楮叶初成质，一夜蒙庄化后身。
> 勉共雪霜占阅历，懒从风月斗精神。园中老辈当谁是，看取群芳委后尘。⑨

"寒香"写梅花敢于冲破严寒而吐艳飘香，"树树""时时"的叠词运用表达对梅花的一

---

① （清）许儒龙：《郫犀许水南征君诗文集·水南诗集》卷一，咸丰五年八月许天禄重订本。
② （清）许儒龙：《郫犀许水南征君诗文集·水南诗集》卷二，咸丰五年八月许天禄重订本。
③ （清）许儒龙：《郫犀许水南征君诗文集·水南诗集》卷一《旧斋老梅》，咸丰五年八月许天禄重订本。
④ （清）许儒龙：《郫犀许水南征君诗文集·水南诗集》卷一《自题负雪图》，咸丰五年八月许天禄重订本。
⑤ （清）许儒龙：《郫犀许水南征君诗文集·水南文集》卷二《水南园记》，咸丰五年八月许天禄重订本。
⑥ 刘盈：《杨圻诗歌的梅花情结》，《盐城师范学院学报（人文社会科学版）》2010 年第 2 期。
⑦ （清）许儒龙：《郫犀许水南征君诗文集·水南文集》卷二，咸丰五年八月许天禄重订本。
⑧ （清）许儒龙：《郫犀许水南征君诗文集·水南文集》卷二，咸丰五年八月许天禄重订本。
⑨ （清）许儒龙：《郫犀许水南征君诗文集·水南诗集》卷一，咸丰五年八月许天禄重订本。

片痴情。“三年”句用典，据《韩非子·喻老》载：“宋人有为其君以象为楮叶者，三年而成。丰杀茎柯，毫芒繁泽，乱之楮叶之中而不可别也。”① 后因以比喻模仿逼真。“蒙庄”指庄子，此两句强调崇尚自然，以自然为美。此处用典，表现小园梅花的自然可喜。“勉共”一联赞扬梅花凌寒独自开的大无畏精神，描写梅花雪霜与共，迎寒绽放，占尽岁末风光之景。“勉”“懒”二字，诗人运用拟人化手法描写梅花的精神状态，生动地写出梅花不惧严寒，甚至以凌严霜冷雪而开为励，不屑同轻风细雨相斗的表现，表现梅花坚贞勇毅的精神。最后两句写梅花先于夭桃艳李开放，独占风光，以“群芳”之委其后而开烘托梅为“天下孤芳”“园中老辈”之意。全诗以高昂的笔调赞扬梅花不惧严寒，先于百花迎春的品质，赋予其“园中老辈”的称号，梅花凌霜斗雪积极进取的精神，实则是诗人面对现实的真实写照。

又如《小园五亩，种梅将遍，最后得绿萼一株，植之斋侧。花时独坐其下，赋绝句三章》其二云：

举头初认横斜影，出手才攀向下枝。雪后精神曾不减，朝来丰艳一分肌。②

诗歌前二句记叙诗人流连于绿萼梅下的景事，首句化用林逋《山园小梅》其一“疏影横斜水清浅，暗香浮动月黄昏”，“横斜影”代指绿萼梅，写出梅花的疏影寒香。后两句写绿萼梅经过一夜冰雪，精神丝毫不减，早上凌寒绽放，犹如美人般玉肌冰清。在诗中，诗人寄情寓兴，热烈赞扬了梅花凌风傲雪的凛然正气和坚贞气节，这既是对梅花的赞扬，亦属诗人的自励。

绿萼梅是白梅中的珍品，花白，萼绿。范成大《梅谱》称绿萼梅“凡梅花跗蒂皆绛紫色，惟此纯绿，枝梗亦青，特为清高。好事者比之九嶷仙人萼绿华”③。在众多梅花中，许儒龙最欣赏的也是绿萼梅，其诗文集中提到绿萼梅的诗有 10 多首，其中《夜看绿萼梅口号》体现了绿萼梅之高品：

天然标格岂寻常，占尽园林一假芳。夜冷霜空人不倦，花前疑是白云香。④

冬夜寒气逼人，诗人流连花下，欣赏园梅，毫无倦意。首二句写绿萼梅的仪态不凡。诗人运用对比手法，突出绿萼梅较之园内其他花木气韵超凡脱俗，其品格非凡可见一斑。后二句写梅花夜晚凌寒吐香之状。诗人面对绿萼梅，怀疑是阵阵白云，然而白云无香，梅自有香，一个“疑”字写出了诗人恍惚不定的状态。这既表现了诗人对绿萼梅的痴爱，也反映了品格突出的梅花深得诗人之心，梅性即为诗人之高洁品性。

许儒龙的梅花诗，是他坚贞孤傲的思想品格的反映。这类咏梅诗侧重于对梅花品格、神韵的挖掘，梅花清雅冷冽、坚贞凛然的风骨和脱弃凡尘的韵度在诗人笔下得到彻底展示，梅花被赋予了清雅超逸的精神意蕴，从而成为诗人高逸人格的写意符号。

---

① 高华平、王齐洲、张三夕译注：《韩非子》，中华书局，2010 年版，第 235 页。

② （清）许儒龙：《郫犀许水南征君诗文集·水南诗集》卷一，咸丰五年八月许天禄重订本。按，此诗题下小注云：“第三首见二卷。”卷二诗题为《小园五亩，种梅将遍，最后得绿萼一株，植之斋侧。珍重爱惜，宛如重宝。花时独坐其下，赋绝句三章》。

③ （宋）范成大：《范村梅谱》，上海书店，2017 年版，第 9 页。

④ （清）许儒龙：《郫犀许水南征君诗文集·水南诗集》卷二，咸丰五年八月许天禄重订本。

二、“花若有情能忆我，南枝休向早春开”

——视梅为友，遣高雅之趣

梅花冰枝嫩绿，玉树临风，疏影清雅，幽香怡人，才子士人赏梅、咏梅、话梅、种梅，正体现了他们生活的雅趣。宋代林和靖是喜梅之士的代表，人称“梅妻鹤子”，有咏梅名句“疏影横斜水清浅，暗香浮动月黄昏”传世；石湖居士范成大曾作《范村梅谱》，体现了当时士大夫对梅的喜爱和赞赏。两位古代著名文人对梅花的热爱和生活之雅趣引起了后世诸多才子士人的共鸣。

许儒龙非常喜欢红梅，写有《红梅》诗九首，在序中称赏道：“日月之久，无逾此者。”诗中写到他看红梅的痴态：“镇日相看浑不厌，更烧红烛照高枝。”[①] 该诗化用李白《独坐敬亭山》中“相看两不厌，唯有敬亭山”两句，表达了许儒龙对红梅深深的喜爱之情。

许氏最欣赏绿萼梅，在其诗文中多次提及。上文，我们已对《小园五亩，种梅将遍，最后得绿萼一株，植之斋侧。花时独坐其下，赋绝句三章》其二进行了分析，可见诗人对绿萼梅的痴迷。诗人又有《独酌绿萼梅下》一诗云：

凌晨侵夜雨销魂，得与琼姿共酒樽。谁道仙来无定所，迷离烟月向黄昏。[②]

此诗写诗人从早到晚在绿萼梅下独酌的情景。前两句写凄风苦雨之夜，诗人于花下独酌，似有孤清之感，但幸有绿萼梅相伴，与之共酌，一扫心头孤寂，从而反衬出诗人志趣的高洁。第二句中的“琼姿”指美好的风姿，此处代指绿萼梅。末两句从时间上把人们带到一个“月上柳梢头，人约黄昏后”的动人时刻，从空间上把人们引进一个“暗香浮动月黄昏”似的迷人意境。疏淡的梅影，缕缕的清香，迷离的烟月，使仙人也为之陶醉，要到此处定居。第三句中的“仙”当指九嶷仙人萼绿华，范成大《范村梅谱》曾记载有人将绿萼梅花比作“仙人萼绿华”，此处反用其意。诗人以梅为友，在花前月下如痴如醉，使原本平淡的幽居生活平添了几分雅兴。全诗意境悠长，写景与抒情水乳交融，诗人的理想、情操、趣味也在和绿萼梅的对酌之中和盘托出。

再如《斋前有梅，余所手植也。辛卯仲冬将之吴楚，以诗别之》一诗同样视梅为友：

前生有约自瑶台，莫道扁舟去不回。花若有情能忆我，南枝休向早春开。[③]

这首诗作于康熙五十年辛卯（1711）冬。诗人即将启程前往吴楚，便与斋前梅树依依惜别。这一告别仿佛是与老友话别，充满深深情谊。首二句将梅花拟人化，如梅之尤物合该生长于仙乡之瑶台，而诗人却说梅花与其有前生之约，既突出梅花超凡脱俗的气韵，又委婉传达出诗人自己人格之高洁。接下来诗人写自己将前往吴楚，希望梅花对自己怀有感情，待诗人回来再行绽放，不要迎春而开。在这首诗中，诗人暗度梅花的心理，将斋前梅树写得情思

① （清）许儒龙：《郫犀许水南征君诗文集·水南诗集》卷二，咸丰五年八月许天禄重订本。
② （清）许儒龙：《郫犀许水南征君诗文集·水南诗集》卷一，咸丰五年八月许天禄重订本。
③ （清）许儒龙：《郫犀许水南征君诗文集·水南诗集》卷二，咸丰五年八月许天禄重订本。

缠绵，极富人情味。梅花安能有情，而诗人盼它有情；诗人本是惦念梅花，却写梅花“忆我”，运用拟人手法从反面写起，这不禁让人感叹诗人对梅花的一往情深！想必，梅花也是个精灵，会回应诗人、会痴痴地等待、听他调遣——“南枝不向早春开”。在这里，人与梅似乎打破了天然的界线，进入一种精神自由交流、心灵默契相通的“神遇”境界。

许儒龙视梅为友，更将梅花当作知己，如《水南斋侧老梅》一诗云：

老屋东头老树横，果然知己在平生。腊时冻蕊凝霜碧，春到寒枝挂月清。
会有仙云来入梦，防他玉笛暗飞声。拥裘相向心常醉，谁道疏香易解酲？[①]

《列子·汤问》载：伯牙善鼓琴，钟子期善听琴。伯牙琴音志在高山，子期说“峨峨兮若泰山”；琴音意在流水，子期说“洋洋兮若江河”。伯牙所念，钟子期必得之。钟子期死后，伯牙痛失知音，摔琴绝弦，终生不复弹，后世遂以“知音”比喻知己[②]。诗歌首联写诗人将水南斋东头的一树老梅视为知己。颔联描写老梅在“腊时”“春（天）”的“碧”“清”之状：冻蕊凝霜，反而更碧；月挂寒枝，更显其清。此联极赞梅花迎寒吐蕊的风韵之姿，傲雪斗春的高洁之态。颈联化用李白《春夜洛城闻笛》中“谁家玉笛暗飞声”语，指玉笛所奏《梅花落》之声。因有仙云入梦，诗人不愿老梅被笛声所扰，表现了对梅花的深深喜爱之情。尾联中“疏香”，意为清淡的芳香，此指梅花。诗人拥裘相向老梅，闻着清雅的梅香，如痴如醉，不仅发出深深的感叹：谁说梅花可以解酒呢？“拥裘相向”极写诗人的痴态，而斋侧这一老梅不愧是诗人的知己！

在这一类诗中，许儒龙以梅为友，每日以赏梅为乐，甚至远行也要以诗话别，可见诗人对梅的痴恋和一往情深。梅花那被赋予超越性的清逸形象是士大夫普遍的人格理想，许儒龙视梅为知己，体现了其清雅、闲适的意趣追求。

三、“知汝泪痕应遍湿，草堂三度放梅花”

——借梅抒情，表愁苦之思

梅花品性高洁，才子士人颇喜通过对清雅脱俗的梅的欣赏来舒缓心中愁苦。白秀珍说：“苏轼的梅花诗创作，因为自身身世浮沉的遭遇，总是把不遇的态度寄托在诗里，以诗为友，用心交流，表达出遭遇挫折后的种种情感。”[③] 从许儒龙的梅花诗中，我们也同样看到诗人塑造的梅花形象融入了他自身的心态体验。如《旧宅老梅》诗云：

欲索檐边笑，翻成化后身。緊余长寂寞，累尔溷风尘。
根断他年雨，香消旧日春。无缘邀半面，极似李夫人。[④]

该诗前有一段小序，交代了这棵老梅的由来，云：“得于故蜀府墙隅，植之斋前，培护甚至。自予徙居，遂溷庸俗，今枝柯半枯，殆且死矣。感不去心，因题短句。”诗人感叹自

① （清）许儒龙：《郫犀许水南征君诗文集·水南诗集》卷一，咸丰五年八月许天禄重订本。
② 叶蓓卿译注：《列子》，中华书局，2011年版，第140页。
③ 白秀珍：《梅花诗的发展及张道洽的梅花诗创作》，《武汉工程职业技术学院学报》2015年第2期。
④ （清）许儒龙：《郫犀许水南征君诗文集·水南诗集》卷一，咸丰五年八月许天禄重订本。

己一生碌碌无为，混迹于庸俗肮脏之世，少了对梅花的陪护，导致它们枝桠干枯，行将就死。诗人有感于梅花不离不弃的精神品质，遂作此诗。首联写诗人认为自己是梅花的化身。索笑，化用陆游《梅花》“不愁索笑无多子，惟恨相思太瘦生”中语。后身，佛教有“三世”的说法，谓转世之身为“后身”。颔联写诗人自觉生活在寂寞冷清的尘世，连累梅花也苟且过活在这纷扰的现实。颈联为倒装句，当为“他年雨断根，旧日春消香”，写梅花为旧雨所淋，根系断裂，消散了往日的清香，即序中所云“今枝柯半枯，殆且死矣”。尾联用典，据《后汉书·应奉传》“奉少聪明”李贤注引谢承《后汉书》：“奉年二十时，尝诣彭城相袁贺，贺时出行闭门，造车匠于内开扇出半面视奉，奉即委去。后数十年于路见车匠，识而呼之。”[①] 后因用“半面”以称瞥见一面。李夫人，即李延年之妹。据《汉书·外戚传上·孝武李夫人》载，妙丽善舞，得幸于汉武帝。后早卒，帝乃图其形，挂于甘泉宫，思念不已。方士少翁言能致其神，夜张灯设帏，令帝坐他帐中遥望，见一妙龄女子如李夫人貌。诗人用这两个典故表示自己就像当年的汉武帝无缘再见李夫人一样，对老梅也不能再瞥上一眼。诗人对老梅这位老友的枯萎扼腕叹息，感伤不已。

许儒龙曾有段时间远离家乡，在外漫游、求官，因此游子之思不免会在诗中时时体现。梅花是他故乡记忆里最美好的一页，成为他思乡之情的精神寄托。《寄内》一诗即将这一情感体现得淋漓尽致：

蜀江水落见寒沙，梦绕青山又到家。知汝泪痕应遍湿，草堂三度放梅花。[②]

这首诗名为《寄内》，这里的“内”或许是诗人的妻子，也可能指梅花，宋代林和靖即有“梅妻”之誉。此诗全是想象之辞。诗人在外漫游，已过三年，他由眼前之江想到家乡的蜀江，在这严寒之际，想必蜀江水落，寒沙呈现。诗人在梦中绕过重重青山，已然归家。家中妻子泪痕遍湿，或是出于想念，抑或见到诗人喜极而泣。全诗语调舒缓，愈缓愈悲，梅花开开落落，妻子的眼泪亦几度滴落，诗人不写自己如何思念妻子、思念家乡，反而去写妻子思念自己的模样，越见思之深、思之切。“草堂三度放梅花”，梅花绽放该是何等的美景，但诗人羁旅在外，不得归乡，此句以乐景写哀情，难言之哀、难传之痛渗透纸上，愁情愈显。

许儒龙虽少负才名，但不慕荣利，天性自然，喜爱田园隐居生活。据赵仁春考证，许氏“受四川巡抚、都察院右副都御史杨馝举荐，参加的就是乾隆元年的科考。当年参加考试的，江南省有七十八人，浙江省有六十八人，四川却只有许儒龙一个代表”[③]，但遗憾的是，许儒龙运气不佳，半路感染了霍乱。《水南诗集》卷二《纪病四绝句》序文说：“予以八月至都门，缘道途感触，常苦霍乱，然时病时已，未甚也。至九月初旬，病益增剧，呕吐疟痢，诸症交作。历延数医，彷徨无措。至十二日昏时闷绝，向夜始甦，咸谓不能复起，宜治棺衾矣。”[④] 这次旅途疾病影响了许儒龙在考场上的发挥，使其未能中举。时运不济，纵有鸿鹄之志也不得不放弃，一首《舟夜闻笛》写尽人生之态：

① （宋）范晔撰，（唐）李贤等注：《后汉书》卷四十八《应奉传》，中华书局，1965 年版，第 1067—1068 页。
② （清）许儒龙：《郫犀许水南征君诗文集·水南诗集》卷一，咸丰五年八月许天禄重订本。
③ 赵仁春：《清代蜀中诗人许儒龙初考》，《蜀学》第 12 辑，西南交通大学出版社，2017 年版，第 85—91 页。
④ （清）许儒龙：《郫犀许水南征君诗文集·水南诗集》卷二，咸丰五年八月许天禄重订本。

江上谁将玉笛吹，倚风微度故迟迟。调催繁会声弥切，响入清商听转宜。

客梦惊回寒月外，乡愁唤起夜灯时。山阳旧恨知多少，莫弄梅花感鬓丝。①

这是一首特殊的“梅花诗”，这里的“梅花”不是植物，而是《梅花落》的省称。凄清月夜，寒江上传来阵阵玉笛声，调声最初迟迟，进而声声急切、越来越快，转而其调凄清悲凉，惊醒梦中的旅客，引起他们思乡的愁思。尾联中的“山阳”即山阳笛，用向秀的典故。晋向秀经山阳旧居，听到邻人吹笛，不禁追念亡友嵇康、吕安，因作《思旧赋》。后因以“山阳笛”为怀念故友的典实。冷月当空，清冷寒瑟，诗人望着濛濛冷月，浓浓愁绪上涌。万千往事还记得多少，不要空抚梅花曲忆起愁思使得两鬓斑白。

在许儒龙眼中，梅花是他愁苦时默默陪伴的好友，是他思乡时深沉情感的寄托，当心中的愁苦萦绕，寂寞袅袅升起，诗人将这些情感全部寄托在了梅花身上。梅花仿佛明白他的愁绪，在凄清的冬天，在寒冷的江边，在冷寂的舟夜，都默默地陪着他，知晓他的寂寞，分担他的苦闷。

四、“高士美人皆在眼，不将喧杂换幽情”

——托梅寓意，显隐逸之风

乾隆元年（1736）许儒龙感染了疾病，这让他感到生命的无常。大概此时他决定不再过问功名之事，《出彰义门》诗云：“以此合归去，天命在林泉。”② 这两句诗是诗人后半生生活的真实写照。当看到故园的梅花，他不免生出淡泊之感、隐逸之思。《正月十四夜坐绿萼梅下戏作》一诗中用对绿萼梅的赞赏表现了诗人的隐逸之思：

春街夜午传灯盛，小院梅香正月明。高士美人皆在眼，不将喧杂换幽情。③

元宵节前夜，满街都是看花灯之人。诗人坐在家中小园的绿萼梅下，听着园外人声鼎沸，闻到院中梅花淡淡清幽之香气，遥望圆月正明。开篇两句写“春街”“小院”两处夜晚情景，灯火通明、喧嚣热闹的街道与月光洒落、梅花飘香的院子形成鲜明的对比，以闹衬静。“高士”即指隐士，“美人”指仙人，二者都是独立不羁的理想形象，又以明月下的空灵环境加以衬托，寄托了诗人独立自由的人格理想和生活理想。后两句直抒胸臆，诗人不喜热闹纷繁的世俗生活，唯以自然适意、清净淡泊为愿，表现他独特的高洁志趣。诗句中所写的这一树月色朦胧中清雅孤高的梅花，向我们展示了诗人孤芳自赏、幽洁标举的精神志趣。

再如《风雪中课童奴移梅漫兴》一诗，同样表现出诗人恬淡旷远的襟怀、孤傲高洁的品格：

野人生事拙，潇洒未全非。种树书常把，安心法不违。

雪深连片集，梅小作花稀。次第挥锄处，清香正惹衣。④

---

① （清）许儒龙：《郫犀许水南征君诗文集·水南诗集》卷二，咸丰五年八月许天禄重订本。

② （清）许儒龙：《郫犀许水南征君诗文集·水南诗集》卷二，咸丰五年八月许天禄重订本。

③ （清）许儒龙：《郫犀许水南征君诗文集·水南诗集》卷二，咸丰五年八月许天禄重订本。

④ （清）许儒龙：《郫犀许水南征君诗文集·水南诗集》卷二，咸丰五年八月许天禄重订本。

这首诗写风雪之中诗人与童奴移梅的情景，质朴自然。片片雪花飞集，梅花稀小，不能与雪花相比，但阵阵幽香沾满衣襟，鼓舞着主仆二人奋力挥锄。移植梅花、把赏闲书，给人以平静的感觉，充满了生活气息，这样闲适的日子似乎消弭了世间的一切烦恼，诗人感叹这样不违心的生活方才是自己追求的理想境界。“次第挥锄处”二句，颇有陶渊明田园诗的风味，恰当地表现出农村的生活气息，又丝毫不破坏那一片和平的意境。就全诗所抒发的感情而言，纯是以质性自然、乐在其中的情趣贯穿全篇，诗中那种欢愉达观的明朗色彩辉映全篇。

又如《蔡笠斋书来，招余应荐，以诗答之》和《山庄》，则明确表达了对隐逸生活的向往与满足。《蔡笠斋书来，招余应荐，以诗答之》是回复好友蔡笠斋的诗。全诗从对出仕的婉拒，写到乡间风光的美好动人，归园之后的愉悦，一种对现在生活的满足、怡然自得的心情自然而然地流露出来。诗人希望在梅花绕屋、桂树环山的环境中悠闲生活，著书立说："屋许梅花绕，山还桂树幽。著书消岁月，此外复何求？"[①] 世人爱梅，不仅因为梅花不惧风雪，傲雪欺霜的气质，亦是因为梅花不与别花争艳，有一种与世隔绝的空灵和纯净。在《山庄》一诗中，诗人也表达了同样的观念：

> 住山心事岂全疏，欲假云烟劝读书。久恨浮踪违志愿，重邀清赏到幽居。
> 松间泉石新留客，岭上梅花旧结庐。从此一编消万虑，壮心真欲付虫鱼。[②]

诗人“久恨浮踪违志愿”，感叹以前汲汲名利之时违背心愿，不得开心颜，故而复返自然，以求得到天性的回归。岭上梅花是诗人的故人，松间泉石是诗人的新友，从世俗到林泉，这一清幽的居所不愧是诗人的好去处！梅花有隐逸的品质，高洁的美，宛如世间那些远离喧嚣、不求名利的隐士，以梅为故人，正体现了诗人孤高贞洁的情怀。

梅花以清瘦见长，象征着淡泊隐逸，坚贞自守，因此许儒龙对梅花环绕的田园山林十分向往。从世俗的尘网中摆脱出来，以梅相伴，心中欢喜，笔笔皆是满足之情，可见其不慕名利、追求自然的天性。既有此天性，便循此天性，拒绝出仕，使这人生自然舒展，得其所好。这样恬淡悠闲的生活，这样淡泊自适的心境，谁又忍心打扰呢？

结　语

许儒龙一生虽然时运不佳，但他用诗歌寄托理想，表达情感，同时用诗歌构筑起一个个诗意的世界。尤其是他的梅花诗，或托物言志，借梅花展现自己的品格，表达自己的志愿；或视梅为友，遣高雅之趣；或触景生情，借梅花抒情，表达思乡之感，思妻之切；或借物达意，融隐逸之思于梅花诗中。无论是个人之志、高雅之趣、思乡之情，还是隐逸之思，都以一“情”字贯穿其中，由情生诗，诗中含情。诗人如梅花，梅花亦是诗人。诗人因梅花而念妻、思乡、归隐，又因梅花生发出种种情感，应该说，许儒龙在中国咏梅诗的历史长河中留下了情意绵绵的一笔。

（作者单位：西华大学文学与新闻传播学院）

① （清）许儒龙：《郫犀许水南征君诗文集·水南诗集》卷二，咸丰五年八月许天禄重订本。
② （清）许儒龙：《郫犀许水南征君诗文集·水南诗集》卷一，咸丰五年八月许天禄重订本。

阳翰笙评传（五）

徐志福

内容提要：《阳翰笙评传》（五）介绍了阳翰笙从 1979 年至 1993 年平反复出后的人生最后的 15 年。这一时期，他以冲刺百米最后阶段的毅力，以全力拼搏的精神，在家里、在医院、在出访途中，利用一切机会，争分夺秒地工作着，以累累硕果，为他一生画上了一个闪闪发光的句号。

关键词：阳翰笙；复出；文联；拼搏精神

第八章　最后拼搏　永载史册

1979 年 1 月 2 日阳翰笙出席中国剧协在新桥饭店举行的新春茶话会，邓颖超到会与他亲切握手表示慰问，鼓励他继续为新时期文坛做贡献。这是他十多年来第一次亮相。当时这种作为新闻焦点的亮相人物在中国政坛就认为是彻底解放、公开平反了。就在此前，作为中央组织部部长的胡耀邦带信给他：一、注意身体；二、放下包袱；三、准备写些有价值的东西。

接着，胡耀邦指示他与林默涵尽快筹备召开第四次文代会（他任筹备副组长。三月份恢复了全国文联副主席、党组书记的职务）。

曾因阴霾憎狐鼠，终见晴明扫垢埃。穿过人生的风雨走到百花园，他感到人生的转折。那正是 1975 年秋刚被释放（未平反），他就在《秋夜有感》的诗中表明心志：

> 几经生死几安危，赢得今朝半残身。曙光在前驱暗夜，决把残生当新生。

他决心在古稀之年，以病残之躯为新时期的文化事业做最后的拼搏。“文革”后的文艺园地，一派凋零。百业待举，千头万绪的工作等待这位老战士去做。阳翰笙研究专家张大明写道：“从 1979 年至 1993 年，是阳翰笙人生最后的 15 年。其间，他疾病缠身，自知来日不多，于是，他以冲刺百米最后阶段的毅力，以全力拼搏的精神，在家里、在医院、在出访途中，利用一切机会，争分夺秒地工作着、工作着。他没有辜负党和周恩来同志的教导，没有辜负胡耀邦同志的嘱托，没有辜负文艺界的期望，以累累硕果，为他一生画上了一个闪闪发光的句号。”

首先，他不顾极度虚弱的身体（身上病变达十余种之多），全身心地投入党中央交托的筹组召开第四次文代会的重任。他深知中央把被砸得粉碎的文联重组工作交给他，是因为他与被整和整人（后也被整）的人都有良好关系，都能被大家接受。

1979 年 10 月 30 日至 11 月 6 日，中国文学艺术工作者第四次代表大会在北京隆重举行，出席大会代表三千余人

他先被安排住在和平宾馆。当时来北京开会的文艺界人士也陆续聚集在这里。阳翰笙的居室人流不息，电话不断。为了使全国知名的老文艺家们一个不漏地获得平反和出席第四次文代会，阳翰笙和茅盾、巴金频繁地交换意见、商量措施，紧张地进行工作。

1979 年 11 月，阳翰笙（右）在第四次文代会上与作家巴金亲切交谈

1979 年 11 月，出席第四次文代会的（左起）阳翰笙与夏衍、周扬在一起

他怀着沉痛的深深怀念之情，搜集文艺界多年来受迫害致死或蒙不白之冤的战友朋友的名单和事迹（尽管有的还没正式文件平反）。他列出名单要求在第四次文代会上宣读。大会召开时，当阳翰笙代表大会主席团首先宣读了文艺界受“四人帮”迫害致死的、不完全统计的 170 多人的亡魂名单并静默几分钟志哀时，会场群情激愤，一片沸腾。不少人老泪纵横，盛赞三中全会使他们获得新生，盛赞小平同志的英明果敢。在会上他还作了《中国文联会务工作报告》，这是他花了很大工夫写成的，报告中控诉了林彪、“四人帮”对文艺界的种种倒行逆施和摧残。第四次文代会使整个文艺界像解了冻的河流又重新奔腾起来。阳翰笙继续当

选为中国文联执行副主席并担任党组书记。他为文联和各协会的恢复以及“杂协”“书协”“视协”的成立付出了大量心血。1979 年，全国政协增补阳翰笙为政协常委。1982 年中共第十二次党代表大会召开，80 岁的阳翰笙以最多票数当选为文联系统的代表。在小组会上，他以一个老共产党员的责任心积极提出建议，赢得了代表们的关注。

1979 年 11 月 1 日，阳翰笙在第四次文代会上，宣读被林彪、“四人帮”迫害逝世和身后遭受诬陷的作家、艺术家名单

1979 年 3 月，阳翰笙刚恢复中国文联副主席职务不久，于 4 月初就带病主持筹备田汉追悼会，要为被迫害致死的田汉“正名”。因为他深知文艺界要真正拨乱反正，就必须公开地用“追悼会”方式为被迫害者昭雪，借以带动各文艺单位正本清源工作，而最具代表性的就是田汉。

田汉在“文革”中惨遭迫害，1968 年在狱中病危，被送至 301 医院，化名为“李伍”，随即去世。阳翰笙在释放后才得知田汉去世的消息。他满怀悲痛，支撑虚弱之躯，以颤抖不止之手，日夜赶写为田汉平反的材料，着重陈述关于南京舞台协会演出之事，为即将召开的追悼会做各种准备，包括赶写悼词等。

他在田汉追悼会上的悼词，以第二人称的口气直呼田汉，痛悼田汉。接着，他以深切的怀念之情，回忆了田汉几十年来对革命文艺事业所做出的巨大贡献，以及他们之间深厚的战斗情谊，最后引用田汉在历史剧《关汉卿》中“将碧血、写忠烈/作厉鬼，除逆贼/这血儿啊，化作黄河扬子浪千叠/长与英雄共魂魄”表达对田汉被迫害致死的深深哀痛和崇敬，对林彪、“四人帮”一伙逆贼的无比愤慨！

翻开《阳翰笙生平年表》，纪念田汉的文章和讲话已发表的就有7篇之多，另外还有诗四首，其中一首云：

同镣同铐同铁窗，金陵夜雾正茫茫。共泣山河半破碎，敢挥巨笔唱救亡。

这是写二人1935年在上海从事左翼文运，出生入死并肩战斗，而后一起被捕，同上一副脚镣手铐的情景。谁知30年后的1966年，他们又一起被捕，同关一幢楼屋内，诗云：

楼上忽停咳嗽声，知兄负屈病垂危。十一年后埋忠骨，骨灰盒里无骨灰。

于此可见阳、田二人友谊之深！阳翰笙1927年认识田汉，后受党指派做田汉工作，潜移默化促使田汉转变加入了中国共产党。田汉领导的南国社也向左翼转变。

接着，阳翰笙又筹备举办主持了著名戏剧家焦菊隐追悼会、金山追悼会以及向冯乃超等人的遗体告别仪式，对这些逝去的朋友他都要撰文在报上发表以资纪念。

复出后的几年间，他还策划为一些辞世的著名作家、艺术家举办各种纪念会，诸如“应云卫诞辰八十周年纪念会”“唐槐秋逝世三十周年纪念会”“阿英诞辰八十五周年纪念会”“洪深诞辰九十周年纪念会”以及“纪念抗敌演剧队成立五十周年座谈会”等，还关心支持筹办“郭沫若诞辰一百周年”纪念活动。以上这些活动，他除大部分亲自出席讲话外，还撰写长篇回忆纪念文章在报刊上发表，为这些逝去的朋友评功摆好，恢复名誉。1985年12月，在阳翰笙的动议策划下，专为他的老战友“四条汉子”之一的夏衍举办“纪念夏衍从事革命活动五十五周年大会”，在会上他作了热情洋溢的讲话，盛赞夏公对现当代文坛的卓越贡献，盛赞其高尚品格，并撰文写诗在报上发表，其诗云：“铁骨铮铮响当当，高风亮节不寻常。文坛喜有老成在，力培新秀吐芬芳。”

到1993年3至5月（阳是年6月7日辞世），阳翰笙在医院病情加重，成天高烧不退，还关心文联工作，嘱咐秘书向“纪念田汉诞辰九十五周年暨田汉学术研讨会”（3月12日）、“丁玲文学创作国际研讨会”（3月25日）、“林默涵从事文艺活动六十周年研讨会”（4月17月）、“杜宣从事文学戏剧生涯六十周年研究会”发出贺函祝贺。真是耿耿丹心，情深似海。

阳翰笙复出后做出的又一大贡献是撰写了几十万字的回忆录。阳翰笙写回忆录绝不是为自己树碑立传，而是通过他的亲身经历，为现当代文坛拨乱反正，正本清源，为蒙不白之冤的同志昭雪申诉！

笔者拜访阳翰笙时听他讲撰写回忆录的动机。他特别强调当时的文坛背景：十年浩劫，江青、张春桥等人对三四十年代和当代“前十七年”文坛恶毒诋毁、污蔑，是非颠倒，正邪混淆，现当代文学史被否定得一无是处。出于对历史的责任感，作为亲身经历过现当代文坛一些大事的阳翰笙，满怀义愤出来正本清源，还历史以本来面目；同时，还为一些被陷害的同志、朋友伸张正义，澄清了问题，有的长期被挂着而未处理的朋友还因此而平了反。这些回忆录计有《出川之前》（1984年5月）、《在大革命洪流中》（1985年2月）、《参加南昌起义》（1985年5月）、《中国左翼作家联盟成立的经过》、《左翼文化阵营反对国民党反动派文化"围剿"的斗争》（1980年6月）、《关于抗战文艺》（1983年8月）、《左翼电影运动的若干历史经验》（1983年11月）、《第三厅——国统区抗日民族统一战线的一个战斗堡垒》（1980年11月）、《战斗在雾都重庆——回忆文化工作委员会的斗争》（1984年2月）、《阳翰笙抗战日记片断》（1984年5月）、《阳翰笙土改日记片断》（1984年8月）、《泥泞中的战斗——影事回忆录》（1986年1月）。以上回忆录后汇编成《风雨五十年》出版，被收入《阳翰笙选集》第五卷。

著名的现代文学研究专家张大明曾对这些回忆录做如下评价："这些回忆录不仅为研究他本人的文艺创作和革命活动提供了宝贵的第一手资料，还为中国现代和当代文学史增添了很有价值的研究资料，也为研究中国现代戏剧史、电影史、文化史乃至革命史提供了相当宝贵的史料。"（《阳翰笙评传》263页）

"文革"灾难后老的一批文化人死的死，残的残，要不赶快抢救他们知道的史料，许多历史真相将随时间的流逝而泯灭。阳翰笙曾讲，他是"拼着老命在写"。试想一个八十几岁的老人，带着半残之躯，投入刚恢复的"文联"领导的常务工作，真可谓是日理万机啊！

他深知时不我待，来日无多。强烈的历史责任感促使他争分夺秒，利用一切机会，先亲手撰写，后手抖不能写了，就做访谈录音（录了100多个小时），整理了几百万字的旧作。这些弥足珍贵的史料，是对中国现当代文坛做的又一巨大贡献，它将永载史册！

阳翰笙一面写以自己经历为线索的长篇和专题回忆录，一面又写了大量单篇纪念文章，缅怀他亲受教益的师长、领导和他了解的同志与朋友，凡是为革命做过贡献的人，他都尽可能地撰文纪念。他分别为文，写了纪念周恩来、恽代英、叶挺、张太雷、李硕勋、郭沫若、茅盾、老舍、田汉、阿英、梅兰芳、宣侠父、金山、王莹、白薇、应云卫、夏云瑚、唐槐秋、洪深、赵丹、杜谈、马彦祥、舒绣文等人的文章（均发表在各报刊上），情真意切，读来感人至深。

阳翰笙自出狱后就不断地为"文革"中遭受不白之冤的同志写证明材料，而这些人也是"文革"中造反派逼他写黑材料的对象，那时他只字不写，常是空白纸交回去，从而招来一顿毒打。现在他带着造反派给他留下的伤痛却异常积极地一字一句写出他们当年忠于党和人民的桩桩事实，"左联""第三厅""文工会""抗敌演剧宣传队""中华剧艺社""昆仑影业公司"及1949年后的中国文联，要涉及多少人和事啊！他不停地写报告，写证明，确立了一些单位革命团体性质，落实了好几百人的革命工龄。

一位老文联干部杜继昆回忆说："那时翰老刚获释不久，在病中发着高烧，就奔走在雪地里为上海昆仑影业公司的演员吴茵等一些尚未落实政策的同志去找领导……这些情景，使我终生难忘。"有人说："他是大恩大德的人道主义者！"

复出后的阳翰笙，犹如获得了第二次生命，老而弥坚，意气风发。1981年已80岁高龄的他应日本友人再三邀请，为增进中日友谊，他从病床上撑起，率团访问日本。1983年5月他又率全国文联访川代表团赴重庆、成都等地考察工作。他重温了抗战期间在重庆艰险斗争的历程；与当地文艺界多次举行了亲切的座谈会，做了重要讲话。这次访川，翰老又回到了阔别40多年的"水浒式的家乡罗场"。耿耿丹心，悠悠乡情。全罗场的父老乡亲都涌到桥头来迎接这位家乡的革命之子。翰老向众乡亲深深鞠躬，说："我欧阳本义回来看望大家来了。”他与乡亲们提手言欢。遗憾的是时间紧迫，当天要赶回宜宾，未及与乡亲们一一叙谈，就含泪告别了。翰老深情地赋诗道：“为求真理离家门，归来年已愈八旬。遍野桑茶翠竹茂，满场亲友喜相迎。一山一水多厚意，一草一木带深情。此去何时重欢聚，依依难舍众乡亲。”家乡人为纪念他们的儿子，将此诗镌刻在他童年读书的小学门前的石碑上，以志永久！无论在任何情况下，他都务实求真，坚持贯彻“双百方针”，反对“一棍子打死”的“左”的做法。当周扬的“异化论”受到大批判时（周扬曾批过阳翰笙），阳翰笙对当时文艺界层层批判、人人表态的“搞运动”的方式，十分不满，他说：难道还要重犯过去对待学术讨论的错误做法吗？过去的教训难道还不够吗！文联的干部特地到家里来对他说：“翰老，大家都表态了，你不能再不表态了。批判文章我们已替你写好了，只要你签个名发表就行了。”翰老回答得很干脆：“我没有看过，我不批！”大义凛然，坚持原则，几十年一以贯之。阳翰笙不管失意、得意时都固守做人底线，不背实向声去落井下石，这种品质令人钦佩！

一般说来，人到老年，心灵之舟已驶进平静的港湾，激情逐步淡化，诗兴也就消减了。可阳翰笙却能“老兴欲狂似少年”，诗兴大发，写了 138 首诗，并汇成集子发表（当然有的是坐牢时写的）。翻开他两百多万字的选集，除 1922 年 11 月离开成都时写的一首诗外，很难发现他还有诗作问世。这一百多首诗中有 27 首是写人的，写他的老上司、老战友、老朋友，至而外国友人。比如刘少奇、周恩来、陈毅、谭启龙、田汉、老舍、洪深、夏衍、应云卫、徐冰、周信芳、沈浮、聂耳、冼星海、内山完造、中岛健藏、西园寺公等。

从内容上说，有对其人格褒扬的，有对死者悼念惋惜的，有为被害者鸣不平并透过死者控诉敌人暴行的。言为心声，有感而发，情意隽永。

翰老一生为革命和他人劳碌，临终前躺在床上，没给家人留一句遗言，而是一再叮嘱要重视老战友“潘汉年”电视剧的质量。

1993 年 6 月 7 日，上午 10 时 40 分，这位一生心系党、心系人民的革命老前辈，怀着对文艺界无限的眷恋，对中国未来的殷情期望，在北京医院逝世。

尾声

新华社于 1993 年 6 月 10 日为阳翰笙辞世发了专电，全文如下：

> 中国新文化运动的先驱者之一、文艺界卓越领导人阳翰笙同志，因病于 1993 年 6 月 7 日在北京逝世，终年 91 岁。
>
> 阳翰笙同志 1902 年生于四川省高县，原名欧阳本义，字继修。他 1924 年在上海大学加入中国社会主义青年团，1925 年转为中国共产党党员。1926 年他受党组织委派到黄埔军校担任政治部秘书，兼任政治教官，1927 年参加南昌起义，在叶挺同志指挥的第 11 军 24 师任党代表，后任起义军总政治部秘书长，1928 年调往上海从事地下工作和党的文艺工作。他是“左联”的创始人之一，曾任“左联”党团书记，参加了党对电影戏剧工作的领导。他根据党的指示，主编了《流沙》《日出》《社会科学丛书》等刊物，创作了包括“华汉三部曲”在内的二十多部小说和电影剧本，是中国新文化运动的早期领导人和力行者。

抗日战争爆发后，阳翰笙同志在周恩来同志直接领导下，从事国统区文化斗争和统一战线的工作，曾任国民政府军事委员会政治部设计委员兼第三厅主任秘书、政治部文化工作委员会副主任。“皖南事变”后，他遵照周恩来同志的指示，在白色恐怖下的重庆，组织了“中华剧艺社”，在文化战线上对国民党反动派进行了有力的反击，并完成了《前夜》《塞上风云》《李秀成之死》《天国春秋》《草莽英雄》《两面人》《槿花之歌》等7部大型话剧的创作。1946年后，他负责筹建上海联华影艺社、昆仑影业公司，在党的领导下，团结其他同志拍摄了《八千里路云和月》《一江春水向东流》《万家灯火》《希望在人间》《三毛流浪记》等优秀影片，为中国革命文艺运动的发展立下了不朽的功绩。

中华人民共和国成立前夕，他与郭沫若、茅盾、周扬等同志一起筹备和召开了中华全国文学艺术工作者第一次代表大会，并当选为中国文联常委、第一届中华全国电影艺术工作者协会主席。1949年9月，他当选为全国政协委员。建国后，他担任政务院文教委员会委员兼副秘书长，周恩来同志办公室副主任，中国人民对外文化协会副会长，中国文联副主席、秘书长和党组书记等职。他是第一、二届全国人大代表，中共八大列席代表，中共十二大代表，第一、二、三届全国政协委员，第五、六届全国政协常委。

从新中国成立到“文化大革命”前的17年中，他在担任文艺界重要领导职务的同时，还利用业余时间，创作了话剧《三人行》、电影《北国江南》等。

党的十一届三中全会以后，他满腔热情地投入新时期拨乱反正的工作。他坚决拥护党的十一届三中全会以来的路线、方针和政策。坚决拥护邓小平同志关于建设有中国特色社会主义的理论和以江泽民同志为核心的党中央。

阳翰笙同志对党对人民无限忠诚。他为人正直，光明磊落，严以律己，平易近人。

阳翰笙同志的一生，是坚决执行党的路线、方针、政策的一生，是全心全意为人民服务的一生。他的贡献永远镌刻中国人民革命和中国文化事业的史册。

阳翰笙同志住院和弥留期间，江泽民总书记、李鹏总理曾派人前往医院探望。

6月21日，阳翰笙同志的遗体在北京八宝山革命公墓火化，乔石、胡锦涛、李铁映、雷洁琼、王光英、程思远、赵朴初、胡绳等中央领导和各界人士上千人前往送别。6月23日，首都文艺界约400人举行座谈会，深切缅怀阳翰笙同志。原国家主席杨尚昆来了、老战友夏衍来了、著名戏剧家曹禺来了……他们缅怀阳翰笙一生的丰功伟绩，追述共同的战友情谊。接着上海、成都、宜宾等地都相继开了座谈会，各报刊发表了多篇纪念文章。记得西湖岳飞坟前有副对联：“正邪自古同冰炭，毁誉于今判伪真。”是的，历史不管多么曲折，终将走向正轨；对人的毁誉不管如何混淆，最后必定澄清是非。阳翰笙辞世后人们对他的缅怀与日俱增。逝世不到四个月，中国戏剧出版社出版了五十多万字的《阳翰笙研究资料》，1994年7月第一本研究阳翰笙的专著《阳翰笙研究》出版（徐志福著），1996年4月《阳翰笙和他的战友朋友》（徐志福著）也问世，1998年11月出版了一本有25万字的《阳翰笙评传》（张大明、潘光武著），算是阳翰笙研究的新成果和阶段性总结，四川文艺出版社还出齐了《阳翰笙选集》1—5卷。

2002年12月5日，由国家文化部、中国文联举办的《纪念阳翰笙诞辰100周年座谈会》在人民大会堂东大厅隆重举行，阳翰笙生前的亲朋、好友、同事、部属、乡亲几百人与会。王蒙、秦怡、黄宗英、黄宗江、田华、于洋等电影表演艺术家来了；原国务院各部的一些老领导萧克、罗青长等也冒着严寒来了；时任全国人大常委会委员长的李鹏搁下其他公务，特意赶来表达缅怀深情。会议由翰老战友全国文联主席周巍峙主持，他做了长篇的缅怀讲演，盛赞阳翰笙宽厚、朴实、谦和的人品，多谋善断、机警的作风，不计名利的实干精神，往事历历，如数家珍。秦怡为演过《北国江南》的女主角，她深情地回忆翰老几十年对她的关心帮助，一起挨批判时翰老给予她的安慰和关心，情谊深似海，泪落记忆河！最后李鹏同志盛赞作为新文化运动先驱者之一的阳翰笙在戏剧、电影事业方面的杰出贡献，深情追忆翰老与他父亲李硕勋不同寻常的革命友情。他们是老乡，又是三所学校的同班同学，一起参加革命，一起同生死共患难。尔后两家情谊深厚，时相过从，几十年如一日。讲话至情至性，令与会人员感动不已。

中国文联于2002年12月出版了1—4卷250万字的《阳翰笙百年纪念文集》，中国电影、戏剧出版社出版了《百年阳翰笙》画册，搜集了1923年到1991年5月上百幅翰老的活动照片，为中国现代革命、文学史留下了弥足珍贵的史料。翰老家乡——宜宾学院于2003年成立了“阳翰笙研究所”，使阳翰笙研究后继有人，方兴未艾。

中国有盖棺定论之说。有的人生前炙手可热，不可一世，死后却“骨朽人间骂未销”；有的人生前被人万般诋毁，落寞无奈，“……死了，他还活着”。

这就是历史的辩证法，谁也无法改变。

（作者单位：四川省人民政府文史研究馆）

四川地方文化研究

巴蜀书法史述略——先秦段[①]

王万洪

内容提要：本文以巴蜀书法在先秦时期的整体成就为对象，将本期著名书家、书作简述出来，并根据存世文献的记载，实事求是地做出相应评价。本文认为先秦巴蜀书法在中国书法史、中国文明史占有重要的地位，但随着秦灭巴蜀的发生，巴蜀书法淹没于历史风烟之中。

关键词：巴蜀书法；先秦；秦灭巴蜀

按照大的历史分期来看，巴蜀书法[②]发展史出现过三个高峰期：一是汉代石刻，二是两宋帖学，三是现当代碑帖结合的创作实践；其余的历史阶段则处于低谷，有的阶段甚至寂然无闻。因此，巴蜀书法发展史整体上呈现出 W 字样的历史图示，波峰与波谷之间落差巨大，令人唏嘘。本文将集中于先秦上万年的久远历史时期，简述本期巴蜀书法史上的著名书家、书作，并根据存世文献的记载，实事求是做出相应评价。

据《山海经》《帝王世纪》《路史》《蜀中名胜记》等古籍记载，中华民族的人文始祖伏羲之母华胥为今四川阆中人，在彭池生伏羲与其妹女娲，而伏羲为巴人始祖[③]。又据《苍溪县志》《阆中府志》等文献以及若干当代学者[④]的实地调研与研究，伏羲曾在今苍溪云台山画成八卦，这是旧石器时代原始先民第一次通过仰观俯察的方式，以宏大的宇宙意识和杰出

---

① 基金项目：2019 年四川省社科规划重点基地重大项目“巴蜀书法史”、教育部人文社科重点基地巴蜀文化研究中心 2019 年重大项目“南方丝绸之路题刻书法及其文化旅游价值研究”、四川省教育厅 2017 年人文社科重点项目“四川题刻书法及其文化旅游价值研究”的阶段性研究成果。

② 从实际情况来看，巴蜀书法的文字载体是秦汉文字统一之后的通行文字，但在先秦时期，因时代久远与秦灭巴蜀之故，巴蜀书法所用文字不可探究。特作说明。

③ 据古文献，华胥生地有四川阆中、陕西蓝田、山东泗水等不同记载；伏羲生地有四川阆中、甘肃天水、山东泗水等不同记载；女娲生地也有若干不同记载。笔者以为，上述古史传说人物不一定是具体的个人，很可能是部落联盟首领的共称，或所在部落名称，或部落联盟名称。从华胥到伏羲、女娲，是原始社会从母系氏族社会到父系氏族社会的关键转变，华胥、伏羲是其中的关键代表。

④ 如山西大学艺术系教授袁有根等人。

的智慧创造，窥破天文地理与自然万物之运行规律，启蒙人文之元的伟大创举，图像文学第一次出现在中华民族的发展历史之中。又有传说称伏羲命飞龙朱襄氏创制六书（或说黄帝命仓颉创造文字），文字的产生，标志着图像时代到文明时代的重大转折，这也是中国书法萌芽的原初时期，距今12000年以上①。其后，根据《竹书纪年》《史记》《大戴礼记》等文献的记载，黄帝与今四川盐亭之西陵氏女嫘祖成婚，联姻蜀地部落，最终成为天下共主。黄帝与嫘祖所生之长子玄嚣号青阳氏，降居江水（今四川岷江），继承黄帝之位，又称金天氏、少昊；次子昌意降居若水（今四川雅砻江、金沙江），娶蜀山氏女嫘仆（一作昌仆），生子颛顼，继承少昊帝位，是为颛顼帝。颛顼帝传位于族子帝喾，帝喾为少昊后裔。帝喾称帝之后，命其支庶返回蜀地，后称王；帝喾之嫡长子后稷为周人始祖，去世后葬于都广之野，即今四川双流县一带。帝喾传位于子挚，称帝挚；帝挚禅位于弟放勋，是为帝尧。尧帝禅位于重华，是为舜帝。舜帝禅位于大禹②。大禹禅位于伯益，伯益为秦人始祖，传说中为《山海经》撰述人之首③。大禹子启发动政变，夺取了伯益之位④，称帝，建立夏朝，中国历史从原始社会进入奴隶社会。以上五帝传说与大禹、夏朝传说，均与巴蜀地区有着密切的联系。上古文字、文明、书法的发展，与古巴蜀文明密不可分。

在三皇、五帝、三代时期，或者说商周中期以前的漫长历史时期，巴蜀文明是辉煌而灿烂的。若干考古证明：巴蜀文明早于中原文明，是整个中华文明的核心源头之一⑤。上古巴蜀书法毫无疑问是中国书法史的重要组成部分，必然有着许多书家书作，比如至今矗立在湖南岳麓山上的《禹王碑》⑥。明陶宗仪《书史会要》中记载了源出巴蜀的三皇、五帝、三代世系部分杰出人物，他们不仅是著名的部落首领或上古帝王，同时也是华夏文明的创造者，是上古书法历史的创造者，主要的代表人物有：

首先是三皇时代的伏羲：

> 太昊伏羲氏，风姓，以木德王。龙马负图，出于荣河，帝则之以画八卦，而文字生焉。盖依类象形谓之文，形声相益谓之字，着于竹帛谓之书，书者，以代结绳之政也。有龙瑞，以龙纪官，乃命飞龙朱襄氏造六书。六书，八卦之变也。卦以六位而成，书以六文而显。六书者，一曰象形，二曰指事，三曰谐声，四曰会意，五曰转注，六曰假借，于是始有龙书。⑦

太昊伏羲氏在书法艺术上的主要贡献有三：一是创制八卦，首创文字；二是在政治治理

---

① 此说据李学勤先生研究意见。

② 据《史记》《大戴礼记》等文献记载，五帝世系人物，均源出黄帝；在黄帝之后交替称王的颛顼、帝喾、帝尧、帝舜、大禹等杰出代表，都是黄帝长子玄嚣、次子昌意的嫡系后代，他们与巴蜀（主要是蜀地）关系极为密切。

③ 国家社科基金重大招标项目、四川省重大文化工程《巴蜀全书》将《山海经》列为巴蜀历史第一文献。

④ 一说伯益归隐，禅位于启。

⑤ 此论为众多巴蜀文化研究专家所持，笔者转述的是四川师范大学屈赋研究、神话研究专家李诚教授的指导意见。可参李诚教授《古蜀神话传说与中华文明建构》（载《巴蜀文化研究》第一辑）与笔者《〈文心雕龙·原道〉文学作家地理籍贯初探——兼论中华文明核心起源地之一说》（载《世界文学评论》第十六辑）等论文。

⑥ 被认为是纪念大禹治水伟大功绩的《禹王碑》是先秦碑刻的代表。因《禹王碑》最先发现于衡山岣嵝峰，又称《岣嵝碑》，与黄帝陵、炎帝陵被文物保护界誉为中华民族的三大瑰宝，全国各地以此碑为蓝本翻刻者甚多。作为中国最古老的名刻，碑上刻有奇特的古文字，既不同于甲骨与钟鼎，也不同于籀文及蝌蚪，苍古难辨，或说即为古蜀文字。当前，学术界对《禹王碑》碑文的研究仍然处于束手无策的境地。

⑦ （明）陶宗仪：《书史会要》，浙江人民美术出版社，2012年版，第1页。

中将文字“著于竹帛”，以文字书写代替了结绳记事的历史；三是“命飞龙朱襄氏造六书”，即象形、指示、谐声、会意、转注、假借六种文字，为后世接受，成为“龙书”。以上三点，表明了历史伟人对历史进程的巨大推动作用，伏羲是文字的创造者，是文字书写的倡导者，是六书文字的间接推动者。限于久远的历史，上述记载无法确证，而将六书创生的时间定为伏羲时代，则将中国书法的文字成熟期上推到了原始社会旧石器时代早期，这与文字发展史并不吻合。

其次是五帝世系中的少昊与颛顼：

> 少昊金天氏，其立也，凤鸟适至，以鸟纪官，文章衣服皆取象焉，故有鸾凤书。
>
> 颛顼高阳氏，有科斗书，盖出于古文，饰之以形，或云颛顼所制也。六经之文遭秦焚灭，世不可见，鲁恭王坏孔子旧宅，于壁中得《古文尚书》及《传》,《论语》《孝经》皆科斗文字。前汉夏侯婴掘地，得石郭有铭，以示叔孙通，通曰：“此古文科斗书也。”其文曰：“佳城郁郁，三千年，见白日，嗟乎滕公居此室。”苍颉之初，龙书专行于世，时文章简要，书用一体。史籀作大篆之后，云、鸾等作皆未尝废，然文字日繁，必错综杂体而书之。或有专体如佳城之比，皆非连编累简，故可以存古不变。至若孔壁之六经，其辞不可谓不多矣，岂得专以科斗书书之？盖史籀之书，秦尚兼行，独古文废已久，时人罕知，间有一二科斗文，尤为难辨，举其所难，故总而谓之皆科斗文字耳。唐张怀瓘以为科斗者，上古之别名也。①

根据以上记载，少昊称帝后发明了鸾凤书，是一种象形文字。少昊金天氏，其部落以凤鸟为图腾，与其父黄帝有熊氏以熊为图腾很不一样。在历史记载中，有一种说法是少昊称帝之后，是在东夷（今山东地区为主的广大东部地区）担任首领，以凤凰为象征，故“文章衣服皆取象焉”，所用文字是与凤凰相似的鸾凤书，实则伏羲六书中象形之一类，篆书中类似于鸟书的一种上古文字。从本段记载来看，少昊部落的文字具有很强的装饰性和审美性，并且与衣服、文章图案一致，是全民族通行的一种审美纹饰性文字，其作用超过了伏羲时代书写理政的实用范围，体现了书法发展的历史进步。

颛顼高阳氏为少昊金天氏族子（侄儿），在继承帝位之后，创制了科斗书，即蝌蚪文，“饰之以形”，也是早期象形古文字之一。但陶宗仪认为后世特别是汉代儒生对蝌蚪文的称呼是笼统而错误的，概因黄帝时期“苍颉之初，龙书专行于世”，因为当时文章简要，所以只用“龙书一体”，等到周宣王史官“史籀作大篆之后，云、鸾等作皆未尝废”，上古各体文字（龙书、云书、鸾凤书等）与大篆并行不悖，于是各体文字混合使用，杂体而书，不再只用一体文字，但汉代儒生不认识上古文字，笼统地将“孔子壁中书”等先秦文献上的文字称之为蝌蚪书，是不恰当的。

由三皇伏羲时代到五帝黄帝、少昊、颛顼时代，文字经历了原始创生、书写为政、创造龙书、鸾凤书及蝌蚪书的丰富多变的发展历史，笔者认为无论籍贯有争议的三皇五帝是哪里人，上述文字发展史都是传说中的历史，不是真实的状态，六书也好，鸾凤书、蝌蚪文也

---

① （明）陶宗仪：《书史会要》，浙江人民美术出版社，2012年版，第3页。

罢，将其创制之功全部归因于上古帝王的智慧或命令，是不妥当的。特别是少昊鸾凤书与颛顼蝌蚪文，都只是象形文字中的一种而已，其实际作用，更多的是体现本部落（或部落联盟）的文化特色，在功能上还远不如三皇伏羲时代产生的六书——六书有六种，鸾凤与蝌蚪只是象形之一，这就开了历史的倒车。所以，在先秦上古文献比较缺失的情况下，后世人的记载，可备一说，而不可完全当真。

再次是三代时期的大禹：

> 夏禹，命九牧贡金，铸九鼎，象神奸，使民知备，故作象钟鼎形，勒铭于天下名山大川，曰钟鼎书。唐韩愈所谓《岣嵝山碑》，此其一也，法帖亦有禹书十二字。①

衡山摩崖本

衡山南宋翻刻本

衡山 1935 年翻刻本

岳麓山 1946 年翻刻本

① （明）陶宗仪：《书史会要》，浙江人民美术出版社，2012 年版，第 4 页。

帝舜禅位于川人大禹之后，大禹划分天下为九州，铸造九鼎，象征九州，是为国之重器。又创制文字，象形钟鼎，铭刻于天下名山大川，以示美德与勋绩，这种书体叫作钟鼎书，实则后世之金文雏形。陶宗仪认为：唐代大文豪韩愈所谓的《岣嵝碑》(《禹王碑》)，文字就是大禹时代的钟鼎文；法帖中也有《禹书》十二个字，用的也是钟鼎文。历代以来，《岣嵝碑》被称为中华第一名刻，具有崇高的地位，韩愈、刘禹锡等大文豪曾写作诗文歌颂之。但碑刻文字是否钟鼎文，是很值得怀疑的[①]。

此碑原刻于南岳衡山岣嵝峰，故称《岣嵝碑》，相传此碑为颂扬夏禹遗迹，字似缪篆，又似符箓。东汉赵晔《吴越春秋》、东晋罗含《湘中记》、北魏郦道元《水经注》、刘宋徐灵期《南岳记》、南宋王象之《舆地纪胜》均有记述。原迹曾消失千年，2007 年 7 月上旬重新被发现，现为全国重点保护文物。长沙岳麓山顶峰、西安碑林、成都、绍兴及昆明等地均有摹刻。2012 年 12 月初，笔者跟随川大古籍所师生赴湖南大学岳麓书院参加“首届湖湘文化与巴蜀文化高层论坛”期间，与同行师友一道登临岳麓山顶，见到并拍摄了传说中的千年古物《禹王碑》。岳麓山《禹王碑》为 1946 年翻刻衡山 1935 年版本，绿漆，阴刻，位于平直土路边上，毫无宏伟博大之观，已有剥泐风化迹象，碑宽 140 厘米，高 184 厘米，碑文 9 行，每行 9 字，凡 77 字，碑为长方形，无碑首，上书大字楷书“禹碑”，小字楷书“中华民国廿四年六月重建碑亭周输勒石”。为保护碑体，翻刻时选址于整块巨石，向内凿有一米多深，碑刻深陷，类同石窟，以避风雨，现有铁栅栏，并上锁隔离游客。实地观之，《禹王碑》字体圆润，笔画遒健，结构疏密适中，有曲无直，有画无点，文字形态相当成熟，但与今传甲骨文等绝不相似，当为已经失传的古文字之一，不可释读。明代奇才杨慎曾释读原碑文字，但经后人考证，又有怀疑释读不真实的说法。郭沫若先生曾耗时三年研究之，仅能释读三个字，而且不被认可。于此可见，《禹王碑》文字古奥，已经不是秦灭六国后统一使用的今传汉字，有可能是被秦国废弃的楚国文字，或其他文字。有巴蜀文化学者认为所刻文字为古巴蜀文字，聊备一说。总之，有待今天的研究者做出研究，以期解开此碑真伪、释读的千古悬疑。

伏羲画八卦、造六书，少昊创鸾凤书，颛顼创蝌蚪书，大禹作钟鼎书、《岣嵝碑》(《禹王碑》)，他们都是文字发展史、书法发展史上的关键人物。

但古巴蜀文明的辉煌被中断之后，历史湮灭了她的真貌，我们今天不仅看不到更多的上古巴蜀书法作品，甚至连巴蜀文字都已完全毁灭，巴蜀文明突然间从历史长河中消亡殆尽。秦灭巴蜀，就是这一重大转折的直接因素。公元前 316 年，秦将司马错、张仪灭巴蜀，巴蜀地区置于秦政权的统治之下，成为秦灭六国的兵源、财源、物质资源基地。巴国、蜀国灭亡之后，在秦国渐进式的“书同文”等政策强势推行之下，巴蜀文字消亡，文明灭绝[②]。

---

① 《岣嵝碑》文字苍古，历代学者有许多释读意见，不能统一。刘志一先生认为该碑所用文字为夏代官方文字，早于商周金文，这种文字到战国末期逐渐消亡，加上字体又采用对称型装饰手法，更难辨认。

② 四川大学碑学名家侯开嘉教授认为：秦国推行的书同文政策有两种形式，一种是史书记载的灭六国而一统天下之后，在大一统的全国范围内推行的书同文政策；另一种是攻破一国或一地之后，在该国或该地推行的书同文政策，巴蜀地区即属于后者。不管哪一种方式，书同文政策的推行都是强力而暴政的，不接受即屠灭或驱逐，强行推进。根据史书记载：秦灭巴蜀之后，蜀人五部，除被杀害或投降之外，还有一部经宜宾地区退入云南、越南，在北越建国，称蜀朝；巴人除被杀害、投降之外，五巴子退入今云南、贵州北部崇山峻岭之中，继续称王。原巴蜀地区，实际上巴、蜀人已经很少，人口主要是迁移过来的秦国人口，以及此来诞生的巴人与蜀人。至此，古巴蜀文明灭绝。

其后，巴蜀地区被纳入秦国版图，受秦文化与相关政策的影响，是较早使用秦国文字并接受中原文化熏陶和影响的地区。从书法角度看，秦国文字即是后来通用汉字的主体组成部分，巴蜀地区也较早使用了汉字。今存先秦巴蜀书法文献只有“青川木牍”一件墨书真迹作品在全国较有影响。在没有其他实物文献为证的情况下，暂时无法讨论本期巴蜀书法的实际状态。

（作者单位：西华大学文学与新闻传播学院）

彭州茶业史述略

高光俊

内容提要：本文钩稽现有彭州茶业史料，叙述汉代以来彭州地区茶业发展历史，重点放在唐宋和近代，试图对彭州茶史做一个初步拼图，以利于将来更加深入地研究彭州茶。

关键词：彭州茶；《茶经》；吕陶；边茶；禅茶

一、引子

彭州在四川之西，气候温润宜生长茶，为世界上最早的茶产区之一。要探讨一个小地方如彭州茶的历史，第一大困难是史料。不是每一个时代，古人都留下相关记载的。彭州自唐代有明确的茶业记载，到宋时极盛，大概由于元代屠川，清初四川战乱，元明两代几百年很少有史料流传下来，而且宋代四川本地方志也大多不可见了。

茶叶产于中国西南，茶业初见于四川，这一点是茶史学界的共识。贾大泉等《四川茶业史》一书说："现有的文献资料表明，四川是我国最早发现茶叶的功效并开始饮用茶叶的地方，秦灭巴蜀，饮茶的风俗才传入中原。秦汉时期，茶叶已成为商品，四川最早出现茶叶市场。魏晋六朝时期有了原始制茶技术，东南地区饮茶风气亦渐形成。"又说："我国西南是野生茶树发展为栽培茶树的起源地。但是，野生茶树产于我国南方何地，则有云南、四川之争。对于这种争论我们姑且存而不论，留待植物学家去解决。然而人们最早饮用茶，最早种植茶树，则肯定是从四川开始的。"

晋代常璩《华阳国志》之《巴志》有云："武王既克殷，以其宗姬于巴，爵之以子。……土植五谷，牲具六畜，桑、蚕、麻、纻、鱼、盐、铜、铁、丹、漆、茶、蜜、灵龟、巨犀、山鸡、白雉、黄润、鲜粉皆纳贡之。"如果常璩没有搞错的话，早在周代以前，巴蜀人们就开始重视茶了。《巴志》还说："涪陵郡，巴之南鄙。……无蚕桑，少文学，惟出茶、丹、漆、蜜、蜡。”另外《华阳国志》的《蜀志》也有茶的记载：“什邡县，山出好茶。”以及“南安、武阳皆出名茶”。汉代的蜀人司马相如在其《凡将篇》、扬雄在其《方言》中均提到茶类名词，都不是偶然的。

虽然缺少文献记载，我们将今彭州地区作为茶的原产地之一，应该没有问题。今人说彭州茶，往往从汉代王褒《僮约》一文说起。王褒是汉代四川著名词赋家，他的《僮约》为中国文学史上著名的幽默小品。按，现存《僮约》版本有多种，四库全书本唐欧阳询《艺文类聚》第三十六卷“奴”字条下录有《僮约》一文，没有“湔”或“煎”，也没有关于“荼”或“茶”的内容。中华书局影印宋本《太平御览》卷五百和卷五百九十八均收录了《僮约》，两处收录的文字差异非常大。卷五百那篇首句为“蜀郡王褒以事止寡妇杨惠舍”，与《艺文类聚》本很相似。卷五百九十八《僮约》开篇是：“蜀郡王子渊，以事到湔上寡妇杨惠舍。”扫叶山房本《王谏议集》首句云：“蜀郡王子渊，以事到煎上寡妇杨惠舍。”扫叶山房本《僮约》有“烹荼尽具”和“武阳买荼”两语，《太平御览》卷仅卷五百九十八本曰：“武都买茶。”

之所以要罗列各版本异文如上，乃是因为这几个字的异文关乎本地茶史甚巨。

旧本《僮约》或作“湔”，或作“煎”，或无。“湔”这个字是成都城周围的地名无疑，至于是不是彭州湔江的“湔”，则大有疑问。彭州关口大河湔江之说，初见于光绪《彭县志》卷一。此前的嘉庆《彭县志》以今青白江为湔江，可参考宋人赵抃任成都府知府以水自誓的掌故。宋本《说文解字》云：“湔，水，出蜀郡绵虒玉垒山，东南入江。”《汉语大字典》“湔”字条下云：“汉代所说的湔水，发源于四川省汶川县玉垒山，南流至灌县西折而东流，至金堂县折而南流……”如今也有以彭州关口大河为古湔江之说者。假使《僮约》所称“湔”不在今彭州地界，则此文可以作为四川茶业史料而不能作为彭州茶业史料。

又，诸本或作“武都买荼”，或作“武阳买荼”，此两地名或都指成都以南的彭山地区。若买茶须至武阳，则无法证明王褒所暂住之地出产茶叶，只能证明彭山地区出产或交易茶叶而已。彭州山区，应是自古即产茶，若王褒当时在今彭州地界，应当不必提“武都买荼”这件事的。

由上文可见，彭州茶业史，不必引用王褒《僮约》为佐证。

二、彭州茶的第一个鼎盛期——唐五代

汉以后的数百年间，记录川茶的史料逐步多起来，却没有见到一条是关于彭州的，直到茶圣陆羽出现。陆羽（733—804），字鸿渐，复州竟陵（今湖北天门）人，一名疾，字季疵，号竟陵子、桑苎翁、东冈子，被后世尊为“茶圣”。唐朝上元（760）初年，陆羽所撰的《茶经》三卷，成为世界上第一部茶叶专著。

陆羽《茶经》八之出：“剑南，以彭州上，生九陇县马鞍山、至德寺、棚口，与襄州同；绵州、蜀州次；邛州次；雅州、泸州下；眉州、汉州又下。”这句话奠定了彭州茶的地位，彭州茶也凭着《茶经》的记载名扬天下。棚口，今作堋口，宋代熙宁二年（1069）曾设堋口县于境内。

还有，宋赞宁《高僧传》卷二十一《唐彭州九陇茶笼山罗僧传》与茶有点关联。文章说唐文宗开成年间（836－840），有一位罗僧，在五台山生了重病，一位僧人细心照顾了他三个月，后来病好了。罗僧向僧人说，我住在九陇茶笼山，将来有空到西蜀，可以来找我。后来僧人果然在茶笼山深处找到罗僧。宋赞宁《高僧传》还记载，罗僧的事又过了不少年头，僧可思给悟达知玄法师选埋骨之处，找到丹景山前峰，上面一大块平地，山像城墙，当地老年人说，这里是自古相传的茶笼山。这个“茶笼山”，在有的典籍中称为“茶陇山”，应该是现在丹景山镇的三昧禅林附近，既以茶笼为名，当是盛产茶之地。这两处记载，恰与《茶经》吻合。

比陆羽稍微迟一点的杜光庭，也于叙述彭州道教故事中透露了一点彭州茶的史料。杜光庭（850—933），字圣宾（又作宾圣），号东瀛子，处州缙云（今属浙江省）人。少习儒学，博通经、子。唐中和元年（881），随僖宗入蜀，见中原战乱不断，便留蜀不返。王建建立蜀国，封为上柱国蔡国公，赐号“广成先生”。杜光庭对道教教义、斋醮科范、修道方术等作了多方面研究和整理，对后世道教影响很大。他生平著述极丰，虽经过宋元损毁，收入《正统道藏》的还有二十七种，《全唐文》收有三百零二篇文章。

杜光庭关于蜀中神仙怪异的短篇甚多，其中一个短篇集《仙传拾遗》，久已散失，幸好《太平广记》有零篇收录。《太平广记》卷三十七的《阳平谪仙》原文如下：

> 阳平谪仙，不言姓氏。初，九陇人张守珪，仙君山有茶园。每岁召采茶人力百余人，男女佣功者杂处园中。有一少年，自言无亲族，赁为摘茶，甚勤愿了慧。守珪怜之，以为义儿。又一女子，年二十，亦云无亲族，愿为义儿之妻，孝义端恪，守珪甚善之。一旦山水泛溢，市井路隔，盐酪既缺，守珪甚忧之。新妇曰：“此可买耳。”取钱出门十数步，置钱于树下，以杖叩树，得盐酪而归。后或有所需，但令叩树取之，无不得者。其术夫亦能之。因与邻妇十数人，于塴口市相遇，为买酒一碗，与妇饮之，皆大醉，而碗中酒不减。远近传说，人皆异之。守珪问其术受于何人，少年曰：“我阳平洞中仙人耳，因有小过，谪于人间，不久当去。”守珪曰：“洞府大小与人间城阙相类否?”对曰：“二十四化，各有一大洞，或方千里、五百里、三百里。其中皆有日月飞精，谓之伏晨之根，下照洞中，与世间无异。其中皆有仙王，仙官卿相辅佐，如世之职司。有得道之人，及积功迁神返生之士，皆居其中，以为民庶。每年三元大节，诸天各有上真，下游洞天，以观其所为善恶。人世生死兴废，水旱风雨，预关于洞中焉。龙神祠庙，血食之司，皆为洞府所统。二十四化之外，青城、峨嵋、益登、慈母、繁阳、嶓冢，皆亦有洞，不在十大洞天三十六小洞天之数。洞中仙曹，如人间郡县聚落耳，不可一一详记也。旬日之间，忽失其夫妇。（出《仙传拾遗》）

这个故事到宋代被张君房收入《云笈七签》卷二十八《二十八治部》，内容大同小异，其文曰：“阳平谪仙妻，不知其姓名。九陇居人张守珪，家甚富，有茶园，在阳平化仙居山内，每岁召采茶人力百余辈，男女佣工杂之，园中有一少年，赁为摘茶。自言无亲族，性甚了慧勤愿。守珪怜之，以为义儿。”

杜光庭不是专门为彭州茶列传而记录的故事，重点在九陇县阳平治的神仙。这样反而非常真实地透露出唐代彭州茶叶产业的兴旺。“(张守珪）有茶园，在阳平化仙居山内，每岁召采茶人力百余辈”，已略见其规模。还有，《太平广记》作“仙君山”，《云笈七签》作“仙居山”，可能当作“仙居山”为是，大约“君”和“居”因为外形相近而传抄致误。王勃《夏日仙居观宴序》中“仙居观”可证，即阳平治所在，又名“金城山”，今名“老君山”。应该后世著名的“仙崖”茶即产自这里，意为“仙居山之崖”。

和杜光庭同时代的毛文锡《茶谱》也对彭州茶高度评价。毛文锡，字平珪，河北高阳人。初仕唐，后依王建，累任中书舍人翰林学士、礼部尚书，官至司徒。《茶谱》有云：“彭州有蒲村、堋口、灌口，其园名仙崖、石花等，其茶饼小而布嫩芽，如六出花者尤妙。”《茶谱》于宋代散佚，这条转录自《太平寰宇记》卷七十三。毛文锡这条非常重要，在彭州茶史上地位不下于陆羽《茶经》中“剑南，以彭州上”。唐代的彭州管辖四个县，其中导江县为今都江堰的河东部分，蒲村即现在的蒲阳镇及以北，在当时导江县境内。灌口即现在都江堰市的城区灌口镇，北面为灵岩山和玉垒关，是松茂茶马古道的起点。这些都不在现在彭州境内，且略过不提。上文已经说过，堋口大约是指关口大河的两岸，今丹景山镇境内及其以北。

最值得注意的是，毛文锡说彭州有名的茶园有“仙崖”和“石花”。《唐国史补》卷下提及蜀地时说：“风俗贵茶，茶之名品益众。剑南有蒙顶、石花，或小方，或散芽，号为第一。”这里“蒙顶”是山名，也是茶园名，“石花”也当是地名和茶园名称。明代陈仁锡《潜确类书》：“蜀州之雀舌鸟嘴，建安之青凤髓，彭州之仙崖、石花……此皆唐宋时产茶地及名也。”对照毛文锡的说法，“石花”这个地名，应当是指唐代彭州的一处茶园和彭州特有的一个茶叶产品，而不是蒙顶茶之下的一个茶叶品种甚明。现在有人把“石花”当成蒙顶山的一个茶园，恐是误会了《唐国史补》的意思。

三、彭州知州吕陶论蜀茶法

宋代社会比较稳定，商业和文化都非常繁荣。宋人非常重视历史地理之学，虽然宋代彭州方志今已不存，但几本舆地总志都有彭州茶的踪影。如前文提到的五代毛文锡《茶谱》记录的彭州茶，全靠《太平寰宇记》卷七十三保留一段原文。《太平寰宇记》也记下：“又《茶经》云，茶出彭州九陇县马鞍山、至德寺、堋口镇者，与襄州茶同味。”今人多用这段话校对《茶经》。

王存《元丰九域志》虽然言词简略，但记录下了彭州产茶盛况。其“成都府路”条下说：“彭州，蒙阳郡。九陇：堋口、木头二茶场。永昌……一茶场。导江……导江、蒲村二茶场。”《九域志》的记载在《宋史·地理志》中得到呼应：“九陇，望。唐县。熙宁二年置堋口县，四年，省为镇入焉。有鹿角砦，堋口、木头二茶场。”“堋口、木头二茶场”早已荒废，其具体遗址也找不到了，消失在历史的烟尘中。宋代为彭州茶业做出重大贡献的，还有熙宁年间权知彭州军事的吕陶。

吕陶字元钧，号净德，大约生于北宋天圣五年（1027)，祖籍眉州彭山县，迁居成都。吕陶少年时擅长作文，庆历三年（1043）入成都石室学习。当时蒋堂守四川，读到吕陶的文章，十分赞赏，将之比作贾谊。皇祐四年（1052）三月举进士，做过绵谷主簿、铜梁令、太原府寿阳县令、太原府签书判官、蜀州通判等职。到了熙宁六年（1073）前后，来任彭州知州。熙宁十年（1077）五月，为彭州等地茶税过重的事上书上司。

且说北宋熙宁二年（1069），王安石开始设置“制置三司条例司”，推行新法。这一年，彭州划九陇县北部山区置堋口县，不过两年后就废置，仍属九陇县辖。至于为什么这一年会新置堋口县，可能就是因为彭州北部山区广种茶利于外贸的原因。当时彭州山区的茶是向西北边陲换马的宝贝，朝廷完全可能因这里的茶产值比较高，是财政税赋大户，故专门置一个县来管理。大概管理了一两年，效果并不好，就废掉了堋口县。

征收茶税起于唐德宗时候。当时规定凡出茶州县在要道口征收茶货十分之一的税，把这部分收入单独收纳，作为各地遇到水旱灾害时的税赋预备，但这笔钱在遇到灾害时从来没拿出来过，早就挪用空了。

北宋熙宁二年（1069），还有一件大事与彭州有点关系，就是宋朝发动熙河路战役。宋朝廷在今甘肃河西走廊等地攻打西夏，并取得一些胜利。战役策划者王韶上书朝廷，认为西部边境地区少数民族经常将大批良马赶到与宋朝接壤的地区，这些少数民族所喜欢的唯有茶，但边境地方政府缺乏茶与他们交换马匹。熙宁七年（1074）正月，宋神宗诏令三司勾当公事李杞到四川地区收购茶叶送到秦凤路、熙河路，与各少数民族交换马匹，同时还下令调拨银十万两、帛二万五千匹、僧人度牒五百道给李杞，李杞可以动用四川地区的常平钱物、坊场钱收购茶叶，著作佐郎蒲宗闵协助李杞办理此事。李杞上任后，立即在四川地区产茶州县由官府设置收购茶场。政府将每年茶税收入规定到四十万贯，同时严禁园户私自买卖茶叶，违者严惩不贷。蜀地的茶叶专卖，大体是王安石等人的变法意图。至熙宁八年（1075），李杞因病离职。都官郎中刘佐上任后，榷场茶叶堆积如山，运输不便，官府税收达十分之三，商人无利可图，没人做这生意，故很难将川茶运往陕西地区。刘佐建议朝廷将陕西解盐运往四川地区，由官府垄断销售，然后用卖盐所得钱购买茶叶，增加财政收入，但收效甚微。

当时因国库空虚，为鼓励各级官员想办法超额完成预定的财政入库，对完成得多的官员有升迁奖励。这件事的后果是让一些“苟希进用（吕陶语）”的官员采用一些比较恶劣的手段超额征收财税，替朝廷搜刮地皮，让平民的负担非常沉重。

现存吕陶《净德集》里存有他讨论茶法的奏折四篇和向成都府等上司报告彭州茶法弊端的“状”，都是讨论彭州茶历史的重要史料。此外，吕陶还有一首《以茶寄宋君仪有诗见答和之》，见于《净德集》卷三十一。这首诗极大程度表现了茶法的不合理以及对彭州茶农的同情。全诗如下：

九峰之民多种茶，山村栉比千万家。
朝脯伏腊皆仰此，累岁凭恃为生涯。
一朝使者忽禁榷，振举法令摇三巴。
锥刀尽毫发，鞭朴过网罝。
悲者西南人，生长逢勋华。
垂髫以来至白首，未识此事徒忧嗟。

议欲伐茗荈，不如植禾麻。
一花五出最为早，焙户常于火前造。
春来畏罪不敢言，芽甲任随黄叶老。
安得仙崖凝露膏，寄与交朋叙勤好。
广平先生风格清，坐听万事心无营。
日高睡觉懒慵起，不欲世态昏瞳睛。
诚宜玉筒摘佳品，或向武夷搜早英。
汲将楚谷水，就取石鼎烹。
可以助君淳深幽寂之道味，高古平淡之诗情。
小方片甲洎鸴翼，凡下不足论芳馨。
西湖所采者，抑亦传虚名。
不执符移往，不由关市征。
而乃辄赠遗，岂非干典刑。
高贤接物自无间，野夫得以芹为诚。
长谣三百言，重报不称轻。
文锦方能致珠琲，木瓜安敢邀瑰琼。
再拜捧嘉贶，读之如宠惊。
感君裁诗误题品，劝君避患宜详审。
平日视世途，孤心已寒凛。
坐逢俗客不须尝，亦恐持之为冒禁。

再说吕陶的奏折。吕陶报告茶法弊端的奏折，共四篇，前三篇都是熙宁十年（1077）写的，日期分别是“三月八日”“三月十八日”“四月二十四日”。第四封关于彭州茶法的奏折应该是离开彭州以后写的，算是对四川茶法实施的一个回顾和反思，其文开篇即说：“右臣先于熙宁十年知彭州日，为见朝廷依李杞、蒲宗闵、刘佐等起请，尽数榷买川茶，收息出卖，大于远方不便。并据本州茶园户屡有陈诉。及为堋口茶场减价买茶亏损园户，致有喧闹。遂于当年三月八日，又本月十八日，四月二十四日凡三次具状论奏。”这段文字恰好与前三篇奏折严密呼应。另外一封“状”，内容和第二篇奏折内容相似，这里不单独讨论。

宋代的王安石变法和王韶熙河路战争虽说是在北宋熙宁二年，但宋神宗派李杞来四川搞茶政是熙宁七年，又过了一两年才让茶政的弊端充分显现出来。熙宁十年春，吕陶终于完全看清了四川茶政的危害，正式上书朝廷。

熙宁十年三月八日这篇奏折名《奏具置场买茶旋行出卖远方不便事状》，核心意思开篇即说清楚了：“本路置场买茶，往熙河博卖，并尽榷诸州茶货入官，便收三分利息，旋行出卖，致令细民失业，枉陷刑宪，大于远方不便。”大意是说，四川设置茶叶专卖不合理，而且茶叶专卖收百分之三十的茶税更加不合理，这样恐怕会造成守法小民失业、无辜受到法律制裁、不利于茶货流通三大弊端。接着，吕陶详叙茶法问题所在，提出福建江浙等地的茶货产出巨大却没有政府专卖的政策，天下都是一家，两川产一点点茶，也不该有这种做法；专卖和高税收让人不得不侥幸逃税，被抓住的人往往受到很重的刑罚；彭州山民种茶和其他地方农民种庄稼一样上国税，现在再收百分之三十的茶税，属于重复收税；商家为了博利，将百分之三十的税收转嫁给茶农，让茶农无利可图；茶货转运路途遥远，商家利益不足，对商贸不利。

过了十天，彭州境内关于茶叶专卖的矛盾越来越突出，吕陶再次上书《奏为茶园户暗折三分价钱令客旅纳官充息乞检会前奏早赐改更事状》，重申前说，将自己找到的几个具体案例上呈。可见当时情况已经非常紧急。这个时候，茶农、茶商和榷场三方因茶政税收和专卖问题，导致茶叶行销不畅。茶农收入大减，茶商无利可图，榷场堆货入山，一个三输局面形成，矛盾无可避免地于四月十九日激发了。

熙宁十年（1077）四月二十四日，吕陶写下《奏为官场买茶亏损园户致有词诉喧闹事状》，这篇是上报十九日茶农喧闹事件处理的报告。事情导火线是榷场转卖不利，收购茶货的资金用尽。茶农的产品别无出路，加上积累的不满，到榷场喧闹。吕陶说："据管勾堋口茶场秘书丞尹固，并濛阳主簿同共买茶薛翼等二状申：今月十七日收买茶六万斤，计钱三千六百贯文。支用茶本净利钱并尽，遂于十八日申州乞相度支，移交子六千贯文应副，十九日并二十一日市收买茶货。至十九日，天色才晓据园户将到茶货赴场中卖，当日巳时后，固等为现请交子未归。兼更值雨，遂向园户道请交子相次回归，及等候天晴与你称茶。其园户便自将茶直上来厅堆垛，团围固等。"

这次事件规模极大，"今月十九日有园户五千人以来，投入茶场，直上监官厅上，止约不得。致打公人，并毁骂官员"。九陇县主簿、县令都惊动，事情才平息下来。吕陶当然不会说是朝廷的法度有问题，只是说刘佐、李杞、蒲宗闵不会办事。吕陶说："臣伏见刘佐、李杞、蒲宗闵等，妄陈愚见，苟希进用，尽将川茶禁榷，旋买旋卖，立法太重，取利太多，致令茶户被此深害。"

吕陶的想法是，要解决茶业问题，第一要允许自由转卖，二是降低茶税。

后来，茶税不得不调整到十分之一，刘佐、李杞、蒲宗闵三个当事官员受处分，吕陶也被贬去监怀安商税。茶官和地方官都贬官了事，暂时解决了这次骚乱，问题没有从根本上解决。此后，茶农都把种茶当成祸害，于是堋口茶产业衰落。杀鸡取卵式的财政政策，破坏了经济生态，也埋下北宋灭亡的种子。贾大泉《四川茶业史》（第 59 页）说："榷茶的种种弊端，引起了有识的官僚和士大夫的反对，吕陶、刘挚、苏辙等人相继上章论奏榷茶五害十害。他们一再建议废除榷茶，减少官府榷茶的开支，令其通商，征收商税，亦能保证茶利收入，满足熙河军费和买马的需要。但在神宗时期，榷茶买马，乃军国大政，不容异议。反对榷茶的知彭州吕陶、侍御史刘挚，利州路漕臣张宗谔、张升卿，彭县知县宋大章等均被贬官贬秩。"南宋为了开拓财源，对榷茶进行改革，对本地茶业有一定促进。后来也因为财政原因，增加茶税，造成茶农破产和茶税减少。

四、从吕陶的文章看彭州茶

吕陶四篇公文，主要是讨论茶法之害，然有的地方也略透出北宋时期彭州茶业的丰富信息，这也非常值得重视。此处将重要的文字摘录如下：

“两川所出茶货，较北方东南诸处，十不及一。”（吕陶《奏具置场买茶旋行出卖远方不便事状》）虽说四川地区是世界上最早利用茶树，最早制造茶叶的地方，但到了唐宋，茶业逐渐向东南方福建、浙江扩散，宋代福建、浙江已经后来居上，成为茶叶主要生产区。四川因为是水稻主产区，只有山区才大规模种茶。南宋胡仔《苕溪渔隐丛话》：“《蔡宽夫诗话》云，唐以前茶，惟贵蜀中所产。”这种盛况已经不再。这种规模和福建、浙江山区相比，只有瞠乎其后了。吕陶说四川产茶不及全国十分之一，可能略有夸大，也是实情。

“本州导江县蒲村、堋口、小唐兴、木头等镇，各准茶场司指挥，尽数收买茶货入官。”（吕陶《奏具置场买茶旋行出卖远方不便事状》）宋代初年彭州管辖导江、九陇、永昌、濛阳四县。乾德四年（966）以导江县隶永康军，熙宁五年（1072）废永康军为寨，以导江县还隶；熙宁七年废永康寨，熙宁九年复即导江县治置永康军使（《元丰九域志》）。吕陶称“本州导江县”可知当时导江县尚没有全部脱离彭州管辖。另据《元丰九域志》，堋口、木头二茶场属九陇县，蒲村和小唐兴茶场属导江县。

“茶园人户多者，岁出三五万斤，少者只及一二百斤。自来隔年留下客放定钱，或指当茶苗，举取债负，准备粮米，雇召夫工，自上春以后，接续采取。乘时高下，相度货卖。中等每斤之利可得二十文，次者只有十文以来。累世相承，恃以为业。其铺户收贮变易，却以白土拌和，每斤之息，不及十文。所以川中茶价，不甚涌贵，民间日用充足。……臣恐户口逃移，赋役失陷，渐由此起（原注：臣窃知永康军熙宁九年，买获并税过客人茶货，共一百三十二万余斤，比八年计亏九万余斤，比七年亏二十六万余斤。盖是园户畏罪失业，造茶减少，是致税数有亏。以此推之，则失陷税赋，诚有其渐）。”（吕陶《奏具置场买茶旋行出卖远方不便事状》）这一条可以和杜光庭《仙传拾遗》那条参看。当时大的茶园每年能生产三五万斤，可见规模宏大。中等茶每斤可以赚二十文，下等茶每斤赚十文，利润不算厚，当然承受不了太高的茶税。从永康军关卡通过的茶货，熙宁九年只有一百三十二万余斤，熙宁八年是一百四十一万余斤，熙宁七年是一百五十八万余斤。从这个数据中大略可知彭州茶的年产量，也可知茶法之害，产量逐年锐减。

“每年春冬雇召人工薅刬，至立夏并小满时节，又雇召人工趁时采造茶货，逐日收来堋口，投场货卖。”（吕陶《奏为官场买茶亏损园户致有词诉喧閙事状》）这一条涉及采茶事务，冬季和春季除草修剪，到立夏小满时节请人采摘。立夏小满之间，相当于现在公历5月5日至5月20日前后，按现在茶叶生长状况推测，这时新芽已经全部长成新叶，与现在于清明节（公历4月4日或5日）前采摘茶芽有不小差异。新叶长成，茶味厚重，估计当时的边茶成品类似今日之黑茶。

“每一称和袋一十八斤，内除出上件破用，并输税免役等钱，折除算计外，每称只有利息一百五十至二百文以来。往年旱茶每斤货卖得九十至一百文，今来官中置场收买，每贯上出息钱三百文，招诱客人货卖。其茶牙子并兴贩客人，为见官中息钱，却只于茶园人户茶货上估定价例低小。每斤卖得一百文以来者，现今只卖得六十至七十文。”（吕陶《奏为官场买茶亏损园户致有词诉喧閙事状》）这条看出当时边茶的成品规格为十八斤一袋，之前每斤值一百文，利润在一百五十到两百文。由于茶法的原因，每斤只能卖六七十文，已经亏本买卖了。由政府发卖的部分，吕陶还说：“永康县熙宁九年，发茶三百驮往熙河，除诸般费用及沿路批税外，计算每斤已是一百九十四文足。其兵士请米犹在数外。”由彭州发往边境，转运费用看来非常高。

“六月以后犹有晚茶一色。贵者每斤三十文。”（吕陶《奏为官场买茶亏损园户致有词诉喧闹事状》）除了立夏小满的早茶外，还有夏季晚茶，不过价钱较低。

从上面的史料可以看出，茶业虽然起于蜀中，到了唐宋两代的大力发展，东南沿海各地已经茶业繁荣，蜀中茶叶产值不过全国的十分之一左右了。每年的冬天和春天，彭州茶园园主就请人护理茶园，到立夏小满之间收采新叶，为春茶，比现在采茶迟一月左右。彭州大的茶园每年能产出三五万斤，少的茶园只有一二百斤。在茶法施行之前，每斤能卖九十至一百文，有二十文左右的利润。茶法施行后，每斤只卖得六十至七十文，几乎处于亏损状态。六月以后采的“晚茶”，大约因味道比较差，每斤只能卖三十文。

五、法真禅师、圆悟禅师与茶

茶这种饮品自从流行以来，就和禅宗结下不解之缘。一般说来，禅师为了让弟子在打坐参禅时集中精力少倦怠，往往助以茶饮。一般为人们熟知“赵州茶”和“吃茶去”的典故，出自《景德传灯录》《五灯会元》，雪窦重显禅师的《颂古百则》将之作为经典公案。以《颂古百则》为基础的圆悟克勤《碧岩录》是这样记录的：

> 赵州凡见僧便问：“曾到此间么?”云“曾到”或云“不曾到”，州总云“吃茶去”。院主云：“和尚寻常问僧，曾到与不曾到，总道‘吃茶去’，意旨如何?”州云：“院主!”主应诺。州云：“吃茶去。”

这位圆悟禅师是彭州人。彭州与茶有甚深渊源的，还有比圆悟禅师早一两百年的彭州大随山神照法真禅师。

神照法真禅师的履历，宋代禅宗丛书《古尊宿语录》卷三十六《大随开山法真禅师语录》和《五灯会元》卷四均有记载。而以《古尊宿语录》记载最为详细，《大随开山法真禅师语录》后还附录《神照禅师行状》和《祭文》。

法真禅师（833—919）是今四川盐亭县人，俗姓王，在岭南大沩和尚门下悟道。法真禅师开始在彭州龙怀寺卓锡，“路傍煎茶普施三年”，后来到今通济境内大随山，住在一株巨大银杏树的空洞中，人们称之为“木禅庵”。

法真禅师在大随山宣教十多年，受到前蜀王建朝廷的推崇，于是光天元年赐尊号“神照”。王建父子三次请他出山，他都没出来。蜀王不仅赐尊号，还赐“景德寺”寺额。神照法真禅师卒于乾德元年（919）七月十五，年龄八十六，僧腊六十六。在法真禅师圆寂后三个月的十月十五，王衍还派王宗寿前来大随山致祭。

《大随开山法真禅师语录》记录法真禅师三段与“茶”有关的公案。

其一：

> 问：“生死到来时如何?”师云：“遇茶吃茶，遇饭吃饭。”进云：“谁受供养?”师云：“合取钵盂。”

禅师在这里将“茶”和“饭”对举，可见当时吃茶已经是日常生活中最平常的事。这里用“遇茶吃茶，遇饭吃饭”，表示悟道者对人生的通透状态，仿佛六祖慧能解答“禅”是“饿了吃饭，困了睡觉”一样。

其二：

师问僧：“什么处去。”僧云：“礼普贤去。”师举拂子云：“文殊、普贤总在这里。”僧作圆相抛向背后，却展两手。师叫侍者云：“取一帖茶与这僧去。”

大约意思是法真禅师见弟子还没有想明白，故请他带点茶去吃，仔细想想。

其三：

师勘居士云：“此身是什么服制。”士云：“父母俱亡。”师云：“吃茶去。”居士应诺出去。

这里的吃茶去，估计是请这位居士放下过去，估计这居士没有明白。

这三则公案，究竟说明什么还不知道，上面仅仅是基于表面意思的推测。

生活在北宋南宋间的彭州禅师圆悟克勤的语录则对日本的茶道产生深远影响。克勤佛果禅师（1063—1135）俗姓骆，字无著，法名克勤，崇宁县（今属彭州丽春镇）人。五祖山法演禅师的弟子，先后弘法于四川、湖北等地，晚年住持成都昭觉寺。声名卓著，皇帝多次召其问法，并赐紫衣和“佛果禅师”之号，后又赐号“圆悟”，去世后谥号“真觉禅师”。圆悟禅师的著作中，以《碧岩录》和《圆悟佛果禅师语录》最著名。

《圆悟佛果禅师语录》提到“赵州茶”的公案有这几条：

僧问：“秋去冬来忽忽过，流年日月信无多。决去玄沙三种病，赵州茶盏事如何?”师云：“放去收来。”

上堂云：“行棒行喝，拽石搬土。象骨辊毬，禾山打鼓。沩岭牧牛，玄沙见虎。吃茶赵州，面壁鲁祖。争似老云门腊月二十五。参。”

“个如击石火闪电光，若构不得不用疑着。此是向上人行履处，除非知有莫能知之。赵州吃茶去。”

“临济金刚王宝剑。德山末后句，药峤一句子，秘魔杈俱胝指。雪峰辊毬，禾山打鼓。赵州吃茶。”

圆悟以“茶”和“饭”对举的语录有这一些：

“千句万句，但只识取一句。千法万法，但只识取一法。识得一万事毕，透得一无阻隔。直下脱却情尘意想，放教身心，空劳劳地。于一切时遇茶吃茶，遇饭吃饭。天但唤作天，地但唤作地。”

“遇饭吃饭不知是饭，遇茶吃茶不知是茶。到这里犹只得个衲僧门下洁白露净底。”

“权实双运照用并行，佛祖请讹离名绝相。不守窠窟单明向上一路，犹是寻常茶饭。”

“有通天路有绝圣机，向猛虎口里横身。毒蛇头上揩痒，是寻常茶饭。”

“若是得底人，终不言我知我会。遇饭吃饭，遇茶吃茶。终日只守闲闲地。”

“唤甚作众生，菩提亦不立。唤甚作烦恼，翛然永脱，应时纳祐。遇茶吃茶，遇饭吃饭。纵处阛阓如山林，初无二种见。”

“行棒行喝，辊毬擎叉。吃茶打鼓，插锹牧牛。彰境智据坐掩门，唤回叱咄与掌下踏。莫不皆本此。”

“端的成得甚么边事。是故从来达人，不吃这般茶饭。”

“遇饭吃饭遇茶吃茶，千重百匝四海一家。解却黏去却缚，言无言作无作。廓然本体等虚空，风从虎兮云从龙。”

《碧岩录》开篇垂示也说：“隔山见烟，早知是火，隔墙见角，便知是牛。举一明三，目机铢两，是衲僧家寻常茶饭。至于截断众流，东涌西没，逆顺纵横，与夺自在，正当恁么时，且道：是什么人行履处，看取雪窦葛藤。”

还有一段也出自《碧岩录》：“有般底人道：本来无一星事，但只遇茶吃茶，遇饭吃饭。此是大妄语，谓之未得谓得，未证谓证，原来不曾参得透。见人说心说性说玄说妙，便道只是狂言。”

《圆悟禅师语录》还有几段公案提到“茶”：

上堂云：“千华显瑞应，万善积灵台。广辟解脱门，大开无价藏。举扬正法眼，表示千佛因。直得遍界绝笼罗，当阳无取舍。透声透色，亘古亘今。有具大信根，修菩萨行，发难思愿力，启清净庄严。建大道场，具列珍羞。一香一华一茶一果。……”

进云：“争奈前三三后三三。”师云：“也是巩县茶瓶。”

上堂云：“大众，傅大士道。须弥芥子父，芥子须弥爷。山水坦然平，敲冰来煮茶。”

《碧岩录》百则公案，除了上面提到的“赵州茶”公案，还有第四十八则“茶炉下是什么”公案。这历来都为禅师津津乐道，无疑也推近了茶与禅的关系。

圆悟禅师属于禅宗门下分支五宗之一临济宗的杨岐派，到了南宋中期，以其弟子大慧宗杲和虎丘绍隆为重镇。虎丘绍隆的五代弟子无准师范，号称当时“天下第一等宗师”。无准师范在机缘下收了一个日本弟子辨圆圆尔。这位圆尔禅师（1202—1280）是日本茶道兴起的最重要人物之一。辨圆圆尔禅师并不是日本茶道的开创者，开创者是其师祖日本荣西禅师（1141—1215）。荣西禅师在南宋初年两次到中国留学，分别学习天台宗和禅宗黄龙派。荣西不但培养起饮茶的爱好，还把茶种引入日本。圆尔禅师留学的杭州径山寺，以禅和茶闻名于世，圆尔禅师就是在此重新接受了中国的禅茶之道，回到日本，除了传禅，也传茶道。日本的“茶道”和“禅茶一味”此后逐步完善，形成了有别于中国的茶道。另外，圆悟禅师一系的弟子兰溪道隆到日本传法，也丰富了日本的茶道。

日本古代禅宗有二十四派，临济宗居二十一派；临济宗二十一派里，杨岐占二十派；杨岐二十派中，虎丘绍隆法系则占十八派；虎丘绍隆，则是圆悟克勤禅师最重要的弟子之一。茶道与禅法相伴而兴，由此可见圆悟禅师对日本茶道的影响，既深且远矣。

六、清代彭州的茶业概况

宋代彭州茶业史料，还有一些散见于《容斋三笔》卷十四、《续资治通鉴长编》卷二百八十二和卷三百六十六及卷三百六十八、《宋史》卷三百四十六《吕陶传》、《宋史》卷一百八十三和一百八十四《食货志》。这些大都是有关蜀茶法的讨论，内容不出吕陶的几篇公文，故不再专门讨论。另外，《宋会要辑稿》和《宋史全文》也应当有一些零碎材料。

南宋亡后，蒙古人入川，对成都进行多次屠城，蜀人损失十之七八，给四川地区带来无法弥补的浩劫。

元明两代，现存史料鲜有提及彭州茶的。元代地方史料之库《大元一统志》早在明代初年已成飞灰，明代虽有不止一次修《四川总志》和天启元年（1621）完成的《成都府志》，于山川人物艺文十分丰富，却于民生食货之类的东西很少提到，对茶几乎只字不提。曹学佺《蜀中广记》篇什宏富，也尚未见明代当时彭州茶业史料。

限于眼界，史料难觅，元明两代彭州茶史只好付诸阙如，以待将来。

清代康熙《四川总志》卷二十九概略记述了唐宋以来四川茶业发展状况，因没有提到彭州，就不再引述。雍正《四川通志》照录康熙《四川总志》的内容后，提到成都地区的“茶引”。“茶引”又称护票，是茶商缴纳茶税后，获得的茶叶专卖凭证。茶商于官场买茶，缴纳一定的引税，产茶州县发给茶引，凭此引贩运茶可免除过路税。茶分边茶和腹茶两种，边茶本地又称老杆杆茶，或称“粗茶”，销往青海、阿坝、西藏、甘孜等羌藏地区，腹茶又称细茶，或称青毛茶，主销内地。

清代边引每张运茶一百斤，随带附茶一十四斤。每张征课银一钱二分五厘，征收税银四钱七分二厘，共缴纳五钱九分七厘银子。

腹引每张运茶一百斤，也随带附茶一十四斤。每张征课银一钱二分五厘，征税银二钱五分，共缴纳三钱七分五厘银子。

可见边茶虽然是“粗茶”，但价钱要贵一些，征收税银也要多一些。

雍正《四川通志·茶法》于彭县条下记载：“彭县原额边引二千二百二十六张，每张征课银一钱二分五厘，征税银四钱七分二厘，共征税银一千五十两六钱七分二厘。每张运茶一百斤，随带附茶一十四斤。共征课银二百七十八两二钱五分，于本县买茶至松潘发卖。原额腹引六十一张，每张征课银一钱二分五厘，征税银二钱五分，共征税银一十五两二钱五分。每张运茶一百斤，随带附茶一十四斤，共征课银七两六钱二分五厘，于本县买茶至保县发卖。”雍正《四川通志》没有记载崇宁县的茶政状况。

清代彭县是茶叶主产区，规定可以由成都、华阳、新繁的茶商买茶发卖。成都县条下云：“成都县原额边引二千二百六十张，每张课银一钱二分五厘，征税银四钱七分二厘。共征税银一千六十六两七钱二分。每张运茶一百斤，随带附茶一十四斤共征课银二百八十二两五钱。于灌县、彭县、汶川等县买茶至松潘发卖。原额腹引四百张，每张课银一钱二分五厘，征税银二钱五分，共征税银一百两。每张运茶一百斤，随带附茶一十四斤，共征课银五十两。于洪雅县、大邑县、灌县、彭县等县买茶至本县发卖。”

华阳县条下云："华阳县原额边引七百五十张，每张课银一钱二分五厘，征税银四钱七分二厘，共征税银三百五十四两。每张运茶一百斤，随带附茶一十四斤，共征课银九十三两七钱五分，于灌县、彭县买茶至松潘发卖。"

新繁县条下云："新繁县原额腹引二十张，每张征课银一钱二分五厘，征税银二钱五分，共征税银五两。每张运茶一百斤，随带附茶一十四斤，共征课银二两五钱，于彭县买茶至本县发卖。"

嘉庆《彭县志·茶法》的记载也相似，对茶引茶税变迁沿革有更详细的记载："国朝原额边引一千九百八十六张，腹引六十一张，代销荥经县边引二百四十张。雍正十年，新增边引四十二张，腹引四十张。十三年，奉文改拨天全州土引八百一十一张。乾隆七年，因引滞难销，开除五百四十九张，今额行并新增及代销，共边腹引二千六百三十一张。边腹引每张榷课银一钱二分五厘。共征银三百二十八两八钱七分五厘，边引每张征税银四钱七分二厘，腹引每张征税银二钱五分，共征银一千二百一十九两四钱一分。边引每张征羡余银一钱二分四厘，腹引每张征羡余银九分八厘，共征银三百二十三两六钱一分八厘。边引每张征截角银一钱，内代销荥经县边引二百四十张，每张征截角银一钱二分四厘，腹引每张征截角银一钱二分，共征银二百七十五两二钱，每张运茶一百觔，附茶十四觔，共榷课税羡截银二千一百四十七两一钱零三厘。每年于羡截银内扣支书巡饭食银二十四两外，实应榷银二千一百二十三两一钱零三厘。边引于本县买茶至松潘发卖，腹引于本县买茶至潼川府属发卖，经过地方，原设卡隘四处，本邑三郎镇、永定场、崇宁县交界两河口、丰乐场，每年派拨书巡盘查。"嘉庆《四川通志》卷六一九《食货·茶法》也有类似记载："彭县行茶边引二千五百三十张，共征税银一千一百九十四两一钱六分。于本县买配正附茶觔运至松潘发卖。腹引一百零一张，共征税银二十五两二钱五分。于本县买配正附茶觔运至潼川府发卖。二引共征课银三百二十八两八钱七分五厘。"

《磁峰乡志》第五篇第二章《农村土特产概况》："大茶名西路茶，其名本山茶，解放前为磁峰的土特产之一。种植面积大，分布地区广。种植为行排窝距，叶茂枝繁，每窝笼子间隔一公尺许。每年春分栽第一次，清明摘第二次，后为粗杆茶。三年砍一次，再发者隔年砍。相传我乡清代同治光绪年间有贾、陶、邱姓茶坊，每个茶坊均产茶百担（每担 100 斤）以上。做茶有细茶粗茶两种，细茶销售本县各地，粗茶装包后运销西山少数民族地区。"

朱清时《朱椿后裔白鹿场寻根》："在白鹿场乡志上记载有朱益淳，并注明他是从广汉迁彭的，他有五个儿子，其中一个是朱三益。三益公善于经营，靠种植和销售茶叶发了家，当上了监生和彭县白鹿场团总。"朱家能够凭销售茶叶发家成为当地望族，可见白鹿场的茶叶产量之一斑。

白鹿场街上有一块清光绪初年耿四维任彭县知县时的告示石碑，大意是经营茶业的朱三益等人利用每年多余的茶业资金作为慈善经费。其中说："旧有毛成茶甲、分水茶甲、白鹿茶甲，均有茶首领承办除收众粮所帮茶货完纳茶课外，每年之中均有余赀。兹众粮邀生等等商，将此三甲均为一处，各甲首领算时付出历年余赀。故立三合堆义堆，有四人管理，一年一报算账，交出年中积赀以此作为浮瓟之费。"上文可以看出，白鹿场当年因山高地陡，往往以茶业为生者多，有"毛成茶甲、分水茶甲、白鹿茶甲"。这三甲均以"茶"为名，当是以茶为主要产品的村落。

上面虽然仅仅是白鹿场和磁峰场的零星史料，也足见当时彭县北部山区茶业的兴旺，为当地收入的重要来源。

中华人民共和国成立后，崇宁县的柏条河以北划归彭县，其产茶区大多在今彭州境内的桂花场、丰乐场和庆兴场。民国三十三年《四川方志简编》物产有云：“崇宁县，茶，出县北山中。”民国《崇宁县志》物产云：“茶，崇宁地土，茶树颇少，惟县北山中稍有种植，出产亦微，岁由灌商购取成庄，引、税向归灌商办理。”《丰乐公社志》第五篇下第五章《多种经营》：“我社山丘土质显酸性，对茶叶生长很有利。原我社山丘七个大队有零星茶窝。”《桂花乡志》第五篇第三章：“桂花山丘地区历来产茶，但由于不懂科学，全部是野茶。”这两段文字也印证了原属崇宁县的丰乐、桂花茶业的历史。嘉庆《四川通志》卷六一九《食货·茶法》记载：“崇宁县行茶边引五百九十张，共征税银二百七十八两四钱八分，于本县并灌县汶川等县买配正附茶觔运至松潘发卖腹引十三张，共征税银三两二钱五分，于本县并灌县买配正附茶觔运至本县及资州发卖，二引共征课银七十五两三钱七分五厘。”这条记录的崇宁县茶税，大体上可以看出今彭州市桂花镇和庆兴场的茶叶生产状况。

清宣统二年（1910），据四川第四次劝业会统计，彭县年产茶叶 4260 担。这个时候的彭县，还不包括后来的大半个崇宁县。如果加上崇宁县的产茶量，将大大超过这个数量。此后，由于东南亚、日本、印度的茶产品冲击，彭州地区的茶业每况愈下，加之国内战乱频仍，非仅仅彭州地区的茶业，整个中国的茶业也由盛转衰。

七、从彭州出去的运茶古道

自唐代以来，彭州地区茶叶产品的大宗主要是边茶，也就是粗茶。本地茶农在清明谷雨之间，采摘嫩芽，制成细茶，在本地销售。老人们讲，大体上到夏初，将一年的生茶梗茶叶一起收割，运回来淘洗、切成小段、蒸煮、发酵，晾干装包，就成了边茶，运到今羌藏地区。

本地运茶，大体上依靠人力。脚夫背上是一个用木条制成的背架子，背架子底面较平，歇脚时，脚夫把手里丁字形拐杖支撑于下方。

阚能才《四川制茶史》说，四川茶马古道有三条，一起雅安，一起云南，一起都江堰。云南那条与彭州茶没多大关系，暂且不表。雅安路也称南路，由雅安经打箭炉（康定）、昌都、拉萨沿途进入广大牧区。与彭州关系最密切的是灌县道。

彭州地区的茶，南边山区的应当起于九陇山地区，沿着今桂花镇至蒲阳场，再往灌口镇。彭州西北地区的往往从磁峰起，沿着苏家河取道石碑岗，前往蒲阳场，再往灌口镇。在唐代，彭州下属四县，导江县为其一。唐宋两代的导江县辖岷江以东地区，县城大约在今聚源镇附近，而灌口镇玉垒关则是茶马古道的入口。北宋中期，导江县划归永康军。

灌县（今都江堰市）玉垒关顺着岷江向北，过白沙、龙池，进入阿坝藏区。严耕望《唐代交通图考》第二十五篇第一节《松州南通成都驿道》说：“松州至成都道，中经翼州、茂州、灌口与彭州。灌口以上大抵沿汶水（岷江）东岸行。至明清时代之官路以及近代拟议中之公路仍略循此线。”通往松潘等地，经松潘进入甘南地区，再进一步到达青海。以上两条大路，是著名的茶马古道。严耕望将唐代自灌口到青海、西藏的路分为几段，“松州南通成都驿道”，忽略成都至灌口的平路，依次是玉垒关、蚕崖关、湿坂、桃关、玉垒山坂、汶川县、七盘坡、茂县、翼水县、合江镇、叠溪、北定关、松潘。到了松潘，东北通散关，北通洮水流域，西北通青海。从茂州向西，其一，取道蓬婆岭，平戎城道；其二，茂州向西南取道维州，出滴博岭道。这是唐代为了边境通商茶马互换和抵御羌戎吐蕃的要道。

清末文人董湘琴《松游小唱》较为详细地记载了沿途景观，可参考。董湘琴当年从灌县起行，沿着岷江东岸，经白沙、茶关、映秀、桃关（分支往卧龙）、绵虒、汶川（分支往理县）、茂县、两河口（分支往黑水）、叠溪、镇江关、归化关抵达松潘。这些地名可以和严耕望的研究互相参考。庄学本《羌戎考察记》说：“灌松路，自灌县至松潘，长六百四十里，全是山路，宽度无定，阔的一丈余，狭的一二尺，只有徒步可行。骑骡马和坐肩舆‘滑竿’的很少，且全程半月方能到达。”

1933年，叠溪地震，沿着岷江形成数十个海子。地震后四十五日，各海子崩坏，洪水直泄成都平原，冲毁了沿途大量的村镇、道路。此后，松茂古道不复旧观。庄学本记载说：“去年（民国二十三年）的水灾，将沿途的村落、农田、道路、人畜冲刷了很多很多。一路全是荒凉的景象。”此后，由于汽车交通的发达，彭州茶有一部分往往运往雅安，经南路运往西藏等地。

此外，还有一条小路，值得研究。此路从彭州磁峰宽河坝出发，进都江堰向峨乡境内，过灵寿寺、石瓮子、龙竹坪向西北，翻过分水岭，经八角庙，再往西北，过黄金坪、簝叶坪，再过头道河，翻文政梁子到飞沙关。《虹口乡志》记载：“虹口至汶川，从虹口大、小梁河，越过光光山经界碑（灌汶界碑）与汶川古道会合，有一百多公里。”这段路途险恶，要经过几十道吊桥和木耳梯。

老年人说，飞沙关风沙极大，沙尘堆到崖上，形成各种古怪图案，最后又纷纷落入河谷。清代松州贡生郑逢年有诗云：

> 绝塞频看布鸟蛇，大荒西望阵云遮。青山雾色飞横雨，白昼风声走乱沙。
> 万里乡心人入梦，百年战骨鬼思家。关前按剑凭栏坐，落日萧萧数暮鸦。

庄学本《羌戎考察记》有一段提到“流沙坡”，是这样说的：“流沙坡的沙，自山顶至山脚，全部都是松动的细沙。坡上不生树木杂草，所以不时从山顶向下塌泻。经过的人遇到流沙，就连人带货打落到江中，绝无生望。”

背茶的脚夫往西藏去还要经过巴郎山。庄学本说：“（汶川）西至巴朗山四百余里，与懋功县分界。”又说：“在（汶川）县的西南边境，有灌县至懋功县的捷径，经过草坡而达卧龙关，这一条是樵夫的砍柴路，沿途有白熊等兽出没，行人不敢冒险。”如今还有民谣说这条险路：“爬上巴郎山，背上插个引魂幡，过了万人坟，死了又还魂。”万人坟是巴郎山山下的地名。意思是此山非常高，一般人到此都有高原反应，有生命危险，到了山下万人坟，才算捡回一条命。如果在山上累了坐下来起不了身，天上秃鹫往往会以不能行动的人为美食，这种情况下，脚夫必须缓步前进，一点也不能急，千万不能拿生命开玩笑。登山的口诀云：

“上七下八平十一。”意思是，往上攀登，须走七步歇一下，往下走，须八步歇一下，平路则十一步一歇。大概此后，路途就不那么艰难了。

八、民国到中华人民共和国成立初的彭州茶业

1. 晚清民国时期彭县茶业

彭州地区因为地处西北边区，与汶川茂县等少数民族地区接壤，故边茶产量较高，比例达百分之八九十。晚清时候，因东南亚印度等地茶叶还没有参与内地竞争，产茶量达25200担，后来因为失去部分市场，产量也逐步下降。《成都市农业志》第三章：“19世纪前期，中国茶叶品种丰富，品质世界第一，是对外贸易特产之一。清道光六年（1826）日本、爪哇开始种茶。道光十五年后，印度、锡兰（今斯里兰卡）相继植茶，而且发展很快，角逐市场，中国茶叶销路多被蚕食，外贸出口锐减，生产衰退。”

《彭县农业志》第四章第四节记载：“民国时期，国府财政部贸易委员会设‘中国茶叶公司’统管经营，官僚地主所开设的‘康藏茶叶公司’垄断了四川茶叶的贸易。民国三十年（1942），彭县总产茶叶仍达25200担，其中边茶24000担，占96%。细茶仅1200担（见《四川统计年鉴》）。以后即逐渐减少，1949年全县总产茶叶仅1745担，其中细茶350担，不到十年时间，产量竟减少百分之八十。”《成都市农业志》也说：“到1949年，彭县、灌县、崇庆、大邑、邛崃、蒲江等6县，产茶1036.9吨，其中细茶507.1吨。西汉时就是产茶中心之一的彭县，只有82.5吨，比清末还低59%。”

李伯麟《彭州市建设“万亩万担”茶叶基地回顾》（《彭州文史资料》第十辑）也说：“粗茶主销茂汶一带，远至西藏、西北等少数民族地区。清宣统二年（1910），四川第四次劝业会统计，彭县年产茶叶4260担（合现在213000公斤）。民间积聚了丰富的种茶、采茶、制茶等一系列生产技术与经验。1949年前由于国民党统治者重征茶税，茶价低贱，茶树荒芜，产量逐步减少，到1949年，彭县茶叶产量仅才1745担，其中细茶300担左右。”

2. 中华人民共和国成立初期彭县茶业

中华人民共和国成立初期，国家大力鼓励茶业，故短时间内，彭县茶业就有长足发展，产量大幅提高。在1956年，彭县茶产品达2845担。此后十年，因历史原因，彭县茶业受到沉重打击，丘陵地区很难看到茶树的踪影。

《彭县农业志》第四章第四节记载：“中华人民共和国成立后，中央重视传统茶叶生产，农业部、商业部以及外贸供销总社，先后多次召开全国茶叶专业会议，1953年国务院还制定了有关集体发展茶园实行减免农业税的规定。县人民政府曾在山丘地区，发动群众恢复和发展茶叶生产，在加强荒老茶园的垦复管理工作的同时，积极扩大种植面积，取得明显成效。1956年，产茶量上升到2845担，比1950年增加54.5%。此后，由于连续出现严重自然灾害和人为的极左思潮的影响，过多强调粮食生产，垦茶种粮各地均有发生，至1966年，总产量下降到1491担。”

李伯麟《彭州市建设“万亩万担”茶叶基地回顾》：“建国后，在党和政府的领导下，农村生产力得到解放，茶叶生产得到各级重视，开始恢复发展，到1952年产量达到2045担，

比1949年增长17.2%。1956年产茶量上升到2845担，其中细茶500担左右。由于受‘左’的思想影响，‘以粮为纲’垦茶种粮，挫伤了茶农生产积极性，加之自然灾害等原因，导致茶叶生产萎缩，到1966年全县茶叶总产量仅1491担。尽管在后来的三四年间，每年引种三五万斤搞发展，但是由于科学意识不强，没有摆脱传统的粮茶混种模式与老一套管理方法，所以成效不大，年产量始终徘徊在2000担左右，没有大的突破。”

九、彭州地区茶业的再次复兴

从1970年开始，彭县领导重视茶叶产品，再次掀起种茶制茶的高潮，这个高潮一直到1985年前后。此后，在改革开放的大潮下，因本地制茶技术没有提高，营销也没有跟上，使得效益不高，被市场淘汰。逐渐茶园荒芜，茶农转业，经营茶产业的企业更是逐步减少。

《成都市农业志》第三章：“1974年，彭县人民政府先后组织各级干部和技术人员360余人，去筠连、永川、名山、南桐等地学习，从福建、贵州、湖南调回茶种22万余公斤，建成社队茶场365个，种茶面积10377亩。”关于这时茶树的品种，《成都市农业志》说：“有性繁殖系的云南大叶种、祁门红、凤凰水仙、乐昌白毛茶、凌云白毛茶、崇庆枇杷茶、鸠坑种、南江大叶茶、宁州种、云台山种、紫阳种、湄潭苔茶。成都市栽培的茶树品种，省内中小叶群体品种约占20%，为老茶园的主栽品种，从湘、浙、闽、皖引进的中小叶群体品种约占75%，多为新式茶园主栽品种。”

《彭县农业志》第四章：“1974年，县人民政府决定加强山区茶叶生产，制定了利用荒山建立万亩茶园基地的规划。为保证其实现，先后组织有关部门、公社、大队、生产队干部和技术人员360余人去筠连、永川、名山、重庆南桐等县区参观学习管理经验，从福建、贵州、湖南等省调回优良茶种45万余斤。至1976年，大宝、小鱼洞、磁峰、白鹿、通济、新兴、思文、丰乐、桂花、隆丰、永定、楠木、万年、红岩、庆兴等15个公社兴办社队联办茶场56个，生产队办茶场309个，共经营面积10377亩，实现了万亩茶园基地计划。大宝的团山、宝山，通济的花拱、干溪、黄村，新兴的龙怀、丹景、断山，白鹿的金桥、关沟，桂花的雪岩、高峰，丰乐的两河、插旗，楠木的大曲等茶场经营面积均在50亩以上。此外，通济、白鹿、小鱼洞、新兴、桂花、楠木等公社的30多个较大茶场还装配了制茶机具，从而大大提高细茶的产质量。1982年创细茶过千担的记录。1983年细茶产量在300斤以上的共28户，收入1.69万元。”

李伯麟《彭州市建设“万亩万担”茶叶基地回顾》有更详细的记录：

> 1970年夏，彭县农土公司（当时的业务主管部门）在县革委多种经营办公室主任刘明辉、通济区委书记段月山等支持下，由多种经营办公室出面，经请示县委、县革委同意，利用农事间隙，租用了两辆汽车，组织县上多经办、农业局、林业局、供销社、通济区委区公所和大宝、白鹿、小鱼洞、通济、磁峰、新兴、丰乐、红岩公社的党委书记，重点大队的支部书记，以及专业技术人员等专程到川东、川南的筠连县巡司公社、永川国营劳改农场、名山县蒙山茶场、重庆市南桐矿区青年公社等科学种茶的先进典型茶区，历时二十多天的学习考察。随着茶叶业务移交外贸，县外贸站结合外出开会、调

运茶种等机会，又先后十多次组织县上有关领导和所有丘陵山区公社、供销社（基层供销社当时要管生产和收购）以及山丘大队生产干部三百余人分批到云南、湖南、福建、浙江、广东等省和四川省内的先进茶区考察学习。在此基础上，县多种经营办公室拟制了全县利用荒山荒坡开辟新式茶园，建设“万亩”基地的规划，报告县委、县革委。通济区委以及山区丘陵社队也都相应提出了自身的开荒造梯田，科学种茶发展规划，并积极动员群众组织生产开建新式茶园。

李伯麟还说：“县委、县革委领导非常重视，县委书记张作干亲自批示。县革委 1973 年 8 月 28 日以彭革发〔1973〕36 号文件批转县革委多种经营办公室《关于大力发展茶叶生产的意见》。批示要求：“要在改变农业生产基本条件的同时，把茶叶生产搞上去。为在三五年内把我县茶园面积扩大到万亩以上，五六年内实现年产万担茶而努力。”从上到下一致形成了建设“万亩、万担”茶叶生产基地的概念。县农土公司和外贸站组织举办各类学种茶、管茶、采茶、制茶大小型生产技术培训三十多期，参加培训人员达八九百人。在主要发展地大宝、白鹿、小鱼洞、通济、磁峰、新兴、思文、楠木等八个山区丘陵公社采取外贸出钱培训指导，公社聘请管理领导的办法，专门配备了驻公社的茶叶技术辅导员，具体负责该公社的茶叶生产工作。对荒山荒坡多的贫困地方，还先后采取免费支援茶种，免费使用制茶机具等多种扶持生产发展措施。此外，还提请县财政为典型示范茶场——楠木十四大队的大曲茶场解决了数千元的无偿扶持资金，全县扶持资金总额达六万元左右。

李伯麟的记录在有些乡志上得到印证。20 世纪 80 年代修《丰乐公社志》第五篇下第五章《多种经营》：“随着多种经营的发展，从 1973 年起，先后开辟了茶园，即凉风大队茶园 100 亩，石花大队茶园 80 亩，两河大队茶园 60 亩，插旗大队茶园 100 亩，乌木大队茶园 120 亩，总计面积达 460 亩。年产细茶 3000 斤，粗茶 20000 斤。年总收入一万余元。”同时期的《桂花乡志》第五篇第三章：“1971 年起，在县外贸局的指导下，先后办起了集体茶园 223 亩，主要是云南良种茶。全是梯形条播，年产细茶均在三十担以上。”各乡镇发展茶业的时间虽然有早晚，但无论产量和品质都是有目共睹的。

这一次茶业复兴在 20 世纪 80 年代初达到顶峰。李伯麟的文章说：“到 1977 年，大宝、白鹿、小鱼洞、通济、磁峰、新兴、思文、丰乐、桂花、庆兴、丽春、红岩、万年、楠木、永定、隆丰等全县 16 个山区丘陵公社，总共兴办联办茶场 56 个，生产队办茶园 309 个，经营面积 10377 亩，其中通济区完成 8000 亩，白鹿一个公社就开种 1600 余亩。……到 1982 年，全县产茶 3000 担，其中细茶首次创下历史最好的‘千担’记录。”

（作者单位：彭州市磁峰镇花塔村一组）

古代巴蜀才女现象的文化透视[①]

喻　芳　蔡里蒙

内容提要：晚唐五代以来“蜀女多才”已经成为人们的共识，古代巴蜀不乏与男性比肩的女才子、女作家，她们在政治、军事、管理、文学等方面具有卓越的成就，展现了巴蜀才女的绝世风采。然而，一个地区才女的大量出现是多方面文化因素影响的结果，对于巴蜀地区而言，神话意识、地理环境意识对于巴蜀才女文化的影响尤其突出。

关键词：古代巴蜀；才女现象；神话意识；地理环境意识

才女，顾名思义是指有才华的女子，习惯上是指文学上有成就的女子，现在往往用来称呼在行业中有突出表现的女子，曼素恩在《张家才女》一书中又将这一概念定义为受过教育的精英女性。本文因此对才女这一概念界定为在各个领域表现出杰出才华的女性。“才女”现象是中国社会长期存在的现象，江山代有才人出，风姿绰约显风流，在悠久的历史长河中成为一道灿烂的文化景观。但是与男性相比，能够青史留名，光耀后世的才女依然可谓寥寥，她们的锦绣才华或者消失在荏苒的时光里，或者成为男性标榜风雅的附属品。然而古代巴蜀却不乏与男性比肩的人格、才识、智慧、胆略卓越的女才子、女作家。她们在政治、军事、管理、文学等方面具有卓越的成就，展现了巴蜀才女的绝世风采，比如史上第一个女实业家巴寡妇清、史上第一个女皇帝武则天、史上第一个正史记载的女将军秦良玉、敢于私奔追求爱情的卓文君、留下千古遗恨的杨玉环、女扮男装做官的黄崇嘏、挥洒扫眉才的女校书薛涛、以宫词名动天下的花蕊夫人、才情不让易安的黄峨……

然而巴蜀才女的荣光离不开文化的滋养，巴蜀文化铸就了她们的人格，熏陶了她们的情操，涵养了她们的才华。巴蜀文化历史悠久，具有自己独特的精神文化系统，呈现出浓厚的地域文化特征。“所谓地域文化特征，是指人类活动与地形、气候、水文、土壤等自然环境

① 基金项目：四川省社会科学研究“十二五”规划基地项目（批准号：SC15E072）阶段性成果。

的关系，以及在这种关系影响下人类行为的表现方式，包括特定地理环境中人们的生活方式、居室、服饰、食物、生活习俗、性格、信仰、观念、价值等。地域文化‘正像某一地方的动植物种类一览表给予我们该地动植物界的一个概念一样，构成某一民族一般生活属性的现象总录’（泰勒《原始文化》），它是形成一个民族的审美意识的重要条件，自然也是文学艺术的民族特征形成的重要条件。”① 对于自然乡土与人的关系，人们常常有“一方水土养育一方人”的说法，也就是说一个地域的历史文化发展与它的自然地理环境之间有着紧密的关系。因此一个地域才女大量的出现并不取决于该地域女性本身的资质，而在于那个地域的思想观念、环境意识、社会习俗等文化因素。对于巴蜀地区而言，古代巴蜀的神话意识、地理环境意识对于巴蜀才女文化的影响尤其突出。

一、古代巴蜀的神话意识

巴蜀文化具有浓厚的地域色彩，而作为文学源头的巴蜀神话的地域特征也非常鲜明。主要表现在“巴蜀神话拥有自己的相对集中的母题。这就是关于蚕神的神话，关于大石的神话，关于治水的神话”②。这些神话母题都是巴蜀独有的，充分表现了巴蜀神话不同于其他地域神话的特征，并且具有独特的神话意识。在巴蜀神话中，有一些影响深远的女神神话，如盐神扶嘉女神话、始祖女神嫘祖神话、呼风唤雨的石姥神话、涂山氏神话、巫山神女神话等，这些神话中的女神具有突出的个性意识和地域特征，深深影响了巴蜀女性的文化人格，就像基因密码一般，融入巴蜀的文化血脉之中，代代相传。在巴蜀大地，重视女性，女性地位相对较高的传统一直延续，而对女性的重视和培养使得巴蜀大地才女辈出，溯其渊源与巴蜀神话中女神神格的影响不无关系。

关于“神话”的界定，我们采用袁珂先生提出的“广义神话”理论，认为“神话”不仅应包括反映原始观念的上古神话，还应包括成神、成佛以及祟鬼的传说和故事，除此之外，后来的仙话也应该包括在其中。关于巴蜀神话所依据的地理范围，我们还是采用袁珂先生在《简论巴蜀神话》一文中的界定：“从《禹贡》的记载看起来，古代的巴蜀地区东起华山之南，西至黑水流域，大概包括今天的四川、云南、贵州三省及甘肃、陕西的南部和湖北的部分地区。晋代常璩作《华阳国志》，即以此为古代巴蜀的疆界。这也就是巴蜀神话所依据的地理范围。”③

巴蜀历史悠久，地域广袤，相应的神话传说也非常古老、丰富，除了广为传颂的蚕丛、鱼凫、杜宇、开明、鳖灵、李冰等男神神话，女神神话也很丰富，“神女所在皆有：江水、盐泉是其所司所生，治洪、灌溉赖其所引所助；云雨繁衍子孙，灵芝助人长寿，故杜宇有朱利而族壮大，望帝淫鳖妻而亡国，斯皆其例也”④。这些女神中，最具影响性和代表性的是巫山神女，她“是江神的变型之一。她不仅是楚民族的高禖，她应该是蜀、巴、楚民族所共

---

① 钟仕伦：《南北文化与美学思潮》，四川大学出版社，1995年版，第37页。
② 袁珂、岳珍：《简论巴蜀神话》，《中华文化论坛》1996年第3期。
③ 袁珂、岳珍：《简论巴蜀神话》，《中华文化论坛》1996年第3期。
④ 李诚：《巴蜀神话传说刍论》，电子科技大学出版社，1996年版，第3页。

同拥有的远古文化、神话庇护着（至少）岷江至长江中游文化区域内各民族的女神”①。巫山神女神话又属于巴蜀神话三大母题之一的治水神话，它的形成、发展、定格、流传无不打上巴蜀的烙印，具有巴蜀的特征。

关于巫山神女的形象，诸多典籍都有记载，而在文学中，她更是成为一个充满旖旎色彩的意象和文化符号，几千年来一直萦绕在中国文人的梦中，成为一个个凄迷、绮丽、梦幻的诗文意象。

瑶草神话是巫山神女神话最早的源头。《山海经·中山经》有这样的记载："又东二百里，曰姑媱之山。帝女死焉，其名曰女尸，化为䔄草，其叶胥成，其华黄，其实如菟丘，服之，媚于人。"② 袁珂先生在此条后注曰"此瑶姬神话之概略"。可见袁先生认为巫山神女神话最初是瑶草神话。这里，帝女死后只是变成䔄草，并没有成为"神女"。郭璞注说此草："为人所爱也。一名荒夫草。"可见，《山海经》中记载的帝女死后所化"䔄草"是一种为人所爱，使男子沉溺、迷惑的怪草，具有"沟通两性的特别功能"③。

到了晋代，干宝的《搜神记》卷十四第 352 条也记载相似的故事："舌埵山，帝之女死，化为怪草，其叶郁茂，其华黄色，其实如菟丝。故服怪草者，恒媚于人焉。"④ 在这里，帝女死后所化的怪草，其叶、花、果实都与《山海经》中记载的帝女死后所化"䔄草"相同，也具有媚人的功能。

宋玉在《高唐赋》中给楚襄王讲述了先王梦见神女的故事："昔者先王尝游高唐，怠而昼寝，梦见一妇人曰：'妾，巫山之女也，为高唐之客。闻君游高唐，愿荐枕席。'王因幸之。去而辞曰：'妾在巫山之阳，高丘之阻，旦为朝云，暮为行雨。朝朝暮暮，阳台之下。'旦朝视之，如言。故为立庙，号曰'朝云'。"⑤ 而宋玉在《神女赋》中又对巫山神女美丽、优雅、纯洁、动人的形象进行了详细地描绘，他笔下的神女："茂矣美矣，诸好备矣。盛矣丽矣，难测究矣。上古既无，世所未见。"⑥ 但宋玉所讲的神女故事中，开始并未涉及神女的来历。

到了东晋史学家、文学家习凿齿的《襄阳耆旧传》中，宋玉给楚襄王讲述的先王梦见神女的故事已经趋于完整了："昔者先王游于高唐，怠而昼寝。梦一妇人，暧乎若云，焕乎若星，将行未至，如漂如停。详而视之，西子之形。王悦而问焉。曰：'我帝之季女也，名曰瑶姬。未行而亡，封于巫山之［阳］台。精魂依草，实为灵（之）［芝］，媚而服焉，则与梦期。所为巫山之女，高唐之姬。闻君游于高唐，愿荐枕席。'王因而幸之。"⑦ 在这里，巫山神女故事的主要意象瑶草、帝女、巫山合在一起，演绎成了一个浪漫、缥缈的故事。

从这些巫山神女的记载，可见巫山神女神话是瑶草神话的演变，神女是帝女，能兴风致雨，有"枕席"之事和高禖功能，其行为与性和生殖有关。

---

① 李诚：《巴蜀神话传说刍论》，电子科技大学出版社，1996 年版，第 297 页。
② 袁珂：《山海经校注》，巴蜀书社，1996 年版，第 171 页。
③ 李诚：《巴蜀神话传说刍论》，电子科技大学出版社，1996 年版，第 282 页。
④ （晋）干宝撰：《搜神记》，中州古籍出版社，2010 年版，第 249 页。
⑤ 王友怀、魏全瑞主编：《昭明文选》，三秦出版社，2000 年版，第 186 页。
⑥ 杨明：《是谁梦见了巫山神女——关于宋玉《神女赋》的异文》，《漳州师范学院学报》2006 年第 2 期。
⑦ （晋）习凿齿撰，黄惠贤校补：《校补襄阳耆旧记》，中州古籍出版社，1987 年版，第 3 页。

到五代前蜀，道士杜光庭在《墉城集仙录》中将巫山神女塑造成王母的女儿："尝东海游，还过江上，有巫山焉。……留连久之。时大禹理水……拜而求助。即敕侍女，授禹策召鬼神之书。因命其神狂章，虞余，黄魔，大翳，庚辰，童律等，助禹斫石疏波，决塞导阨，以循其流。……隔岸有神女之石，即所化也。神女坛侧，有竹垂垂若篲，有槁叶飞物着坛上者，竹则因风扫之，终莹洁不为所污。"[①] 至此，神女形象经历了一个演变的过程，最后定格在神仙世界，成了一个相助大禹治水、地位尊崇、神通广大、庄严肃穆的神仙。"至今三峡民间所传瑶姬神话，还大体上保存着《墉城集仙录》记叙的内容。"[②]

在中国神话学界，人们普遍认为神话世界起初是由女神完全统治的，但随着人类社会的发展，母权逐渐被父权代替，男神地位上升并居于统治地位，女神地位下降并沦为附庸。中国古代神话中有许多地位卓著的女神，但在流传中或被淹没不提，或被改造成了男神及男神的附属物，丧失了至尊地位和独立性，女神神格在传播过程中呈现出明显的降格趋势。而巫山神女的神格不仅得以保留而且有所提升，还在大禹治水中起到决定作用。可以说巫山神女形象的最终定格与流传与巴蜀深厚的道教文化氛围有密切关系。因为道教与神话有密切的关系，道教的神仙故事对神话有很大影响，正如袁珂先生在《再论广义神话》一文中所说，在中国"有一个独特的现象，就是早在战国初年，仙话便已局部侵入了神话的范围，与神话合为一体，成为神话有机的组成部分"[③]，神仙之说由于道教的建立而更加昌盛。道教主张阴阳平衡，男女平等，在一定程度上认可女性的才能，认为女性也可以修道成仙，在道教神仙谱系中，"三仙""九品"都有女仙，比如神格仅次于道教三清的西王母、黄帝之师的九天玄女、执掌大地山川万物和阴阳生育的后土娘娘、北斗众星之母斗姆元君都是地位崇高的女仙。可见，巫山神女神格的上升深受道教崇女意识的影响。

人创造了文化，文化反过来又不断地影响人、塑造人、熏陶人，具有教化功能，而且更多时候文化是在潜移默化地教化人，春风化雨般地改变着人们的思维方式、行为习惯、价值观念、审美趣味。巴蜀神话对女神形象的塑造，对女神神格的提升，必然会随着神话故事的传播影响巴蜀的思想观念、世风民俗，使得人们重视女性、肯定女性，从而铸就巴蜀女性的文化人格，这是成就女性人才的重要文化土壤。

二、古代巴蜀的地理环境意识

巴蜀为何多出才女？正缘于钟灵毓秀的巴山蜀水。唐代诗人元稹早有诗云："锦江滑腻蛾眉秀，幻出文君与薛涛。"明代作家凌濛初也说："这是山川的秀气。"巴蜀地理环境相对封闭，"其地四塞，山川重阻"（《隋书·地理志》），形成了"四围山色中"的特殊自然景观。广袤的四川盆地位于中间，有美丽富饶的成都平原，周围有大凉山、邛崃山、巫山、大巴山、秦岭等山脉环绕，形成天然屏障。四川盆地地势西北高东南低，海拔不高，只有300—700米，气候温润，土壤肥沃，水资源丰富，长江水系贯穿盆地。这样的地理环境得天独

① （明）冯梦龙：《太平广记钞》，中州书画社，1983年版，第215页。
② 袁珂：《中国神话史》，上海文艺出版社，1988年版，第65页。
③ 袁珂：《再论广义神话》，《民间文学论坛》1984年第3期。

厚，“与黄土之黄河平原比则无亢旱之虞，与冲击之江浙平原比则无卑湿之苦，与三熟之广东平原比则无水潦之患，与肥沃之松辽平原比则无霜雪之灾”①。然而，同一盆地内自然环境也不同，呈现出很大的差异，盆地西部的蜀地，“东接于巴，南接于越，北与秦分，西奄峨嶓。地称天府”②，自然条件优越，这里的天府主要是指位于四川盆地西部沃野千里、物产富饶的成都平原。而盆地东部的巴地自然条件就没有蜀地优越，丘陵山区地貌为多，长江激流冲过这片区域形成众多的高山峡谷，地势非常险要，山高谷深，崎岖不平，正如白居易诗中所写“山上巴子城，山下巴江水”。峡谷中间虽有狭窄的冲积平地，但土壤瘠薄，耕种不易。《礼记·王制》有云：“广谷大川异制，民生其间者异俗。”与蜀人的生存环境相比，巴人的环境更为恶劣，生存更为艰辛，但他们勇敢地与自然进行斗争，一代代在艰苦的环境下繁衍生息，形成了顽强坚韧、率直悍勇的个性特征。因此《华阳国志·巴志》说巴族“其民质直好义，土风敦厚，有先民之流。……而其失在于重迟鲁钝，俗素朴，无造次辨丽之气”③。而蜀人生存条件相对更加舒适、便利，经济文化较为发达，养成了他们从容、聪睿、善辩的性情。因此《华阳国志·蜀志》说蜀人“君子精敏，小人鬼黠”④。民间俗语亦说“蜀出相，巴出将”。可见自然山水、环境对人的个性品行有着极大的影响，正如《世说新语·言语》记载：“王武子、孙子荆各言其土地人物之美。王云：‘其地坦而平，其水淡而清，其人廉且贞。’孙云：‘其山嶉巍以嵯峨，其水泱渫而扬波，其人垒砢而英多。’”⑤因此，巴蜀的地理环境涵养了巴蜀女儿的性情，或豪迈、或睿智、或温柔、或泼辣……尽得巴山蜀水的熏染和浸润。

巴蜀大地山川奇丽，“青城天下幽，峨眉天下秀”，尽显蜀山的优美，而西部的连绵雪山、奇险三峡、峥嵘剑门，又尽显蜀山的崇高壮美。其间流水汤汤，绵绵不绝，岷江浩荡，金沙水激……滋养着巴蜀儿女。奇伟壮丽的巴山蜀水陶冶了巴蜀女儿的胸怀、个性，成就了她们的才情。故巴地多有奇女子，受到秦始皇嘉奖而名显天下的女实业家寡妇清，“桃花马上请长缨”的女将军秦良玉万里勤王，她们是巴地奇女子中的翘楚。而蜀地则多出女诗人，薛涛、花蕊夫人、黄峨是其中杰出代表，她们激扬文字，以如花妙笔尽显巴蜀美景和风情，就像刘勰《文心雕龙》所说：“若乃山林皋壤，实文思之奥府。略语则阙，详说则繁。然屈平所以能洞监《风》《骚》之情者，抑亦江山之助乎？”⑥仅据李朝正、李义清《巴蜀历代名媛著作考要》做一个初步统计，从西汉至清末，有著作及诗词传世的巴蜀女作家共296人，其中成都人数最多，有50人，此外华阳有17人，金堂有10人，绵竹有10人，郫县有9人，富顺有7人，德阳有6人，犍为有6人，遵义有6人，宜宾有5人，广汉有5人，新都有5人，乐山有5人，遂宁有5人，彭水有5人，合川有5人，射洪有4人，眉州有4人，崇州有4人，临邛有3人，广元有3人，梓州有3人，阆中有3人，简阳有3人，还有113人分散于60多个州县。这296位女作家的分布具有明显的地域特征，总的倾向是蜀地的女

① 任乃强：《乡土史地讲义》，1929年任氏自印本，第27页。

② （晋）常璩辑撰，唐春生等译：《华阳国志》，重庆出版社，2008年版，第23页。

③ （晋）常璩辑撰，唐春生等译：《华阳国志》，第2页。

④ （晋）常璩辑撰，唐春生等译：《华阳国志》，第23页。

⑤ 徐震堮：《世说新语校笺（上）》，中华书局，2008年版，第47页。

⑥ （南朝梁）刘勰著：《文心雕龙》，上海古籍出版社，2010年版，第225页。

性文学创作比巴地兴盛，以成都为中心向盆地周围辐射。

文学就是人学，巴蜀女性张扬的个性、爽利的性格、卓越的胆识必定会表现在她们的作品中，首先表现在她们对感情的抒发深情执着，大胆明快，爱恨决绝。比如“凄凄复凄凄，嫁娶不须啼。愿得一心人，白头不相离”（卓文君《白头吟》二首）；“与郎眷恋何时了，爱郎不异珍和宝”（李紫竹《菩萨蛮》）；“盐也般咸，醋也般酸。你也休憨，我也休憨”（黄峨《水仙子带过折桂令》）等诗句。其次，巴蜀女性的作品凛然有丈夫气，有洒脱的气度、豪迈的风格，洗尽脂粉绮罗之气。比如“千叠云峰万丈湖，白波分去绕荆吴”（薛涛《酬人贻巴峡图》）；“水色连天色，风声亦浪声”（卓英英《舟夜》）；“后会不知何日，又是男儿，须要镇长相守。苟富贵，勿相忘。有如此酒”（蜀中妓《市桥柳》）；“他乡树影连天去，远水舟帆入雾迷”（姚淑《野望》）；“此身恨不作男儿，手提青锋前杀贼”（杨继端《仗剑行》）等诗句。

然而在自然地理中，对文学最有影响力的却是气候环境，钟嵘《诗品序》曰：“气之动物，物之感人，故摇荡性情，形诸舞咏。”① 刘勰《文心雕龙·物色》曰：“春秋代序，阴阳惨舒；物色之动，心亦摇焉。盖阳气萌而玄驹步，阴律凝而丹鸟羞；微虫犹或入感，四时之动物深矣。”② 被人们称为“大自然语言”的气候变化最能触发诗人的审美感受和生命情怀，而蜀中的春天，烟雨迷蒙、花开花落、草长莺飞最能激发女性敏感的心灵，使她们慨叹红颜易老、青春短暂、命不由人，引发创作冲动，尽情书写生命的华章。如“花开不同赏，花落不同悲。欲问相思处，花开花落时”（薛涛《春望词四首》）；“昔年曾伴花前醉，今年空撒花前泪。花有再荣时，人无重返期”（蜀寡妇《菩萨蛮》）；“蜀江春色浓如雾，拥双旌归去。海棠也似别君难，一点点，啼红雨”（陈凤仪《一络索》）；“锦城春花雨兮兮，异乡青冢空芳草，怅年华”（夏云若《山花子·寄杨初南先生》）；“细雨湿香尘，柳魄梅魂。今年花伴去年人”（唐榛《浪淘沙》）等诗句。

相对于其他地域，明清以前的巴蜀女性文学创作兴盛。然而明清时代，伴随巴蜀文坛的寂寥，女性文学创作数量和成就都比不上江南地区，但是也表现出鲜明的地域特色，形成了独特的巴蜀才女文学景观。“文学景观”这个概念出自曾大兴先生的《文学地理学研究》一书，即是指那些与文学密切相关的景观，它属于景观的一种，却又比普通的景观多一层文学的色彩，多一份文学的内涵。从其源头来讲，可分为虚拟景观（文学家在文学作品中描写的景观）和实体景观（文学家留下的景观）两种。

从西汉到清末，巴蜀女作家笔下的人文风情、江山胜景、亭台楼阁、虫鸟花木……依然具有独特的观赏价值、审美价值和文化价值，她们以女性的温柔眼光、细腻的心灵感受摹写着巴蜀大地的富饶美丽、人杰地灵。从西汉到清末，巴蜀大地青山依旧、绿水迢迢，代代巴蜀女诗人歌哭其间，留下了她们的不灭传奇，后人争相传颂她们的故事，在巴山蜀水间不断追寻她们的芳踪，缅怀她们的遗迹。

---

① 张怀瑾：《钟嵘诗品评注》，天津古籍出版社，1997 年版，第 66 页。

② （南朝梁）刘勰：《文心雕龙》，上海古籍出版社，2010 年版，第 222 页。

结　语

综上所述，古代巴蜀才女为数众多且才华横溢，不仅表现出文学艺术方面的杰出才能，更有参与社会政治、经济、文化甚至军事的多方面才干，对巴蜀地区的繁荣、发展做出了突出贡献。更可贵的是她们身上既有大义凛然、敢作敢当的光辉品质，独立自主、豪爽不羁的人格个性，同时又具有中国传统女性的美德。她们所表现出的人格魅力和杰出才华离不开巴蜀文化的滋养，其中古代巴蜀的神话意识、地域环境意识的影响尤其突出。

（作者单位：西华大学文学与新闻传播学院）

钟体志《澡雪堂联语》初探

景常春

内容提要：联语，又称楹联、对联、楹帖等，属于实用文体，是中国传统文化奇葩之一，也是中华民族的文化瑰宝，是一种兼容民俗性、文学性和艺术性的独特文学艺术，是我国人民喜闻乐见的古典文化的一种形式。如庙堂祠宇、殿阁楼台、官署家园、商场市肆，均悬楹联以代标识。名胜寄慨，以壮河山，世俗往来，社会交际，无处不能用以对联。钟体志的联语，能充分发挥对联的社会实用性作用，表达自己的多种思想和深厚情怀，利用对联而给人对己以鼓励与鞭策、烘托气氛、广结人缘等。其联语均甚精到，既具有深厚的文化知识，也有较强的可读性、欣赏性。

关键词：钟体志；联语；深厚知识；作用

一、作者钟体志的生平仕途简况

十多年前，笔者因悉钟体志有对联专集《澡雪堂联语》，曾努力苦苦搜寻此书与其生平。钟体志名不见经传，各类辞书与出生地四川均无踪迹可寻，仅有四川射洪县政协《文史资料》曾有介绍钟氏的部分对联一文见于网上时，略有其简况，但无卒年，出生年也有误，无功名，仕任又缺少五分之二。直到前年，终查得钟氏的《澡雪堂诗文钞》，兹据此书有关文字与近代江西奉新名士赵成渠的《得寸草联语》，始知其生卒年。钟体志，字泽生，四川射洪县东岳乡人，生于1841年，1900年春殁于江西奉新县署。赵成渠《得寸草联语》中，有挽钟泽生（体志）之联，联跋详道师生之情，并提及钟是1900年春病卒于奉新县令任上，特转录为证。《邑侯钟公泽生老师挽联》："跋：公籍四川射洪县人，由举人军功保知县，署理江德化、新喻等县。后岁乙未（1895）特授奉新县篆，下车即举行县试，予蒙拔取案首，评以希文大志，期许甚宏，闻之感愧交集。越六载，庚子（1900）春殁于署。回思往事，知遇之恩，安敢忘乎！”挽联如下：

游宦历浔渝，谁知北斗名齐，清光忽殒冯川月；
及门忝桃李，太息东风力尽，铨才辜负锦城春。

赵成渠（1865—1935），字伍樵，江西奉新人。清末秀才（原上海科学馆馆长、同济及浙大教授赵元之父）。素有大志而不得展，然亦有骨气，张勋掌权，友劝其投奔而被谢绝。以秀才终老，传经课子，闭门著述而已。有《得寸草联语》，国民党元老于右任题笺，民国廿四年南京仿古印书局刊印。跋云“军功保知县”，指1873年前，钟体志同科好友峨眉黄绶芙道员推荐，入贵州武字副左营、纬武前后营龚绶吾军门幕，综理文案。

经细读《澡雪堂诗文钞》，梳理出钟氏生平与仕途简况。同治六年丁卯（1867）举人，1869、1870年入成都县令沈霁山家课子。后两次会试进士不中，受同年举人、四川观察黄绶芙推荐，入贵州武字营、纬武营龚绶吾军门之幕，综理文案。1874年春蒙贵州巡抚曾璧光、周渭臣军门会保，以知县签分江西补用，先后任江西浒湾县丞六载，继任德化、新喻、金溪（今并入浒湾）、南城、瑞金、奉新等七邑知县近二十六年，所任之处居江西东西南北四方俱全。凡任中恪职尽责，兴利除弊，施行德政，口碑甚佳。当地民谣称颂道：“钟青天，古循吏。视国事，如家事。视民事，如己事。折狱民决，恤灾周至……”

钟氏向来喜好秦汉以来之道学文章，极擅古文辞，喜好韩愈、欧阳修诸家浩瀚奇妙、纵横恣肆的文笔，其文论述精深透彻，见解卓尔不群，益世作用极强，颇受当时彭祖贤、牛树梅、吴郁生等名家称道。他的《澡雪堂诗文钞》十卷，有文近两百篇，共180多万字，诗仅70首缀于文末，“联语”一卷。

二、《澡雪堂联语》的再三苦寻

笔者自知钟体志有《澡雪堂联语》一书后，一直苦心搜寻。悉北京图书馆有藏，即费尽周折，托助于友人，孰知清末贵州安顺举人杨树亦有与钟氏同名之书《澡雪堂诗文集》，仅末字一字之差，结果获而非是；又悉南京图书馆有藏，因不知钟氏的“联语”是附于其他书末，直接按其联语书名查找，即总难找到。经多种途径反复查证后，始知此书在钟氏的《筹海蠡言》内。《筹海蠡言》实为四种合集，即《筹海蠡言·澡雪堂诗钞·绵江别话·澡雪堂联语》，各为一卷。此书并无刊刻处与时间，只可见湖北孝感沈用增序《筹海蠡言》末尾落“光绪十一年乙酉（1885）阳月”。因《筹海蠡言》是钟氏于1884年中法战争时，呈送给会办南洋大臣陈宝琛的四封信函，钟氏力主御侮，所拟攻防战守具体，沈用增认为对国家、朝廷有益，故当时作单行本刊刻；《澡雪堂联语》首页书名下落“门人（江西）新喻赵辉德庵校编，（钟氏之）子崇楷、崇楳校对”，而此套书前三种却无此字样，“联语”一书收有对联71副。沈用增序《筹海蠡言》的时间为1885年，但“联语”一书中有1887至1894年五年之联。据以上几种情况看，估计为后来重刊《筹海蠡言》时，汇入后面三种之故。

经核对，射洪文史所录之作有13副未入《澡雪堂联语》，应该是射洪政协文史委搜集之作，但书中也有35副是射洪文史未录之作，原录51副仅有3副与“联语”相同，说明射洪政协所录之作不是依据的此书。为证实“联语”一书是否足本，笔者又与收入台湾文听阁版《晚清四部丛刊》的《澡雪堂诗文钞》核实，“联语”一书确实为71副，加上射洪文史的13副，钟体志之联共84副。联语，又称楹联、对联、楹帖等，属于实用文体，要有需求才有创作。据《澡雪堂诗文钞》，虽然钟氏文学兴趣主要在文章，但其“联语”也非泛泛之作。85副联语，以题署联为主，共51副，其次是挽联17副，庆贺联11副，春联6副，赠友联1副。

三、《澡雪堂联语》的内容

对联是中国传统文化奇葩之一，也是中华民族的文化瑰宝，是一种兼容民俗性、文学性和艺术性的独特文学艺术，是我国人民喜闻乐见的古典文化的一种形式。如庙堂祠宇、殿阁楼台、官署家园、商场市肆，均悬楹联以代标识。名胜寄慨，以壮河山，世俗往来，社会交际，言明事理，互相勉励，无处不能用以对联。对联种类较多，各有用途：名胜风景联可阅古今，壮观瞻，激诗情，长知识；庆贺、哀挽联，婚姻诞育则用以致欢贺之忱，寿考大年则借以尽祝颂之意，吊唁乃托为哀思之寄，等等，不一而足。

钟体志入仕后都在江西任知县，故所作对联除几副是有关故乡射洪之作外，其他均为在赣之作。钟氏的文学兴趣主要在文章，笔者细读了《澡雪堂诗文钞》后，曾拟写《良才钟体志的思想及益世文章与为官之道》一文刊于《蜀学》，今特着重钟氏的对联另拟写此文。虽然体志的文学兴趣主要在文章，但他也能充分发挥对联的社会实用性作用，表达自己的多种思想和深厚情怀，利用对联而给人对己以鼓励与鞭策、烘托气氛、广结人缘等。其联语每副均甚精到，既具有深厚的文化知识，也有较强的可读性、欣赏性。其联语体现了四个方面的内容：

1. **书院对联，个中惟重读书高**

钟体志自己原本擅文，自然对文化教育颇为重视。他曾说：“苍史摹鸟迹以造书，文字流传，遂焜耀今古。舍是，则往者无以存，来者无以导，直使有耳皆聋，有目皆瞶，有心皆冥顽，天下事孰有急切于此者。”可见他崇文重教的思想。

旧时的县学大多设在文庙，生员成秀才后又进书院再读，但这些场所往往年久失修，或是被挤占等，钟氏每到一地，如遇此情况，必加以改善处置。他曾捐款并筹集资金，修缮瑞金文庙黉宫，并聘请专人负责日常管理；力倡重建青云楼私塾学校，并带头捐款与动员募资，终促其成；又主持扩建绵江书院、捐款修缮洪都书院，等等。事后他还为这些地方题联，给予莘莘学子以鼓励与鞭策。

江西新余有座瀛洲书院，是福建屏南人张方矩重建。张氏是道光十八年（1838）进士，累官至五品粮台。道光廿九年张氏再任新喻知县时，重建了瀛洲书院。体志任新喻知县时作修缮并为书院撰题一联：

我从蜀江来，愧殿两范三苏，传心未探石室；
君问蓬山路，须寻广居安宅，转头即到瀛洲。

两范，指晋朝范宣、范宁。《晋书·儒林传》：“（范）宣，虽闲居屡空，常以讲诵为业，谯国、戴逵等皆闻风宗仰。……范宁，为豫章太守，宁亦儒博通综，在郡立乡校，教授恒数百人。由是江州人士并好经学，化二范之风也。”三苏，指苏东坡父、弟三人。传心，佛教用语，指离开文字而以慧心相传授。石室，古代指藏书处。

上联有自谦之意，说自己从四川来，在重文兴教方面，有愧于江西先贤、四川三苏，没有潜心探究古代的藏书而把知识传授于弟子。蓬山、瀛洲，都是指仙人居住的地方。广居安宅，代指书院。句意出王阳明《重修山阴县学记》“求天下之广居安宅者而修诸其身焉，此为师、为弟子者之修学也”。下联大意是强调书院的重要，好比修道成仙登瀛洲，也要从书院认真读书、修身养性开始。

江西著名书院之一瑞金绵江书院，是明代治黄水利学家潘季驯在任江西巡抚期间，见绵江书院多次迁徙，学无定所，即支持知县李若愚在已故知县邓杞所修的书院故址上，重建拓新而成的。钟氏一度任职瑞金，曾把书院临时借作听政公署，不久还归为书院，并题二联：

此阳明过化乡，道企致知，纵目谁为徇世铎；
是贡水发源地，我来问俗，扪心幸似在山泉。

赤水西流，何日人文追六隽；
辎车北至，问桥心迹证双清。

第一联大意是，这里曾是明代大思想家王阳明经过之地而教化其民的地方，要继续研究事物、求得其中道理，谁再来执掌教育；我来这赣江发源地问俗，因有过王阳明教化，这儿的民风都如在山中的泉水清纯朴素。第二联的赤水，本为今贵州辖市，因北宋时曾隶四川泸州合川，明初又隶四川行省之遵义军政府，加之赤水河是长江的一级支流，故这里似代指四川。双清，瑞金城北石桥名。此联是说，望着赤水河西流，问何日何人能追赶杰出的人才；我来这里为官，要像那双清桥一样，思想及行事皆无尘俗气。

钟体志不仅对书院题联，对私塾也照样挥墨书联，如瑞金有家杨姓家塾，他题联曰：

学绍龟山，须先理会，心是何物；
塾临绵水，得其活泼，文必在兹。

龟山，指宋代教育思想家杨时，因晚年隐居龟山，世称龟山先生。赣江正源于贡水，在瑞金城区与黄沙河交汇称绵水。上联借杨时而切姓，意指而今施教要传承杨时的思想学识。下联意为求学要如绵水一样，得其一片活泼生机。

射洪金华山麓有座金华书院，旧为唐诗人陈子昂读书处。宋代始建书院，明末毁于兵火，清乾隆、道光中知县何辰、钱秉德分别两度增修。体志早年就读于该书院，后曾题一联云：

与闻大道高深，只忠恕两言，下尽人伦，上达天德；
记省旧时辛苦，曾寝馈三载，夜研竹露，晓挹蕉云。

大道，此指正道、常理、正确的道理，最高的治世原则，包括伦理纲常等。天德，天的德性。董仲舒《春秋繁露·人副天数》："天德施，地德化，人德义。"天德，也称天德贵人。上联意谓大道虽然高深不可测，但只要恪守忠恕二字，下则涵尽了人伦思想，上则可成为一生吉利、荣华富贵、命里有天德贵人星的人。这是以出生月份的地支，结合出生日期、时辰的天干所反映出来的一种吉星。书院中蕉、竹甚多，下联说自己曾在书院苦读三年，每天都是从夜晚竹荫浓露读到拂晓云霞辉映着芭蕉的时候。

钟氏这些书院对联，处处体现了他对读书教学重要性的重视，诚如他的书斋联所写：

读古人书，勉所未逮；
任天下事，求无自欺。

一副简洁的联语，激励自己要饱读古圣贤之书，不可有遗漏；明白为官不论大小，都关系到天下大事之理，不能自己欺骗自己。

2. 题署对联，尽职方为父母官

旧时的一县之长，就是一地的父母官，事无巨细均要管理。权限说小也小，说大也大，如是骑在百姓头上作威作福，盘剥钱财，就可见其权力之大了，所以要做个真正的父母官并不容易。钟体志从小受儒家文化教养熏陶，思想尊崇儒道，为人正直，在二十五年的为官生涯中，恪尽职守，所任之地兴利除弊，施行德政，留下了称赞有加的口碑。在数县任知县，多题对联鞭策自己做一个真正的父母官。如题新余县署二联：

勉今人学古人，品谊似三刘尚矣；
视民事知己事，忧乐与万家共之。

三刘，指北宋新余人刘奉世、刘敞、刘攽父子三人。三人均为进士，父官户部尚书；敞官至集贤院学士、南京留寺司御史台；攽官亳州、蔡州等数州知州。联语勉励今人学习古人的品德道谊，要以三刘为榜样，作为一方的父母官应把民众之事当作自己的事，不论是忧是喜，都应与千家万户相共。上联切地，下联切作者，分寸得当。另一联则说得更为直接，要"以俭养廉，以勤补拙"：

此地接宜阳，如凭玉几，如带云津，喜位奠五星，继起应多贤者；
菲材膺保障，以俭养廉，以勤补拙，惧德惭四长，治谟莫绍颍川。

题德化县署联，以名重古今的范仲淹（字希文）、陶渊明作喻，一言忧乐，一言清浊，均属为官之道：

夙慕希文为人，后乐先忧，有负初心如浔水；
比来渊明故里，扬清激浊，幸留真面对庐山。

再如题奉新大堂之联：

我从浔渝绵水而来，计八载奔驰，心期再证冯川月；
政溯高沈诚斋之旧，愿万家丰乐，生意同回越岭春。

浔，水名，德化县境内最长的河流；渝水，新余市东部，袁河中下游，今设为区；冯川，镇名，地处奉新县东北部，县政治、经济、文化和交通中心。高、沈，为二人姓；诚斋，北宋大诗人杨万里之号，此三人都曾任奉新知县。此联为作者从德化、渝水、瑞金迁任奉新而作，寓辛劳于求百姓五谷丰登、生活快乐之中，写得铿锵激越，踌躇满志。作此联时，恰逢许振祎由河南调任广东巡抚，许顺道回此籍（作者当时为迎接许，曾专搭行台，并拟联数副）扫墓，故联末“越岭”涉许氏。

清末每个县都设有管理征收厘金的机构，名厘局，下设卡，卡又有分卡、巡卡。钟体志作为一地之长，曾连续几年春节之时为各厘局题作春联六副，联文中也不乏其认真执政的思想。如：

又从古渡观桃李；
且祝厘筹焕日星。

喜近书林探道蕴；
频司榷务识时艰。

另外，其联作多可见钟氏恪尽职守，为地方切实办好事之例。旧时人们十分重视社稷坛，钟氏深知社为五土之神，稷为原隰之神，社祭土，稷祭谷，社稷与民众休戚相关，各地均应有坛。瑞金社稷坛因年久朽颓，光绪癸巳（1893）年，他在瑞金知县任上，就捐资集款，主持重建，工竣时特作二联，联意蕴含以上内容，联为：

六府论功归土谷；
百年缺典焕坛壝。

土谷为民命国本所关，惟神默参化育；
坛壝乃螺岭象湖之主，与吨共切瞻依。

又如瑞金城隍庙，其跋亦可为证：“城隍尊神彰善瘅恶，素著灵应。自体志来权邑篆，屡叨庇佑，俾要犯就擒，借伸国法，实深寅感。比瞻庙宇浸颓，侍像剥落，特匈工葺而新之。惟民俗强梁尚赖赫声濯灵为吾民一洗心面也。”联为：

神道福仁祸滛，不爽厥施，幸妙相重新，替宰官现身说法；
善人胜残去杀，愧难为役，赖灵光四照，俾吾民革面洗心。

“神道福仁祸滛”，出《左传·成公五年》“神福仁而祸淫”。淫：淫讹字。“善人胜残去杀”，出《论语》“子曰：善人为邦百年，亦可以胜残去杀矣”。可见当地民谣称颂“钟青天，古循吏……”并非奉承之语。

3. **名胜对联，异乡山水故乡情**

钟体志题于江西的一些胜迹联，每有遇名山之胜而即景抒怀，感往迹之陈而因情寄慨，或颂扬赣境历史人文文化，或带有浓厚的故里乡情。如题章垣四川会馆联：

二水南来，每当极浦春生，一样浣花濯锦；
三湖东泄，安得灌园客至，重论世道乡情。

此联为题南昌四川会馆之作。二水，指章、贡二水。联语借用王勃名作《滕王阁序》“极浦春生”代指南昌，以成都的“浣花濯锦”代指四川；以“灌园”代指会馆。其联切题切意，情景与乡情并重。南昌百花洲曾有祭祀苏东坡的苏公祠，作者题联云：

公是吾蜀伟人，终古允增枌社耀；
圃占花洲胜概，至今犹嚼菜根香。

射洪回龙寺是体志早年读书之处，后至江西为官每思念不忘，寺庙改为回龙寺供奉观音、文昌、关帝圣像。作者曾为之题联，跋语与对联尽道其怀念之情。跋语云：“寺庙原在塘冈，同治初虑岩石坠压，移至少华山，更名回龙，供奉观音、文昌、关帝圣像，灵应夙著。体志肄业是寺，先后凡六载。厥后计偕游，宦远别桑梓，每念少时托迹法宫，昕夕对越之况，辄罣然神往，较之玉局思田怅触更切。不知何日返棹里门，重随旧友以荐清樽耳。”对联写道：

惊心遍地迷津，乃文乃武乃圣神，能牖民如篪，同上慈航归觉路；
回首六年对越，斯藏斯修斯游息，知还山何日，重随旧友荐清樽。

南昌有座万寿宫在象眼湖，规模宏丽，文化深厚。瑞金也有座万寿宫和四川会馆，作者有联不仅对仗工稳，亦饱含乡情。万寿宫联曰：

现吾蜀宰官身，教孝作忠，声华掩映峨眉月；
列秘府神仙传，祛邪辅正，惠泽旁流象眼湖。

宰官，本指周代冢宰的属官，后泛指官吏。四川会馆联为：

同是宦游人，泽物膏民，阴骘留心崇帝训；
小开真率会，检书烧烛，公余把臂话巴山。

阴骘，即阴德；帝，指馆中奉祀文昌帝君。

其他描绘赣境人文景观之联亦颇优美。奉新城南滨冯川，北去三里许，有巨石崛起江中，名叫游鱼石，前人建有九天阁于其上。岸左为岐峰，重峦耸拔，俯瞰滔滔逝水，但不能动摇砥柱中流的游鱼石。体志乃题四联于九天阁：

一石当江，漫号游鱼同砥柱；
九天垂荫，犹期鸣凤到岐峰。

九天垂湛露；
片石障狂澜。

世变沧桑，幸一石昂藏无恙；
阁凌霄汉，问九天消息何如。

力障颓波石犹胜我；
高穷于穆德孰参天。

瑞金延清庙在北廓外，双清桥西头。钟氏为之题联借延清之意而排众浊，借双清桥而开觉路；又祈求三神保护万家百姓的庄稼。联为：

排众浊以延清，百尺飞虹开觉路；
奉三神而镇坎，万家芃黍荷阴膏。

旧时各地均有上谕亭，是当地官员于每月初一和十五，召集官民宣讲《圣谕广训》之处，以示统治者对教化的重视。体志题瑞金上谕亭有二联，教化民众安居事农，作忠有孝，视上谕为不二纲常，做有德之臣。联曰：

绵江界闽粤之交，幸边圉又安，凿井耕田，敢忘帝力；
皇极建言行之则，愿吾民懋勉，作忠教孝，共守天常。

为亿万姓不二纲常，圣德汪洋，绵水回波涵帝泽；
越七十载重新栋宇，天成咫尺，云霄捧日德臣心。

瑞金秀才詹炳中的祖母萧太孺人，持柏节孝，奉旨立坊旌表。炳中建坊于七堡瑰山岭中，同建诵芬亭作茶亭以憩行旅，钟氏曾撰记文勒石，并题联于亭、坊云：

清芬永馥千年树；
慈荫长留七堡亭。

瑰岭春回芳馨未歇；
绵江月朗清节同昭。

4. 贺挽对联，民俗情浓实用强

祝贺、哀挽联是对联实用性的主要体现之一，旧时无论达官贵人，还是庶民百姓，婚寿丧吊，尽以对联相送，从联意中可见到浓厚的民风民俗。钟体志的寿挽联，过去见射洪《文史资料》介绍甚少，喜从《澡雪堂联语》中可见24副。从他的这部分联作可知其与上级和同地官员，以及师长友朋的情谊。

体志的贺、挽联作情感真挚，文词练达，颇可称道。如代友人撰贺赘婿喜联，写得古雅而满带贺喜之意：

贰室馆甥谐锦瑟；
徽音勖女述葩经。

贰室，借指女婿在女家的居室；馆甥，女婿的别称。语出《孟子·万章下》："尚见帝，帝馆甥于贰室。"锦瑟，喻男女婚姻好合、美满。葩经，本是《诗经》的别称，因《诗经》中有描写女德的篇章，此代指女德。

梁仲衡（1836—1902），字树生，号湘南，河北安肃人。同治七年（1868）进士，任浙江主考、江西学政、会试同考、殿试读卷官以及工部、刑部左右侍郎等。在他任江西学政时恰逢大寿，钟体志送寿联贺道：

奎曜移来庾匡抒秀；
春曦照处桃李争芬。

联中奎曜，指奎星，主文章，故有关文章、文运、文字的事，多加奎字。庾匡，指庾信、东汉名人匡孝波。庾信是南北朝文学家，其家七世举秀才。此用以喻选拔人才。

黄廷金，生于1824年，字君玉，号品珊，湖北钟祥人。咸丰六年（1856）进士，入选庶吉士，官工部主事。从1870年至1885年期间两度任瑞州知府。高安凤仪书院位于江西高安（今宜春），咸丰年间被毁，同治九年庚午（1870）黄廷金率属捐修。1883年其六十大寿时，体志送寿联贺道：

锦水春融恭逢燕喜；
颍川治卓幸托龙门。

颍川治卓，指东汉颍川人陈寔，为官政绩甚著。龙门，在河南洛阳。此另有借托天子皇上之意。

体志有个二母舅陈馨亭，光绪十三年丁亥（1887）十月是其七十晋一华诞，并于龙门垭增建宅邸落成，恰逢体志权德化县，因职守攸属，未能鞠跽上寿，即撰联写实寄祝云：

堂构启龙门，有如松茂竹苞，永歌式好；
笑言违鸠杖，喜值梅开桃熟，遥祝恒春。

光绪二十年甲午（1894）十月，体志的亲家王荣卿（字锡三），刚从江西南康太守卸任，同元配温淑人荣开六秩，庆寿前四日，又添孙子，筵喜骈臻，钟氏亦甚感高兴，特书联志庆：

芃黍膏新，五老欢迓阳春脚；
大椿荫满，再世欣添玉树枝。

芃黍膏新，语出《诗经》："芃芃黍苗，阴雨膏之。"芃，是草木茂盛之貌。此句意思是借喻荣卿的子孙如黍苗生长得很茁壮，好雨及时来滋养。五老，指南康县西北的五老峰。

周浩（1838—1919），字瀚如，晚年号退叟，安徽宣城人。生员出身。早年与兄周永鏊在本乡创办团练，后任南安知府、吉南赣宁道、甘肃新疆布政使、江西布政使等。1896年周浩曾为赣州虔南道员，次年为其六十大寿，虔南政通人和，钟氏送贺寿联曰：

道脉证崆峒，惟静则寿；
治功追茂叔，所存者神。

虔南距湖北黄州不远，黄州之南六十里有崆峒山，故上联借以作喻。茂叔，宋代周茂叔曾通判虔州，故下联借以为颂。

湖南益阳人龚绶吾，名生环，为军门，倜傥有大志，少时从周谓臣军门转战于秦蜀，迭奏肤功。在黔统带武字副左营及纬武前后营等，征剿叛苗时，战绩尤著。同治十二年癸酉（1873）夏末，因旧伤触发，离营至成都医治，十月初十病殁。作者在这两年为龚氏司理文案，闻耗挽以慷慨悲壮之联：

共虎帐经年，谬称揖客，犹忆秋风试剑，夜雨谈兵，落落雄心，曾约同袍夷大难；
赋骊歌八日，遽作尸臣，最怜黔塞魂羁，湘江梦断，茫茫后事，那堪归旐痛慈晖。

江西安义人涂翔麟，字恩九。1863年任射洪知县时，是钟体志早年应童子试，就读金华、广寒两书院的恩师。涂氏屡次拔钟为优等，既批改课卷时又云："屡阅生文，手笔一律，洵属远到之才。"恩九为道光二十六年丙午（1846）举人，咸丰三年癸丑（1853）大挑，以知县用。分发四川，题补荣经，历署射洪、珙县、丹棱等县。涂氏为人温良朴直，学道爱人，所至有政声。虽然当时受到恩师器赏，但钟之父兄告诫不可入县衙，仍未一晋谒，1867年钟中举，才贽谒涂氏于成都旅社。1869、1870年钟氏入成都县府课其子，适逢涂氏卸任丹棱县令，侨寓成都子龙塘侧，时获过谒，备聆训诲。1870年闰十月，钟氏北上应试，恩师特殷殷送别，不知是日即永诀之日也。1875年秋钟氏听吴少禹道员说，涂氏调权荣县县令，履任未及浃旬而下世了。体志深感恩师为生平文字知遇之最先者，关爱之最隆者，乃撰联恭挽，眷念难忘，深情哀悼：

曾蒙识拔童军，愧齿长，不空群，远到何年慰知己；
忽报神归阆苑，卜心香，齐飨爇，近乡多我述循声。

江西金溪人傅云鹏，在四川多地任县令，有政声。1872年病故，眷属扶柩回原籍。长子吟香，以知州补缺于四川。次名小鹏，举人，三、四均入邑庠。光绪七年辛巳（1881）傅云鹏德配某恭人下世，与傅氏柩同日还山安葬，请钟体志作主祭，钟并作一挽联曰：

懿德相神君，相从福禄林中，此日菩提同证果；
治谟传喆嗣，且看岷峨道上，阿家棠树又成荫。

彭祖贤（1819—1885），字商耆，号芍亭，江苏长洲（今苏州）人，兵部尚书彭蕴章之子。咸丰五年（1855）顺天乡试举人，以荫生授户部主事，官至江西布政使、湖北巡抚，一度兼署湖广总督。钟体志曾著书请他作序，彭氏回函时并赐手书称道曰："才非百里，仰伟抱之匡时；业富千秋，卜大文之寿世。"闻彭仙逝，钟不禁涕零，谨撰联语恭挽，以志向往，联云：

正学迪前光，发抒济世宏谋，孔思周情同穆穆；
菲材愧知己，敢翊匡时伟抱，千秋百里两茫茫。

云南石屏州人朱庭桂，为四川候补直隶州，曾为四川懋功厅之长。其次子笠青为翰林，曾从钟体志肄业三载。朱庭桂喜作诗，不落前人窠臼，书法尤卓荦不群。1892年秋由四川资州（今资中）鹾局差次寄赠钟体志五言长古一首，过数月后忽接朱讣音，钟不胜旧雨零落之感！乃撰联语致挽：

妙墨已堪传，况治谱炳存，池上凤毛宜继美；
新诗刚见赠，忽恶音驰告，天涯骚客倍怆神。

李维翰，字艺渊，号艺垣、种百四十树杨柳主人，湖南邵阳人。举人出身。官南昌知府，署江淮道。同、光时期诗画家。光绪十年（1884）任职江西临江，衙署附近有一处古迹名为“慕莱亭”，奉二十四孝中老莱子娱亲故事。维翰常去游览，由此感念，思及自身，双亲病老，未得奉养，于是建一所慕莱堂，欲迎养其亲，以慰怡养之情。他先请湖南同乡郭嵩焘题匾，并撰《慕莱堂记》，然后即以此为名，向官宦名流广征题咏。每调任一次，每新到一处，必向当地大员呈阅所辑集诗文，然后即请其续写续题。如此一再延续，近十六年，至光绪二十六年（1900）刻印成书时，已得十卷之多。其中颇不乏近代名人，除郭嵩焘、李经羲、王闿运、刘坤一、王先谦、陈宝箴、谭钟麟、江标、易顺鼎、俞樾、缪荃荪、端方等外，还有日本人结城蓄堂、森槐南等，共246人。最后经曾国荃题签，梓板印行，名《慕莱堂诗文征存》。钟体志对上述孝行甚知，在其母于1894年去世时，撰联致挽，尽情称道：

母氏女英豪，为亡亲存绝嗣，为衰姑起沉疴，举案迈稀龄，忽别伯鸾归紫府；
冢嗣名太守，有惠政溉闾阎，有文章垂金石，慕莱抒至性，那堪斑彩换麻衣。

罗锦文，字郁田，四川崇宁（今成都郫县唐昌镇）人。同治十三年（1874）进士，翰林院编修，官至山东运河道。擅长书法。其母去世时，钟氏撰联称道：

一品荷鸾封，教子成名，画荻尚存欧母训；
九旬归鹤驭，了年累德，恭桑同仰大家风。

江西瑞金壬田镇人钟道亮，官某地县令。其子观策天姿聪慧，英年奋发，钟体志以前为奉学政之文作书院校士时曾拔之为冠。舆论称颂钟道亮素质淳朴正直而好义，有古人之风，体志甚钦仰。当闻道亮去世，殊深惋惜，即寄挽而表己之深情：

捧檄拔殊才，桃李新阴连子舍；
盖棺稽众论，兰蘅遗行重壬田。

龙文彬（1821—1893），字撷青，号筠圃，江西永新人。咸丰九年（1859）恩科中举，同治四年（1865）进士，官吏部主事。光绪元年（1875）为《明实录穆宗实录》一书校审，加四品衔。卸任后回乡主讲于本县秀水、联珠、莲洲等书院及本府的鹭洲书院和临江府的章山书院。传入国史儒林传。撰有《明会要》《明纪事乐府》《永怀堂诗文钞》等。为钟体志仰慕之人，龙去世时，钟氏撰联称道：

交稽吕已廿年，感弁简数言，半生吏治惭经术；
合欧曾为一手，兼象贤多子，万石勋名逊法家。

四川中江的罗琼章，廪生出身。其四女嫁体志次子。罗琼章夫人戴宜人，有贤德，通书史。光绪十五年己丑（1889）作者权新余县时，送女出嫁来新余，返程抵南昌，忽患暑疟而卒。此时琼章方由余干县丞升选如皋县令，喜忧并集，体志挽戴宜人亲家为：

相夫子花县分猷，以勤襄政，以俭治家，举鸿案卅年，方喜剧邑新除，行佐玄歌传海澨；

偕冢嗣芷江泛棹，载德而来，结缡而返，别鱼轩五日，何意孀星遽殒，徒濡斑管纪懿徽。

花县，西晋潘岳为河阳县令，满县遍种桃花，人称“河阳一县花”。后遂以“花县”为县令、县治的美称。此借以称颂琼章。鱼轩，古时妇人坐的车，用鱼皮做装饰，故名。

钟体志在浒湾有个挚友赵承恩，号省庵，咸丰、同治、光绪朝三次被荐为举人，皆不就。晚年应聘主讲章山、临江书院，学养深厚，著述宏富，为赣地著名学者。为了便于著述付梓行世，创办红杏山房，一边刻书销售，一边藏书自娱。终生乐于课徒，刊刻书籍，是当地著名的刻书家。凡是钟氏认为有益于人于世的书籍，他均热忱捐款助其刊刻，先后为其所刻的《司马温公文集》《重刻梁石门先生集》等十余种书捐款。县郊高煌渡口为金溪通临川的大道，溪水潺湲，百姓苦于涉，赵承恩与人醵资购木支渡，复建风雨亭于溪畔，以憩行人而栖守者。钟体志钦其义行，既给以资助，并作序文与对联，联为：

半溪烟雨孤亭静；
万里风云一彴通。

赵氏1894年去世时，钟氏挽以联深表哀惜，对赵氏以全面较高评价。联曰：

木铎递传薪，裁狂翼狷，志绍五贤，洎临江继起多英，方向苏门沾化雨；
山房初染杏，纂坠抱遗，功垂千古，惜明水订锓未竟，遽教陶令泣停云。

赏读钟体志的对联，无不蕴涵有丰厚的历史文化知识，或历史人物典故，或地理人文，或古贤大德，或人情世故，或风俗礼节等，使人增知长识，大有益处，具有较强的可读性、欣赏性。其对联古雅凝重，平仄和谐，对仗工稳，格律严，文词精，意蕴深。尤其是对仗，无论各种词性，还是虚实相对等，都甚为工稳；而且用词用典精当雅致，表达得体，切地、切人、切景、切事。他虽不是以治学为主的学者而是以政事为重的县令，其联语仍然使我们看到旧时名士的学识修养，又见其对联水平之高，其作品也是巴蜀联界的财富。

（作者单位：四川省楹联学会）

地方文化与文化中国

公元 1—4 世纪龟兹佛教研究

彭建华

内容提要：从公元 1 世纪到 4 世纪龟兹是一个重要的佛教中心。1 世纪末之前，佛教即已传入龟兹。3 世纪，龟兹有近千个佛教寺庙。4 世纪佛教在龟兹国有了进一步发展，逐渐成为佛教的主要中心，主要是说一切有部，但后来也有大乘佛教。据说王宫就像一座佛教寺院，还呈现出众多的佛教石窟。

关键词：佛典；翻译；来源地；出发语

作为新沙门运动（theŚramaṉa Movement）的一个重要学派，佛教出现于印度列国时期，释迦牟尼佛（Śakyamuni Buddha，463 B. C. —383 B. C.）主要活动在憍萨罗国、摩揭陀国等地[①]，佛教在笈多王朝晚期逐渐衰微。据北传佛教的文献，马鸣（AŚvaghoṣa）《佛本行经》（Buddhacarita）、《普曜经》（Lalitavistara Sūtra）、法藏部《佛本行集经》（Abhiniṣkramaṉa sūtra）、世友（Vasumitra）《异部宗轮论》（Samayabhedo ParacanacakraŚāstra），可知释迦牟尼（Śākyamuni Buddha）出生于迦毗罗卫国（Kapilavastu）蓝毗尼（Lumbinī），其涅槃的时间是公元前 386/383 年。

一、印度佛教的发展概述

A. K. 渥德尔指出，在释迦牟尼涅槃之后，佛教仍然在印度流传不竭，大迦叶、阿难等集合五百比丘在摩揭陀王舍城（Rājagṟha）编集佛教三藏（阿含经、戒律、阿毗达磨）[②]。

① ［日］中村元：《佛教语大辞典》，东京书籍出版社，1988 年版，第 245 页。另参考印顺《印度之佛教》（《印顺全集》第 13 卷，中华书局，2009 年版，第 57 页）接受宇井伯寿的观点，认为释迦牟尼的生卒年是公元前 468—前 388 年。

② ［英］渥德尔著，王世安译：《印度佛教史》，商务印书馆，1995 版，第 183—185 页。

佛教因摩揭陀国孔雀王朝的阿育王（AŚoka，303 B. C. －232 B. C.）而获得国家宗教的崇高地位。公元前 3 世纪后期，阿育王邀请高僧目犍连子帝须（Moggaliputta-Tissa，327 B. C. －247 B. C.）集合一千比丘，在摩揭陀国的华氏城（Pātaliputra）举行佛教经典的大结集，编撰了《论事》（Kathāvatthu），目犍连子帝须是分别说部的创立者，虽然《中阿含经》《杂阿含经》已经包括某些“分别说”的教义[①]。相传阿育王派僧人到印度各地传教，于是佛教最初传入安息、大夏、罽宾等地，末田底迦（Madhyantika）最早来到罽宾传教，然而，阿育王石刻铭文中并没有证实这一传教事件[②]。而后，出生于秣菟罗（Mathurā）的舍那婆斯（Sanavasa）、沤波掬多（优婆掘多 Upagupta）比丘来到罽宾（KaŚmira）弘教[③]。公元前 1 世纪的迦旃延尼子（Kātyāyanī－Putra）是罽宾说一切有部最重要的论师，著有《发智论》（Jñānaprasthāna—Śāstra）。僧祐《出三藏记集·萨婆多部师资目录序》记载，迦旃延（尼子）是优婆掘、慈世子（弥多达子 Maitreya-datta-putra）的付法弟子[④]。

一度征服了印度河五河地区和恒河流域的国王弥兰陀王（Menander I Soter，155 B. C. －130 B. C.）是阿育王之后皈依并支持佛教的希腊－印度国王（被称为“护法王”Soter），弥兰陀王原本是大夏国王。《弥兰陀王问经》（即《那先比丘经》）记载了大秦国的属地阿荔散（Alasanda，Alexandria in the Caucasus）国王弥兰陀与印度佛教那伽斯那比丘（即那先 Nāgasena）关于上座部佛学教理的对话。吴焯《从考古遗存看佛教传入西域的时间》写道：“著名的《弥兰王问经》（Milinda Panha Sūtra）记载了当时西北印度一个希腊化国家的国王和佛教徒讨论佛法的情景，出土的弥兰王时代的钱币上也铸有佛法的标志，可以确信在公元前二世纪时西北印度已有佛教。”[⑤] 阿荔散即迦毕试国（Kapisa，Bagram），都城舍竭/萨竭那（Sagala，Sangala），那伽斯那比丘来自迦湿弥罗[⑥]。

公元前 145—前 126 年，大月氏西迁到中亚阿姆河（妫水Âmudaryâ，Oxus）流域，而后定都蓝氏城，见班固《汉书·张骞李广利传》[⑦]。司马迁《史记·大宛列传》写道：“居匈奴中，益宽，（张）骞因与其属亡乡月氏，西走数十日至大宛（Dayuan，Yavana）。……大宛以为然，遣骞，为发导绎，抵康居（Sogdiana），康居传致大月氏。大月氏王已为胡所杀，立其太子为王。既臣大夏而居，地肥饶，少寇，志安乐。又自以远汉，殊无报胡之心。骞从月氏至大夏，竟不能得月氏要领。”“（张）骞身所至者大宛、大月氏、大夏、康居，而传闻其旁大国五六。”[⑧] 大月氏征服大夏在其国王赫利奥克勒斯一世（Heliocles I，145 B. C.—130 B. C. 在位）时期。从现今考古发现的金银币、器物、塑像、遗址等来看，此后百余年

---

① ［英］查尔斯·埃利奥特著，李荣熙译：《印度教与佛教史纲》第 1 卷，商务印书馆，1982 年版，第 364 页。
② 安法钦译：《阿育王传》，大正新修大藏经，第 50 册，No. 2042。
③ 多罗那它著，张建木译：《印度佛教史》，四川民族出版社，1988 年版，第 24 页。
④ （南朝梁）僧祐著，苏晋仁、萧炼子点校：《出三藏记集》，中华书局，1995 年版，第 467 页。
⑤ 吴焯：《从考古遗存看佛教传入西域的时间》，《敦煌学辑刊》1985 年第 2 期，第 65－75 页。
⑥ 杨巨平：《弥兰王还是米南德？——〈那先比丘经〉中的希腊化历史信息考》，《世界历史》2016 年第 5 期，第 111－122 页。
⑦ （汉）班固著，（唐）颜师古注：《汉书》，中华书局，1999 年版，第 2036 页。
⑧ （汉）司马迁著，（唐）张守节正义，（南朝宋）裴骃集解：《史记》，中华书局，1999 年版，第 2396－2397 页。

（即从印度-希腊王国弥兰王到冈多法内斯王 Gondophares I）大月氏尚未普遍信奉佛教[①]。

公元1世纪中期，月支贵霜王国（Kusān RājavamŚa）崛起，贵霜翕侯丘就却（Kujula Kadphises，30—80）完成了贵霜对北印度的征服活动[②]。B. R. 怀特赫德认为，从丘就却钱币上的佛像来看，公元1世纪月氏贵霜即已部分信仰佛教[③]。由此可知月支贵霜王国在统治北印度犍陀罗（Gandhara）、迦毕试（KāpiŚa）和秣菟罗（Mathura）呾叉始罗国（Taxila）之后即已接受了佛教。J. E. 希尔认为，贵霜无名王阎膏珍（Vima Taktu，80—95）灭濮达、罽宾，悉有其国[④]。鱼豢《魏略·西戎传》写道："罽宾国、大夏国、高附国（Kophes，Kophene）、天竺国皆并属大月氏。"[⑤] 僧祐《法显传》写道："昔月氏王大兴兵众，来伐此国（弗楼沙 Purusapura）欲取佛钵。既伏此国已，月氏王等笃信佛法，欲持钵去，故大兴供养。"[⑥] 而后，因迦腻色迦王（Kanishka I，127—140）推崇佛教，佛教再次在印度兴盛一时，也使得横亘中亚、南亚的"丝绸之路"再次出现了极其繁荣的东西文化交流。《法显传》写道："（佛语阿难云），吾般泥洹后当有国王名罽腻伽，于此处起塔。后罽腻伽王出世，出行游观时……于是王即于小儿塔上起塔，高四十余丈，众宝校饰。"[⑦] 迦腻色迦王邀请胁尊者（Parsva）和五百罗汉在罽宾举行新的三藏结集大会，而后编撰了《阿毗达磨发智大毗婆沙论》（Abhidharma Mahāvibhāsā Śāstra）。据玄奘《大唐西域记·迦毕试国》记载，临近罽宾的东汉封地（河西藩国）至那仆底国（Cīnapati，Cīnabhukti）已是月氏贵霜的属国[⑧]。东汉末期来自月支贵霜的高僧迦叶摩腾（蓝氏城 Bactria）、竺法兰（中天竺）等较早在中土传播佛教。

233年以后，在波斯萨珊王国（Sassanian，Sasanid）、嚈哒（Hephthalite）的打击下，月支贵霜王国衰落，并趋于分崩离析，佛教在印度即亦式微[⑨]。3—5世纪，印度笈多王朝（Gupta dynasty）的兴起沉重打击了佛教活动，室利笈多（Śri Gupta，240—280）复兴了印度教和古典梵语文学。到海护王（Samudragupta，335—380）、超日王（Chandragupta Vikramaditya，380—415）时期，笈多王朝统治了整个北印度，只有罽宾还是一个保持着独立的月支/贵霜王国。乌苌国沙门佛图澄（Buddhacinga，232—348）主要在罽宾学习说一切有部佛学，可能长时间游方于龟兹[⑩]。因此，两晋时期，主要是来自罽宾、龟兹的高僧在中土传播佛教。《法显传》写道："从此西行向北天竺国。在道一月，得度葱岭。……度岭已到北天竺。始入其境。有一小国名陀历（Daradas）……度河（新头河）便到乌苌国

---

① 黎乌著，许建英、贾建飞译：《斯基泰时期》，云南人民出版社，2002年版，第21页。

② ［美］因伐尔特著，李铁译：《犍陀罗艺术》，上海人民出版社，1991年版，第4页。

③ Richard Bertram Whitehead，"Catalogue of coins in the Panjab Museum，Lahore. Vol. I Indo-Greek coins"，Argonaut Inc. Publishers，Chicago.

④ John E. Hill，*Through the Jade Gate to Rome：A Study of the Silk Routes during the Later Han Dynasty，1st to 2nd Centuries CE*. BookSurge，Charleston，South Carolina，2009：29，351.

⑤ （晋）陈寿著，（南朝宋）裴松之注，陈乃乾校点：《三国志》，中华书局，1982年版，第859页。

⑥ （晋）法显著，章巽校注：《法显传校注》，中华书局，1985年版，第38页。

⑦ （晋）法显著，章巽校注：《法显传校注》，中华书局，1985年版，第38页。

⑧ （唐）玄奘、辩机著，季羡林等校注：《大唐西域记》，中华书局，1985年版，第368页。

⑨ ［美］因伐尔特著，李铁译：《犍陀罗艺术》，上海人民出版社，1991年版，第4—6页。

⑩ （南朝梁）慧皎著，汤用彤校注：《高僧传》，中华书局，1997年版，第345页。

(Udyāna)。其乌苌国是正北天竺也，尽作中天竺语。中天竺所谓中国。”① 僧祐《出三藏记集·鸠摩罗什传》写道：“父鸠摩炎，聪明有懿节。将嗣相位，乃辞避出家，东度葱岭。”“什年九岁，进到罽宾，遇名德法师槃头达多。即罽宾王之从弟也。”② 因此可知，4世纪中期陀历国（即今吉尔吉特 Gilgit）已经是印度笈多王朝的属地。因而，鸠摩罗什的祖父鸠摩达多（Kumāradatta）被称为天竺人，却非舍卫国（即室罗伐国Ś-rāvastī）人。古典梵语复兴运动的影响显然已经渗透到葱岭以东诸国，《法显传》写道：“（鄯鄯等）诸国俗人及沙门尽行天竺法，但有精粗。从此西行所经诸国，类皆如是，唯国国胡语不同，然出家人皆习天竺书天竺语。”③《出三藏记集·鸠摩罗什传》本传写道：“王（纯）有妹，年始二十，才悟明敏，过目必能，一闻则诵。……什之在胎，其母慧解……忽自通天竺语，众咸叹异。”④ 343－344年，印度笈多王朝海护王已经征服北印度（除罽宾外），而葱岭以东的龟兹已然深受古典梵语复兴运动的影响，即出现了采用婆罗迷字母的于阗语、吐火罗文（焉耆语、龟兹语）。

大众部《摩诃僧祇律·私记》、上座部《达摩多罗禅经》、罽宾《阿毗达磨大毗婆沙论》、世友《异部宗轮论》、锡兰《岛史》、铜鍱部《善见律毗婆沙》等对佛教部派的分裂有不同的记载。从现存的文献来看，龟兹佛教包括上座部诸派别的多种小乘佛教：上座部（根本上座部、雪山部，犊子部、正量部、法上部、贤胄部、密林山部等），以及从上座部分裂而出的分别说部（化地部、法藏部、饮光部）。说一切有部可能是从阿育王时期的分别说部（Vibhajjavāda）的化地部分裂而出。

二、佛教传入龟兹的时间

龟兹（Kucina，Kuche，Kuchar）在西域诸国中具有重要的地位，班固《汉书·西域传》写道：“龟兹国，王治延城……南与精绝、东南与且末、西南与杆弥、北与乌孙、西与姑墨接。”⑤ 武帝到元帝时期，龟兹附属于西汉王朝；哀帝以后，西域诸国割据自立，往往役属于匈奴。东汉明帝永平十六年（73）窦固、班超打败匈奴，龟兹降服。范晔《后汉书·西域传》写道：“西域自绝六十五载，乃复通焉。明年，始置都护、戊已校尉。”⑥

佛教传入葱岭以东诸国的时间是公元前1世纪，仅见于《大唐西域记》之“朅盘陀国”(Khabandha)，朅盘陀邻近佉沙国（即疏勒 Khāsa，Kashgar)。《大唐西域记》记载罽宾的属国朅盘陀（即蒲犁国）城东二石窟七百余年前有罗汉灭尽定，其时间当为公元前1世纪中期。“后嗣陵夷，见迫强国，无忧王命世即其宫中建窣堵波（stūpa)。其王于后迁居宫东北隅，以其故宫为尊者童受（Kumāralabdha）论师建僧伽蓝，台阁高广，佛像威严。尊者呾

① （晋）法显著，章巽校注：《法显传校注》，中华书局，1985年版，第26页。
② （南朝梁）僧祐著，苏晋仁、萧炼子点校：《出三藏记集》，中华书局，1995年版，第530页。
③ （晋）法显著，章巽校注：《法显传校注》，中华书局，1985年版，第8页。
④ （南朝梁）僧祐著，苏晋仁、萧炼子点校：《出三藏记集》，中华书局，1995年版，第530页。
⑤ （汉）班固著，（唐）颜师古注：《汉书》，中华书局，1999年版，第2881页。
⑥ （南朝宋）范晔著：《后汉书》，中华书局，1999年版，第1967页。

叉始罗国（Taxila）人也。”① 于是推知，朅盘陀国的佛教是从摩揭陀或者呾叉始罗传入。玄奘以下记载的时间显然有误，童受可能是公元3世纪的佛教经量部（Sautrāntika）论师：“当此之时，东有马鸣（AŚvaghosa，80—150），南有提婆（Āryadeva，3rd century CE），西有龙猛（Nāgārjuna，150—250），北有童受（Kumāralabdha），号为四日照世。故此国王闻尊者盛德，兴兵动众伐呾叉始罗国，胁而得之，建此伽蓝。”②

人们不能确知佛教传入龟兹的时间。（1）一些学者认为公元前1世纪佛教即已传入龟兹。羽田亨《西域文明史概论》写道：“据学界最尊重的（鱼豢）《魏略》一书所言，是前汉末期哀帝元寿元年（公元前2年）……如果佛教果然从那时已入中国的话，那中国与西方各地交通必经之地的西域，且居住在那里的又是富于宗教信仰与思索的伊朗系人，岂有不先流行之理？必然是由此而东渐于中国，这点是没有疑问的。”③ 僧祐《出三藏记集·法显传》写到岭东诸国的佛教：“自立弥勒菩萨（Maitreya）像后便有天竺沙门赍经律过此河（新头河 the River Sindhu）者。像立在佛泥洹后三百许年。”④ 这暗示了公元前1世纪后期佛教已经从犍陀罗或者憍萨罗（KauŚala）传入罽宾（罽宾强盛时曾一度征服高附国，佛教由此传入罽宾）⑤。鱼豢《魏略·西戎传》写到了来自月支贵霜王国的佛教传入，“天竺有神人，名沙律（Śāriputra）。昔汉哀帝元寿元年（公元前2年），博士弟子景卢受大月氏王使者伊存口授《浮屠经》。曰复立（当为豆Buddha）者，其人也”。该记载见陈寿《三国志·魏书·乌丸鲜卑东夷传》的裴松之引注⑥。北印度上座部、化地部、罽宾的说一切有部（Sarvāstivāda）有《舍利弗阿毗达磨》《舍利弗阿毗昙论》，原本崇尚舍利弗（Śāriputra）的佛学传统。此外，《阿育王太子坏目因缘经》也写到呾叉始罗、龟兹，然而所记事迹并不可靠。《法显传》写道：“从此东下，五日行到犍陀卫国（Gandhāra），是阿育王子法益所治处。佛为菩萨时，亦于此国以眼施人。其处亦起大塔，金银校饰。此国人多小乘学。”⑦ 概言之，以上二则文献并未证实公元前1世纪佛教既已传入龟兹。

一些学者认为佛教从迦湿弥罗传入葱岭以东诸国（疏勒、于阗、龟兹等）的时间是公元1世纪，或在月氏贵霜王丘就却、阎膏珍时期。吕澂《中国佛教源流略讲》写道：“中国初期传译的佛经，大都是通过西域得来的。佛教传入西域，时间要比内地早，但早到什么程度，现在还不能确立。……不过最迟也不会晚于一世纪，因为佛学传入中国是在二世纪中叶，传入内地之前，还应当有个时期在西域流通。”⑧ 季羡林《鸠摩罗什时代及其前后龟兹和焉耆两地的佛教信仰》写道：“佛教进入龟兹，很可能是从宫廷开始的。最晚在公元1世纪中，佛教已经在龟兹（可能也有焉耆）开始发挥作用了。”⑨ 羽溪了缔《西域之佛教》认

① （唐）玄奘、辩机：《大唐西域记校注》，中华书局，1985年版，第985—987页。
② （唐）玄奘、辩机：《大唐西域记校注》，中华书局，1985年版，第987页。
③ ［日］羽田亨著，耿世民译：《西域文明史概论》，中华书局，2005年版，第16页。
④ （晋）法显著，章巽校注：《法显传校注》，中华书局，1985年版，第26页。
⑤ 印顺：《佛教史地考论》，中华书局，2009年版。
⑥ （晋）陈寿著，（南朝宋）裴松之注，陈乃乾校点：《三国志》，中华书局，1982年版，第859页。
⑦ （晋）法显著，章巽校注：《法显传校注》，中华书局，1985年版，第36页。
⑧ 吕澂：《中国佛教源流略讲》，中华书局，1979年版，第39—40页。
⑨ 季羡林：《鸠摩罗什时代及其前后龟兹和焉耆两地的佛教信仰》，《孔子研究》2005年第6期，第29—41页。

为："佛教之传入龟兹，当较中国为早。盖龟兹为北道之要冲，如于阗之于南道然。大月氏、安息、康居，以及印度诸国与中国之往来，皆取北道，而必通过龟兹。据《魏书·西戎传》所载，大月氏与中国在纪元前已多少发生佛教的交涉，则大月氏之佛教徒经由此国时，佛教之消息，或已多少传与龟兹矣。加之，纪元前迦湿弥罗、犍陀罗之佛教输入于阗、疏勒。而于阗、疏勒与龟兹自汉以来，政治之交往极为频繁。"①

霍旭初在论述"克孜尔石窟壁画艺术及分期概述"时指出佛教在于阗、龟兹得到更大的发展，"公元1世纪，中亚兴起了强大的贵霜王朝，贵霜王朝第三代王迦腻色迦大力提倡佛教，在其王朝势力扩张下佛教得到了巨大的推进，也就在此形势下，佛教传入了古代新疆地区。""克孜尔石窟的始建期，可以定在3世纪末4世纪初。……我们以克孜尔壁画中的天人形象（例如，118窟，92窟，47窟）与犍陀罗3世纪的菩萨雕像相比，有许多相近之处。"②

印度巽伽王朝（Śuṅga，187 B.C.－78 B.C.）复兴婆罗门教，佛教活动主要集中于迦湿弥罗、犍陀罗和巴克特里亚。自阿育王到弥兰陀王，迦湿弥罗一直是佛教流传的地区，而在巴焦尔（Bajaur）石窟中发现的写在桦树皮上的佉卢文（Kharoṣṭhī）佛教经集（《法句经》、偈颂、佛赞、般若经等片段）论及华氏城的早期佛教部派（法藏部、大众部等），其可推测的时间却是公元1世纪③。佛教从迦湿弥罗传入葱岭以东诸国（例如，于阗、龟兹）可能即是这一时期。然而，《后汉书·班梁列传》写到明帝永平十六年龟兹王对疏勒的战争时，龟兹王建为匈奴所立，"倚恃虏威，据有北道，攻破疏勒，杀其王，而立龟兹人兜题为疏勒王"。由此可知，公元73年以前佛教尚未广泛流布于龟兹。

于阗出土的阎·伽德菲塞斯王（Vima Kadphises，90 / 95－127）骑乘骆驼的铜币表明，107年以后于阗国即已向月氏贵霜王国臣服。《后汉书·西域传》写到臣磐流放月氏贵霜一事，即是在阎·伽德菲塞斯王时期为质子。"安帝元初（114－120）中，疏勒王安国以舅臣磐有罪，徙于月氏。……月氏乃遣兵送还疏勒。国人素敬爱臣磐，又畏惮月氏，即共夺遗腹印绶，迎臣磐立为王。"④《大唐西域记·迦毕试国》写道："昔健驮逻国迦腻色迦王，威被邻国，化洽远方，治兵广地，至葱岭东。河西蕃维，畏威送质。迦腻色迦王既得质子，特加礼命，寒暑改馆，冬居印度诸国，夏还迦毕试国，春秋止健驮逻国。故质子三时住处，各建伽蓝。"⑤ 佛教传入疏勒、于阗应当始于阎·伽德菲塞斯王或者迦腻色迦王的远征岭东，而且在于阗瞿室𫎇伽山（牛角山）伽蓝发现的佉卢文《法句经》则是2世纪的抄本可以证实这一点。伯恩哈德写道："大量的非印度语借词的发现，清楚地表明这种方言在中亚受到两种不同语言的影响，首先是伊朗语成分，其次是一种身份不明的语言分支，似乎是原始楼兰古语。"⑥

从龟兹温宿王寺可知，公元1世纪后期佛教即已传入龟兹，而北山寺（即致隶伽蓝）却

① ［日］羽溪了谛著，贺昌群译：《西域之佛教》，商务印书馆，1956年版，第269－270页。

② 霍旭初：《龟兹艺术研究》，新疆人民出版社，1994年版，第2页、第5页。

③ Harry Falk，Karashima Seishi．"A first-century Prajñāpāramitā manuscript from Gandhāra-parivarta 1（Texts from the Split Collection 1）"．ARIRIAB XV，2012：19－61．

④ （南朝宋）范晔：《后汉书》，中华书局，1999年版，第1967页。

⑤ （唐）玄奘、辩机：《大唐西域记校注》，中华书局，1985年版，第138－139页。

⑥ ［德］伯恩哈德：《犍陀罗语与佛教在中亚的传播》，《西域研究》1996年第4期，第61－66页。

是更早时期建立的。光武帝建武之末（50年后）至和帝永元三年（91），龟兹国力强大，温宿沦为龟兹属国，温宿王寺应当建于此时。鱼豢《魏略·西戎传》写道："中道西行……姑墨国、温宿国、尉头国皆并属龟兹也。"① 《后汉书·班梁列传》中记载章帝建初三年（78）上疏："葱岭通则龟兹可伐。……且姑墨、温宿二王，特为龟兹所置，既非其种，更相厌苦，其势必有降反。若二国来降，则龟兹自破。""明年（91），龟兹、姑墨、温宿皆降。乃以超为都护，徐幹为长史。拜白霸为龟兹王，遣司马姚光送之。超与光共胁龟兹废其王尤利多而立白霸，使光将尤利多还诣京师。"② 据《后汉书·西域传》可知，永元二年的月氏王是阎膏珍（Vima Taktu）。从龟兹王白霸至回鹘（回纥）西迁，白（帛）氏王朝长期统治龟兹。林梅村《龟兹王城古迹考》从伭陁城的大立佛像推测东汉末佛教传入龟兹③。总言之，据可考文献可知佛教传入龟兹的时间是公元1世纪。

三、佛教传入龟兹的路线

佛教传入龟兹需要从传入路线获得有利的确实证据，因为印度、中亚的佛教高僧来到中土往往显示出明确的弘法/传教路线。从月氏贵霜到中国主要有两条通道。其一，从呾叉始罗沿着信度河（Sindhū River）到疏勒的通道可能是被大月氏打败的塞人（Sakae，Scythians）来到迦湿弥罗时才出现的。《汉书·张骞李广利传》写道："时，月氏已为匈奴所破，西击塞王，塞王南走远徙，月氏居其地。"④ 而后，佛教从月氏贵霜王国经由罽宾传入葱岭以东的疏勒、温宿、姑墨、龟兹国（北道）；或者经由罽宾传入莎车、子合、皮山、于阗国（南道）。其二，从犍陀罗经由康居、大宛（妫水流域）到疏勒、龟兹是另一条重要的文明通道，即张骞西行的路线，后人称为"丝绸之路"。《汉书·西域传》写道："自玉门、阳关出西域有两道：从鄯善傍南山北，陂河西行至莎车（Yarkand），为南道。南道西逾葱岭，则出大月氏、安息。自车师前王廷随北山，陂河西行至疏勒，为北道。北道西逾葱岭，则出大宛、康居、奄蔡焉。"⑤ 《后汉书·班梁列传》写道："永元二年（90），月氏遣其副王谢将兵七万攻超。超众少，皆大恐。超譬军士曰：月氏兵虽多，然数千里逾葱岭来……超度其粮将尽，必从龟兹求救，乃遣兵数百于东界要之。谢果遣骑赍金银珠玉以赂龟兹……月氏由是大震，岁奉贡献。"95年和帝诏书则称："（班）超遂逾葱岭，迄县度，出入二十二年，莫不宾从。"⑥ 鱼豢《魏略·西戎传》写道："从敦煌玉门关入西域，前有二道，今有三道。从玉门关西出，经婼羌转西，越葱岭，经县（悬）度，入大月氏，为南道。从玉门关西出，发都护井……到故楼兰，转西诣龟兹，至葱岭，为中道。从玉门关西北出，经横坑……到车师界戊已校尉所治高昌，转西与中道合龟兹，为新道。"⑦ 于是可知，龟兹佛教主要是从罽

① （晋）陈寿著，（南朝宋）裴松之注，陈乃乾校点：《三国志》，中华书局，1982年版，第859页。
② （南朝宋）范晔：《后汉书》，中华书局，1999年版，第1062页。
③ 林梅村：《龟兹王城古迹》，《西域研究》2015年第1期，第48—58页。
④ （汉）班固著，（唐）颜师古注：《汉书》，中华书局，1999年版，第2038页。
⑤ （汉）班固著，（唐）颜师古注：《汉书》，中华书局，1999年版，第2855页。
⑥ （南朝宋）范晔：《后汉书》，中华书局，1999年版，第1065页。
⑦ （晋）陈寿著，（南朝宋）裴松之注，陈乃乾校点：《三国志》，中华书局，1982年版，第859页。

宾经由疏勒传入，北山寺致隶蓝可以证明东汉初期佛教从罽宾传入龟兹。僧祐《出三藏记集·鸠摩罗什传》写道："至年十二，其母携还龟兹，至月氏北山。"[①] 4世纪中期罽宾已是月支贵霜王国的残地（因而有称月氏北山）。

黄文弼《佛教传入鄯善与西方文化的输入问题》认为："是佛教最初传入新疆及我国内地者，为月氏人及安息人。而佛教文明……亦以受波斯或月氏人之影响为最多……故中国内地及新疆之佛教文明最初确遵妫水大路而来……及逾葱岭，又分两支传播，一支至库车、焉耆、吐鲁番。一支至和阗、且末、鄯善。"[②] 据《大唐西域记》可知，于阗的大乘佛教是从憍赏弥国、迦毕试国经由迦湿弥罗（睹货逻国故地、商弥国、钵露罗国）、疏勒国（佉沙）而传入的。于阗的僧伽蓝和佛像源于迦湿弥罗、憍赏弥国（Vatsa，KauŚāmbī）、咀叉始罗国、屈支国（即龟兹）。大乘佛教原起于迦腻色迦时期的马鸣、龙树等佛教中观派学者，而且由瞿室䬻伽山伽蓝中的慈氏佛，藏文《于阗教法史》中的弥勒、文殊可知于阗佛教是来自月氏贵霜。值得指出的是，《大唐西域记》之"瞿萨旦那国（于阗 Gostana）"记载的毗卢折那伽蓝并不指示公元前1世纪，"王城南十余里有大伽蓝，此国先王为毗卢折那（唐言遍照 Vairocana）阿罗汉建也。昔者，此国佛法未被，而阿罗汉自迦湿弥罗国至此林中，宴坐习定。……王遂礼请，忽见空中佛像下降，授王揵椎，因即诚信，弘扬佛教"[③]。而且包含毗沙门/毗卢旃信仰的《华严经》（Mahāvaipulya Buddhāvataṃsaka Sūtra）、《孔雀王咒经》（Mahāmāyūrī Vidyārājñī Sūtra）出现于公元1世纪。此外，《于阗教法史》还记载了4位来到于阗的阿罗汉：佛陀努怛（Butaduta）、僧伽悉他（Sanggasta）、僧伽菩央（Sanggaboyang）、僧伽悉他那（Sanggastana），他们可能是来自罽宾的说小乘佛教一切有部的沙门[④]。由此可知，于阗的佛教传入应是公元1世纪。

值得指出的是，经由乌孙、大宛、康居的路线（即从楼兰、敦煌沿着伊犁河、窣利河 Sughd、锡尔河 Sirdarya、妫水到犍陀罗）则是另一条更为宽阔易行的通道，然而匈奴、柔然（芮芮）、突厥王国往往阻断了这一通道上的交往活动。梁启超《佛教与西域》《又佛教与西域》较早论述了佛教经西域传入中土的情况，"粗为归纳，则后汉、三国，以安息、月支、康居人为多；两晋以龟兹、罽宾人为多；南北朝则西域诸国与印度人中分势力；隋唐则印人居优势，而海南诸国亦有来者"[⑤]。

早期来华的佛经翻译者主要是来自月氏贵霜王国各地（安息、月氏、康居、罽宾）的僧人，应是经由"丝绸之路"而来。《出三藏记集·安世高传》记载公元148年来到中土的安世高是安息国王政后之太子，"尤精阿毗昙学，讽持禅经。略尽其妙，既而游方，弘化遍历诸国。以汉桓帝（146－167年在位）之初，始到中夏"。"天竺国自称书为天书，语为天语。"[⑥] 由此可知，安世高可能来自月氏贵霜迦腻色伽王（Kanishka I，127－140）时期的巴

① （南朝梁）僧祐著，苏晋仁、萧炼子点校：《出三藏记集》，中华书局，1995年版，第531页。

② 黄文弼：《西北史地论丛》，上海人民出版社，1981年版，第259－260页。

③ （唐）玄奘、辩机：《大唐西域记校注》，中华书局，1985年版，第1009－1010页。

④ 朱丽双：《敦煌藏文文书 Pt960 所记于阗佛寺的创立——〈于阗教法史〉译注之一》，《敦煌研究》2011年第1期，第81－87页。

⑤ 梁启超：《佛学研究十八篇》，中华书局，1989年版，第101页。

⑥ （南朝梁）僧祐著，苏晋仁、萧炼子点校：《出三藏记集》，中华书局，1995年版，第508页、第510页。

克特里亚地区，并较长时期在岭东诸国传播佛教，“于是俊异之名被于西域，远近邻国咸敬而伟之……至止未久，即通习华语，于是宣释众经改胡为汉”①。与安世高不同的是汉灵帝末年（181—189）来到中土的安玄“游贾洛阳，有功，号骑都尉”②。于是推知，安玄是活跃在“丝绸之路”上的佛教信徒（优婆塞 Upāsaka），而非出家僧人。支谶、竺朔佛的来华情况不详，二者是迦腻色伽王在位时期的月氏贵霜佛教僧人，前者可能来自巴克特里亚地区，后者可能来自印度摩揭陀故地。《出三藏记集·支谶传》写道：“支谶，本月支国人也。操行淳深，性度开敏。禀持法戒，以精勤著称。讽诵群经，志存宣法。汉桓帝末，游于洛阳，以灵帝光和中平之间。”“沙门竺朔佛者，天竺人也。汉桓帝时，亦赍《道行经》来适洛阳，即转胡为汉。”③ 据《后汉书》推知，这些来自月氏贵霜王国的僧人可能是经由罽宾传入葱岭以东的龟兹、于阗诸国，而后传入中原，尤其是安世高曾游历西域诸国。

四、鸠摩罗什之前的龟兹佛教

3 世纪以后，波斯萨珊王朝、嚈哒（即滑国）、印度笈多王朝先后统治北印度，使得佛教中心转移到罽宾；同时，一些月支贵霜高僧流亡葱岭以东诸国，佛教逐渐流行于龟兹。白（帛）氏王朝多有王族崇信佛教，克孜尔石窟所发现的梵文残卷中较多提到王室成员（国王、王子、公主等）信仰佛教的情况④。《出三藏记集·比丘尼戒本所出本末序》写道：“拘夷国寺甚多，修饰至丽。王宫雕镂，立佛形像，与寺无异。有寺（Sangharama）名达慕蓝（百七十僧），北山寺名致隶蓝（五十僧），剑慕王新蓝（六十僧），温宿王蓝（七十僧）。右四寺佛图舌弥所统。……王新僧伽蓝（九十僧。有年少沙门字鸠摩罗，才大高明，大乘学，与舌弥是师徒，而舌弥阿含学者也）。阿丽蓝（百八十比丘尼），输若干蓝（五十比丘尼），阿丽跋蓝（三十尼道）。右三寺比丘尼统依舌弥受法戒。比丘尼，外国法不得独立也。此三寺尼，多是葱岭以东王侯妇女，为道远集。”⑤

《出三藏记集·昙无谶传》记载直至 5 世纪早期龟兹盛行小乘佛学，“（白头）禅师即授以树皮《涅槃经》本。……（昙无谶）乃赍《大涅槃经》本前分十二卷，并《菩萨戒经》《菩萨戒本》奔龟兹。龟兹国多小乘学，不信涅槃，遂至姑臧，止于传舍”⑥。玄奘《大唐西域记·屈支国》指出，小乘佛教说一切有部在龟兹盛行一时，“屈支国，东西千余里，南北六百余里……文字取则印度，粗有改变。管弦伎乐，特善诸国……伽蓝百余所，僧徒五千余人，习学小乘教说一切有部。经教律仪，取则印度，其习读者，即本文矣。尚拘渐教，食杂三净”⑦。《出三藏记集》中记载最早来自龟兹的佛经译者可能是曹魏正始之末（249）译出《首楞严经》(Śūrañgama Sūtra）的白延，甘露三年（258），白延在洛阳白马寺译出《无量

① （南朝梁）僧祐著，苏晋仁、萧炼子点校：《出三藏记集》，中华书局，1995 年版，第 508 页。
② （南朝梁）僧祐著，苏晋仁、萧炼子点校：《出三藏记集》，中华书局，1995 年版，第 511 页。
③ （南朝梁）僧祐著，苏晋仁、萧炼子点校：《出三藏记集》，中华书局，1995 年版，第 511 页。
④ 林梅村：《龟兹王城古迹》，《西域研究》2015 年第 1 期，第 48—58 页。
⑤ （南朝梁）僧祐著，苏晋仁、萧炼子点校：《出三藏记集》，中华书局，1995 年版，第 538 页。
⑥ （南朝梁）僧祐著，苏晋仁、萧炼子点校：《出三藏记集》，中华书局，1995 年版，第 538—539 页。
⑦ （唐）玄奘、辩机：《大唐西域记校注》，中华书局，1985 年版，第 54 页。

清净平等觉经》。魏晋时期，来自龟兹的佛经翻译者逐渐增多。西晋永嘉年间来到中土的帛尸梨蜜多罗（Śrīmitra）。慧皎《高僧传》写道："帛尸梨密多罗，此云吉友，西域人，时人呼为高座。……（尸梨）密善持咒术，所向皆验。初江东未有咒法，（尸梨）密译出《孔雀王经》，明诸神咒。又授弟子觅历高声梵呗，传响于今。晋咸康中卒，春秋八十余。"①

道安《比丘大戒序》写道："又传尸叉罽赖尼（Śikṣā－Karaniya）有百一十事，余慊其多。（昙摩）侍（Dharmayasa）曰：我持律，（佛图舌弥）许口受，十事一记，无长也。寻僧纯在丘慈国佛陀舌弥许得《比丘尼大戒》来，出之，正与侍同，百有一十尔，乃知其审不多也。"② 379 年《比丘尼大戒》在长安译出，原本由帛纯、昙充从龟兹传入。既称昙摩侍为外国道人，可知其来自接近罽宾的某西域地区，例如，昙摩蜜多（Dharmamitra）是罽宾人，昙摩难提（Dharmanandin）是兜佉勒人，昙摩迦罗（Dharmakāla）是乌苌国人，法护（即昙无谶，Dharmarakṣa）是居于敦煌的月氏人。在佛教传入中国的初期，葱岭以东的疏勒、于阗、龟兹、焉耆、敦煌等西域诸国起过中介作用，吐火罗文（龟兹语、焉耆语）曾被使用来翻译佛经。最初译为汉文的一些佛教术语，是通过吐火罗文的媒介，这是一种梵语化（即采用婆罗迷字母）的胡语③。

林梅村《龟兹文明的兴衰》指出，伯希和曾在龟兹发现了佉卢文佛经残片，即是法藏部经典④。《高僧传·佛陀耶舍传》记载，莎车流行大小乘，《华严经》《涅槃经》《禅秘要治病经》等大乘经均从莎车取得。可能是受到莎车、蒲犁、子合（沮渠）、皮山、于阗等南道诸国的影响，龟兹还流传大众部（Mahāsaṃghika），和由大众部发展而出的龙树（Nāgārjuna）系大乘佛教。从《法显传》记载的于阗国中有四大僧伽蓝（衢摩帝大寺、王新寺等）可知，龟兹的佛寺制度往往与于阗相似。

五、结语

公元1世纪，佛教从月氏贵霜王国（犍陀罗、迦毕试、秣菟罗、呾叉始罗、罽宾等）传入葱岭以东诸国，龟兹、于阗因而成为重要的佛教中心。东升《中印佛教交通史》之"龟兹国之佛教"写道："佛教若干经典先传至龟兹、于阗等地，再传入我国。六朝以前之中国佛教，实由北印度、阿富汗斯坦、突厥斯坦的新疆——古代所谓西域—带间接传来，当时此等地区佛教已繁荣千余年，在佛教传播史上，是不容忽视的。特别是《大方广华严经》（六十，八十），都来自于阗。大翻译家鸠摩罗什出生于龟兹，其所译出之《妙法莲华经》，原本有类似龟兹语之说。故六朝以前之龟兹，实为佛教第二中心，是东西文化混合地，大乘佛法经典的仓库。"⑤

（作者单位：福建师范大学文学院）

① （南朝梁）慧皎著，汤用彤校注：《高僧传》，中华书局，1997年版，第29－30页。
② （南朝梁）僧祐著，苏晋仁、萧炼子点校：《出三藏记集》，中华书局，1995年版，第538—539页。
③ 季羡林：《鸠摩罗什时代及其前后龟兹和焉耆两地的佛教信仰》，《孔子研究》2005年第6期，第29－41页。
④ 林梅村：《龟兹文明的兴衰》，《华夏地理》2012年11月号，第60－63页。
⑤ 东初：《中印佛教交通史》，中华大典编印会（中华佛教文化馆），1968年版，第117页。

宋代江苏灾害诗词辑考[①]

李朝军

内容提要：我国古代有关自然灾害的文学书写文献分布十分零散，不便于参考利用。本文钩稽反映今江苏省多地宋代自然灾害的诗词 22 首，简要概括其大意，考辨其本事和作年，具有补史、证史的作用，对于江苏灾害史、地方文史、灾害文学的整理研究具有一定的参考价值。

关键词：徐州；淮扬；广陵；海门；灾害诗；编年

我国历来多自然灾害，宋代江苏各地的灾情也留下许多历史记录。与史书的集中记载不同，灾害的文学书写文献分布"却很零散"[②]，很不便于阅读和利用，其独特的文献、文学价值难以发挥。本文试从两宋 13 位文人的众多诗词作品中钩稽有关诗作 21 首、词作 1 首，粗略概括其大意，考辨其本事、作年，以见宋代诗词对江苏自然灾害的反映情况。尽管本文搜辑此类作品不免还有遗漏，但这对于古代江苏灾害史、地方文史和灾害文学的整理研究无疑具有一定的参考价值和启发意义。现依今江苏省行政管辖范围，从北向南，逐次列举和梳理这些作品。

由于史料、研究现状和考证难度所限，本文所收个别作品所涉本事和作年还难以确考，暂付阙如。限于篇幅，对于部分作品没有全引，主要引录了其直接关涉灾害及其救治的内容。

---

① 基金项目：四川省社会科学重点研究基地地方文化资源保护与开发研究中心项目"唐宋时期四川灾害诗辑考"（DFWH2020－025）。

② 李朝军：《古代文学作品的灾害文献价值及其利用刍议》，《华夏文化论坛》第二十三辑，吉林大学出版社，2020 年版，第 57 页。

一、徐州

1. **苏轼《河复》并叙，熙宁十年**（1077）**作**

熙宁十年秋，河决澶渊。注钜野，入淮泗。自澶魏以北，皆绝流而济。楚大被其害，彭门城下水二丈八尺，七十余日不退。吏民疲于守御。十月十三日，澶州大风终日。既止，而河流一枝，已复故道，闻之喜甚，庶几可塞乎。乃作《河复》诗，歌之道路，以致民愿而迎神休，盖守土者之志也。

君不见西汉元光、元封间，河决瓠子二十年。钜野东倾淮泗满，楚人恣食黄河鳣。万里沙回封禅罢，初遣越巫沉白马。河公未许人力穷，薪刍万计随流下。吾君盛德如唐尧，百神受职河神骄。帝遣风师下约束，北流夜起澶州桥。东风吹冻收微渌，神功不用淇园竹。[①]

【简释】

据诗序，此诗是苏轼（1037—1101）为庆贺决堤黄河回复故道、徐州抗洪取得胜利即时而作，作于熙宁十年（1077）十月。

2. **苏轼《登望谼亭》，熙宁十年**（1077）**作**

河涨西来失旧谼，孤城浑在水光中。忽然归壑无寻处，千里禾麻一半空。[②]

【简释】

此诗描述熙宁十年（1077）黄河决堤洪水远泛徐州、围困城市、损毁庄稼的情形[③]。

3. **苏轼《答吕梁仲屯田》，熙宁十年**（1077）**作**

黄河西来初不觉，但讶清泗奔流浑。夜闻沙岸鸣瓮盎，晓看雪浪浮鹏鲲。吕梁自古喉吻地，万顷一抹何由吞。坐观入市卷闾井，吏民走尽余王尊。计穷路断欲安适，吟诗破屋愁鸢蹲。岁寒霜重水归壑，但见屋瓦留沙痕。入城相对如梦寐，我亦仅免为鱼鼋。……宣房未筑淮泗满，故道堙灭疮痍存。明年劳苦应更甚，我当畚锸先黥髡。付君万指伐顽石，千锤雷动苍山根。高城如铁洪口快，谈笑却扫看崩奔。农夫掉臂免狼顾，秋谷布野如云屯。[④]

【简释】

熙宁十年（1077）七月黄河“大决于澶州曹村，澶渊北流断绝，河道南徙”，灾情十分严重，“凡灌郡县四十五，而濮、齐、郓、徐、尤甚，坏田逾三十万顷”[⑤]。苏轼出知徐州不数月即遭遇这次黄河决堤，洪水远道奔袭，徐州城面临覆顶之灾。此诗是当年十月洪水退却后苏轼出巡而作[⑥]。

4. **苏轼《起伏龙行》并叙**

徐州城东二十里，有石潭。父老云：“与泗水通，增损清浊，相应不差，时有河鱼出焉。”元丰元年春旱，或云置虎头潭中，可以致雷雨。用其说作《起伏龙行》。

---

① （清）王文诰辑注：《苏轼诗集》，中华书局，1982年版，第765页。
② 北京大学古文献研究所编：《全宋诗》第14册，北京大学出版社，1993年版，第9244页。
③ 参见张志烈等主编《苏轼全集校注·诗集校注》，河北人民出版社，2010年版，第1589页。
④ （清）王文诰辑注：《苏轼诗集》，中华书局，1982年版，第774页。
⑤ （元）脱脱：《宋史》卷九二，中华书局，1977年版，第2284页。
⑥ 参见孔凡礼《苏轼年谱》，中华书局，1998年版，第377页。

……东方久旱千里赤，三月行人口生土。碧潭近在古城东，神物所蟠谁敢侮。……尔来怀宝但贪眠，满腹雷霆瘖不吐。赤龙白虎战明日（是月丙辰，明日庚寅），倒卷黄河作飞雨。嗟我岂乐斗两雄，有事径须烦一怒。[①]

【简释】

此诗反映苏轼作为知州在徐州春旱祈雨的情形，元丰元年三月（1078）作[②]。

5. **苏轼《浣溪沙·徐门石潭谢雨道上作五首》其三，元丰元年**（1078）**作**

（上片略）垂白杖藜抬醉眼，捋青捣麨软饥肠。问言豆叶几时黄。[③]

【简释】

下片内容反映当时徐州受旱灾影响农家青黄不接的境况，其旱灾本事如上诗《起伏龙行》所述。元丰元年初夏作于徐州[④]。

6. **郭祥正《徐州黄楼歌寄苏子瞻》，元丰元年**（1078）**作**

……黄河西来骇奔流，顷刻十丈平城头。浑涛舂撞怒鲸跃，危堞仅若杯盂浮。斯民嚣嚣坐恐化鱼鳖，刺史当分天子忧。植材筑土夜运昼，神物借力非人谋。河还故道万家喜，匪公何以全吾州。……[⑤]

【简释】

郭祥正（1035—1113）此诗歌颂苏轼在黄河洪水围困徐州之际，忠心耿耿，指挥若定，取得了保全一州城民的重大胜利。苏轼于徐州建黄楼事在元丰元年（1078）八月。黄楼落成之际，苏轼曾向多位文士征求诗文辞赋，此诗当作于此际。

7. **苏轼《九日黄楼作》，元丰元年**（1078）**作**

去年重阳不可说，南城夜半千沤发。水穿城下作雷鸣，泥满城头飞雨滑。黄花白酒无人问，日暮归来洗靴袜。岂知还复有今年，把盏对花容一呷。……（《九日黄楼作》）[⑥]

【简释】

此诗是徐州抗洪次年（元丰元年）重阳节，苏轼对上一年徐州洪灾险情的追述[⑦]。

8. **苏轼《罢徐州，往南京，马上走笔寄子由》其二，元丰二年**（1079）**作**

父老何自来，花枝袅长红。洗盏拜马前，请寿使君公。前年无使君，鱼鳖化儿童。举鞭谢父老，正坐使君穷。穷人命分恶，所向招灾凶。水来非吾过，去亦非吾功。[⑧]

【简释】

诗句“前年无使君，鱼鳖化儿童”，是徐州父老赞颂苏轼组织救灾、保卫徐州的巨大功劳。作于元丰二年（1079）三月移知湖州时[⑨]。

---

① 北京大学古文献研究所编：《全宋诗》第14册，北京大学出版社，1993年版，第9252—9253页。
② 张志烈等主编：《苏轼全集校注·诗集校注》，河北人民出版社，2010年版，第1688页。
③ 唐圭璋：《全宋词》，中华书局，1999年版，第407页。
④ 邹同庆、王宗堂：《苏轼词编年校注》（全三册），中华书局，2002年版，第231页、第234页。
⑤ 北京大学古文献研究所编：《全宋诗》第13册，北京大学出版社，1993年版，第8748页。
⑥ （清）王文诰辑注：《苏轼诗集》，中华书局，1982年版，第868页。
⑦ 参见张志烈等主编《苏轼全集校注·诗集校注》，河北人民出版社，2010年版，第1806页。
⑧ （清）王文诰辑注：《苏轼诗集》，中华书局，1982年版，第936页。
⑨ 参见张志烈等主编《苏轼全集校注·诗集校注》，河北人民出版社，2010年版，第1951页。

9. **释道潜《东坡先生挽词》其十一，建中靖国元年**（1101）**作**

大河当日决澶渊，横被东徐正渺漫。城上结庐亲指顾，敢将忠义折狂澜。[①]

【简释】

建中靖国元年（1101）七月苏轼逝世。释道潜（1043—1106）此诗为悼苏挽词，歌颂苏轼在徐州抗洪危急关头靠前指挥、力挽狂澜的英雄气概和忠义精神。

二、淮扬 临淮

1. **郑獬《淮扬大水》，治平元年**（1064）**作**

淮扬水暴不可言，绕城四面长波皴。如一大瓢寄沧海，十万生聚瓢中存。水之初作自何尔，旧堤有病亡其唇。划然大浪劈地出，正如百万狂牛犇。顷之漂泊成大泽，壮士挟山不可堙。居民窜避争入郭，郭内众人还塞门。老翁走哭觅幼子，哀赴卒为蛟龙吞。岂独异物乃为害，恶人行劫不待昏。此时虾蟆亦得志，撩须睥睨河伯尊。附城庐舍尽水府，惟见屋脊波间横。间或大雨又暴作，直疑瓶盎相奔倾。沟渠涨满无处泄，往往床下飞泉鸣。只恐此城须洞彻，城中坐见鱼类生。豪子室中具大筏，此筏岂便长全身。朝夕筑塞渐排去，两月未见车间尘。且喜余生尚存世，资储谁复伤漂沦。京师乃处天下腹，亦闻大水来扣阍。至于河朔南两蜀，长江大河俱腾掀。岂惟淮阳一弹地，洪涛乃撼半乾坤。臣闻九畴天公书，三十六字先五行。兹谓水德不润下，盖与土气交相争。愿召近臣讲大义，使之搜凿灾害根。下书遣使巡郡国，旷然一发天子恩。家贫溺死无以葬，赐以棺辖收冤魂。蠲除租赋勿收责，宽其衣食哺子孙。开发仓库收寒饿，庶几疮痏无瘢痕。不尔便恐委沟壑，强者趣聚蚕虱群。伏藏山林弄凶器，今可先事塞其源。朝廷固当有处置，贱臣何者敢僭论。元元仰首望德泽，惟愿陛下无因循。[②]

【简释】

详下一首后。

2. **郑獬《临淮大水》，治平元年**（1064）**作**

大水没树杪，涉冬原隰平。蛟龙移窟宅，蒲稗出纵横。坏屋久不补，污田晚更耕。接春恐流散，何策活苍生?[③]

【简释】

《淮扬大水》诗反映淮扬地区发生的一次特大城市洪灾，就其牵连反映当年全国各地普遍洪灾严重的形势（“洪涛乃撼半乾坤”）来看，与《宋史·英宗本纪》载治平元年（1064）的情况颇为相似：“是岁，畿内、宋、亳、陈、许、汝、蔡、唐、颍、曹、濮、济、单、濠、泗、庐、寿、楚、杭、宣、洪、鄂、施、渝州、光化、高邮军大水。”[④]《宋史》本传中也有

① 北京大学古文献研究所编：《全宋诗》第16册，北京大学出版社，1995年版，第10801页。
② 北京大学古文献研究所编：《全宋诗》第10册，北京大学出版社，1992年版，第6839页。
③ 北京大学古文献研究所编：《全宋诗》第10册，北京大学出版社，1992年版，第6852页。
④（元）脱脱：《宋史》卷一三，中华书局，1977年版，第256页。

其“治平中，大水求言，獬上疏”[①] 的记载。同时，他的《临淮大水》诗同是写该地区洪灾，诗里说明洪水经秋入冬才逐渐消退，与《淮扬大水》里“两月未见车间尘”的情形相似；并且，诗意最后落到忧虑灾民流亡、生计等问题，显示他在淮扬地区很可能负有官责。因此，郑獬（1022—1072）这两首写淮扬地区洪灾的诗作显示他治平初曾在此地为官，这是现存有关史传没有提及的，可补史阙。

至于《淮扬大水》的受灾城市，既然诗里“淮扬”也被称作“淮阳”，不可能是指扬州，而应是这一地区的泗州或楚州某地。诗称这里有“十万生聚”，则很可能为州治泗州或楚州，而不大可能为临淮县治。而泗州又称临淮郡，故知郑獬二诗所写当为同一城市——泗州州治（在今江苏盱眙）。《淮扬大水》作于洪灾发生的秋季，《临淮大水》作于这年冬天。《宋史·英宗本纪》记载这年水灾虽然笼统提及泗州，但显然语焉不详，郑獬二诗正好可以证实、补充这方面的史料[②]。

三、广陵

1. **韩琦《广陵大雪》，庆历五年**（1045）**作**

淮南常岁冬犹燠，今年阴沴何严酷。黑云漫天一月昏，大雪飞扬平压屋。风力轩号助其势，摆撼琳琅摧冻木。通宵彻昼不暂停，堆积楼台满溪谷。有时造出可怜态，柳絮梨花乱纷扑。乘温变化雨声来，度日阶庭恣淋漉。几萦寒霰不成丝，骤集疏檐还挂瀑。蛰蛙得意欲跳掷，幽鹭无情成挫辱。罾鱼江叟冰透蓑，卖炭野翁泥没辐。闾阎细民诚可哀，三市不喧游手束。牛衣破解突无烟，饿犬声微饥子哭。……太守忧民仰天祝，愿曙氛霾看晴旭。望晴不晴无奈何，拥被醉眠头更缩。[③]

【简释】

诗记韩琦（1008—1075）庆历年间知扬州时的雪寒灾害情况。作年参莫砺锋《论北宋名臣韩琦的诗歌》[④]。

2. **晁补之《东坡先生移守广陵，以诗往迎，先生以淮南旱，书中教虎头祈雨法。始走诸祠，即得甘泽，因为贺》，元祐七年**（1092）**作**

去年使君道广陵，吾州空市看双旌。今年吾州欢一口，使君来为广陵守。麦如栉发稻立锥，使君忧民如己饥。似闻维舟祷灵塔，如丝气上淮西脽。随轩膏泽人所待，风伯何知亦前戒。虎头未用沉沧江，龙尾先看挂清海。为霖功业在傅岩，如何白首拥彤幨。世上谗夫乱红紫，天教仁政满东南。[⑤]

【简释】

晁补之（1053—1110），字无咎。宋哲宗元祐七年（1092）三月苏轼移知扬州，“（扬州

---

① （元）脱脱：《宋史》卷三二一，中华书局，1977年版，第10418页。
② 参见邱云飞《中国灾害通史·宋代卷》，郑州大学出版社，2008年版，第56页、第344页。
③ 北京大学古文献研究所编：《全宋诗》第6册，北京大学出版社，1992年版，第3966页。
④ 莫砺锋：《论北宋名臣韩琦的诗歌》，《文学遗产》2014年第1期。
⑤ 北京大学古文献研究所编：《全宋诗》第19册，北京大学出版社，1995年版，第12826页。

通判）无咎以诗相迎"[①]。晁补之诗反映此时扬州正闹旱灾，苏轼祈雨"应验"的情形。大概因为灾情得到缓解，危害不大，史书失载[②]。

四、江宁　上元

1. 王安石《外厨遗火示公佐》

刀匕初无欲清人，如何灶鬼尚嫌嗔。翛翛短褐方炀火，冉冉青烟已被宸。邂逅焚巢连鸟雀，仓黄濡幕愧比邻。王阳幸有囊衣在，报赏焦头亦未贫。

2. 王安石《外厨遗火二绝》

灶鬼何为便赫然，似嫌刀机苦无羶。图书得免同煨烬，却赖厨人清不眠。青烟散入夜云流，赤焰侵寻上瓦沟。门巷便疑能炙手，比邻何苦却焦头。

【简释】

以上二诗为王安石（1021—1086）吟咏其私家火灾。当为元丰年间罢相后退居江宁（今江苏南京）所作[③]。

3. 张伯子《视旱田赋呈上元主簿杨明卿》

一朝王事有期会，百里民情同探讨。详于禹贡辨等级，明似离娄烛幽渺。高依丘垄或微收，低近陂塘翻尽槁。凶荒有数合均一，报应于中又分晓。不能究实害非浅，倘使从宽恩岂小。兹行到处欲春风，批放莫教分数少。[④]

【简释】

张伯子，上犹（今属江西）人。宋理宗景定中（1260—1264）知江宁县[⑤]。诗里反映的当是他做江宁知县时，与邻近的上元县主簿在旱灾时共同勘灾赈灾的情况。宋代江宁县和上元县属江宁府，今属南京市。

五、海门

1. 刘弇《元丰辛酉七月九夜大风四十韵》，元丰四年（1081）**作**

海傍七月无好天，顽云夜半争纠缠。雷公轰车电操帜，如以墨汁当空湔。门阑刺眼不见地，逼塞四野可筑拳。须臾飌风飙㞭起，便觉怒窍呺喧阗。茫茫平地驾斩辘，礌石杂下丽谯颠。驯狐投隅狗走窦，拔木僵仆踵不旋。铿轰时闻掷飘瓦，汹沸错以池羹煎。藩垣卷去甚撤幞，屋壁如受众挺挺。戛空飞砾正激射，况复急雨筛涌泉。初疑昆阳适猛兽，又讶伏弩弩庞涓。黔头豹裈健肘髀，剖拆囊袋推钤键。天吴助强马衔舞，鼯鼬嗥啸尸阴权。呼声过于赴赵

---

① （宋）傅藻编：《东坡纪年录》，载吴洪泽、尹波主编《宋人年谱丛刊》第五册，四川大学出版社，2003年版，第2846页。

② 参见邱云飞《中国灾害通史·宋代卷》，郑州大学出版社，2008年版，第114页、第354页。

③ 关于上述诗作的引文、作年，参见李德身《王安石诗文系年》，陕西人民出版社，1987年版，第297页、第337页；（宋）李壁注，李之亮补笺《王荆公诗注补笺》，巴蜀书社，2002年版，第280页、第498页、第779页。

④ 北京大学古文献研究所编：《全宋诗》第68册，北京大学出版社，1998年版，第42597页。

⑤ （宋）周应合纂：《景定建康志》卷三七，四库全书文渊阁本。

日，烈势更甚焚昆前。酣奔剧骤砉未已，阵马沓奏摩双鞬。蚩尤殲师洒腥血，驱驾山岳挥秦鞭。海涛撞舂万鼙震，岌嶪直恐三山骞。林椒宿鸟乱投坠，胁息岂问乌与鸢。虾蟆何知妄嘈囋，似为得意惊翩翾。流萤迸草戢光耀，啾蚓缩穴愁踆跧。泓窊往往走湍濑，卧内自可浮长鳣。伊余竟夕不成寐，纵有短炬谁复燃。屋如漏釜直下注，坐取滲漉攒两肩。嬴童叩鼻卧东壁，噤不哗骇如束毡。黎明下堂踏新淖，衹觉抚髀成怃然。平时里闬悉倾陊，饥民塞窦突不烟。田苗畦甲披殆尽，草木岂复根株连。蒂钟堕檐相乌折，笠豕逸泽如遭畋。我闻大块初噫气，蓄泄盖亦有节宣。助天挠物着自昜，标为玉烛存礼篇。条无鸣声瑞盛世，反禾宛在隆周年。厥惟反此是为戾，摽落下土灾所缘。尧罹长风衅滋甚，縻以大徼尸诸鄘。飞虫蔽空廪君怼，一昔崛起操戈铤铤。往时大旱几赤地，韩子讼藁于今传。诗人或以况威虐，歌沛自是所见偏。尔来暴旱亦时有，孰与掀屋扬楣枅。小家破荡大家耗，饮泣茹恨肩相骈。胡为斯民罹此患，孰任咎责当尤愆。我将狃天吐愤懑，坐使百怪成拘挛。是非曲直当有辨，略举大较归吾编。飞廉谴诛丰隆斥，庶几复使斯民痊。[①]

【简释】

这是刘弇（1048—1102）任海门县主簿时记录他在元丰辛酉（1081）七月九日夜所经历的风暴潮灾（台风）。刘弇此时仕履，据刘宗彬、黄桃红《刘弇年谱》：“元丰四年辛酉（1081）三十四岁，海门县主簿。”[②] 海门县，宋代属通州，在今江苏启东县和上海崇明县。

《宋史·五行志》载：“（元丰四年）七月甲午夜，泰州海风作，继以大雨，浸州城，坏公私庐舍数千间。静海县大风雨，毁官私庐舍二千七百六十三楹。丹阳县大风雨，溺民居，毁庐舍。丹徒县大风潮，飘荡沿江庐舍，损田稼。”[③] 此中并未列举海门，但海门与上述受灾地区临近，与同属通州的静海县紧邻，这次飓风还远及临近的泰州和润州的丹阳、丹徒县等地，故此可见其难以幸免这次台风的光顾。刘弇此诗的记载正好补阙[④]。

2. **华镇《海门》**

海陵东去尽东隅，桑柘田闾间碧芦。北障海涛除斥卤，南分江水溉膏腴。……[⑤]

【简释】

华镇（1051—?）此诗反映海门沿海地带构筑防海工程抵御海涛、海水侵蚀的情形，同时可见这种工程还兼具引导江水灌溉良田的功能。作年待考。

六、常州　润州

1. **刘敞《吴中大水，有负郭田在常州，云已漂溃，作一首示公仪》**

百谷驰东南，三江浇吴会。积阴漏云汉，涌水翻积块。斯民既昏垫，我稼堕颠沛。鱼鳖有余粮，郊原靡遗穗。糊口窃自恕，矜寡将何赖。天道有盈虚，吾宁罪于岁。救饥苦谋拙，

① 北京大学古文献研究所编：《全宋诗》第18册，北京大学出版社，1995年版，第11961—11962页。
② 刘宗彬、黄桃红：《刘弇年谱》，《井冈山学院学报（哲学社会科学）》2005年第1期。
③ （元）脱脱：《宋史》卷六七，中华书局，1977年版，第1469—1470页。
④ 参见邱云飞《中国灾害通史·宋代卷》，郑州大学出版社，2008年版，第183页。
⑤ 北京大学古文献研究所编：《全宋诗》第18册，北京大学出版社，1995年版，第12370页。

禹稷不可待。行矣帆长风，因之浮海外。[①]

【简释】

吴中，“泛指今太湖流域一带”[②]。刘敞（1019—1068）诗反映吴中地区的洪涝形势和自己在常州的良田被洪水冲毁的情况。本事和作年待考。

2. **刘敞《因甫移宰晋陵》**

自我游毗陵，五年今于兹。未尝不闵雨，未尝不苦饥。成汤周宣世，岂复能过斯。上无桑林祷，下无云汉诗。赤子饿沟渠，良田生蒺藜。听于闾里间，愁毒不可为。思得一贤人，救其渴与饥。上天似悔祸，子乃今来尸。……[③]

【简释】

此诗起因于送别友人胡湘（字因甫）赴任晋陵（属常州）县令。诗里说，诗人游历毗陵（常州别称）后的五年间，一直在牵挂着一场旱灾和饥荒，而眼下赴任晋陵的友人胡湘，正是期盼“救其渴与饥”的贤人。可见当时闹灾荒的地方，正是晋陵县所属的常州。本事和作年待考。

3. **姜特立《岁在绍熙甲寅，浙东西大旱，旁连江淮，至秋暴雨，水发天目，漂民庐，浸禾稼，而苏、常大歉，小人趋利，争运衢、婺谷粟顺流而下，日夜不止。又去冬岁暮多雨，连绵至春半，未有晴意，人情忧闷，聊书数语以备采谣者，至辞之工拙固所不计也。乙卯仲春作》，庆元元年**（1195）**作**

传闻常、润间，流殍满路衢。鄞江祸尤酷，越山复何如。米乡已无积，山郡岂有余。小人急眼前，负贩日夜趋。只知利一己，岂暇恤里闾。屈指至秋成，未可保无虞。尧汤备先具，庶冀收桑榆。[④]

【简释】

宋代浙西路包含今属江苏的苏州、常州、润州和江阴军等地以及浙江部分地区。姜特立（1125—?）此诗反映绍熙、庆元之交两浙路及江淮大旱、洪涝频仍、饿殍满路的灾荒形势。可佐证《宋史》相关记载：“（绍熙）五年春，浙东、西自去冬不雨，至于夏秋，镇江府、常秀州、江阴军大旱。庐、和、濠、楚州为甚，江西七郡亦旱。”[⑤] 此诗题序注明作于乙卯仲春即庆元元年（1195）。

七、苏州

1. **程俱《吴下去冬不寒，春不雨，人以为病，城中火灾相仍。自十二月至今，凡八九发，雍熙佛寺灾势尤甚，闾里讹言相惊，往往徙货泉，载家具，日为避火计。郡守以承天佛寺慧感神像供府第，为佛事禳祷，是日雨，明日雪，丁未又大雪，农事有初，火怪庶或熄》**

---

① 北京大学古文献研究所编：《全宋诗》第9册，北京大学出版社，1992年版，第5737页。

② 魏嵩山主编：《中国历史地名大辞典》，广东教育出版社，1995年版，第528页。

③ 北京大学古文献研究所编：《全宋诗》第9册，北京大学出版社，1992年版，第5660页。

④ 北京大学古文献研究所编：《全宋诗》第38册，北京大学出版社，1998年版，第24122页。

⑤ （元）脱脱：《宋史》卷六六，中华书局，1977年版，第1444页。

飞虫满空冬不冰，迎春草木皆夭荣。辘轳续绠榼桷燥，绯衣老人白昼行。城中一日二三发，儌巡司武徒纵横。化城海藏涌地出，耀眼金碧明青冥。中宵澒洞半天赤，一弹指顷随烟升。重云仙人具悲智，脱屣珍丽依无生。千年吴地赴缘感，疾甚景响从形声。入廛应供始敷坐，一雨便觉歊尘清。黎明密雪洒四泽，灏气交彻何晶荧。勾芒蒙润亦助喜，眩转鼓舞随飞英。毕方褫魄走荒外，虽有光怪何由呈。衡茅倦客正高卧，浩歌黄竹饥肠鸣。妻孥号寒不敢恨，且慰南亩滋春耕。[①]

【简释】

吴下，泛指吴地。此诗记述北宋末期苏州地区冬旱火灾频发的严重形势和适时雨雪缓解灾情旱势的情况。诗里提到的雍熙寺、承天寺，均见于宋人有关苏州的地志记载，如朱长文《吴郡图经续记》卷中、范成大《吴郡志》卷三一、祝穆《方舆胜览》卷二。程俱（1078—1144）“政和间自监舒州茶场上书论时政不合，来家于吴”[②]，且“徽宗政和元年（1111）起知泗州临淮县，官满后寓吴”[③]，故此诗当作于政和年间（1111—1118）。

（作者单位：西华大学文学与新闻传播学院）

① 北京大学古文献研究所编：《全宋诗》第25册，北京大学出版社，1995年版，第16248页。
② （宋）范成大：《吴郡志》卷十四，文渊阁四库全书本。
③ 北京大学古文献研究所编：《全宋诗》第25册，北京大学出版社，1995年版，第16235页。

论明清山南士人的蜀道诗

——以严如熤及其《山南诗选》为中心考察①

李晓兰

内容提要：蜀道作为逾越古代秦岭、巴山，沟通关中平原、汉中盆地与成都平原的纽带，拥有着许多雄奇峻美的自然景观，留下了丰富的历史遗迹和风云人物故事。生活于蜀道的山南士人亲历其中，咏怀历史人物，吟咏历史遗迹，歌咏自然风光，弘扬蜀道文化。为官陕南多年的严如熤不仅创作了不少蜀道诗，还收集了历代山南士人诗歌，编选了《山南诗选》。这是第一部山南诗歌总集，留存了蜀道文化，传扬了蜀道精神。

关键词：山南士人；蜀道诗；《山南诗选》

作为逾越古代秦岭、巴山，沟通关中平原、汉中盆地与成都平原的蜀道，承载了许许多多的历史事件，五丁开道、汉高祖一统帝业、诸葛亮六出祁山北伐曹魏等，积淀了深厚的历史文化意蕴。雄奇峻美的自然风景、厚重的历史文化、淳朴的民俗风情，汇聚成了蜀道文化中质朴坚贞、忠勇刚毅的精神气质，为历代文人墨客所歌咏，如李白、杜甫、陆游、王士禛等大家都留下了千古传诵的名篇。尤其是明清时期生活于蜀道上的山南士人则以亲历其中的视角创作了许多关于蜀道自然风光、历史遗迹和历史人物的诗歌。为官陕南多年的严如熤不仅创作了不少蜀道诗，还收集了历代山南士人诗歌，编成了《山南诗选》。这是第一部山南诗歌总集，是研究蜀道文化的重要文献。本文以严如熤创作蜀道诗及其《山南诗选》为对象，从中探析明清山南士人蜀道诗的内容及价值。

① 基金项目：2020年陕西理工大学研究生创新基金项目“孙琮《山晓阁评点柳柳州全集》研究”（SLGYCX2001）。

一、历代山南诗歌创作概况

山南是陕西南部，毗邻四川，属于蜀道枢纽和汉家发祥地。山南地区文学创作可以溯源至《诗经》，且艺术风格和创作手法颇为成熟，极富代表性。而后历经战乱的破坏以及唐以降政治、经济中心的转移等诸种因素，山南地区经济凋敝，文学创作也一度沉寂衰落。至明清时期，山南文教兴盛，尤其是清代，科举繁兴，山南士人文学创作大增，蜀道诗亦甚为丰富，并且出现陕南地区第一部也是唯一一部诗歌选集——严如熤《山南诗选》，入选由唐至清山南本土及外来士人的创作，主要是明清时期的作品。严氏清晰勾勒出了山南文学发展的脉络，为了便于理解，现将《山南诗选·例言》部分载录如下：

江汉肇咏载在葩经，其作者皆圣贤之徒。吾儒童而习之，白首莫穷其蕴。兹选不敢远引。

南郑大司徒李邵、李固、李爕祖孙父子数世渊源文学甲于一郡而蔚宗。汉史传中只叙德行，未详诗篇。城固博望侯张骞、班氏《汉书》亦不着诗文，想尔时诗教未鬯故也。

诗盛于唐，略阳权文公诗名重于中唐。今于《全唐诗》中择其尤佳及有关出处者，录之冠诸编首，其余美不胜收也。

宋时盛讲道学，兴、汉两郡俗尚醇朴，儒者多无刻本，诗亦寥寥，留心采取仅得一二人。

元代山内凋敝，不及弦诵，士流稀少，传者阙如，仅于钞本中得一人，埒诸吉光片羽。

前明文教丕兴，诗必继起，然汉中从无刻专集者。故科名虽盛，而以古学流传仅得李尚书、洪中丞、席解元数人，余皆不存，想没于兵燹、毁于荒烟蔓草者不少矣。

国朝仁渐义摩，庠序远播。百八十年中，山间向学之士蒸蒸蔚起。不独科第联翩，穷经汲古后先迭出，搜岩采干，司土者与有责焉。①

严如熤梳理了山南地区诗歌发展的历史状况，并分析其兴衰原因。严如熤认为“古人选诗多以人存诗，或以诗存人”，其《山南诗选》选诗则以诗人的学养与人品为标准，无论名声显贵与否，皆入选，“惟人之纯正、学之深邃者录之，而名之显晦无论”。正如严氏评城固刘天宠：“学有渊源，沉浸于六经，旁及秦汉、唐宋诸家，发为文章有序有物。教人以立品为先，讲求明体达用之学。”② 可见严氏赏诗以人品为先，倡导经世致用之作。与其他地域诗歌选集不同，严氏阐明其选诗目的，曰：“罗江李雨村太史有《蜀雅》二十卷，扬州阮云台抚军有《淮海英灵集》二十一卷，彼皆以乡人传先达，此则微有不同。”此选集不仅为了留存先贤遗风，更重要为了教化后人，“表章前贤，所以风厉后进。它日若再有佳作无妨续

① 严如熤：《山南诗选》，西安出版社，2017年版，第3页。
② 严如熤：《山南诗选》，西安出版社，2017年版，第127页。

登，莫以人往风微为憾”，且“侨寓、闺秀、方外在所不遗，有志风雅自当相赏于风尘之外”①。从中我们可以看到严氏选诗目的重在发扬先贤美德以淳风俗，与其经世致用的创作观念相一致。

明清时期，生长于蜀道枢纽和汉家发祥地的山南士人，长期浸染于蜀道浓厚的历史文化氤氲中，感触颇深，创作了不少蜀道诗，或抒写蜀道雄奇秀丽的自然形胜，或感怀历史积淀下来的丰厚遗产。清代陕南屡经战乱，历代山南诗歌能得以留存，除了严如熤费心搜访收集之功外，还赖于清代城固高万鹏保存之力。高万鹏曰：“窃念陕南同治初遭兵燹，老成凋谢殆尽。（万鹏）合家殉难，先世遗稿散佚无存。兹编犹载遗诗数章，则此集之传非惟副公素愿，实亦吾乡所深幸也。”② 作为《山南诗选》的编纂者，严如熤为官陕南二十余年，对陕南文化发展的贡献功不可没。正是其费尽周折搜集山南士人诗歌，才为山南地区保存了一份世人了解蜀道文化不可多得的珍贵文献。严氏的诗作及其编选《山南诗选》对研究明清时期陕南文学创作及蜀道文化具有重要的资料价值。

二、咏怀历史人物

蜀道自战国秦汉以来活跃过众多的历史人物，并在沿途留下大量胜迹遗址昭示后人，其中尤以秦汉三国人物最为集中。秦汉三国时期英雄辈出，叱咤风云，为历史上所罕见。山南士人亦突出赞颂秦汉三国英雄儒士的忠勇精神。汉中知府严如熤《汉台咏史》诗 116 首，品评自战国至明代时期的英雄人物，秦汉三国时期则占三分之一过之。历史与现实在士子心灵中碰撞，使之在咏史中关怀现实。

1. 歌咏秦汉历史人物

创建一统大业之汉高祖，西汉开国功臣之张良、韩信、萧何，以及传说中的商山四皓，是历代士人歌颂仰慕之对象。士人借助历史人物感怀现实，抒发自己建功立业的梦想。

清南郑黄作棣《汉高皇拜将坛》曰：“几丈荒坛阅雨风，残碑断碣已全空。汉家四百灵长祚，犹在城南夕照中。”③ 南郑张炳蔚《拜将坛怀古》云：“江流咽尽鼓鼙声，谁似淮阴善将兵？学剑早轻万人敌，登坛还使一军惊。从龙几见侯封遂，鹭雉翻教祸本成。猛士飘零王气歇，歌风台下暮云横。”④ 作者登临怀古，残垣断壁、亭榭花木使诗人满目凄凉，满腹悲伤，不禁感叹汉朝昔日的辉煌，伤君忧时之情溢于言表。

号称帝王之师的张良集文韬武略于一身，为刘邦统一千秋帝业立下赫赫功绩，深受后世士大夫的倾慕和赞美。历代吟咏者中不乏李白、杜甫、白居易、李商隐、杜牧、王安石、苏轼、辛弃疾、曾国藩一类大家，对张良盖世功名讴歌赞颂，而山南地区士人也多通过讽咏品评张良行事来传达自己的人生价值取向。正所谓司马光评“明哲保身者，子房有焉”，张良的智慧选择不仅使他成功地避免了如韩信、彭越等同侪功高被诛、身败名裂的悲剧，还使其

---

① 严如熤：《山南诗选》，西安出版社，2017 年版，第 4 页。
② 同上，第 1 页。
③ 同上，第 84 页。
④ 同上，第 111 页。

成为历史上功成身退的典范，为后世英雄豪杰所钦慕、称颂。山南士人对张良的吟咏多集中在其功成身退、隐逸山林行为上。如南郑彭绶昌《紫柏山留侯祠》曰："楚汉争逐鹿，不顾烹乃翁。父子且相薄，君臣为保终。所以明哲士，遁迹从赤松。辟谷亦偶托，安问黄石公。至今碧山下，紫柏郁青葱。荒祠委薜萝，古屋白云封。惆怅斯人远，木落寒山空。"① 南郑余翔汉《留侯祠》："留侯归隐处，紫柏拥祠寒。名就能辞汉，功成已报韩。途中一见帝，眼底早无官。大用阿谁识？苍岩带雾看。"② 洋县陈洪范《留侯祠》曰："万金家破未为忧，日夜狙秦欲报仇。沧海得人心已尽，祖龙脱命志难休。圯桥不惜经三往，水石何妨试一投。看到韩侯如猎犬，高情愿结赤松游。"③ 洋县赵贞，康熙已卯举人，其《子房山留侯辟谷处》曰："侯兮求仙学辟谷，诡说相边赤松躅。赤松丹宠归何乡，千载白云抱孤麓。欲上峰头问帝苍，乱山空翠飞茫茫。大风已歇汉炎冷，赢得此山名子房。"④ 城固赵志昴《白云山留侯祠》："青山迥不染红尘，避谷求仙岂必真？志在酬韩因事汉，功成殪项已平秦。"⑤ 严如熤《张良墓》曰："赤松黄石事依稀，郁郁松楸掩落晖。本为报韩龙一起，已成兴汉鹤还归。相烦平勃收全局，不复英彭共祸机。天授漫称神驾驭，碧空无碍鸟高飞。"⑥ 此六首诗皆将重点落在了张良实现人生抱负后不眷恋高官厚禄、隐退江湖之事，对张良的功成身退充满羡慕之情。

秦末汉初商山四皓因其本身具有传奇色彩，凝结着士人既建功立业，名垂后世，又能远身避害，终其天年的理想，遂成为历代文人讽咏品评的对象。汉代以来文人士子关于商山四皓出处行止的吟咏颇多，诗作主旨从最初侧重商山四皓事功与道德角度评价，逐渐转向高士、道隐和仙寿等多向度的流播与扩展，不断揭示四皓文化价值与时代意义。明清山南士人亦多赞誉四皓高德隐逸品性。南郑陈琚《商山四皓歌》曰："高车山高接穹昊，中有畸人寄怀抱。蓬莱缥缈何处好？此间云雾即仙岛。暴秦纲密大无道，佐以斯高构群小。洁身远引甘枯槁，皎皎出群推四皓。逶迤自采紫芝草，疗饥何必安期枣。汉皇易储护持早，羽翼已成转圜巧。贤士声名真国宝，功成归向青山老。只今遗迹事幽讨，白石苍苍水灏灏。"⑦ 洋县人陈洪范《商山怀古，用陶渊明赠羊长史使秦经商山韵》曰："昔闻巢与许，揖让羞唐虞。后有黄绮辈，睥睨留侯书。汉家提三尺，逐鹿驰上都。先入关者王，捷足谁能踰。群策皆辐辏，四百此权舆。欲疗烟霞癖，勋名得与俱。哲人早见几，不肯少踟蹰。兔死狗必烹，韩彭竟何如。漠漠空山路，荒谷不厌芜。愿言蹑芳躅，邂逅接欢娱。尘心惭未尽，分与仙源疏。岩扉独延伫，白云自卷舒。"⑧《商山四皓歌》曰："商于六百里，秦楚争未已。其中有幽人，高卧坚不起。善骂原不为高皇，道引还同张子房。羽翮已就飘然去，世间富贵非所望。君不见□窸松柏道，遗冢累累覆青草。云扉长护旧紫芝，千古清风说四皓。"⑨ 此四首诗歌咏商

① 严如熤：《山南诗选》，西安出版社，2017年版，第110页。
② 同上，第95页。
③ 同上，第171页。
④ 同上，第162页。
⑤ 同上，第139页。
⑥ 严如熤：《乐园诗钞》，岳麓书社，2013年版，第139页。
⑦ 严如熤：《山南诗选》，西安出版社，2017年版，第103页。
⑧ 同上，第163页。
⑨ 同上，第169页。

山四皓，表达士人对淡泊名利、自由精神生活的向往，对社会责任和荣誉的不懈追求，以图实现政治抱负、人生价值和道德操守圆满结合的人生理想。

嘉庆十三年（1808），严如熤出任汉中知府，创办书院，发展文教，广收门徒，培养后进，承继汉中千年以来的古风。《和雨峰汉台课士图》曰："汉台轩豁俨兰台，风气如何郁未开。地有奇情千载启，人如嘉树十年培。经明共励匡刘业，策对都成贾董材。我是父兄期子弟，此邦合与植青槐。"① 又曰："李公忠节权公学，汉上风徽纪古来。祭酒漫余张鲁教，经师要重郑先材。堂前丛桂霏香雨，岩畔新篁放冻雷。再着庞眉老尊宿，只今狂简已知裁。"汉中自刘邦建汉以来积淀了深厚的儒学风气。其《汉台咏史》中《班定远》诗歌颂班超忠勇精神，曰："毛锥掷去太疏狂，虎子居然探穴藏。万里戎王通节使，一门令史自词章。临危智勇成奇绩，到老英雄念故乡。我愧书生飞食内，班城怀古荐椒黄。"② 清代嘉庆时期陕南设置定远厅，即取"汉定远侯封邑"之意。嘉庆八年，严如熤为定远厅同知时建祠屋祭祀班超。《班定远》诗后作者自注曰："定远厅即仲升旧封，余牧定远时为建祠屋祀之。"

汉代城固李固，为官心系百姓，忠正耿直，其嘉言懿行为后世楷模。宋代文同出仕汉中有《李太尉》诗，评价李固"太尉汉中士，气引八极外"。严如熤为官陕南力讨贼匪，关心民生，对李固自然景仰之至。严氏《李太尉》诗曰："如弦直节凛丰标，从事真能继户曹。一自谠言箴处士，居然正色立衰朝。豺狼当道悲梁冀，铁锁伤心恸杜乔。汉上风徽传百代，馨香我欲荐兰苕。"③ 由此可见，李固代表着汉水流域一种特有的人文精神。

2. 感怀三国历史人物

蜀道人物中影响深远的蜀汉丞相诸葛亮，身系社稷安危，为恢复汉室鞠躬尽瘁，最后病卒军中，是古代朝野赞誉的完人形象化身，也是文人儒士心中所尊崇追慕的精神偶像。山南士人颂扬诸葛亮之诗尤多，而从感情基调上来看，部分"诸葛"诗描写老年"诸葛"形象，并承继了杜甫"诸葛"诗所带有的浓厚悲情主义色彩。严如熤《诸葛武侯》曰："王业偏安痛不支，宗臣抗表鞠躬时。草庐规画三分业，斜谷艰难六出师。鸵鸟阵图悬节制，河潼父老泣旌旗。龙骧虎步生平愿，炎鼎劳劳独力持。"④ 诸葛亮晚年遭逢蜀国凋敝，幼主暗弱。如严诗"龙骧虎步生平愿，炎鼎劳劳独力持"，描写了一位独撑危局的孤忠"老臣"的形象。侨寓汉中士人燕山谢申，乾隆皇帝南巡，赴行在献诗，晚年流寓汉南，殁葬褒城之连城山下。其《武侯祠石琴》曰："爰有石琴色如玉，太书章武纪汉蜀。王佐勋名久已矣，他山谁考当年曲？于维孔明生非时，有才不得显皋夔。使逢尧舜展怀抱，扬拜定赓南熏诗。群雄豺虎窥廊庙，炎刘化作烛火照。沉吟那堪写忠愤，弦急柱促不成调。时而拨出刀铊声，沸沸指端吐甲兵。巾帼不死葫芦谷，螳螂之捕绕弦鸣。大贤虽没留手泽，尚其宝之念在昔。二表字字泣鬼神，请谱新声弹此石。"⑤ 流寓士人谢申晚年流落汉中，强调诸葛亮事业失败的遗憾，抒发自己怀才不遇之遭际，揭示了千百年来儒家知识分子人格的完美和事业的不完美之间的

① 严如熤：《乐园诗钞》，岳麓书社，2013年版，第243页。
② 同上，第297页。
③ 同上，第298页。
④ 同上，第299页。
⑤ 同上，第216页。

巨大反差，浓缩了儒家知识分子为追求道义“一息尚存，奋斗不止”的使徒般虔诚的心路历程。

城固田种玉，乾隆朝进士，其《武侯墓》曰：“将星忽尔陨城陴，万古伤心吊水湄。临汉堤边云漠漠，定军山下草离离。乾坤事业三分鼎，今古文章二表词。风月悲凉何所见，后人惟诵少陵诗。”① 洋县李友竹，嘉庆己未进士，《沔县谒诸葛武侯祠二首》之一：“车向西川指，途从汉水分。遥看勉阳树，近知武侯坟。驿未临筹笔，山先识定军。当年出师地，郁郁锁烟云。”之二：“形势三巴险，勋名诸葛高。敌甘巾帼受，运想马牛劳。苔散祠前发，松翻墓下涛。宗臣遗像在，肃拜荐溪毛。”② 方外虚白道人，姓李名复心，居勉县武侯祠，深明老庄，精易理，著有《忠武祠墓志》，其《石琴》曰：“武侯余手泽，敲石尚留音。乡彼隆中对，如闻梁甫吟。玉徽虽剥落，遗响未销沉。谁谱无弦曲？山高水复深。”③ 此三首诗皆是对诸葛亮鞠躬尽瘁效忠蜀汉崇高人格的赞颂。

三国蜀汉战将张飞，英勇忠诚，颇受士人推尊。南郑孙征槐，乾隆乙卯举人，其《拴马岭谒张桓侯庙》赞颂张飞的忠诚义勇，曰：“百尺嶙峋未易攀，当年虎将驻层关。霜蹶暂憩寒林下，雾鬣遥钟峻岭间。绝壁声高雷吼涧，排云影动铁为山。峨峨祠宇频瞻拜，归向廉泉让水湾。”④ 定远厅诸生段秀生亦有《拴马岭谒张桓侯庙》诗，曰：“树荫高冈一径幽，昔年拴马属桓侯。停骖小憩空山里，解辔聊登翠岭头。志在长驱扶汉鼎，人宁伏枥老巴州。祠堂百尺松杉翠，慷慨书生笔共役。”⑤

3. **咏怀历史，关注现实**

山南士人咏史诗具有鲜明的历史观、审美观和价值取向，歌颂英雄，赞美历史人物英勇坚贞之气节。士人咏史怀古中表现出强烈的时代感，感怀历史的同时，又关注现实。山南士人注重赞扬山南百姓质朴淳厚、坚贞勇敢之古风。清初山南多贼匪动乱，百姓顽强抵抗。诗歌中记载了许多展现人民坚贞英勇气节之行为，传承蜀道文化的精神内核。清初洋县城北周家坎周氏妇刘氏，年二十三，贼杀其舅姑，掠其夫及其叔。骂贼，贼割裂其唇，辅骂益厉，经宿死。嘉庆洋县进士岳震川《宸衷》记此事曰：“天只杀掠唇何爱，极口骂贼舌本在。泰山寡妇哭重忧，周家少妇冰齿碎。凶徒割唇连面皮，楚痛未死血泪垂。手抉庭堂一尺土，贼不可得空尔为。烈妇之血渍砖上，现出妇人婴儿状。沙磨炭煅倍分明，贞爽不灭书非妄。此妇生随舅姑死，土中血痕无人理。黄绢幼妇属阿谁，守土诸贤宜表里。”⑥ 岳诗运用叙事手法生动细致地刻画了一位勇敢刚毅的烈妇形象。《运粮夫》记载了城固运粮夫至洋县马铺河遇贼队捉其一送城固署事件，曰：“庖人不治庖，尸祝不越代。嘉此运粮夫，捉贼气慷慨。妖贼腊月来，千百之家丧亲爱。二月初复来，饱肉醉眠竟无碍。……见贼当如缚虎急，请君视此运粮夫。”⑦ 诗歌描写运粮夫英勇讨贼。严如熤《汉南集》中《从军行》之六云：“崎岖

① 严如熤：《山南诗选》，西安出版社，2017年版，第128页。
② 同上，第144页。
③ 同上，第225页。
④ 同上，第68页。
⑤ 同上，第174页。
⑥ 同上，第151页。
⑦ 同上，第145页。

至白马，坚壁扬高旌。兵法笑卫尉，刁斗夜不鸣。武侯能治国，街亭失亦轻。千载出师表，讨贼见忠诚。”嘉庆初年，严氏在川陕鄂边区平定动乱，剿灭山中贼匪，所谓“讨贼见忠诚”[①]。诗人触景生情，感怀诸葛亮忠心蜀汉，也表露了自己讨贼的坚定决心。

山南士人通过咏史怀古以遣兴抒怀，从而表现其对社会和人生的态度，传承千年蜀道上形成的传统文化精神，这正是山南士人咏史怀古诗作所彰显的思想价值。

三、吟咏蜀道沿途风景名胜

无论是蜀道上雄壮奇险的名山大川，还是沿途风景秀丽的河流湖泊；无论是名播海内的险关要隘，抑或名不见经传的田间沟壑，在山南士人的笔下皆是一道道亮丽的风景。随着历史的变迁，有些景物已消失殆尽，而这些诗歌留存了它们曾经的美丽，我们可借此了解每一处过往的历史。尤其是一些名流宿儒较少踏足、甚少关注的风景，完全依靠生活其中的山南士人记录下历史的美丽画卷。

千里蜀道以艰险崎岖难行著称于世，但也得益于历代名士的蜀道作品对其大力描写渲染。明清时期，以陈仓道的北线连通褒斜道的南线，叫连云栈，又被称为北栈，后世仍然俗称其为褒斜道。以金牛道称为南栈，构成了由关中入蜀的官驿大道[②]。清南郑余翔汉《栈中》：“惆怅巴山路，徘徊倚石丛。涧含千嶂雨，叶落一林风。曲径羊肠险，荒村鸟道通。斜阳催客礬，策马渡长虹。”[③] 勉县严庆云，乾隆辛未进士，其《云栈道中》云：“危峰峭壁日相望，云树森森栈路长。水净鱼龙窥月影，山寒猿鹤破岚光。崖边秋尽花犹发，谷口风来草自香。几度欲归归未得，空教萝薜笑人忙。”[④] 两首诗对栈道之险峻极尽渲染，更增添了其神秘奇险性。大自然的鬼斧神工造就的雄险关隘是蜀道上一道亮丽的风景，如五丁关、剑门、鸡头山、七盘岭等，为历代文人所吟咏，山南士人诗作中也多有描写。五丁关是秦巴蜀道古金牛栈道之咽喉要塞，周围谷深山雄，仄径盘云，怪石嶙峋，流传着五丁开道的悲壮传说。清南郑黄作棣入蜀途中，经历蜀道险关要隘。其《五丁关》曰：“秋风黄叶里，匹马五丁关。秦氏人千载，蜀门水一湾。岚光浮碧壑，日色下寒山。顿觉乡途远，浮云回首闲。”[⑤] 诗人旅经此地不仅感慨五丁开道的悲壮历史。其《旅次剑门》曰：“剑门青嶂合，旅舍晚烟横。秋草荒山色，清流咽石声。昏林群鸟噪，寒壁一灯明。惆怅天涯客，乡关日暮情。”[⑥] 横亘在蜀道上的剑门关，素有“一夫当关，万夫莫开”之称，也是历来文人雅士驻足吟咏之地。作者旅居此地，描写了秋色下的剑门，奇险中更凭添了一份萧杀，增加了游子的思乡情怀。七盘关是自古陕西宁强入川的必经咽喉要道，虚白道人至此作《七盘关》诗云：“不知秦蜀险，拨雾上云岚。万壑流川北，孤峰接汉南。山形盘作七，河派别成三。独立雄关上，

① 严如熤：《山南诗选》，西安出版社，2017 年版，第 219 页。
② 李宜蓬：《蜀道诗与蜀道旅游资源开发》，《陕西理工学院学报》2016 年第 3 期。
③ 严如熤：《山南诗选》，西安出版社，2017 年版，第 91 页。
④ 同上，第 181 页。
⑤ 同上，第 92 页。
⑥ 同上，第 92 页。

高真近蔚蓝。”[①] 此诗描绘了七盘关险要雄奇之势。嘉庆朝洋县进士李友竹《鸡头关》诗曰：“仰陟天梯步步难，我来只作坦途看。关山若似人情险，那有行尘到七盘。”[②] 蜀道的艰险难行与人生的艰辛困蹇，旅途的山重水复与宦海的险恶复杂交相感应。面对地理与人生的双重艰难，诗人坦然处之，为实现人生抱负而坚持一种执着的积极向上的人生态度。

蜀道上名山如巴山、定军山也是士人讴歌对象。严如熤《巴山吟》：“巴江曲成字，巴山高极天。连蜷八百里，半蜀半秦边。奇峰望突兀，复嶂走回邅。千章森古木，郁郁屯苍烟。参井逼象纬，四月雪花鲜。其支走巴达，鱼凫旧吉廛。……三巴扼蜀吭，阆夔路几千。林大地空阔，山深路幽偏。守望仗邻好，溃川虞滴涓。王公慎设险，君子防未然。”[③] 严如熤诗歌描绘了巴山的雄伟险要和重要的地理位置。作为三国时期极具军事意义的定军山，有许多外来文人官宦因之感怀，身处其中的山南士人自然少不了对其感慨万千。城固举人刘翼《题定军山图》诗云：“十二连珠数定军，此山藏有武侯坟。写来颇起登临兴，远寺红霞映夕曛。”[④] 除此之外，一些不曾入外来士人笔下的有特色的小山，则因山南士人的诗歌而留存了曾经的风光。城固斗山，是秦岭南麓伏牛山之余脉，传说窦真君得道后在此建观。康熙朝洋县进士齐士琬《斗山》诗云：“突兀一峰起，崚嶒削不成。鸟从天际落，人在画中行。滩水连山响，浮云帀地生。会当秋夜眺，风月更双清。”[⑤] 诗歌将斗山巍峨磅礴的气势刻画的淋漓尽致。定远厅东南星子山高三千余尺，巍峨高耸，险峻异常。虚白道人《定远厅冒雪过星子山》云：“星子山头雨雪飘，千崖万壑上层霄。水流削壁云飞涧，策杖寻梅过野桥。”[⑥] 诗人描写雪天过星子山的奇伟雄壮景象。清宁强大安镇列金坝南有一山，被时人称“恶人鼻”。洋县嘉庆辛酉进士岳震川有《恶人鼻》诗，诗题下注曰：“自列金坝而南里许有峰高数十丈，石径盤曲，行者苦之，故得此名。”诗曰：“曲径同秦栈，孤峰石五稜。樵夫愁陟巘，楚客苦担登。怪突人无礼，支离面可憎。蹇驴频卧处，作此记吾会。”[⑦] 诗人将此山之曲径与秦栈相比，山之奇险可见一斑。

发源于秦岭南麓的汉江，在历史上占据重要地位。南郑余翔汉《汉江秋》诗云：“天高风急草欲霜，晴空一雁下寒江。江口声喧争渡晚，黄沙漠漠鱼梁浅。村野秋来烟雨多，荻芦深处闻渔歌。逶迤两岸入平陆，遥接廉泉来花竹。有客冥游成独行，长堤鸥鹭间相迎。大火西流知几日，萧萧芦苇水云清。”[⑧] 读余翔汉的诗，使人不禁想到王勃的“落霞与孤鹜齐飞，秋水共长天一色”，秋色下宽阔而壮丽的汉江尽现眼前。

除了险关要隘、山川形胜，蜀道沿途许多不为人熟知的秀丽风景、文化遗迹也被山南士人写入诗歌，为蜀道文化增添了一份色彩。如历史上的汉中八景，康熙朝《汉南郡志·舆地志·形胜》记载：“天台暮雪、汉巘樵歌、龙江晓渡、中梁堆岚、将台夕照、东湖塔影、黄

① 严如熤：《山南诗选》，西安出版社，2017年版，第226页。
② 同上，第144页。
③ 严如熤：《乐园诗钞》，岳麓书社，2013年版，第226页。
④ 严如熤：《山南诗选》，西安出版社，2017年版，第133页。
⑤ 同上，第143页。
⑥ 同上，第227页。
⑦ 同上，第161页。
⑧ 同上，第88页。

沙秋月、三滩渔唱。”① 有些景物今已不复存在，成为传说，资料记载甚少，而在诗人笔下留存了当初美丽的画面，给人以无穷的遐想。如“东塔西影”“龙江晓渡”“汉山樵歌”“天台夜雨”四景，乾隆时期南郑进士楚文暻诗歌中对这几处景观有所描述，其《东湖塔影》曰：“汉阳萧寺塔，飞影入东湖。波皱佛龛动，浪明宝顶孤。镜花真变幻，水月有虚无。悠悠奇景在，千载话浮图。”② 汉中城外东关净明寺内东塔在与城内东南隅古东湖相距数百米处，东湖相传为刘邦驻军汉中时的饮马处，又名饮马池。清初汉中城人因稀少，东塔与东湖之间尤为空旷，东塔塔影倒映于碧波荡漾的东湖湖水之中，和湖水周围的古树垂杨、城垛台阁以及它们映入湖中的倒影互相辉映，形成一道绮丽风光，在诗人笔下称为“东塔西影”，记载了当时塔湖美丽的自然风景，使这一神秘之景有文献可证。褒河下游古名黑龙江，龙江铺与长寨街之间的褒河古渡称龙江渡。每值破晓，远处天边朝霞辉映，江上薄雾弥漫，满载行人的渡船迂回在鳞鳞细浪的江面上，与周围沉浸在晨光照射之下的景物相互映衬，组成一幅美丽的图画，称之“龙江晓渡”。楚文暻《龙江晓渡》描绘了这一景观，曰：“关津通岫路，晓景在龙江。无楫波还动，停舟水自撞。晨星辉柳岸，残月照逢窗。不道千门曙，沙鸥渡影双。”③ 诗人运用动静结合的手法将暮色下的龙江美景描绘得绮丽无比。“汉山樵歌”指汉江南岸的汉山风景，相传刘邦驻军汉中时曾于该处下马歇息。汉山附近的农民在农闲时成群结队上山砍柴，边砍柴边唱歌，汉山的旖旎风光和樵夫的嘹亮歌声协调地组成一幅自然美景，被称为“汉山樵歌”。楚文暻《汉巘樵歌》曰：“汉山耸地立，云内闻樵歌。伐木同声应，求仙未烂柯。乐从苦里出，曲自静中和。蹊径行还仕，听余清兴多。”④ 楚文暻在诗中形象地描写了这一情景，使得“汉山樵歌”之传说有据可考。天台山是汉中盆地周围群山的高峰，山径小道曲折，山间泉水清澈，奇峰怪石，天着画意，景色迷人。因山高耸巍峨，易积云雾，气候多变，有“天台夜雨”之奇观。故此地也往往令诗人感慨不已。楚文暻《天台暮雪》曰：“天台凌北望，雪景晚初开。隐隐六花萃，盈盈万玉堆。晶光涵落日，练色印层台。薄暮遥相望，春从何处来。”⑤ 此诗虽不是描述天台夜雨之景，但描绘了天台山雪中深藏春意的优美画卷，也不失为天台山的另一道亮丽风景。城固斗山是道教圣地，山上有“蟾宫吸月亭”。明代嘉靖《城固县志》记载：“窦真君升仙观，后有三石洞，有‘蟾宫吸月亭’，古称福地。”城固张资深，康熙甲子举人，有《蟾宫吸月亭》诗，曰：“仙迹茫茫何处寻？山人遥指白云岑。月亭仿佛云姝杳，蟾窟埋藏芝草深。石室漫劳传往事，清流犹喜涤尘襟。松梢风送涛声起，吹入岩巅和鸟音。”⑥ 城固岁贡生杜华，官教谕，亦有《蟾宫吸月亭》诗，曰：“斗岫何年辟草莱？仙宫云向岭头开。气蒸蟾窟山光隐，月映龙潭水意洄。松郎绿因供夏笋，岩边幽鸟侑春杯。闲寻旧日遗踪迹，惟见苍烟锁碧苔。”⑦ 此景在两首诗中如同一幅优美的画卷，清幽的山洞，烟雾弥漫，绿树成荫，伴着清脆的鸟鸣和神秘的仙道传说，如仙

① 《汉南郡志·舆地志·形胜》，清刻本。

② 严如熤：《山南诗选》，西安出版社，2017 年版，第 63 页。

③ 同上，第 63 页。

④ 同上，第 63 页。

⑤ 同上，第 63 页。

⑥ 同上，第 131 页。

⑦ 同上，第 140 页。

境般令人神往。将诗人诗歌与地方志结合阅读，我们能更加深入地了解蜀道上曾经美丽如画的风景。

千里蜀道形成了独具特色的蜀道文化，陕南作家王蓬说，蜀道是生命之路、智慧之路、战争之路、邮传之路、贸易之路、石刻之路①。明清代山南士人以特殊的角色传承着蜀道精神，其创作的蜀道诗是蜀道文化的重要组成部分，对研究和传播蜀道文化有着重要的价值和意义。

（作者单位：陕西理工大学文学院）

① 王蓬：《中国蜀道》，中国旅游出版社，2008 年版。

试论中国饮食文化的三个表达维度①

张祖群

内容提要：本文将饮食文化的表达解析为三种维度：标志性美食、非遗传承与结构变迁。选择西北（新疆）、北方（内蒙古呼和浩特）、南方（广东省顺德）作为案例，分析区域饮食文化的乡土智慧与地方表达。选取山东（青岛古法榨花生油技艺）、北京（二锅头酿酒技艺）、四川（先市酱油酿制技艺）三处典型的传统饮食加工技艺，从非遗传承视角分析其文化表达。以内蒙古东部地区锡林郭勒盟为例，探讨饮食文化的结构变迁，从游牧向半农半牧以及农耕经济转变的过程中，蒙古人的饮食习惯也发生了诸多变化。同一人群在同一文化地理同质性区域的饮食习惯会发生“空间维度+时间维度”两者的交错，最后显示饮食结构变化。

关键词：中国饮食文化；中国传统文化；标志性美食；非遗传承；结构变迁

引　言

饮食文化的表达有三种维度——标志性美食、非遗传承与结构变迁。它们的逻辑是：标志性美食是当地人、当地食物、当地环境等共同构成的最有代表性的地方美食，在空间维度上充当同质性文化地理的标志性民俗文化事项；从传统农耕时代（游牧时代）向现代农业社会、工业社会、知识经济社会跃迁过程中，饮食非遗作为一种重要民俗技艺，在时间维度上面临生与死，如何传承，如何再生等难题；以生产与生活方式改变为根本驱动力，同一人群在同一文化地理同质性区域的饮食习惯会发生“空间维度+时间维度”两者的交错，最后显示饮食结构变化。

---

① 基金项目：国家社会科学基金项目（12CJY088）。

一、标志性美食：饮食文化的乡土智慧与地方表达

笔者曾经撰文对饮食文化的三个维度“地域标志－文化区划－文化认同”进行详细分析，试图总结饮食文化的本质特征①。从区域差异上来看，不同文化地理同质性区域都有相似的标志性美食。当地人、当地食物、当地环境共同构成一种饮食文化的地方性。为此，特地选择西北（新疆）、北方（内蒙古呼和浩特）、南方（广东省顺德）作为案例，分析区域饮食文化的地方智慧和文化表达。

案例一：新疆饮食文化的地方智慧

（1）两种视角

对于大美新疆的美食，不同人的书写、角度不同，最后的结果完全不一样①。一种是内地长大，客居新疆（当兵或就业），以“文化他者”的身份窥探新疆。例如王族笔下（王族《食为天》，人民文学出版社，2020年2月第1版）世人熟知的新疆一日三餐：烤羊肉串、拌面、抓饭、平锅羊肉、缸子肉，传递着日常的温暖。他“一看二摸三慢吃”的吃烤包子经历，初次见到西瓜焖熟羊肉的心灵震撼，人与美食在这一片神奇的土地共同演变②。那些流传在新疆当地的谚语“一个人的家乡，在他的锅里”“人吃剩的馕渣子，要留一些给鸟儿”“果子落下，离树不远”“一碗饭让眼睛看饱，也会让肚子更饿”，何尝不是最美的美食代言和土地告别。另外一种是在新疆本地出生的维吾尔族学生，后来来内地上学或工作。身体虽然暂离新疆，但是心灵和那片土地是如此贴近。他们以“文化我者”的身份讲述他们心目中新疆美食：新疆美食与中原、江南美食的最大不同之处可以用“粗旷”来表达。从做法和原料种类来讲，单一食物的制作步骤较少，在单一食物中所用到的原材料种类较少。新疆作为我国西北干旱地区，依然可以用“南米北面”概括新疆人的主食习惯。南疆人吃抓饭，北疆人多吃馕。新疆人还有一种饮食习惯，餐桌上很少有“汤”。这在内地看来是无法想象的。这种现象可能跟新疆人的性格有关。新疆人淳朴，做事不受约束、不细腻。他们认为汤就是饮料，不必抽出额外时间来制作它。在吃饭时，饭碗旁准备一壶茶（黑砖茶为主）足矣。

（2）几种典型新疆美食

结合上述两种材料，下面举几例新疆美食。

①手抓饭

手抓饭是新疆家喻户晓的美食，其制作过程简单，美味十足。制作手抓饭需要准备好一定量的肉、洋葱、胡萝卜（切至条状）、少量的番茄（或番茄酱）、一定量的米。首先放油（量需要多一些）进锅里热一段时间，把肉和洋葱前后放进热油里炒一段时间；放少量番茄（量多则会影响手抓饭口感）进锅里继续炒一段时间；把切成条状的胡萝卜放进锅里继续炒，将胡萝卜炒至九成熟（他们形容为炒“死”）即可；接着放与米同体积（1∶1左右）的清水倒进锅里煮一段时间；看到水已经沸腾后调小火，放适量盐；最后把米均匀分布在锅里，煮

---

① 张祖群：《试论饮食文化的三个维度：地域标志、文化区划与文化认同》，载邢颖、黎素梅主编《餐饮产业蓝皮书 中国餐饮产业发展报告（2019）》，社科文献出版社，2019年版，第159—180页。

② 陈晓婷：《“一个人的家乡，在他的锅里”——读散文集〈食为天〉》，《光明日报》2020年5月6日第14版。

米饭一样煮 25 至 30 分钟出锅即可。

手抓饭因其制作过程简单，所用到的都是常见的原材料，广受新疆地区老少喜爱，特别适合大型聚会时食用。

②面肺子和米肠子

面肺子经常与另一种美食“米肠子”混合食用。每逢古尔邦节和肉孜节，新疆人都习惯宰杀整只羊。面肺子和米肠子更多是维吾尔族两个重大节日期间，每家每户都会做的一种美食。面肺子其实就是羊的肺部，而米肠子是把米和其他原材料塞进羊肠子里制作而成。

制作米肠子和面肺子，一般都在宰羊之后，细心地将羊内脏完整地取出，用清水灌洗羊肺至白净，将羊肠翻洗干净备用。将羊肝、心和少量肠油，切成小粒小段，加适量胡椒粉、孜然粉、精盐与洗净的大米，互相揉搓，拌和均匀作馅，填入羊肠内。再将白面洗出面筋，待面水澄清后，上水下筋，撇去大量清水，留少量清水搅动成面浆。再取羊小肚套在肺气管上，用线缝接，然后把面浆逐勺舀出倒入小肚，挤压入肺叶。再将以少许精盐、清油、孜然粉、辣椒粉，调好的料汁仍以上述办法挤压入肺叶。再去小肚，用绳扎紧气管封口。再把米肠子、面肺子、洗净的羊肚和用绳扎的面筋（卷有少许辣椒粉）入锅同煮。煮到肠子中的大米半熟时，用钎子扎遍肠壁，使之放气放水，以防肠壁胀破漏洒食物。熟后取出，稍凉切片，混合食用，味美矣。

米肠子和面肺子的制作流程相对其他新疆美食而言复杂一些，单靠个人难以完成。每逢古尔邦节和肉孜节时，一个家族会指定某一家庭为第一聚集地。聚集当天该家族所有的女性都早早到指定的家庭帮忙，女性集体准备和制作面肺子和米肠子。她们边做食物边谈天说地，以往生活中有过的恩怨小结就地解开。因此，米肠子和面肺子被称为新疆人的“团结饭”。

③薄皮包子

材料主要有洋葱、面粉、盐、羊肉、油、黑胡椒粉、孜然粉等。首先将羊肉和一定量的羊油（大致 3∶1 比例）拌匀，洋葱切成小丁状备用。用适当的面粉、盐、水和面，将面和硬（越硬越好）。把面制作成光滑的面团，盖上保鲜膜，饧面大概 30 分钟左右。将切好的小丁状羊肉和洋葱，用适量的清油搅拌均匀，再放适量的孜然粉和黑胡椒粉，搅拌均匀。将面揪成拇指大小，擀成圆形面片（越薄越好）。把适量的备好的馅儿放到面片上，包成鸡冠状。笼底刷一层清油，将包好的薄皮包子放进蒸笼内，蒸 25 分钟左右，趁热出笼食用。

薄皮包子作为新疆另一大主食，大多数情况下会跟手抓饭搭配食用。南疆地区多将其称为“饭包子”。

④清炖羊肉

倘若您是远道而来新疆的贵客，在一个维吾尔族同胞家里做客，他们必会为您制备一顿美味的清炖羊肉，作为“接客饭”。清炖羊肉主要以羊肉、洋葱、盐、胡萝卜、掐马古（新疆土产的一种野菜，放少许提鲜）为主。将羊肉切成块儿状，外加适量准备的肋骨和羊腿，将肉骨放进多量沸水中，大火长煮。煮时用勺子撇去汤表面的血沫和杂质，等血沫基本消失，改用小火继续炖煮。后依次将准备好的胡萝卜、掐马古放进汤里，盖上锅盖继续用小火炖 60 分钟。中间放盐少许，最后将准备好的生洋葱、烫熟肉、烫肉汤混合食用。

清炖羊肉的烹饪用材较少，步骤相对简单。新疆人好客，喜欢安排家宴，有时候登门拜访的客人无须预先说好，以最简单最“粗暴”最实惠的清炖羊肉作为接客饭，不仅节约做饭时间，还可以在最短时间内让客人享用至尊美味。

⑤馕

馕是新疆常见的另外一种美食。制作方法简单，以面粉和盐作为原料，制成发酵面团，将面团铺开成直径 40 厘米、30 厘米、20 厘米、10 厘米、5 厘米左右不等圆形（饼状），在其表面上均匀涂抹油再加一点葱、芝麻。将其贴到囊坑的内壁烘烤制成，最后出炉的是大小不同的馕。其中最大的馕为“艾曼克”（片馕）馕，直径足有 48 厘米。内地朋友称它为“馕饼”，因其形状确实像大饼。馕在新疆人日常生活中的地位，至关重要，可以做一个假设：假如一位新疆人 A 需要在无人区进行极限挑战，如果允许他携带一种食物作为极限挑战每日食用的食品，毫无疑问，A 将不假思索地准备一麻袋馕，越多越好。新疆人吃馕永远吃不腻。乌尔开希同学回想起他的童年，很多情况下早上起床，在踏上上学路之前，母亲都会准备一碗奶茶、一小块儿馕、一两葡萄干和一两核桃仁作为早餐。中午回到家，母亲端上一碗羊肉汤主食，依然配的是馕。晚餐炒几种美味的菜，仍以馕作为主食。乌尔开希同学从小到现在的 25 年时间里，以每日平均食用 50 克馕来计算，可能已经食用了 0.75 吨重量的馕。

维吾尔族人常见的美食（依次为手抓饭、米肠子、薄皮包子、清炖羊肉、馕）

（图片资料为乌尔开希与其家人提供）

（3）几则新疆饮食谚语

新疆饮食虽“粗旷”，但民众在漫长的历史演变过程中，总结观察日常饮食制备的微妙之处与乡土智慧，留下了许多谚语。试举几例：①“明日的肥肉不如今日的羊肺”：肥肉在维吾尔人脑海里的价值，远高于瘦肉。经验告诉他们：用肥肉做的手抓饭，比用瘦肉做的手抓饭好吃。“肥肉”“瘦肉”“内脏”（羊肺羊肠等）地位依次降低。该谚语说明：新疆人豁达开朗，需要把眼前的事情做好，这是出发通往明天的基础。②“不要认为桑子熟了自然会掉进你的嘴里”：新疆人流传一种迷信，倘若一个人在一生当中种植了7颗桑树，他就可以走进天堂。虽有迷信成分，但是对于推进当地绿化倒是有一定益处的。这句谚语表达的意思是：幸福总是偏爱那些有准备的人。③“胡萝卜还未备好，米已经煮熟了”：此谚语可以结合手抓饭的基本制作步骤来理解。在制作手抓饭的过程中，米需要放进已煮开的胡萝卜汤里。有人还没准备好胡萝卜，就先把米放进锅里，结果米已经吸收完所有的汤水，但是胡萝卜还未进入到锅里，最后手抓饭不可口。该谚语说明：做事需要讲究其前后顺序，不要本末倒置，否则可能带来意想不到的灾难。④“油和肉是亲兄弟，洋葱只有被炒糊的份儿”：在炒菜过程中需要先放一定量的油，热锅一段时间后再放进肉和洋葱。稍不注意火候，就可能导致“肉熟了，但是洋葱炒糊了”的局面。该谚语说明：不要掺和其他人的事情，否则最终受伤的可能是你自己①。

（4）小结

那些古往今来的美食家，大抵都是这样，经历了故事与体验了美食，记忆就变成无法忘却的味道，而之后的文字照片视频解说又成为一种“品尝”。在王族的笔下，新疆人从容地在广袤大地上种出粮食、放养牛羊，制作食物是让食材回归大地，人与食物之间保持了最亲密的“贴近”。在乌尔开希的笔下，“民以食为天”，客居异地的游子在悠长岁月中承袭本民族的传统，讲述属于他们心目中的大美新疆、文化新疆。

案例二：呼和浩特市饮食文化的地方智慧

在内蒙古呼和浩特市调查期间，“我们坐在蒙古包中，盘腿而席，大碗喝奶茶，大口吃肉。奶茶是蒙古族特有的一种日常饮品，在蒙古包中常年弥漫着奶茶特有的醇香和牛粪的草香。奶茶是用砖茶和牛奶共同煮成，煮沸后加入少许盐，佐以炒米、奶皮子等食用。蒙古包中间架着刚烤好的烤全羊和一大锅水煮羊肉，主人用刀分别切好端给我们享用。在特有的冰块锅里加入鲜羊肉与开水，冷热交替，羊肉异常鲜嫩可口，羊肉鲜香展露无遗。后来的一天，在路边小店我们还吃了小鸡炖蘑菇馅的饺子。饺子肉馅紧实，肉香四溢，记忆犹新”。（课题组访谈人：阮奕馨，32015060013）

蒙古族生活地区冬季严寒，夏季酷热，干旱风沙。他们的食物分红食（牛、羊肉等）和白食（以牛奶为原料的各类奶食品）。经常性食用肉食，热量过高，营养富足，会引起肠胃不适、消化不良、胆固醇过高等。汉人生产的砖茶（紧压茶）进入蒙古高原，尤其以湖北省咸宁生产的青砖在内蒙古地区大受欢迎。于是将牛奶与砖茶同煮，加盐少许，生津解渴，补充多种维生素与有益菌。

---

① 报道人：乌尔开希（原名：吾尔开希）。学号：1120142024。年龄：25。访谈者：张祖群。访谈时间：2020年5月18日。选修笔者《世界遗产鉴赏》课程的乌尔开希同学来自新疆，我特地对他进行访谈。

内蒙古的奶茶与炒米（课题组自摄）

蒙古族喝的奶茶用蒙语称“苏台柴”，也称蒙古奶茶、奶茶。蒙古奶茶的产生与藏族的酥油茶有关联。陈高华先生（1994）考证认为：“在蒙古和藏族的文化交流中，受到藏族的影响，以酥油入茶，奶茶大概是从藏族酥油茶演变而来。”① 几乎每个蒙古族家庭，都有自己的大暖壶或铜壶，随时都可以倒出煮好的奶茶。在呼和浩特市，经常看到格日勒阿妈奶茶馆（连锁店），墙上挂着纯正奶茶制造的七道工序（泡、熬、扬、澄、炒、兑、烧等）。蒙古族的奶茶熬煮，讲究器、茶、奶、盐（糖）、温五者合一，相互协调。熬茶时将洗净的铁锅置于火上，锅里的水烧至沸腾，然后加入碾碎的砖茶，继续煮沸。待煮到茶水较浓时，用漏勺澄去茶叶，加入1/4—1/5水量的鲜牛奶，用勺搅至茶乳交融。再按个人口味加入盐或糖。再次开锅后即成。奶茶煮好后，应立刻饮用或盛于热水壶中。在锅内放时间长了，锅锈会影响奶茶独特的色、香、味、气、形。

呼和浩特市的格日勒阿妈奶茶馆与菜单（课题组自摄）

① 陈高华：《元代饮茶习俗》，《历史研究》1994年第8期，第16—18页。

每一户主妇奶茶的茶色、香气、形态和味道，细细品来，都不一样，这与煮茶时用的锅、茶叶类型、放茶时间、加水量、掺奶量、熬制时间、食材先后放置次序都有关系①。蒙古族喝奶茶不是慢慢品尝的，而是大口大口喝下，喝到浑身燥热、出汗为止。蒙古奶茶甘、醇、香、浓，受到民众广泛欢迎，老少皆宜②。

案例三：顺德饮食文化的地方智慧

顺德人流行一句俗语“走出顺德无啖好食”。这里有“食在广东，其实是食在顺德”，“食在顺德，厨出凤城”之说。顺德当地方言讲“食到停唔到口”，最纯正的“顺德味道”就是那些大排档、住家饭、村宴。顺德荣获广东省第一个“中国厨师之乡”称号，是粤菜之源、广东菜帮的发源地之一。顺德气候温润，“开门见山，举步登舟”，“出门三步水，入村四处塘”。人们挖塘筑堰养鱼，自宋代开始进行桑基鱼塘生产，素有“鱼米之乡”的美称。优质鱼产，瓜果蔬菜，烹调入味，尽得岭南之风华。

顺德人习惯喝早茶。那些遍布城市与乡镇街道角落的大大小小的茶楼，从早上6点一直营业到中午饭时间。干蒸、烧卖、虾饺、生滚粥、肠粉、陈村粉，让人眼花缭乱，垂涎欲滴。过了午饭，茶楼就会打烊。

顺德人喜欢清水边炉。日式、台式、川式、港式各种火锅在顺德亦有一席之地。港式火锅最耐吃，注重鲜香汤底和各色配料。海鲜果蔬，牛羊肉丸，涮菜捞菜，好不热闹。

顺德人喜欢大良野鸡卷（别称：大良肉卷）。以肥肉片、面粉拌和猪油、南乳、白糖等配料，甘脆酥化，焦香味美，肥而不腻。无论是“成记”老铺和“李禧记”改进，还是现在的南乳嘣砂，都是顺德人心底的文化记忆。

顺德人喜食鱼生。有朋自远方来，来顺德不吃鱼，等于没来过顺德。挑选1—2斤壮鱼，山泉清水瘦身。头尾各一刀，杀鱼放血。切制薄片，配十几种佐料。生鱼片拌入其中，爽滑鲜美，满口溢香，入口即化，一番悠然自得的南国乡土风味顿入喉来！再取一片鱼生蘸着青芥和酱油，一口吞下去，一股辛辣火气直冲上来，五脏六腑全通透，鲜美爽气留在舌尖。

秦汉时期岭南文化得以初步开发，饮食注重物尽其用、“五味调和”、食疗养生等。饮食结构包括主食（水稻）、副食（蔬菜、肉禽蛋、瓜果）和饮品（茶、酒、果汁）。今日八大菜系之粤菜繁荣，“食在广州”“食在顺德”享誉海内外，正是继承秦汉时期岭南饮食文化基础，创新发展。岭南饮食习俗呈现取料广博、制作精良、清淡生鲜、食医结合特点③。

二、非遗传承：传统饮食加工技艺与文化表达

这里主要选取山东（青岛古法榨花生油技艺）、北京（二锅头酿酒技艺）、四川（先市酱油酿制技艺）三处典型的传统饮食加工技艺，从非遗传承视角分析其文化表达。

---

① 李自然：《蒙古族饮茶习俗》，《民俗研究》1993年第3期，第40—44页。白钢：《蒙古族饮茶习俗》，《内蒙古社会科学（蒙文版）》2017年第6期，第71—77页。

② 盛明光、赛树林：《蒙古族茶文化研究》，《前沿》2010年第13期，第125—129页。

③ 李炎焜：《秦汉时期岭南地区饮食文化研究》，广州大学中国史专业硕士学位论文，导师：吴小强，2017年，第1—75页。

（1）青岛古法榨花生油技艺

经过无数代匠人的经验沉淀，传承近百年，有选籽、炒籽、碾粉、蒸粉、踩饼、上榨、接油、过滤等十多道工序，每一道工序都有严格考究的标准，讲究火候、力度、时间等要诀。胡姬花花生油传承古法榨油技艺精髓，概括升华为古法六艺：第一艺为“严选料，胖花生”；第二艺为“秘法炒，留纯香”；第三艺为“小榨技，见精细”；第四艺为“取初榨，得上品”；第五艺为“正宗味，真地道”；第六艺为“依古法，妙储藏”。青岛崂山第五代民间传承人万延滨长期致力于胡姬花古法榨油技艺的保护与传承。2015 年，胡姬花古法榨油技艺入选第四批青岛市非物质文化遗产名录。胡姬花花生油传承与发扬古法榨油技艺精髓，专注正宗品质，尝试生产性保护，将非遗技艺与合理商业模式有效结合，以传承文化、践行责任向社会兑现品牌价值。北京卫视自 2016 年开始逐渐推出大型传统文化真人秀展示影视节目《传承者》（第一季、第二季），胡姬花花生油成为该节目的重要赞助商，在普及非物质文化遗产、传播中国传统文化等方面博得一致好评。

（2）二锅头酿酒技艺

在中国，酒神精神以道家哲学为源头。庄周主张“物我合一，天人合一，齐一生死”的哲学观点。追求绝对自由、忘却生前功名利禄，是中国酒神精神的精髓所在。客从远方来，无酒不足以表达深情厚意；良辰美景佳人，无酒不足以显示情趣惬意；丧葬忌日，无酒不足以致其哀伤断肠天涯；蹉跎困顿时节，无酒不足以消愁更愁；春风得意马蹄疾，无酒不足以抒发“一朝看尽长安花”的豪情壮志。一杯酒，一瓶酒，一桌酒，慢饮细酌，豪饮狂醉，都是喝酒之人、劝酒之人、对酒之人、持酒之人的文化交往与精神乍现。酒文化已经融入中华民族的血脉之中。

二锅头酿酒技艺的基本工艺流程包括：制曲－发酵－出池－装甑－摘酒－陈放－勾调出厂。2008 年，北京顺鑫农业股份有限公司牛栏山酒厂申报的蒸馏酒传统酿造技艺（北京二锅头酒传统酿造技艺）入选国家级非物质文化遗产代表性项目名录（项目序号：927。项目编号：Ⅷ－144。类别：传统技艺。批次：第二批）。从老百姓心目中的“烧酒”“烧刀子”，再到国庆的献礼酒，二锅头酒经历大起大落。在传承人王秋芳女士的带领下，作为中华人民共和国第一批国庆献礼酒，受到了世人关注。二锅头始终秉承浓重的平民色彩，至今仍然是北京老百姓餐桌上的当家酒。

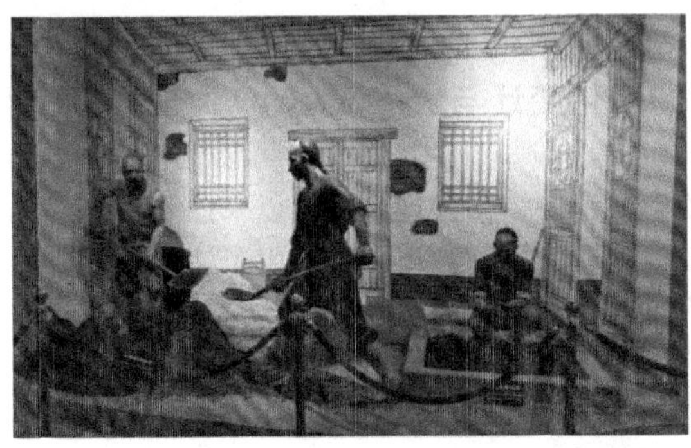

红星二锅头博物馆展出的酿酒流程（图片来源于 2018 年 7 月 15 日笔者自摄）

(3) 先市酱油酿制技艺

古法酿造始于汉，兴于唐，盛于清。唐代泸州考中进士的神童先汪喜爱先市清酱，因为他的积极倡导和名人效应，后世形成以先市酱油祭奠先人之遗风；传承至清代，发展为“豆油”，有“先市豆油，仁怀醋”之赞语。百年老厂，在传统的手工作坊里，采用大豆整粒蒸闷、多野生菌种制曲、高盐稀固发酵、长周期自然晒露、自然“秋子”浸出取油、暴晒浓缩油体等法则，酿造出香甜可口的先市酱油。酿制的先市酱油色泽棕红，味醇柔和，久放无沉淀，调味极品。老厂房坡地上600多口百年大缸，一一排列，成为罕见的酱油酿造历史沉淀的意义符号，是中国酱油传统酿造的“活化石”。在2014年，四川省合江县先市酱油传统酿制技艺被国务院列入国家级非物质文化遗产代表性项目名录（项目序号：937。项目编号：Ⅷ－154。类别：传统技艺。批次：第四批）。

原料是常见的黄豆、小麦、食盐和水。川南黔北地区种植黄豆，小麦生长期长，颗粒饱满，富含蛋白质。川南凿井吸卤，熬制井盐，千年井盐千年味，先市酱油千年菜。赤水河流域富含水与气，终年水雾弥漫，空气温润，独特微生物生长其间，发酵“上黄”效果甚好。各种菌类以恰当的比例，在微观生境中使各种原料发生复杂的生物化学作用，根本无法复制。适宜的自然生态和微生物群，给赤水带来了神奇的生态指数，创造了有利的酿造条件。大自然的宠爱，独特的赤水河水、光、热、土壤、植被等自然禀赋，所处的地形、气候环境，给酱油酿造提供了适宜的生态条件，口味风味具有独特的地域标签。先市酱油的酿制工艺集结了小生境的“土地－水－光－火－细菌－人”六种要素，真正实现了“天地人和”。

从酱胚到酱油成形是一个极其缓慢的过程，用赤水河的水煮黄豆小麦12小时，然后再闷12小时，拌面，在45度斜坡上日晒夜露三年之久，最后搅晒成油需要三年以上工夫，时间在这里沉淀。赤水河畔的船工号子高喊着“赤水河，万古流，上酿酒，下酿油”就是这一慢文化的真实写照。纯手工纯自然，文化在传承，历史在沉淀，记忆在延续，血脉在流淌。

独特的古法酿造技艺蕴含着深厚的文化底蕴，独特的自然与人文环境造就了赤水河酱油文化的独特风采。酱油已经不单单是一种调料，更是一把照亮区域文明进程的火炬。先市酱油酿制工艺史，见证了农耕时代川南、黔北、渝西地区经济社会发展的缓慢历史。融入“土地－水－光－火－细菌－人”的凤凰涅槃中，是天府之国，最为勤劳最为善良最为智慧的四川人的味蕾精魂，这是川南黔北地区酱油工传统古法酿造的原生态技艺，体现川南黔北地区世代民众的杰出创造力和乡土智慧值。

三、结构变化：区域饮食的文化变迁与经济表达

以内蒙古东部地区锡林郭勒盟为例，探讨饮食文化的结构变迁。近代以来内蒙古东部地区蒙古人，从游牧向半农半牧以及农耕经济转变的过程中，饮食习惯也发生了诸多变化。原先游牧地带以肉食、奶食为主，现在逐渐转变为半农半牧地区以肉食、奶食与谷物蔬菜相结合，农业区则以谷物蔬菜为主①。

① 牛敬忠：《近代绥远地区的社会变迁》，内蒙古大学出版社，2001年版，第98—99页。

内蒙古东部地区饮食（左图：超市里的蒙古族小吃。右图：蒙古族喜爱的牛羊肉）

一定的经济条件和生产方式往往制约着当地当时的饮食结构。古代蒙古人“逐水草而居”，经营纯粹的游牧生活，所取所需均是牛羊马肉、猎物肉和畜乳等，以肉食、奶食为主，乃当时必然。锡林郭勒盟的牧民依然保持着纯朴的生活方式和简单环保的生活理念，一日三餐都会饮用奶茶，在奶茶里配合炒米、奶食品、奶嚼子、手把肉、牛肉等，以茶代饭，茶饭相容，不可缺少①。随着移民开垦草原，内蒙古东部地区牧场日益缩小，蒙古人被迫开始由牧转农或半农半牧。在半农半牧和农耕经济阶段，由于大田农业、菜园耕作、家庭养殖业的发展，汉民族饮食文化在这里扩散传播，获取食物和制作食物的方法日趋多样化、汉化②。半农半牧地区逐渐形成了肉食、奶食与谷物蔬菜相结合的饮食结构。在以畜牧业为主农业为辅的半农半牧区，畜牧业仍比较盛行，蒙古农牧民依然能够从家畜身上获得基本的肉食和奶食。同时，从小规模农业的经营中可以收获一定的谷物。这两大类的食物区别是这样的：(1) 肉类主要有牛羊肉，少部分还有驼肉。乳制品有奶皮子、奶豆腐、黄油、酸奶、奶饼等。这些红食和白食都是高蛋白、高能量食物。(2) 谷物有糜子、荞麦和谷子。特此分别论述之：①蒙古人称糜子为蒙古米，它的生长期短，耐粗耕，耕作方法简单，播种即可收获③。蒙古人将糜子做成炒米（又分为脆炒米和硬炒米），多混合食用。食用方式主要有四种：脆炒米与奶茶、牛奶泡食；硬炒米与奶茶、牛奶一起煮牛奶饭（粥）和奶茶饭（粥）；硬炒米与羊骨或羊肉汤一起煮羊肉饭；将炒米碾成面粉状，与黄油、砂糖和牛、羊油搅拌混合之后，做成各种形状的炒米菜子④。②荞麦生长期较短，耕作方法也较为简单。蒙古人把收获的荞麦，用碾子粉碎去皮，加工成荞面粉，和水，做多种主食。食用方式主要有五种：羊肉汤里煮荞面面条；荞面面片儿同牛奶一起煮牛犊面；烙荞面饼；做素荞面面条；做荞面灌面肠（屠宰家畜时获得血液同荞面粉搅拌之后，灌入家畜肠管内制成的一种食品。一般储存起来，在节日祭祀或招待亲朋好友的时候食用）。③因为谷子比起糜子和荞麦，耕种技术要复杂一些，于蒙古人而言，谷子“贵于”糜子、荞麦。普通蒙古人家往往把谷子做成小米

---

① 蔡志纯：《漫谈蒙古族的饮茶文化》，《北方文物》1994年第3期，第7—8页。

② 临川花楞：《内蒙古纪要》，文海出版社，1987年版，第101—103页。

③ 沙宪如：《蒙古族居住风俗述略》，《辽宁师范大学学报（社会科学版）》1993年第4期，第71—75页。刑莉：《蒙古族游牧文化与女性民俗文化探微》，世界图书出版公司，2011年版，第1—263页。

④ 曹纳木、赛音巴雅尔、孟根苏布德：《鄂尔多斯传统饮食》，内蒙古人民出版社，2010年版，第98—103页。

粥或干饭，专门用来招待宾客，家道殷实人家才作为常食[①]。

从经济人类学分析，蒙古人经济生产方式的由牧转农，蒙汉杂居等是今天内蒙古饮食文化结构发生变迁的主要原因[②]。蒙古族饮食结构中农作物（食材）的比例逐渐增大，居住方式和饮食习惯等明显受到汉民族的影响。

致谢：选修笔者课程的李帅、周梦婷、刘璐瑶、刘宇霄、陆海洋、关丽净、荣思迪、李轩、阮奕馨、段春梅、倪润泽等同学协助搜集部分资料、参与课题调研与资料整理，特此鸣谢。

（作者单位：北京理工大学设计与艺术学院文化遗产系）

① 德力、斯琴高娃、吉雅、娜仁：《家庭饮食要略》，内蒙古人民出版社，1993 年版，第 65—70 页。
② 萨仁格日勒：《德都蒙古风俗》，内蒙古人民出版社，2012 年版，第 231—240 页。

闽台客家文化资源整合提升之道新探

——以全球史视野下上杭客家文化发展之路为例

刘 涛

内容提要：针对龙岩市、县客家文化资源的整合问题，择取上杭客家文化切入，在全球史视野下揭示文本背后历史情境。从中发现上杭是世界大航海时代安定闽粤赣客家社会的指挥中心，客家文化圈行政中心、军事重地，拥有闻名海内外的英雄祖先群体、民系互动的典范——瓦子街等独特的文化内涵，可作为上杭客家文化资源整合与提升策略，为新时期闽西客家文化资源整合与提升起到抛砖引玉的作用。

关键词：上杭客家；世界大航海时代；整合提升；闽台客家；文化旅游

关于闽台客家文化资源整合研究，刘大可曾有系统论述，近来又提出具体构想，对后学多有启示。但仍然存在着一些问题。龙岩市文化广电新闻出版局在2018年客家文化（闽西）生态保护实验区总结报告指出“全市客家文化资源和力量的整合还不够”这一首要问题，实则在县一级也存在同样的问题，如江梓明在建立上杭客家始祖文化生态保护园区中发现“整体合力远未形成”“现有文化景观的挖掘、保护、利用以及宣传造势和包装水平较低”。

围绕客家文化（闽西）生态保护实验区“做深做细上杭客家始祖根文化”的方向，目前的研究基本停留在文本重述阶段，未能使上杭发挥所长，亟需深入探索。本文将运用华南学派的历史人类学研究方法，从上杭客家历史文化切入，在分析比较其优劣势的基础上，立足全球史视阈，揭示文本背后的历史情境，提出相应的对策。

一、重写移民史

（一）瓦子街新探

1. 瓦片源于南宋

据《临汀志》记载："宝祐间，令潘景丑再加板筑，址以石，甃以砖，覆以瓦，可备御。"①

按"覆以瓦"，是其时汀州唯一覆瓦的县城。潘景丑，"淳祐十二年十月到任，宝祐三年十二月满替。砌城，造城屋"②，自宝祐元年（1253）至三年修葺城墙，在城中建造房屋。上杭城始于"端平间，令赵时钺兴筑"，"然覆茅竹，旋燎于火"③，潘景丑将屋顶的茅竹更以瓦片，避免火灾，得以防御有力，获"铁上杭"之称。

2. 移民集体记忆来自客家与广府文化互动

瓦子街外迁广东南雄一带谱系上存在"上杭之瓦子街珠玑巷""上杭猪仔街瓦子巷"，江梓明认为"珠玑巷"实则《上杭县志》所载"猪泗巷"的谐音④。

然而，从南雄珠玑巷这一广府民系移民中转站来看，此"猪仔街"应是"珠玑街"的谐音，是上杭移民根据珠玑巷对铁上杭关键部分瓦片的阐发，又将珠玑巷巧妙地嵌入祖地，出现了瓦子街与珠玑巷杂糅的现象。反映了上杭移民编户齐民的过程，既是客家与广府民系间的互动，又是上杭客家文化独特之处。

冠以"瓦子"的街、巷、乡、堡等是其衍生，指代上杭县城，并无具体街巷。由此出现了此集体记忆流传于特定区域的族群中，上杭百姓却不知自己就生活在这一环境的现象。

3. 互动体现

《临汀志》关于东安岩，未载何仙姑，仅载"旧有定光尝栖息于此，后徙南安"⑤。此"南安"指武平县南安岩，即南岩。南宋时东安岩已有定光古佛信仰，并经此流传南安岩。

据康熙《上杭县志》记载：

> 《杨志》：宋何仙姑居武平县南岩辟谷，定光佛尝栖东安岩，谓宜建禅堂，遂以所卜杭地六十居之。大郎并舍岩宅施田税四千七百八十秤。仙姑寿至百五十岁，今祠祀女像，谓之檀越主。⑥

---

① （宋）胡太初修：《临汀志·建置沿革》，国学大师网 http://www.guoxuedashi.com/a/5760kabv/51377u.html，笔者于2018年10月12日下载。

② （宋）胡太初修：《临汀志·郡县官题名》，国学大师网 http://www.guoxuedashi.com/a/5760kabv/51377u.html，笔者于2018年10月12日下载。

③ （宋）胡太初修：《临汀志·建置沿革》，国学大师网。

④ 江梓明：《上杭瓦子街与客家族谱浅析——兼谈客家族谱的开发、利用与保护》，《中国·上杭——瓦子街——瓦子街文化研究》，上杭县人民政府 http://www.shanghang.gov.cn/ztzl/lszt/wzj/wzjwhyj/201101/t20110111_1001849_2.htm，2011年1月11日，笔者于2019年7月23日下载。按，瓦子街研究，前人研究局限于清代、民国《长泰县志》，放眼街巷名称视野，立足客家民系范畴，未从瓦子街流传的广东地方社会历史变迁及其相关民系与文化，通过比较视野深入研究。

⑤ （宋）胡太初修：《临汀志·城池》，国学大师网 http://www.guoxuedashi.com/a/5760kabv/51377u.html，笔者于2018年10月12日下载。

⑥ （清）蒋廷铨修：康熙《上杭县志》卷12《杂志》，康熙二十六年（1687）刻本，中国国家图书馆藏，第9页a。

“《杨志》”指上杭知县杨万春在万历七年（1579）所修《上杭县志》，其时东安岩已出现何仙姑信仰，并成为重要神明。“六十地”是何六一郎开基地，何仙姑信仰源于此。

另据《闽书》记载：

> 东安岩，宋定光佛本师，常栖此岩。时何仙姑居武平县南岩辟谷，师谓宜建禅堂，以所卜杭六十地居之，大郎、仙姑遂舍岩宅施田与之，其后寿至百五十岁。杭人祀师是岩，而为仙姑建宫昭阳门，内绝巢雀焉。按何仙姑，广州增城人，生而顶有六毫，唐武后时，住云母溪，梦神人教之食云母粉法，当轻身不死。姑取饵之，常往来山谷间，行步如飞，后渐辟谷，语言异常。武后遣使召赴阙，中路复失。景龙中，白日升天。天宝九载，见于麻姑，立五色云中。大历中，又见身广州小石楼。今云宋时人，不省所谓。①

《闽书》在万历《上杭县志》基础上增加了广州增城何仙姑信仰，何仙姑“按语”反映了广州增城与客家何仙姑文化曾有交融，是上杭与广府文化互动的结果。何乔远是泉州晋江人，以闽南民系这一“他者”的视野观察，真实反映了其时上杭社会的思想演变。

（二）见载《永乐大典》的客家移民中心

据《永乐大典》记载：汀州“盖皆江右、广南游手失业之人逋逃于此”，却仅有上杭、武平二县提及移民，上杭县又是因“又有江右游手轻生之俦逃聚于此，呼啸党侣，土著之人不遑宁处”② 唯独出现土、客问题，说明上杭最为突出。

“江右”指江西，来自江西的宁都丘三五郎、黎在仁、廖花，石城温九郎、建昌府南城县包十郎、饶州江万顷、德安陈梅山、临川游二三郎与丁十二郎、瑞金刘千十郎、江西傅念七郎等宋代上杭客家始祖，可与之相应。

所谓“游手轻生”，实则冲破王朝徭役束缚的勇士，是见载《永乐大典》的英雄祖先群体。

二、揭示在世界大航海时代的历史地位

（一）安定闽粤赣客家社会的指挥中心

据万历癸丑《漳州府志》记载：

> 成化六年，汀、漳、潮、赣诸处盗贼出没，始设分守漳南道，驻上杭，辖汀、漳二郡，遥制江西之赣州。……万历间，承平日久……漳州奏请特设分守漳南道。③

按“汀”指汀州府，“漳”指漳州府，“潮”指潮州府，“赣”指赣州府，“上杭”指汀州府上杭县，“汀、漳二郡”指汀州、漳州二府。所谓“盗贼出没”，考辨如下：

---

① （明）何乔远编撰：《闽书》卷21《方域志》，厦门大学古籍整理研究所历史系古籍整理研究室《闽书》校点组校点，福建人民出版社，1994年，第1册，第507页。

② （明）解缙主编：《永乐大典》卷7890，广陵书社，2003年影印本，第11页a。

③ （明）闵梦得修：万历癸丑《漳州府志》卷11《秩官志二》，中国人民政治协商会议福建省漳州市委员会整理，厦门大学出版社，2012年，上册，第712页。

1. 汀州

乾隆《汀州府志》仅载“天顺六年，上杭贼李宗政反，都御史伍骥讨平之”①，可知此间汀州仅有上杭民众起义。

2. 漳州

万历元年《漳州府志》仅载“正统十四年沙尤寇邓茂七倡乱，其党杨福数万围漳城”②，但从《八闽通志》记载来看，另有影响更大的起义：

> 百家畲洞在县南永福里。界龙岩、安溪、龙溪、南靖、漳平五县间。万山环抱，四面阻塞。洞口陡隘，仅通人行。其中深邃宽广，可容百余家。畲田播种，足给衣食。四方亡命者多逋聚其间。凭恃险远，易于为乱。宣德、正统间，尝有江志贤、李乌嘴、卢赤鬓、罗兴进者，乌合郡丑，跳梁出没，至动方岳。守臣连年剿捕，仅得宁息。然服则人，叛则兽，无常性也。自漳平设县以来，官政易及。不复反侧。③

此“县”指漳平县，时属漳州府。“宣德、正统间”指宣德、正统年间（1426—1449），“连年征剿”延绵二十余载。漳平在成化六年（1470）由龙岩县析置，其时隶属龙岩县。百家畲洞起义时实界漳州府龙岩、龙溪、南靖三县，泉州府安溪县。百家畲洞，应据漳平首部县志——嘉靖《漳平县志》所载位于“永福里崆头社百家畲”，即龙岩县九龙乡永福里龙岩县崆头社百家畲乡（今漳平市官田乡一带）。漳平县在“李乌嘴”应与漳平方言“黑嘴”谐音，源于黑嘴唇。“卢赤鬓”应与漳平方言“红毛”有关，即红发。

据《永乐大典》所载《临汀志》：武平“往往为江、广界上逋逃者之所据”有“畲洞”④，可知百家畲洞因“可容百余家”，故有此称。百家畲故地漳平官田有李、卢二族。李氏开基祖李四四郎祖溯漳平永福里李庄社李三三郎，是“上杭胜运里丰朗岗”开基祖李火德之子，由洪武年间抚州府崇仁县军籍，“后编户首李守祯至黄明成化八年分辖漳平县隶籍户首李荣芳”⑤，实则脱离崇仁军籍。卢姓，自“永定西洋丰田里，迁入漳平永福里方家山四目坑。宋嘉熙元年（1237）徙居郎车下社（今官田）霭坪山”⑥，按永定在成化十四年（1478）由上杭县析置，时属上杭县，百家畲洞故地卢姓实由上杭县丰田里迁入龙岩县九龙乡永福里。另据长泰卢氏族谱记载：六世孙秉崇“自明宣德元年（1426）因百家畲之乱”而“迁居长泰遂为青阳之开基始祖”，其堂伯卢清“永乐四年”曾任“浪卫副千户”改任“宽和

---

① （清）曾日瑛修：乾隆《汀州府志》卷38《杂志》，同治六年刻本，中国国家图书馆藏，第10页a。

② （明）罗青霄修：万历元年《漳州府志》卷12《漳州府·杂志》，《明代方志选》第3册，台北：学生书局，1965年影印本，第215页。

③ （明）黄仲昭修纂：《八闽通志》卷8《地理·山川·漳州府漳平县》，上册，国学大师网 http://www.guoxuedashi.com/a/5781rjyc/53660p.html，笔者于2019年5月1日下载。按，“卢赤须”，正德《大明漳州府志》作“卢赤鬓”，应以漳州首部府志正德《大明漳州府志》所载为是，改作“卢赤鬓”。

④ （明）解缙主编：《永乐大典》卷7890，第11页a。

⑤ 漳平市政协文史与学习宣传委员会编：《漳平宗祠楹联》，《漳平文史资料》第32辑，2013年，第72页；梁园处士：《火德公到四四公世系考证》，360doc个人图书馆 http://www.360doc.com/content/17/0124/15/35035541_624543420.shtml，2017年1月24日，笔者于2016年7月23日下载。按，笔者于2019年7月23日—31日又田野考察了漳平官田、永福与上杭、永定。

⑥ 漳平市政协文史与学习宣传委员会编：《漳平宗祠楹联》，第21页。

卫千户，系卢清弟享承袭”，卢享长子、三子、四子分迁安溪、南安、惠安①。按“浪卫”即清浪卫（位于今贵州），卢族原为军户，后脱军籍。“李乌嘴”“卢赤鬓”应来自上杭后裔的永福里李、卢二族。《八闽通志》所载“自漳平设县以来，官政易及。不复反侧”，康熙《漳平县志》改作“今政教所及，均已归厚”②，百家畲洞起义失败后，起义人员后裔大多在漳平设县后编户齐民，这正是漳州首部府志——正德《大明漳州府志》在援引《八闽通志》时删除“然服则人，叛则兽，无常性也”的原因，从“兽”字来看，可见百家畲洞起义的伟大之处。按人以群分，且上杭有江、罗二姓，江志贤、罗兴进很可能也来自客家，符合“四方亡命者”的记载。

3. 潮州

乾隆《潮州府志》有“正统十四年己巳，上杭贼范大满掠程乡之石窟、松源等都，潮州通判蒋敬率民兵讨平之”③，查上杭、汀州旧志均无此记载，应以乾隆《潮州府志》所载为是，即上杭范大满曾在正统十四年己巳（1449）揭竿而起，顺汀江而下席卷潮州府程乡县石窟、松源诸都。上杭、汀州旧志因范大满在外地活动，也是上杭为了撇开治理不力的嫌疑。

乾隆《潮州府志》记载“罗刘宁，程乡人，天顺间聚众入海为乱……其党杨辉遁赣州之安远，招集余孽踞上下宝龙峒，劫掠江西、闽、广之交，屡招屡叛……破江西安远、福建上杭，远近骚然。成化二年（1466）丙戌，惠潮道佥事毛吉密集官兵七百人”④，最终镇压起义。从该志“按《天下郡国利病书》：成化二年，遗孽杨辉、曾玉复据宝龙、石坑等处，佥事毛吉讨平之”⑤，可知程乡（今广东梅州）罗刘宁海上起义后，成化二年其余部杨辉纵横闽粤赣边，曾攻破上杭。上杭、汀州旧志均阙载，应以乾隆《潮州府志》所载为是。潮州客家在海上揭竿而起，前往经潮州入海汀江畔的上杭自然轻车熟路。

可见既有上杭百姓在潮州客家社会揭竿而起，又有潮州客家先贤罗刘宁余部攻破上杭，上杭客家与潮州“盗贼出没”密切相关。

4. 赣州

有天顺“六年壬午，朱绍纲入信丰县界，据新田里罗老营场为巢大掠者十余载。新田约长黄习率乡勇捣其巢，擒绍纲于螺峰斩之”⑥，查《明宪宗实录》记载：“天顺六年秋七月庚申，江西赣州府会昌县长河保民朱绍纲等恃山溪险阻藏奸作匿，纵肆杀掠，又拒捕官军。已而为官军所获事闻命绍纲于市”⑦，可知朱绍纲牺牲于天顺六年（1462），由此逆推，可知约

---

① 详见长泰县枋洋镇青阳村《范阳〈青阳卢氏族谱〉》编写组：《范阳〈青阳卢氏族谱〉》（漳州市政协海峡文史资料馆藏），2001年版，第4、10—12页。

② （清）查继纯修：康熙《漳平县志》卷1《舆地志》，康熙三十一年（1692）刻本，中国国家级图书馆藏，第14页b。按，中国国家图书馆误作“清康熙二十四年（1685）刻本”。又，漳平首部县志嘉靖《漳平县志》未载百家畲洞，应与该志突出王化而删除有关，实则反映了百家畲洞起义影响深远，所谓漳平管理不便而设县实际上主要原因应是百家畲洞起义。

③ （清）周硕勋修：乾隆《潮州府志》卷38《征抚》，光绪十九年（1893）刻本，中国国家图书馆藏，第10页a。

④ （清）周硕勋修：乾隆《潮州府志》卷38《征抚》，第11页a—11页b。

⑤ （清）周硕勋修：乾隆《潮州府志》卷38《征抚》，第12页a。

⑥ （清）朱扆修：乾隆《赣州府志》卷26《军政志》，乾隆四十七年（1782）刻本，中国国家图书馆藏，第19页a—19页b。

⑦ 《明英宗睿皇帝实录》卷342，中国社会科学网 http://www.cssn.cn/sjxz/xsjdk/zgjd/sb/jsbml/myzsl/201311/t20131120_844151.shtml，2013年9月18日，笔者于2019年8月2日下载。

在正统九年（1444）揭竿而起。朱绍纲的祖父朱南郑早在宣德七年壬子（1432）参与组织“闽粤江西三省”起义，“流劫边鄙”[①] 纵横闽粤赣边界。会昌是纯客家县，前后三十载的会昌起义，是赣州客家的壮举。

又“成化元年乙酉春二月，广贼寇赣州龙南，巡按江西御史陈选、布政使翁世资按察使林鹗都指挥王贵讨平之”（《豫章书》）[②]。按“广贼”，从赣州与广东潮州历史上最为密切来看，结合龙南是纯客家县，可见其应来自潮州客家民系，由此得心应手。尤其是成化元年（1465），上杭作为“广贼寇赣州龙南”的必经之路，见证了广东客家进军江西客家社会的义举。

田汝成《永定开路记》：“自漳入汀者，东由龙岩，西由永定。东路险远，不若西路便。”[③] 按成化六年（1470）设置漳南道，永定县尚未从上杭县析置，实则上杭县与漳州府交通便利，这也是漳南道署未设龙岩县的原因。漳南道署在永定县设置后仍驻节上杭，从漳州生活有部分客家人，而汀州府属县均是纯客家县来看，漳南道设置应与客家民系有关。因此，闽南民系为主的漳州府方有漳南道设置与“汀、漳、潮、赣”“盗贼出没”的记载。正因为如此，漳南道的设置缘由未见康熙《上杭县志》、乾隆《汀州府志》，实际上应源于上杭、汀州府是客家民系聚居区。从范辂《漳南道题名记》所载“漳南分巡道镇要地也”[④] 来看，漳南道署所在地上杭县位居“要地”。万历癸丑《漳州府志》所谓“遥制”赣州，实则与上杭地处赣州潮盐、沟通闽粤赣客家民系的重要节点有关。从上杭上通赣州下达潮州东抵漳州来看，上杭还可遥制潮州、漳州。正因为上杭是漳南道“以控其冲”的战略要地，漳南道得以有效发挥了安定客家社会的作用，有利于客家民系的发展。李铠《新设漳南道记》仅溯“天顺间，有溪南胜运之乱”[⑤]，与万历癸丑《漳州府志》相比，李铠所作实则立足上杭在地，存在轻描淡写。漳州与汀州同属漳南道，有部分客家人，既有关联，因主体是闽南民系，又是客家以外的“他者”，其观察的具有一定的参考价值。

（2）客家军事重地

据康熙《上杭县志》记载：

> 巡按御史伍骥从耆民孔文目等请奏，调汀州卫右所官军一千一百二十人于成化三年驻县防御，后额兵以渐裁，至崇祯七年官兵四百九十一名。……每年饷银长汀、宁化、清流、归化协济约十分之七，本县支给不及十分之三，以武平、永定协济足之。其月粮以本县及宁化、归化、连城三县协济米给之。[⑥]

长汀、宁化、清流、归化、武平、永定为汀州府属县，于此分摊成化三年（1467）驻扎上杭守御千户所的饷银，可见上杭历史地位。

另据该志记载：

① （清）朱扆修：乾隆《赣州府志》卷 26《军政志》，第 18 页 a。
② （清）朱扆修：乾隆《赣州府志》卷 26《军政志》，第 19 页 b。
③ （清）曾日瑛修：乾隆《汀州府志》卷 41《艺文三（记）》，第 18 页 a。
④ （清）曾日瑛修：乾隆《汀州府志》卷 41《艺文三（记）》，第 16 页 a。
⑤ （清）曾日瑛修：乾隆《汀州府志》卷 41《艺文三（记）》，第 22 页 a。
⑥ （清）蒋廷铨修：康熙《上杭县志》卷 5《武备志》，第 1 页 b—2 页 a。

> 正德十年，巡道胡琏召募溪南、来苏、胜运三里乡夫四百人，分三班团操于县。以长汀、宁化、清流、连城、归化五县兵快为三班，岁休一班。征其银为乡兵费，后为四班，而减休班之征。嘉靖二年，巡道王俊民以千二百人为四班，上杭、武平、永定三县留守城，于长汀取一百、宁化取六十四，清流、连城、归化各取六十，共三百四十二人，征为乡兵费。……至十九年，巡道侯廷训从知府马坤议，于宁化加取二十一，清流、归化各加十二，连城加十三，以足四百之额。①

"巡道"指分巡漳南道，正德十年（1515）起，至嘉靖十九年（1540）由分巡漳南道下令汀州府属县编入班兵团练，对漳南道署上杭自然产生深远影响。

该志载有一则杂记：

> 《徐志》褒忠祠祀御史伍公骥、都指挥丁公泉二像并列中坐，非数人力莫举。弘治二年冬十月一夕，丁像忽自移过西三寸，退后二寸。次早，奉祀者见之，传报邑人，竞观尘迹，显然莫不惊异此。其事颇诞。《杨志》以为时伍公希闵方任兵备，夫有所为也。故刘戬初记尚叙丁烈，至李东阳丹记则左之矣！此祭祀典所载，岂可假以惑众乎？②

"伍公骥"指伍骥，"都指挥丁公泉"指福建都指挥丁泉，二人曾一道镇压李宗政起义。伍骥是首位驻节上杭的漳南道"伍公希闵"伍希闵之父。所谓"惑众"，实则反映了上杭尚武之风。由于镇压起义不久，刘戬所撰记文突出王化，李东阳因与丘弘交往密切而入乡随俗。从而，清末武状元丁锦堂可于此尚武之风中应运而生。

（三）闽粤台客家海洋渊源胜地

1. 汀州客家命脉要道

《临汀志》称：

> 若水路，则长汀溪达上杭，直至潮州入于海。宁化溪下清流，投南经沙县、南剑州直至福入于海。③

按潮州程乡为客家县，沙县近来虽然被定为客家县，但是南剑州、福州均非纯客家县，可见上杭水路是唯一客家航道，贯穿闽粤，实则上承赣州，即连接闽粤赣客家水道。

上杭最初由龙岩县析置，永定由上杭析置，永定历史不如上杭悠久，上杭是汀州府唯一由非客家县析置之地。

上杭在南宋通过水运贩运潮盐，有"自汀至潮，凡五百滩，至鱼矶逾岭，乃运潮盐往来路"④ 的记载。虽然清流曾以"九龙潭险甚，向时盐运溯沿皆止于此"贩运福盐，最终改食潮盐，从光绪《潮州府志》记载：清流埠"运道与宁化同"，宁化埠"运道与长汀埠同"，长汀埠须经"闽省上杭县属之峰市仍由水运，有上杭县丞驻札兼管每日所到船只""分运至上

① （清）蒋廷铨修：康熙《上杭县志》卷5《武备志》，第2页b。
② （清）蒋廷铨修：康熙《上杭县志》卷12《杂志》，第18页a—18页b。
③ （宋）胡太初修：《临汀志·至到》，国学大师网 http://www.guoxuedashi.com/a/5760kabv/51377u.html，笔者于2018年10月12日下载。
④ （宋）胡太初修：《临汀志·至到》，国学大师网 http://www.guoxuedashi.com/a/5760kabv/51377u.html，笔者于2018年10月12日下载。

杭县属之黄坭垅”“过上杭关”[①]，与上杭密不可分，上杭不仅成为清流、宁化、长汀潮盐的必经之路，由此影响汀州社会安定。

2. 客家最早与台湾（金门）结缘处

上杭在南宋绍定间“上杭，旧运漳盐。绍定间，郡守李公华申请改运潮盐。杭与潮接，私贩旁午，艰于发买”。按上杭与龙岩接壤，上杭所食“漳盐”由龙岩中转。

万历元年（1573）《漳州府志》记载：

> 漳州无盐场，唯漳浦、潮东等处有盐埕数所，近亦照例纳课。其龙溪等处人民食盐俱出浯、丙二洲，用海船载至海澄地方歇泊埠头转用小船搬往西、北二溪漳平、龙岩等处发卖。[②]

按“浯、丙二洲”指“福建纳课盐场中下四场”之一的“丙洲、浯洲”盐场，丙洲位于泉州晋江丙洲（今晋江市金井镇）、浯洲位于泉州同安县（今台湾金门岛）。“西、北二溪”指九龙江西溪、北溪。“海澄”指海澄县，隆庆元年（1567）由龙溪县析置。所谓“龙溪等处人民”还包括漳平、龙岩。“漳平”指漳平县，成化六年（1470）由龙岩县析置。南宋时期，漳盐，自龙溪经九龙江西溪、北溪贩运龙岩县，再发卖上杭县。上杭早在南宋时期就与泉州刺桐港结缘，是客家民系中较早与海洋结缘者。上杭所食漳盐包括产自金门岛部分，是客家民系最早与金门（台湾）结缘之地。

虽然武平、莲城均“运漳盐”，但是武平县“邑去漳余十程，皆陆负”，即武平所食漳盐采用陆地运输。上杭是汀州府唯一与漳州接壤之地，条件比武平更为优势，更为便利。

客家民系最早关注世界大航海时代的前沿。

> 按《漳南道志》云：漳平之建垂六十年，而户口当上邑。亦可谓众矣！然以东南溪河由月港溯回来者曰有番货，则历华口诸隘，以达于建、延，率皆奸人要射滋为乱耳。[③]

查万历元年《漳州府志》所列“修志引用书目”有“《漳南道志》”[④]，可知应是嘉靖《漳南道志》，曾作为府县修志的重要材料，目前已佚。漳平设县于成化七年（1471），其置县60年，正好是嘉靖九年（1530）。“月港”，即漳州月港，其时隶属漳州府龙溪县，隆庆元年（1567）置海澄县。“番货”，即“通番”之“货”，源自东南亚。“华口隘”，位于漳州府漳平县居仁里华寮社华口乡（今漳平市芦芝镇圆潭行政村华口营自然村）。此“东南溪河”，指漳平上溪，即九龙溪、九龙江北溪。“建”指建宁府，“延”指延平府。所谓“奸人”，指明朝推行“海禁”政策，“番货”在其时属于走私贸易，自然被明朝贴上“奸人”标签。按其时是世界大航海时代，实则耕海为田的海洋社会冲破不合理、不合情的“海禁”禁令，积

① （清）周硕勋修：乾隆《潮州府志》卷23《盐法》，第63页b—64页b。

② （明）罗青霄修：万历元年《漳州府志》卷5《漳州府·赋役志》，第98页。

③ （明）朱召修：嘉靖《漳平县志》卷9《武备》，《天一阁明代方志选刊续编》第38册，上海书店出版社，1990年影印本，第1145页。

④ （明）闵梦得修：万历癸丑《漳州府志》卷11《秩官志二》，中国人民政治协商会议福建省漳州市委员会整理，厦门大学出版社，2012年，上册，第712页。

极参与海外贸易的壮举。《漳南道志》在漳南道署修纂，漳南道在成化二十三年（1487）驻节上杭，反映了世界大航海时代对上杭产生了一定影响。

《临汀志》所谓“杭与潮接，私贩旁午，艰于发买”①，上杭虽与潮州接壤，但是上杭比邻的龙岩不产盐，潮州则产盐，出现“私贩”是就近解决。上杭早在北宋建县之前就以“商旅幅凑”著称，富有商业头脑，到了洪武二十七年（1395）以“远近商旅各以方物至，与民贸易”②，再次成为汀州商贸重地、客家商贸胜地。

由于上杭商贸发达，又与建、延具有历史上的漳盐渊源，促使漳南道转变思路，从中发现建宁、延平“番货”贸易。据范辂《漳南道题名记》所载“建宁道，领建、延、邵、汀”③，可见上杭关注建、延、邵三府具有自身渊源。据考，三明将乐、建宁、泰宁、沙县、永安、三元、梅列，大田、尤溪均是纯客家县（市、区），大田、尤溪分布有部分客家人④。明清时期，将乐、建宁二县隶属建宁府，沙县、永安、大田大部、尤溪四县隶属延平府，泰宁县隶属邵武府，三元区由沙县、永安、归化三县析置，梅列区隶属沙县。上述世界大航海时代“番货”贸易包括三明客家社会，上杭对三明客家发展倍加关注，反映了上杭在客家发展史上具有重要地位。

据乾隆《汀州府志》记载：

> 国朝顺治初，设左路总兵一员，左右二营副将一员左右二营俱属总兵统辖，兼辖延、建、邵、汀四府，驻汀州。⑤

清顺治初年设置的福建左路总兵兼辖延平、建宁、邵武、汀州四府，驻节汀州府，上杭早在世界大航海时代就关注延、建、邵三府，为左路总兵治理起到了积极的促进作用。汀州在客家发展史上具有重要地位，上杭于此又做出了一定贡献。

3. 上杭先贤丘道隆促进漳州月港成为通番出洋巨港

丘道隆，正德十二年（1517）针对澳门通商的佛郎机（今葡萄牙），其正德九年（1514）同科进士霍韬在《兴利除害事》直指“准御史丘道隆等奏，即行抚按，令海道官军驱逐出境”后，“有司自是将安南、满剌加诸番舶尽行阻绝，皆往漳州海面地方私自驻扎，于是利归于闽，而广之市井萧然矣!”⑥ 按“漳州海面”指“多货番”的漳州月港、海沧⑦。安南（今越南），满剌加（今马来西亚）随佛郎机前往月港一带私自贸易。霍韬来自广东，自然对转向漳州月港之举愤懑不已，丘道隆果真就是反对朝贡贸易吗?

康熙《上杭县志》载其一则轶事：

---

① （宋）胡太初修：《临汀志·建置沿革》，国学大师网 http://www.guoxuedashi.com/a/5760kabv/51377u.html.

② （清）蒋廷铨修：康熙《上杭县志》卷7《名宦》，第3页b。

③ （清）曾日瑛修：乾隆《汀州府志》卷41《艺文三（记）》，第14页b。

④ 三明市客家联谊会：《三明客家》，三明客家网 http://www.smkjw.cn/a/sanmingkejia/，笔者于2019年7月23日下载。

⑤ （清）曾日瑛修：乾隆《汀州府志》卷14《兵制》，第2页b。

⑥ 应槚、刘尧诲：《苍梧总督军门志》卷29《集议》，杨继波、吴志良、邓开颂总主编《明清时期澳门问题档案文献汇编》，中国历史第一档案馆、澳门基金会、暨南大学古籍研究所编，人民出版社，1999年，第5卷，第162页。

⑦ （明）陈洪谟修：正德《大明漳州府志》卷14《职官传》，中国人民政治协商会议福建省漳州市委员会整理，厦门大学出版社，2012年，上册，第813页。

> 汀郡旧有七里桥，凡饯送者悉集于此。明嘉靖间，御史丘道隆由里门北上。郡伯查公偕僚属诸绅送之，丘未至，相待于桥，而桥忽坏，水势冲急，郡伯首罹其害，时有王绅亦往送，而黄蜂群绕衣袂者数次，心动，遂不往，得免于厄。或云道隆调外由此也。（府志未载，得之黎大参面谈）[①]

按“郡伯查公”指查仲道，汀州旧志称“以谪知汀州，有惠政，卒于官，民立祠祀焉”[②]，认为谪贬至汀，对其死因语焉不详。其故里《义宁州志》载：“己丑擢汀州知府，汀大水，仲道出安灾，黎计口给。屏舆勿进，跣行泥淖中，三月遂得疾卒于官。……分宁人物六七百年来能追配文节者推仲道一人。”[③] 认为其在嘉靖己丑（1529）擢升汀州知府，因抗洪灾而殉职，而获谥“文节”。查仲道仕汀原因应以《汀州旧志》所载为是，即谪贬汀州。死因应以“黎大参面谈”为是。所谓赈灾是基于“有惠政”的阐发。其因谪贬，故与同科进士丘道隆交好，为之饯送时而死，其获得“立祠”“追配文节”实与丘道隆有关，是丘道隆运作的结果。嘉靖己丑其时仍处“海禁”，上杭已然关注到月港“番货”贩运漳州、延平、建宁，此“番货”应包含佛郎机、安南、满剌加诸国通商月港的结果。

所谓“蜂群”示警，因蜂窝位于岸上，虽有取水之举，却无法趟河，以王姓绅士的形象代表汀州府以及内陆社会，对丘道隆首请之举大加鞭挞。故而揭示丘道隆同年查仲道真实死因，意指查仲道来自江西，却死于内河汀江河段，汀江虽可通海，毕竟并非沿海，来自汀江的丘道隆不计“后果”导致葡萄牙转贩漳州月港，“贻害”汀、漳。

月港在景泰四年（1453）就已成为官府屡禁不止的走私贸易中转站[④]，与漳州同属漳南道，来自上杭这一商旅名城的丘道隆对此自然早有所知。出于同属漳南道人的漳州海洋社会耕海为田的传统，勇于突破“海禁”，曲线救民。其若真的支持“海禁”，身为漳南道人，完全可以跟进佛郎机对华贸易，继续奏请皇帝对月港“货番”之举严厉打击，可是却未见记载。可见其并非支持“海禁”。其长期遭到指摘，却体现了其具有全球视野。其来自内陆社会，对海洋社会感触更深；又因其来自商贸名城上杭，对“货番”之举抱有更多的同情与理解；其身处漳州比邻、管辖漳州的漳南道署所在地，对海洋有更深的认识。漳南道驻节上杭，对其认识世界大航海时代，促进中国海洋文明发展产生了积极的作用。

三、成果转化

（一）发展思路

将上杭置身世界大航海时代，解读其客家文化资源，建构客家海洋文化符号，突出闽台

① （清）蒋廷铨修：康熙《上杭县志》卷12《杂志（附：琐言别录）》，第1页a。

② （清）曾日瑛修：乾隆《汀州府志》卷20《名宦》，第14页a。

③ （清）曾晖春修：道光《义宁州志》卷17《人物志》，道光四年（1824）刻本，中国国家图书馆藏，第16页a。

④ 杨国桢：《东亚海域漳州时代的发端：明代倭乱前的海上闽南与葡萄牙（1368—1549）》，《文化杂志》中文版2002年春季刊。按，该文局限于漳州府本地，未根据成化六年（1470）漳州府已同汀州府划属漳南道管辖，置身漳南道体制深入探讨。该文未发现正德、嘉靖之交佛郎机以及安南、满剌加贸易由广州转向漳州海面的史实，忽视了丘道隆的历史作用。历来丘道隆研究停留在丘道隆为维护国家合法权益层面，未能围绕丘道隆来自漳南道署所在地，深入探讨其与世界大航海时代的关系。上杭县局限于漳南道作为历史沿革的节点，未能认识到其历史地位及其影响，导致丘道隆的历史地位及其影响未能全面揭示。

命脉渊源。按照揭示提升、借力给力、超越融合三步走战略推进。

（二）发展方向

1. 世界大航海时代安定客家社会的行政指挥中心

突出客家与漳南道、海洋渊源，强调丘弘、丘道隆均是漳南道人，谢文彬、奈罗故里隶属漳南道，伍希闵“弘治十年再任”分巡漳南道①，应参与接待奈罗展墓。根据阳明心学与漳南道及其海丝渊源、客家关系以及客家妈祖等民间信仰研发文旅精品。

2. 英雄祖先文化

突出《永乐大典》与《明史》所载漳南道客家名人。结合开基祖多长寿和堪舆文化，研发养生文旅精品；根据《永乐大典》所载“秋冬之交”“民易疾病”②，研发黄仙师中草药文旅精品；针对祖先数字郎名、娘名、法名重构闾山传度胜地③。

（三）融合创新

1. 闽台情海洋缘重塑萝卜干形象

围绕水运，突出漳盐与金门渊源，潮盐贩运汀州府城、漳州月港渊源。名产萝卜干突出腌制所需漳盐、潮盐元素，强调与金门渊源，阐发特色功效。发展木偶、铁上杭萝卜食材技艺体验，山歌配乐。

2. 客海木偶与山歌

白砂木偶戏、围绕漳南道署与漳南道客家先贤的山歌、客家始祖英雄史诗、百家畲洞、瓦子街飞瓦、漳盐金门情与客家缘创作等主题剧本，借鉴厦门南乐团，创新创意舞美，开展木偶制作体验项目。

3. 幸福铁瓦

将族谱视为文化遗产，弘扬闾山郎名与法名文化，突出大客家策略，凝聚闽西南涵化与被涵化族群④；根据历史情境，研发主题连环画、山歌配乐、特色趣味的文创产品。重构瓦子街文化符号，铁上杭“飞瓦”习俗申报非物质文化遗产，研发“铁瓦”制作体验、飞瓦互动游戏、铁瓦伴手礼文创产品，配以童谣、山歌；研发种菁艺蓝技艺、特色服饰制作与情景演绎体验、情景木偶戏、新媒体宣传。

---

① （清）曾日瑛修：乾隆《汀州府志》卷16《职官》，第14页b。

② （明）解缙主编：《永乐大典》卷7890，第11页a。

③ 搁置谱系真伪之争，视为文化认同，谱系建构与重构视为文化传承与发展；从宋代至明代中后期闽粤赣流传的祖先谱系数字郎名、数字娘名、法名现象切入，以及黄先师三兄弟具有的数字郎名，搁置畲、客考辨，视为文化遗产，其仪式视为非物质文化遗产，论述闽粤赣道教闾山派传度中心与上杭的渊源，申报保护名录，重构民间信仰文化符号，融入上杭县客家缘文化中心，并通过此平台互动演绎，研发文旅精品。

④ 按，可凝聚漳州府与旧漳州府属县的“福佬客”与“客化福佬”，以及陈支平论述的龙岩民系等族群，运用上杭与闽西南道教闾山派文化传度中心百家畲洞渊源，研发文化旅游创意精品，围绕上杭祖地渊源，串珠成线；团结台胞力量，如李乌嘴、卢赤鬓族裔，联系祖籍漳平的李志仁、李志鸿，清代官员卢美中（号国桢）后裔、明代漳州府长泰籍名宦卢经后裔，尤其是台湾后裔。突出历史上闾山教传度中心的回流。

四、结语

综上所述，取得了以下三点结论：

第一，瓦子街源于南宋潘景丑修城之举，是与广府文化互动的结果，是铁上杭的反映。上杭与闽、粤海上丝绸之路均有联系，在世界大航海时代成为安定闽粤赣客家社会的指挥中心、客家文化圈行政中心、汀州客家军事重地、客家民系对外交流胜地。

第二，陈春声所述“整个中国社会可以被视为一个‘虚拟’的移民社会”，实则就“点”而言，上杭移民群体这一“流”的方向是存在的。通过重写上杭客家史，还原其历史地位，基本解决了相关问题，上杭客家文化层次得到提升，学以致用。

第三，新时期研究应从全球史视阈出发，揭示文本背后的历史情境，跳出上杭、汀州、客家范畴，超越族群之分，多加比较，参考、借鉴海洋史等多元视野，最终达到为上杭客家文化发展服务的目的。既可推动闽西客家文化资源整合进程、又是文化旅游融合创新的基础，为闽台客家文化传承与发展起到一定的促进作用。

（作者单位：龙岩学院闽台客家文化研究院）

文化述评

思想家的魅力

——宋育仁先生诞辰160周年纪念北京展记

钟永新

内容提要：2018年10月，笔者策划举办“宋育仁先生诞辰160周年纪念北京展”，主题为“思想家”，通过展览简要勾勒出宋育仁思想文化人生的独特魅力，着重展现“宋育仁何以成为中国近代维新思想家”之一的历程及贡献，借以推进宋育仁研究继续深化，并学习弘扬宋育仁的治学精神和文化情怀，期望能为传延中华文脉与弘扬蜀学精神尽些绵薄之力。

关键词：维新思想家；宋育仁；宋育仁诞辰160周年

宋育仁先生诞辰160**周年纪念北京展现场（摄于**2018**年**10**月**10**日）**

2018 年 10 月 10 日—10 月 19 日，由笔者策划设计的“宋育仁先生诞辰 160 周年纪念北京展”在诸多友人协助下，于清华大学西门附近水磨社区“前流书店”成功举办，这是自 2008 年在北京豆各庄读易洞书房举办“消失者”宋育仁先生诞辰 150 周年首次纪念展来的第二次主题展。

展览主题为“思想家”，以九块展板为主要载体，色调古朴，采用纸卷创意设计体现厚重历史，内容精要，分为生平篇、著述篇、思想篇、图像篇、评述篇、文艺篇、传记篇等，简要勾勒出宋育仁思想文化人生的独特魅力，着重展现“宋育仁何以成为中国近代维新思想家”之一的历程及贡献。

维新强国是近代中国部分进步人士在面对日益衰微的国势时所选择的一种救国方案，宋育仁追求维新之路与近代中国维新运动史相伴随。为实现维新强国之梦，宋育仁不仅扮演了“坐而言”的维新思想家的角色，大量著书立说，积极建构宏大的维新思想理论体系，涵盖政治、经济、教育、军事、文化等诸多领域，而且充当了“起而行”的维新实践家的角色，身体力行，积极参与维新，办实业、创报刊、建学会、译西学等，其维新实践活动亦形式多样。

此外，展览以图书成果形式，展出了近十年来有关宋育仁研究所取得的一些代表性成果，如《宋育仁思想评传》（2007 年）、《1898 及其他：中国书生宋育仁》（2010 年）、《宋育仁：隐没的传奇》（2013 年）、《中国近代思想家文库·宋育仁卷》（2014 年）、《宋育仁问琴阁诗三种》仿古线装自印本（2014 年）、宋育仁总纂《重修四川通志稿》（2015 年）、《宋育仁泰西各国采风记》（2016 年）、《宋育仁维新思想研究》（2016 年）、《宋育仁文集》影印版（2016 年）等；还精选展出宋育仁民国年间点评梁启超与胡适的文章、宋育仁著述书目与宋育仁研究部分文章索引，以及对宋育仁研究专家董凌锋博士的学术访谈稿（发表于 2017 年由四川省人民政府文史馆与西华大学蜀学研究中心合办的《蜀学》杂志）等资料。

宋育仁先生诞辰 160 周年纪念北京展资料（摄于 2018 年 10 月 10 日）

据悉，举办此次展览的北京前流书店创办于 2007 年，紧邻清华大学和北京大学，学术气息浓厚，今年在“中国改革开放四十年图书发行业致敬活动”中入围影响力民营书店品牌，具有一定的书店文化影响力。笔者希望借此次展览缅怀与纪念宋育仁这位值得深入研究的中国近代历史人物、推进宋育仁研究继续深化，进而扩大宋育仁研究在首都及全国的文化影响，并为传延中华文脉与弘扬蜀学精神尽些绵薄之力。

宋育仁先生

宋育仁（1858−1931）[①]，字芸子，号道复，四川省富顺县大岩乡倒石桥人（注：今属四川省自贡市沿滩区仙市镇大岩凼）。

清咸丰八年（1858）出生于没落的仕宦地主家庭。5岁丧母，11岁父病故。后随伯父读书于广汉。幼聪慧，18岁中诸生（秀才）。光绪元年（1875），张之洞督学四川，创尊经书院于成都，宋等12人首批入院。在全川入选的学生中，尤以他和杨锐最优，被书院山长王闿运誉为“宋玉、扬雄”。光绪八年（1882），宋乡试中举。次年，受聘主讲资州艺风书院3年，渐有文名，所著《周礼十种》《说文部首笺正》开始传入社会。光绪十二年（1886）进京会试，中进士，授翰林院庶吉士。时掌翰林院的徐桐是慈禧太后的党羽，极不喜欢有革新思想的人，斥宋为“狂才”。宋在翰林院郁郁不得志。时值中法战争后，洋务派“新政”破产。宋对他们标榜的“求强求富”产生怀疑并进行批判，形成他的改良主义政治主张。光绪十三年（1887），所著《时务论》完成初稿，受到一些人的注重和赞赏。陈炽读《时务论》后，赞宋“管子天下才，诸葛真王佐”。

光绪十五年（1889），宋任翰林院检讨。时值慈禧玩弄归政光绪的骗局，光绪举行亲政、加冠、大婚三礼。宋献《三大礼赋》，颇得光绪称赞。宋由翁同龢引见，受光绪“知遇之恩”，从此实成为“帝党”成员。光绪十七年（1891），宋典试广西，写出《时务论外篇》，专论外交策略。回京后，礼部尚书孙毓汶见他有志外交，便推荐宋到西欧考察。光绪二十年（1894），他以参赞名义出使英、法、意、比四国。在西欧考察期间，著《泰西各国采风记》4卷。中日甲午战争爆发，宋在伦敦上书清廷，献困倭之谋、防俄之计。10月，陆军在平壤溃败，黄海海战失利。时公使龚照瑗回国述职，宋代行其职。他与美国退役海军少将夹甫士、英国康迪克特银行经理格林密尔等商定：由康迪克特银行借款200万英镑、战款100万英镑，购兵船快舰10艘，运输船2艘，募水兵1旅。由原北洋水师提督琅威里率领，“炮械毕集，整装待发”，准备自菲律宾北上直攻日本长崎。次年3月，中日议和，成、潜师之谋废，宋“抚膺私泣，望洋而叹”，悲愤之余，写成《借筹记》，详述始末。8月，在康有为、梁启超的推动下，组成第一个改良主义政治团体强学会，宋主讲中国自强之学。强学会在顽固势力的反对下，不久被迫解散。

光绪二十二年（1896）初，宋回川办理商务、矿务。3月，他在重庆设商务局，兴办各类实业公司。宋认为兴办公司的目的是“保地产、占码头，抵制洋货，挽回利权”。提出办企业的原则是“不招洋股，不借洋款，不动官款”；“官归官本，商归商本，分设官厂商厂，彼此各不相涉”；“官商股分开，各公司自立，商务局不过问”。这些主张和政策，推动了四川民族资本主义工商业的兴起和发展。同时，宋与潘祖荫等成立蜀学会，创办四川最早的报纸——《渝报》。宣传改良主义主张，提倡改革学校教育制度。次年，他到成都兼掌尊经书院，与吴之英创办《蜀学报》，印行《蜀学丛书》，介绍英国议会章程、西方工商业法规、西方教育制度。在他的影响下，四川各地纷纷创办新式学校，兴建资本主义性质的农场。

“戊戌变法”期间，宋虽远居成都，却密切关注这一运动，他与陈炽、杨锐函电往来频繁。变法失败后，宋被罢商务大臣职。光绪二十七年（1901），清政府发布所谓“变法”上

① 注：原文注明宋育仁生于1857年，据董凌锋博士考证为1858年。

谕，表示要改革“治法”、谋求“富强”。对清廷抱着幻想的他，上书改革财政和教育制度。清政府财政顾问美国人精琦主张由美国来“帮助”管理中国财政，宋十分气愤，又上书清廷驳斥精琦“理财主张”70余条，但毫无回音。宋所期望于清政府的改革全成泡影。

辛亥革命后，王闿运任国史馆长，邀宋任国史修纂。时袁世凯妄图复辟帝制，宋讲袁为清朝旧臣，应“效周公辅成王，辅佐幼君”，触及袁的痛处。袁以宋“妄言生事”定罪，拘于京师步兵营中数月。民国四年（1915），宋“愤而佯狂”，痛斥袁为王莽。袁遂以“危害民国”罪押解宋回原籍“编管”。

民国五年（1916），宋回川后，受聘四川国学院主讲。后任国学学校校长兼四川通志局总纂，主修《四川通志》。民国九年受聘主持监修《富顺县志），民国二十年刊行。同年《四川通志》初稿纂成。宋语言文字之学造诣深，有《说文部首笺正》《夏小正文法今释》等传世。他善词赋，集《庚子秋词》300余首，对清末词风之变有一定影响。在国学学校主讲经学，写成《诗经毛传义今释》《尔雅今释》《孝经正义》《礼运确解》等书。纂修《四川通志》时，著《论史学方志》。民国二十年（1931），宋病逝于成都，享年74岁，葬于东山。

——《自贡市志》（下），方志出版社，1997年，第1549—1551页

附录：

宋育仁何以成为中国近代维新思想家——宋育仁思想评价

首先以其扮演的维新派的角色而论。一方面他建构了宏大的维新思想体系，这不失为近代中国思想史的一笔宝贵精神财富；另一方面他身先士卒，积极投身维新实践，如他扮演了巴蜀地区维新运动领袖的角色，主持尊经书院，创办《渝报》《蜀学报》，兴建工商实业，无愧于“四川和重庆报业鼻祖”及“川渝民族工商业创始人”的角色。

其次以其扮演的传播西学、汇通中西的文化使者角色而论。宋育仁积极传播西学，介绍西方文明，他亲自为孟德斯鸠的《法意》作注，写成《法意钞案》，还撰写多部传播西学的著作，如《经世财政学》等；出使英国期间，宋育仁积极考察西方政治、经济、军事等方面的情况，并与当地汉学名家如理雅各、麦克斯·穆勒等多有交往，充当了中西文化交流使者的角色。

再以其扮演的传统文化素养深厚的国学大家的角色而言。宋育仁学贯中西，既以西方为师，主张师法西洋，维新自强，又热衷传统文化，对以儒学为核心的传统文化有着深厚的造诣，撰有大量论述经学、小学、古典诗词等传统文化方面的著作，称其为“国学大家”并不为过。

最后以其所扮演的爱国者角色而言。他一生始终胸怀强烈的爱国心，对祖国的赤诚之爱是激发他苦苦寻求救国良方的内在精神动力。甲午期间，身在伦敦的宋育仁居然以超凡的勇气大胆谋划潜师袭倭，可谓惊天地、泣鬼神。

不过宋育仁对传统文化的过度尊崇和迷恋，也导致他对西学的学习深度不够，他对儒学及孔教的信奉导致他笃行封建伦理道德和纲常名教，他的这些局限性既受个人不足之处的限制，也受时代、阶级等多种因素的制约。

——摘自《宋育仁维新思想研究》（董凌锋　著　北京燕山出版社　2016年）

名家眼中的宋育仁

1889年，宋育仁著《时务论》。

宋育仁说洋务派想要“盗威福之柄以愚天下”，所以只谈洋务而不谈君主立宪。

宋育仁等还认为有些企业应该继续实行官督商办。

——《中国史稿（四）》第五节郭沫若主编　刘大年负责本册

（人民出版社，1962年，第106页）

刘大年　历史学家

到了八十年代后期，逐渐出现了一些人，比较明白地以资产阶级观点来反对洋务派，例如光绪十二年（1886）宋育仁著的《时务论》中说，对于西方国家，“不师其法，惟仿其器，竭天下之心思财力以从事海防洋务，未收富强之效，徒使国兴聚敛，而官私中饱，此不揣本而齐末，故欲益而反损”。另一方面，他又说：“拘于墟者闭明而塞聪，耳食而目论，以为一切宜报罢，不者以为天下殃。问何以策此时，则乌猝嗟诿之于无策。”前一段话是反对洋务派的做法，后一段话则是讥讽那种站在封建主义立场否定洋务的人。

——《从鸦片战争到五四运动》（上册）·（六）洋务问题上的又一种分歧

（人民出版社，1997年）

胡绳　著名的马克思主义理论家、历史学家、哲学家

宋育仁仍然模糊地设想以传统的方式来扩大皇帝与官员之间的联系。

特别是宋育仁，不惮其烦地以保卫儒家和维护纲常名教的正当性为己任。

——《剑桥中国晚清史：1800—1911年》（下卷）第五章

（中国社会科学出版社，1985年）

主编：〔美〕费正清，〔美〕刘广京

本章作者：俄亥俄州立大学历史教授　张　灏

这类士人曾担任出国使臣，具体考察过西方国家的政情，部分人还直接参与过洋务新政，既熟悉新政之得失，又洞悉官场之弊端。代表人物有郭嵩焘、薛福成、马建忠、黄遵宪、崔国因、宋育仁等人。

宋育仁出洋前没有参与洋务新政的实际经验，他以儒家经义作为尺度来观察中外时务，以“礼失求诸野”之说来鼓吹变法图强。

——《中国近代通史》第三卷　第七章

（凤凰出版传媒集团，2007年）

中国社会科学院近代史研究所　张海鹏主编；虞和平、谢放著

有的人已经看到了最深层的隐忧，这一年，宋育仁在《泰西各国采风记》中表示，如果西学和西教影响扩大，势必动摇中国传统的基础，也动摇传统中国的宇宙观和价值观

——《中国思想史》第三编第九节
（复旦大学出版社，2013 年）
葛兆光　清华大学原历史系教授、复旦大学文史研究院与历史系特聘教授

在一部以收集支持变法维新的论著为己任的《皇朝蓄艾文编》里，宋育仁作《序》说："昔人云通天、地、人谓之儒。由汉迄今，实践无愧者，颇难其人；惟泰西名家，如培根、奈端、兰麻克、哥白尼辈，各以颖悟辟新理，卓然名某家者，稍稍近似。岂西人智而华人愚耶!"既然不是"西人智而华人愚"，在维新变法者心中，自然只有"除旧布新"。

——《牛顿的贡献及其对中国的影响》（《科学新闻》2003 年 04 期）
戴念祖　中国科学院自然科学史研究所研究员

晚清的趋新名士宋育仁，入民国后显得有些"保守"。在他眼里，章太炎与梁启超、胡适都是以史学取代经学的同类。宋氏一方面指责章、梁、胡等陷入"史学"而忘了经学，另一方面又非常在意新学者们的"断代"，即其对"三代"的态度。他强调：时人"所谓一系不断之历史，亦只自秦以来二千余年耳"。

——《陈寅恪的"不古不今之学"》（《近代史研究》2008 年第 6 期）
罗志田　普林斯顿大学博士，四川大学历史系、北京大学历史系教授

宋育仁以为，按照"礼失而求诸野"的古老说法，学习西方，变法图强，正是复兴在中国早已失落的名教传统的捷径。

——《求索真文明——晚清学术史论》
（上海古籍出版社，1996 年）
朱维铮　复旦大学原历史系教授兼中国思想文化史研究室主任

变法思想之蜕变，可以汤震（1890）、陈虬（1892）、郑观应（1892）、陈炽（1893－1894）及宋育仁（1895）等人言论为代表。其内容涉及甚广，虽若干方面仍不脱传统经世文之形式，而内容主旨，已大为改变。

——《中国近代思想史论》
（社会科学文献出版社 2003 年）
王尔敏　当代历史学家、台湾中国近代史研究的重要代表人物之一

甲午以后，熟读"吾闻用夏变夷者，未闻变于夷者也"的士大夫，有的也开始相信"要救国，只有维新，要维新，只有学外国"了，1893 年到驻英使馆任参赞的宋育仁，所写

《泰西各国采风记》，在宣传这一个观点时，采用了一种离奇的逻辑：一、外国美善之政，是值得学习的；二、外国美善之政，是中国古已有之的；三、所以，学外国即是行古道，复古也就是维新了。

——《宋育仁的逻辑》

（《笼中鸟集》青岛出版社，2009 年）

钟叔河　著名编辑、学者、散文作家

（作者单位：《北京立身国学教育》编辑部）

《汶川羌》：一个民族的自画像[①]

张宗福

内容提要：《汶川羌》是羌族诗人羊子的一部力作，它透过羌族的历史文化，透过羌族的过去、现在与未来对本民族进行诗性书写，它涵盖诗人对本民族历史文化根系的找寻、民族文化的认同，对本民族现实境遇与未来命运的思考，对诗人自我与本民族的精神追问。由于诗人用民族文化符号、民族精神勾画本民族的形象，因此，《汶川羌》既是诗人的自画像，又是一个民族的自画像。

关键词：《汶川羌》；民族文化符号；民族精神；自画像

《汶川羌》自2010年出版以来，引起了诗坛、评论界的广泛关注，诗评家、学者从不同的角度对《汶川羌》进行评论、阐释，对《汶川羌》内涵与艺术表达都进行很有价值的探讨。然而，《汶川羌》的研究并不能止步于此，因为作为诗歌文本的存在，它还有很大的阐释空间。

一个民族的存在，自有其历史与文化及其表现形式。羌族，是一个极为古老的民族，其历史相当悠久，文化相当独特，要透过这个民族的历史与文化，透过这个民族过去、现在与未来，对它进行诗性书写，勾勒它的整体形象。为这个民族画像，不仅是一个艰巨而复杂的过程，而且是一个十分痛苦的过程，因为这一过程涵盖十分广泛的内容，比如对本民族历史与文化的根系的找寻、民族文化的认同，对本民族现实境遇以及未来命运的思考，对诗人自我与本民族的精神追问，等等。诗人羊子在这些方面都做了有益的探索与尝试，他力图在《汶川羌》中为这个古老民族画像。

① 基金项目：四川省教育厅重点课题“新时期阿坝羌族文学研究”（18SA0002）、阿坝州社科联一般课题“地域性、民族性视域下的阿坝文学研究”（ABKT2018064）阶段性成果。

一

羊子的《汶川羌》被阿来称之为“大东西”“好作品”，这是因为“羊子的诗歌，是我曾经想看到的一种有价值的文本，对历史，对现实，对个人的一种诗性的超越和抒写。‘我’是从历史而来的，也是从灾难的洗礼而来的。一个幸存者，一个因幸存而重新看待世界了悟人生的人，是作者自己，也是渡尽劫波的羌”[①]。在阿来看来，《汶川羌》洞穿历史、思考现实与未来，实现了“一种诗性的超越和抒写”。诗中的“我”既是诗人自我，又是他所属的那个民族，因此，《汶川羌》既是为自我画像，又是为本民族画像。

梁平在《〈汶川羌〉：攀援一个民族的精神高地》一文中说：“《汶川羌》是羊子为自己民族的苦难和创伤、坚韧与顽强、生生不息的生命力书写的一部当代具有史诗意义的鸿篇巨制。”[②]《汶川羌》的“民族性”与“史诗意义”，实际上就是为本民族画像。曹纪祖、叶延滨、彭学明、石一宁等人也有类似的评价[③]。曹纪祖认为：“（《汶川羌》）富于感性又充满理性，笔触深入古羌民族与山水共存的智慧光芒，蕴藏着诗人灵魂深处的憧憬与眷恋、求索与质疑、绝望与希望交融互生的文学审美，为古羌民族历史与文化的传承留下了崭新的文学记忆。”叶延滨认为：“《汶川羌》具有三个重要特征：民族性，现实性，现代性。”彭学明认为：“（《汶川羌》）把民族情感与民族符号连起来，同时注入国家性，使作品显得伟大、厚重，达到一种高度。”石一宁认为，《汶川羌》是“史诗与抒情诗兼具的作品”，“是叙述历史与感觉历史、体验历史的结合”，“是羌族的心灵史”。

尽管如此，学界仍然认为对羊子与他的《汶川羌》重视还不够。如彭学明认为：“羊子是中国诗坛严重忽略的作家，被轻视的作家，他的诗歌没有提高到应该有的地位”，“中国诗坛低估了他的诗，还应该有更高的地位”。杨玉梅认为：“虽然羊子和《汶川羌》还没有引起足够的重视，在中国少数民族文学也还没有被提到应有的高度，但是其文学价值、文化价值和社会价值等等，都将随着时间的推移而变得更加珍贵。”[④] 凡此种种，说明《汶川羌》还有丰富而深厚的意蕴有待挖掘。

诗人羊子从一个十分单纯的歌者，一下子变为一个民族的代言人，这一华丽而痛苦的蜕变，主要是因为“5·12”汶川特大地震引发他对生命的价值与意义重新思考。《汶川羌》既从个人的角度思考生命价值与意义，又从本民族的现实遭遇去思考民族的过去与未来。由于羊子既是地震的亲历者、救援者，又是灾后重建的参与者、见证者，他对整个过程的感受要比一般人真切得多、深刻得多。由于羊子特定的民族身份，在本民族遭遇大自然如此浩劫之后，必然唤起他对本民族文化的自觉担当与使命感，这就促使他从非常宏观的视野去思考民族的历史与文化，并寻求一种诗性表达。

---

① 转引自张建锋：《生命之思：当代羌族文学的一个维度》，《西南民族大学学报》（人文社科版）2010 年第 12 期。

② 梁平：《〈汶川羌〉：攀援一个民族的精神高地》，原载于羊子《汶川羌》，四川文艺出版社，2010 年版，第 3 页。

③ 尚光琴：《为民族书写 为时代讴歌——羊子长诗〈汶川羌〉研讨会在中国现代文学馆召开》，《草地》2012 年第 1 期。

④ 杨玉梅：《民族诗人的使命与超越——对长诗〈汶川羌〉审美意蕴的阐释》，《当代文坛》2015 年第 3 期。

羊子说："我的创作是关于灵魂的复活和看守。"这里所说的"灵魂"，就是民族文化之魂，它是一个民族的精神的凝聚，是一个民族赖以生存的基础。这里所说的"复活"，象征着重生和希望。尽管经历"5·12"汶川特大地震这样的"灭顶之灾"，然而，这个民族的文化之魂还在，民族精神还在，这是羊子的《汶川羌》着力表现的东西。这里所说的"看守"，是一个具有特定民族身份的诗人对本民族文化的守护与坚持，在民族符号、民族记忆、民族信仰，乃至民族精神逐渐消失的当代社会，能够有这样一种"看守"，是十分难能可贵的。在羊子看来，他的《汶川羌》是从遥远中走来，这个"遥远"，既是时间上的遥远，地理空间上的遥远，也是民族心理上的遥远。从时间上看，这个民族的历史太古老、太悠久了。从地理空间上看，这个民族主要聚集在汶川县、理县、茂县、北川，在诗人眼中显得很遥远。从民族心理上看，他担心本民族具有表征的文化符号与文化精神的消失，要从遥远族群的记忆中唤醒对本民族文化的认同，因而，他十分固执地、忧郁地、毫不犹豫地将笔触伸向羌族悠久的历史文化。这就是诗人对本民族文化的自觉担当与守护，可以说，《汶川羌》是对"遥远"的凝聚，是对"遥远"的冷却，是对本民族文化的守护，是对本民族形象的整体勾画。

二

每一个民族自有其历史与文化，其特定的历史与文化也自有其文化表征。《说文解字》："羌，西戎牧羊人也。从人从羊。"梁平在《〈汶川羌〉：攀援一个民族的精神高地》一文中说："在仰韶文化末期（约公元前 3000 年），黄河中游出现了炎、黄两大部落。炎帝姜姓，姜、羌在甲骨文中是经常互用的一字之分化。姜羌从字的象形上，均似头戴羊角头饰之人，所以以羊为图腾的羌，应该最早起源于我国西北的原始游牧部落。"[①] 在今天的羌族集聚之地，仍然能看到"头戴羊角头饰之人"——释比，他们是羌族文化的传承者、传播者。羊以及与之相关的羊角头饰、羊皮鼓、羊皮褂等，都成为羌这个古老民族的文化符号，于是乎，"羊子"成为诗人的笔名与桂冠，成为族群的标记，诗人也自然成为本民族的歌手与喉舌，为本民族歌吟，为本民族发声。羊子在谈及《汶川羌》的创作时说："'我'的走来，是一个民族精神的走来"，"'我'的走来，是汶川这个诗歌家园的走来"[②]。这就意味着羊子在《汶川羌》的创作中要唤醒民族精神，要对民族的历史文化进行诗意呈现，换言之，这是诗人对本民族文化的一种自觉担当。

由于羊子对本民族文化达到了高度认同，他要用民族辨识度很高的文化符号来勾画出本民族的整体形象，因此，《汶川羌》非常自觉地、诗意地呈现了这些文化符号。《羊的密码》一诗是由一连串的追问结构全篇，诗人追问的是他所属的那个民族从何而来，此诗呈现出本民族演进的整个过程："羚羊到羊到羊人相生：羌"。这个过程始终是哲学性的、诗意的和浪漫的。羚羊最初的形象就有俯瞰大地、雄视千古的气概："临风而立于悬崖峭壁之上/披霞而

① 梁平：《〈汶川羌〉：攀援一个民族的精神高地》，原载于羊子《汶川羌》，四川文艺出版社，2010 年版，第 2 页。
② 转引自叶梅：《羊子与他的〈汶川羌〉》，《文艺报》2011 年 4 月 1 日。

视于万丈深渊之上/带风而跃于可能与事实之间。”然后追问“羚羊的胡须”“羚羊的神圣”“羚羊的通体金黄或者雪白”“羚羊最美的身姿”从何而来，“羚羊心中的歌唱”“羚羊奔跑的方向”“羚羊在灵光中捕捉的生命路线”“羚羊奋力一跃的瞬间”从何而来。虽然这种追问是没有结果的，但羚羊始终“披霞而视”“临风而立”。在诗人追问的过程中，羚羊与“辽阔的天空”“祖先的身影”“云朵的雪白与寂静”“婉转、清澈的流水”为伴，“野性生长”，“自由而抒情”，最后，“完成与人的交会。羌——羊人相生”，羊与人，“从此不再分别”，“从此不再与天地对抗，生疏和怨怼”，“两种生灵合一，走出朝不保夕的生存”，“在共同的天地和共同的时间中沐浴同一片天光的启谕和牵引”。此时此刻，此诗的抒情主体——“我”终于出现，“我”是“祖先滔滔江河中的一滴”，“顺着时间的另一个方向”，“进入源头，进入叙事和开篇”，“走进顶礼膜拜、神性弥漫的羊图腾的时代”。由于“我”是这个族群的其中之一，因此，“我”的歌唱则是族群的歌唱。在诗人眼里，那一只“因为受伤而暂时被放弃立刻解剖的羊”，是被“注定歌唱的羊”，成为“后来羊的祖先”，成为被“赐福的羊”，这是一只具有神性的“羊”，它“瞬间撞开祖先头脑中那扇厚重的大门”，使“祖先看见了家园”[①]。这是“羊”图腾的诗性呈现，同时也打开一个族群的无边无际、绵延不绝的生命空间，自此以后，羊与人的关系密不可分，神性的羊守护着这个族群。

由于“我”和这个族群与“羊”的特殊关系，“羊奶”十分自然地成为“我”维系生存的方式，成为“我”的嗜好。《草场》一诗叙写了“我”与“羊奶”与生俱来的依存关系。诗中将“我”与“沱沱河边的矮子”进行比较，后者最初喜欢牛奶，在他被狼咬伤之后，在爸爸的厉喝声中开始喜欢羊奶，并对“我”施以种种诱惑，而“我”始终初心不改。诗中的“我”十分固执地喝“羊奶”，实际上是对本民族根性的坚守，是对本民族文化的坚守，诗中的“羊奶”是民族根性与民族文化的象征。这个族群没有选择“狼”或“牛”作为图腾，而是选择“羊”作为图腾，是因为“羊”性情温顺，易于驯养，而且“羊”被这个族群注入了人类特有的血缘与亲族观念。于是，“羊”显示出前所未有的神圣性，它伴随着族群自身来源的传说、种族的繁衍以及社会组织的发展，继而成为这个族群的文化符号，成为这个族群的图腾。因而，“羊奶”在羊子的诗里就具有特殊的意义，在诗人看来，“羊奶”是“柔软的”，是“细腻的”，它养育“我”与这个族群的善良、亲和、柔韧、坚强。

与此相类的诗作还有《羊毛线》，诗人以“羊毛线”演绎“我”与这个族群的动人故事。在羌族的习俗里，将白羊毛线拴在即将成年的少年的脖子上，可以得到“羊”的庇护和保佑。“羊毛线”伴随“我”的成长，也伴随这个族群的成长，在《羊毛线》一诗中，“我”通过“羊毛线”与世界发生了关系，像捻羊毛线一样表达着“我”心中的世界。诗中的“母亲”，既是一个具象的“我的母亲”，也是族群的母亲，在诗人的眼里，母亲是具有历史感的，她沿着族群迁徙的足迹，从远古走来。诗人在诗中唤起“羊毛线”的记忆，是为了“努力拉住生命的憧憬和眷恋的想象”，“羊毛线”凝结了“母亲”的全部生活与情感——“歌唱”“阳光”“帐篷”“草场”“鸟影与水波”等，因此，具有民族文化符号的“羊毛线”成为诗人深情歌吟的对象。

---

① 参见羊子《汶川羌》，四川文艺出版社，2010年版，第2—5页。

代表本民族文化符号的事物，随时都能唤起诗人的族群记忆，也可以说，诗人已完全听命于民族文化意象的神性召唤。羊子诗中的“神鼓”，即羊皮鼓，是羌族的标志性的文化符号。羌人认为羊皮鼓为神所赐，敲击时能预知吉凶、占卜未来。《神鼓与羌笛》一诗极为生动地呈现羊皮鼓的宗教神性。在诗人笔下，鼓声仿佛是诗人的心跳、族群的心跳，鼓声关乎羌人生活的村庄、生死、孤独与陪伴、牵挂与拯救，鼓声洞穿族群的过去、现在与未来，鼓声浸透羌人生活、生命的每一个角落，鼓声无时不在、无处不在。因此，具有宗教神性的鼓声，成为“我”及族群生命的节律，“人是鼓声的一种延续”，“人是鼓声的一种气息”，最终，“人成了鼓声，漫过森林，飞上云天”①。此诗用让人落泪、让人震撼的优美诗句书写了自己对本民族的深沉情感，诗中的“我”，用“羌人粗大的十指轻轻地簇拥”娇小的羌笛，用羌笛“释放出大地的沉重和寒夜的刺骨”，用羌笛“承载着一个民族隐忍的全部性情和人格力量”，用羌笛“日夜倾诉人类情感的另类高峰”，用羌笛“把世上最彻底的绝望都吹放出来”②。由此可见，诗人对本民族的深厚情感，源自对本民族文化的高度认同，源自“5·12”汶川特大地震给这个民族深重灾难的深刻感受。

在我们生活中随处可见的石头，曾在人类发展史上扮演着重要角色，在两个极为漫长时代——旧石器时代与新石器时代，石头成为人们回应来自自然环境挑战的主要工具。然而，随着青铜时代、铁器时代以及人类社会演进过程中其他时代的接踵而至，石头彻底远离我们的生活，我们再也听不到石头的呼唤与回声。羌，这个与石头发生深刻而特殊关系的民族，灵性的石头贯穿羌族的整个历史，在这个民族的生活中，石头无处不在。于是，在《石头与墙》一诗中，“石头”被诗人赋予生命的各种形式，“石头”找到语言、自己与家园，与人的信仰、时间、艺术和智慧在一起，“石头”有了灵魂、心跳，“结束了孤独，等待，甚至修炼”，成为“四季恒温的羌碉”，成为“独一无二的羌寨”，成为“我”和这个族群的“庇护”与“记忆”③。因为用灵性的石头砌墙，我的村庄被保存下来，成为众多文明的一部分，族群的记忆也因此而延续。“石头”之所以被羊子深情地歌唱，是因为在“我”和这个族群的生活与生命之中，“石头”具有神性与宗教性。诗中“石头”的回声与呼唤，既是穿过远古而来，也是从鲜活的现实生活中而来，从诗人的心灵深处而来。“石头”与时代无关，因为它连接着这个民族的过去、现在与未来，具有无可比拟的超越性。可以说，羊子在《汶川羌》中用一系列特定的文化符号唤醒一个族群的集体记忆，勾勒出一个族群的整体形象。

三

诗人羊子为他所属的族群画像，既要用特定的文化符号进行勾勒，也要用本民族精神结构内部本质的东西进行勾勒。这个族群特定的文化符号遍及本民族生活的每一个角落，它需要诗人和他的那个民族精心呵护与守望，而这个民族精神结构内部本质的东西更需要人们去传承和弘扬，它是这个族群赖以生存的基础。羊子的《汶川羌》力图从历史、现实和未来中

---

① 羊子：《汶川羌》，四川文艺出版社，2010年版，第12页。
② 羊子：《汶川羌》，四川文艺出版社，2010年版，第11—12页。
③ 羊子：《汶川羌》，四川文艺出版社，2010年版，第14—15页。

唤醒本民族不畏艰险、刚毅顽强、天人合一、敬畏自然的内在精神，唤醒本民族超强的韧性、深沉的悲天悯人以及强烈的感恩之心。

对于羊子诗中"汶川羌"的生存状态，王明珂在《羌在汉藏之间·前言》中有这样的表述："我所建立的民族史知识，是一个'华夏边缘历史'或'汉藏边缘历史'。借由这个历史以及它残留在岷江上游村寨人群中的社会、文化与历史记忆，我来说明历史上漂移的、模糊的华夏边缘'羌人'，如何转化为具有汉、藏、彝及许多西南民族间之桥梁性质的'羌族'。"① 这个族群从游牧文化向农耕文化转化的过程中，在岷江流域及周边定居下来，由于这一区域特定的地理环境及气候的影响，决定羌族特殊的生产、生活方式，比如养羊以及与之相关的生产、生活、文化心理等方面的活动。羊，既承载这个族群有关游牧文化的集体记忆，也展示这个民族当下的生产、生活方式。岷江流域多为高山大川，山势高峻险要，水流湍急，不适合牧放体型较大的动物，而羊恰恰是体型较小又非常灵活的动物，因此成为这个民族首选的牧放对象。这种物质的生产、生活方式，最终上升到精神层面。从羚羊到羊，再到羊—人相生（羌）的羊图腾，在延续民族历史文化过程中，逐渐提炼出民族精神结构中的内部本质的东西，如不畏艰险、刚毅顽强、天人合一、敬畏自然等。

诗人羊子对这个族群不畏艰险、刚毅顽强、天人合一、敬畏自然的内在精神有着深刻的认识与诗性的把握，《汶川羌》"遗传的渊源"对此作了充分的表现。在《羊的密码》一诗中，这个民族的精神结构本质的东西得到诗意的呈现，羚羊的"披霞而视、临风而立"，正是这个族群自本自根的不畏艰险、刚毅顽强的内在精神的象征，而从"羚羊，到羊，再到羊人相生"的这一过程，深刻蕴含着这个族群天人合一、敬畏自然的精神。在《石头与墙》一诗中，诗人赋予"石头"各种生命形式，自从它与这个族群发生关系，就与这个民族历史文化、文化心理结构紧密地连在一起，天人合一、敬畏自然成为这个民族的信仰、灵魂和"心跳"。正因为如此，人和万物便和谐相处，这个族群便生生不息。《供奉》一诗十分具象地呈现出这种状态："木比塔拂着云绸，微笑着走过三女儿建立的人间。/白石神荡漾着神族所有的灵光与永恒的祝福。/柏枝顺着霞光，铺成薰香的路，恭请天神垂眸看见。/……百灵鸟牵着布谷鸟的手，从群山飞向大海，飞回群山。/所有鹰鹫无影无踪。所有的熊胆失去了冲动。/所有的群山散发出菜园的气息。羊群洁白而肥美。"② 在《岷的江和山》一诗中，诗人也有类似的书写："所有的山性，水性，土性，物性都进入人性。/进入羌的体系。进入千年后我的生命与灵魂。"因为与自然万物融为一体，才有这个民族的生生不息。在《羌与戈》一诗中，诗人意识到"敬畏"对于这个族群的重要意义，因为"羌"知道敬畏，所以打败了"戈"。

在羊子看来，这个族群之所以能顽强地生存下来，还有贯穿这个族群历史的超强韧性，长期的迁徙需要韧性，恶劣的环境中生存需要韧性，洪水、泥石流、地震来了需要韧性，超强的韧性是这个族群的精神支撑。岷江上游处于龙门山断裂带，隔几十年就会发生大地震，如1933年的茂县叠溪大地震，1976年的松潘大地震，2008年的"5·12"汶川特大地震，

---

① 王明珂：《羌在汉藏之间》，中华书局，2009年版，第10页。
② 羊子：《汶川羌》，四川文艺出版社，2010年版，第19页。

人们无法逃避这种自然的周期律，只有用超强的韧性来直面灾难。这种超强的韧性，这种对灾难与死亡的直面，就是这个民族得以延续的内在精神动力，也是羊子的《汶川羌》要刻意表现的内容。在《映秀》一诗中，诗人连续用23个“死了”描述这个族群生存空间的一片死寂，这种不需要任何修辞的文字、冷静客观的叙述，表达的是超强的韧性、对死亡的直面。《数字》一诗以冰冷的数字切入灾难的深度与广度，这一系列数字囊括遭受灭顶之灾的生命以及与之相关的所有事物，冰冷的数字背后隐藏着诗人刻骨铭心的悲痛，诗人的这种“醒着的痛”，需要超强的韧性，也需要对灾难与死亡的直面。这种超强的韧性，赋予“我”和这个族群生存下去的勇气。《追寻》一诗表现的是这个民族的坚持，在这里，坚持是韧性的一种表现形式。《孤岛》写出一种“坚决的活着”，这里的“坚决”，是一种毅然决绝的坚持，也是韧性的强烈表现。

《汶川羌》关注所有的存在物，诗人要唤醒“我”及族群悲天悯人的情怀。“5·12”汶川特大地震是诗人情感的触发点，在他的《倒了》《噩梦》《祭唤》《冰冷的数字》《呼唤》《飘的眼神》等一系列呈现惊心动魄的大自然浩劫的诗作中，这种悲悯情怀显得格外深刻，这与中华传统文化的“仁民爱物”是一致的、相契合的。在诗人看来，这种情怀是“我”和这个族群继续生存下去的精神力量。

作为这场灾难的亲历者、灾后救援与重建的参与者，诗人的感受是颇为深刻的。中华文化“一方有难，八方支援”的优秀传统，通过灾后救援与重建的一个个生动的画面得到诗意的呈现。《车队》中的车辆“缝合破碎的群山”，“埋葬废墟中冷却的心血”①。《来了》中“甘甜的雨声”滋润“干渴已久的梦境和等待吮吸的缕缕根梢”，是“世界目光所酝酿”，“祖国内心所期待”②。《驰》展现的是救援的紧迫与迅疾，“驰的速度最美”，“驰的身姿最美”，“驰里面是心，红的心”，“驰里面是命！人的命”③，化无形为有形，铿锵有力，扣人心弦。《志愿者》写志愿者“义不容辞让勇气充实力量”，“用爱说出责任与良知”，“毅然，决然，慨然，欣然走向伤痛之处”，“走向四面悲歌的灾难中央”④，诗人刻意表现的是力量、责任、良知和勇气。《旗帜》中的“旗帜”是祖国的象征，“旗帜”带来温暖，“旗帜”带来希望，“旗帜”是生命的旗帜，诗人深情地写道：“祖国啊，每个泅渡的村庄都满含感激，/是旗帜无声高昂的鲜红安定了极度的恐惧。”⑤《力量》所表现的是无处不在的“力量”，这种力量“把空旷，自由，干净的世界让出来”，可以让“雪花洁白在夏莲的胸口，玫瑰的心上”，“阳光拔地而起，直至顶天立地”，可以“激荡着历史的呼吸与心跳”，“因为这种力量本质的超常，我们都回来。/回到祖国和民族的根脉与魂魄之中”⑥。这类诗作“注入国家性，使作品显得伟大，厚重，达到一种高度”⑦，这正是《汶川羌》获得高度赞赏之处。在《汶川羌》

---

① 羊子：《汶川羌》，四川文艺出版社，2010年版，第71页。
② 羊子：《汶川羌》，四川文艺出版社，2010年版，第73页。
③ 羊子：《汶川羌》，四川文艺出版社，2010年版，第79页。
④ 羊子：《汶川羌》，四川文艺出版社，2010年版，第75页。
⑤ 羊子：《汶川羌》，四川文艺出版社，2010年版，第81页。
⑥ 羊子：《汶川羌》，四川文艺出版社，2010年版，第82—83页。
⑦ 尚光琴：《为民族书写　为时代讴歌——羊子长诗〈汶川羌〉研讨会在中国现代文学馆召开》，《草地》2012年第1期。

的这类篇章中，诗人充分意识到面对灾难，“我”与这个族群在祖国、人民、中华民族的怀抱中汲取无穷无尽的力量，并在这种力量中获得新生，与此同时，这些充满激情的诗篇饱含着诗人强烈的感恩之心。诗人所感之恩是党恩、国恩、人民之恩、中华民族之恩，三年灾后重建，党和政府向世界呈现了一个崭新的“汶川”，在历经劫难之后，“汶川羌”再一次获得新生。

《汶川羌》以本民族的文化符号与民族的内在精神为“我”及这个族群画像，实现其民族性，并获得史诗价值，它所表达的本民族精神层面的东西还不止这些。《汶川羌》不仅要固守本民族的文化根脉，而且要力图超越本民族的局限，这就需要将中国的、世界的、传统的、现代的一切优秀文化成果进行“熬汤”，以此来丰富本民族的精神世界。它既显示了诗人的胸襟与气度，又显示了一个民族的胸襟与气度，这在《汤》一诗中表现得尤为充分。《汶川羌》还有一系列形而上的追问，比如对生命本质的追问、对人生意义的追问、对世界真相的追问、对世界意义的追问，这些追问在《人》《真相》《虚无》《转化》等诗篇中都表现的既有深度又有广度。总之，《汶川羌》的意蕴相当丰富，还值得深入挖掘、研究。

（作者单位：阿坝师范学院少数民族文化艺术研究所）

《四川思想家与〈文心雕龙〉》评介

汪　莉

内容提要：《四川思想家与〈文心雕龙〉》一书具有以下研究意义和学术价值：首先，本书是区域文化研究方法论在“龙学”研究中的第一次专题研究运用，具有拓展《文心雕龙》研究思路、创新研究方法、推动研究向前发展的意义。其次，为区域文化研究方法全面运用于“龙学”研究打下基础，打开局面。再次，突出表明在以儒家思想为主导的《文心雕龙》中，巴蜀文学作家、作品具有重要的地位，以此为基础，证明巴蜀文学在当代文学理论版图中不应该处于缺失的状态，而应该处于在场的状态。该书还具体论述了巴蜀历代多民族著名作家、作品对《文心雕龙》成书做出的突出贡献，在四川省大力推进历史文化名人研究的今天，具有突出的当下价值。

关键词：《文心雕龙》；文学地理学；区域文化论；四川思想家

王万洪、孙太、赵娟茹、许劲松四位博士合作完成的《四川思想家与〈文心雕龙〉》已于 2018 年 5 月在科学出版社出版。该书是四川《文心雕龙》研究界的新成果，我作为研究《文心雕龙》的同行，在表示祝贺的同时，写了这篇小文章，评介本书。

通读本书之后，我认为本书具有如下研究意义和学术价值：

第一，本书是区域文化研究方法论在“龙学”研究中的第一次专题研究运用①，具有拓展《文心雕龙》研究思路、创新研究方法、推动研究向前发展的意义。书中论述的“巴蜀历史文化名人”，是一个多民族融合而成的集体创造的称谓，不仅是一个地理概念、文学概念，还是一个历史概念，在研究中运用的主要是历史地理学方法。本书不仅从文学作家角度论述汉代司马相如、王褒、扬雄等人，而且从写作学角度将上古出自巴蜀文化区的伏羲、五帝世

① 中国《文心雕龙》学会副会长陶礼天教授多年来积极主张从文学地理学角度研究《文心雕龙》，并产生了部分论文成果。在 2017 年 8 月初的第十四次龙学年会上，本书第一作者荼歇期间向陶先生汇报了本书的构思情况，陶先生表态支持从区域文化分野角度展开的研究构思，本书是该研究视野下产生的第一个研究成果。

系杰出代表、大禹等人在《文心雕龙》中所处的重要位置、所起到的重大贡献揭示出来，附带夏启与夏代文学。这是“龙学”研究第一次从区域文化角度展开的专题研究。

第二，为区域文化研究方法全面运用于“龙学”研究打下基础，打开局面。本书作者有一个长远的打算：从不同的区域文化分野入手，将《文心雕龙》论述到的各个区域文化之特点、重大历史事件、著名文学家与思想家、著名作品、文学理论以历史先后、分家分类的方式梳理出来，将其对《文心雕龙》的成书贡献一一揭示出来，这是其长远目标，也是下一步要展开的主要方向。比如齐鲁文化区的孔子、孟子，是先秦儒家的主要代表人物，特别是孔子，是刘勰敬仰的精神导师，是《文心雕龙》全书以儒家思想为宗的核心人物，是全书高举的作家作品第一旗帜——孔子的生平、言行、抱负、意志品质、删述经典的壮举与树德立言的不朽精神追求，是《文心雕龙》得以写成的第一内在动力！当然，这样的讨论是下一步的事情，本书首先集中于巴蜀文化区名家名作上，展开写作尝试。

第三，突出表明在以儒家思想为主导的《文心雕龙》中，巴蜀文学作家、作品具有重要的地位，以此为基础，证明巴蜀文学在当代文学理论版图中不应该处于缺失的状态，而应该处于在场的状态。当代文学主体理论体系的建构将巴蜀文学区系置于中国文学史的五次运动主流之外，这是与文学史不相符合的，这表明巴蜀文学至今不被重视的现实。巴蜀文学区系不仅在历史上涌现出一系列名垂青史的著名作家，如司马相如、王褒、扬雄、陈子昂、李白、三苏、杨慎、张问陶、李调元、巴金、郭沫若等，而且他们作品的分量，在文学史上居于全国第一流的水准，有的还具有世界性的影响，特别在巴蜀文学纳入汉文学体系之后的汉代、唐宋与现当代，不仅与秦陇、中原等各个文学区系在地理上紧密相关，而且是创作、传播的主流区系，是任何文学史、文学批评著作不可能绕开的重要内容。

第四，具体论述巴蜀历代多民族著名作家、作品对《文心雕龙》构成要素做出的贡献。以汉代儒家地位上升和儒家著作称经为基点，以《文心雕龙》全书内证为依据，纳入传说中的伏羲、五帝相关人物、大禹与汉代司马相如、王褒、扬雄，客观公正地分章论述他们对《文心雕龙》构成要素做出的贡献。本书指出：上述巴蜀文化区奉献给中国文化、中国文学的名人与名作，每每出现于《文心雕龙》论述“文之枢纽”“论文叙笔”“剖情析采，笼圈条贯”的重要位置，作为《文心雕龙》全书阐释文学起源、文学思想、作家作品、创作得失、写作技法、审美批评的经典代表，其政治功德、文学创作或文艺思想，是刘勰创作该书的重要取材对象。

第五，为深入研究四川历史文化名人出力。2017 年 6 月，四川省推出了十大历史文化名人，他们是大禹、李冰、洛下闳、扬雄、诸葛亮、武则天、李白、杜甫、苏轼、杨慎，其中，对《文心雕龙》的成书有直接影响的就包括大禹、扬雄、诸葛亮三人。本书从历史文化角度切入，在文论巨典《文心雕龙》的内证上，探究巴蜀名人的影响与成书贡献，不仅是《文心雕龙》研究角度的新尝试，也是四川历史文化名人研究的新尝试。

第六，继承四川作为“龙学”研究重镇数百年传承下来的既朴实严谨又创新研究的优良学风，特别是杨明照先生开创的《文心雕龙》研究方法与研究特色，严谨实证，推陈出新，为当代四川“龙学”研究的发展出力，这是本书的鲜明特点。“龙学”作为显学，其研究起点是明代新都杨升庵状元用五色彩笔批点的《文心雕龙》，这是公认的第一部“龙学”研究著作，开启了明清两代以批点、评论形式开展“龙学”研究的先河，对曹学佺、纪昀、黄叔琳、章太炎等后代名家有很大影响。杨升庵先生之后，四川《文心雕龙》研究在20世纪结出了累累硕果，这些成果主要以四川大学为中心取得：首先是感悟批点形式的成果双璧，刘咸炘先生早年著《文心雕龙阐释》，庞石帚先生晚岁著《文心雕龙杂记》，特别是刘咸炘先生之《阐释》，汇通古今，结合中西，许多见解发人深思。其次为举世公认的校注双璧：王利器先生著《文心雕龙校证》，此书一出，被誉为“龙学始有可读之书”；杨明照先生推出《文心雕龙校注》，在海内外产生了巨大影响。此后数十年，杨先生继续耕耘，相继推出《文心雕龙校注拾遗》《文心雕龙校注拾遗补正》《增订文心雕龙校注》等巨著，并发表了数十篇《文心雕龙》研究论文，结集为两本论文集出版。杨先生的成果具有世界声誉，他本人被誉为“龙学泰斗”，并多年担任中国《文心雕龙》学会副会长。以上名家名作，奠定了四川作为“龙学”研究重镇的特殊地位。但进入21世纪之后，随着杨明照先生的仙逝，研究人才开始青黄不接，成果数量大幅度减少，影响力也明显下降了。笔者立志复兴四川在“龙学”研究史上的重镇地位，渐次更新研究方法和写作思路，本课题采用区域文化研究的新方法，就是这一宏观思辨状态的产物。

（作者单位：西华师范大学新闻传播学院）

开发与应用研究

四川省丹巴县旅游业深度发展策略研究

——基于实地调研的考察（三）①

李 钊

内容提要：四川省丹巴县位于甘孜藏族自治州东部，是大渡河源头所在地，嘉绒藏族的核心聚居区。高山、峡谷、河流、草甸、海子、森林、温泉等自然景观元素与嘉绒藏族特有的藏寨、古碉、美人谷等人文景观元素完美融合，丹巴也借此赢得了“中国最美乡村”的美誉，并成为四川旅游的一张黄金名片。但是，这一独特的资源优势并没有发挥出应有的效用，旅游产业整体效益较低，其关键原因就在于“大众旅游新时代”的到来与丹巴县推进旅游产业深度发展的运作效率低下之间的矛盾，导致了旅游业整体收益低。本文采用田野调查和理论应用相结合的方法，以旅游市场实地调查问卷数据分析、“藏家乐”经营者以及数位丹巴当地文化人士的采访记录为基本依据，在分析丹巴县近几年旅游业发展现状的基础上，考察丹巴旅游产业运作效率低下的主要症结所在。围绕“打造中国最美河谷，沟沟见景、沟沟生情”的核心发展理念，从战略选择和市场策略两方面提出了具有实践指导意义的解决方案，以期为进一步推进丹巴县旅游业深度发展提供理论依据和智力支持。

关键词：丹巴县；旅游业；发展现状；深度发展；解决方案

---

① 本文系作者在2016年9月－2017年8月接受四川省委组织部选派，担任丹巴县文旅广新局副局长（挂职）以及在2019年8月应丹巴县委县政府邀请，对丹巴景区讲解员进行培训期间，在实地调研的基础上撰写而成。由于篇幅较长，以系列论文的方式刊发。

四、丹巴县旅游业深度发展所面临的主要问题

通过对丹巴甲居藏寨（含布科藏寨）、中路景观村落、梭坡古碉群与东女故都、党岭天堂谷、巴底嘉绒歌舞之乡、牦牛谷天然盆景区、嘉绒圣地墨尔多神山风景区、莫斯卡自然保护区八大景区的实地调研、旅游市场调查问卷的数据分析以及旅游从业人员采访记录的整理，我们发现，目前丹巴旅游业在稳定发展的过程中，也存在较大的问题，集中表现为：丹巴旅游资源开发利用档次低、旅游基础设施建设相对滞后、旅游产品品种单一、不能满足游客多层次的个性需求等诸方面。丹巴旅游虽然“名声在外”，素有“千碉之国”“美人谷”等美誉，但“留不住游客”，导致旅游产业化低、旅游业整体收益低。换句话说，“古碉·藏寨·美人谷”虽然已成为丹巴的旅游形象标志，而且“古碉”与“藏寨”都有“有形”的载体，但是，“美人谷”却是一个抽象的概念，采用何种方式将三者融为一体，以实景的方式呈现在游客面前，让游客到丹巴之后有一种“身临其境”的感觉，是推进丹巴旅游业深度发展不能忽略的问题。总之，目前丹巴旅游业发展遭遇到的最突出问题就是“名声在外”与旅游业整体收益低之间的矛盾。这一矛盾又集中物化为旅游环境建设和旅游市场建设两方面。

（一）旅游环境建设方面

旅游环境建设方面，制约丹巴旅游业深度发展的问题是多方面的，包括旅游基础设施建设、旅游形象标示、旅游资源向旅游资本的转化与利用、旅游财政投入、旅游管理制度以及旅游景区规划等方面。

1. 旅游基础设施建设落后。

调研显示，目前制约丹巴旅游业深度发展的关键因素并非旅游资源的开发问题，而是现有开发基础上的旅游基础设施建设非常滞后。其中，最为关键的因素当属旅游交通。

第一，旅游交通问题①。

众所周知，旅游交通承担着将旅游者在旅游客源地与旅游目的地、旅游景区（点）之间往返输送功能。理想而成熟的旅游目的地的旅游交通应当呈现出“进得去、散得开、出得来”的方便、快捷的发展状态。但是，丹巴的旅游交通现状并没有呈现出这种理想的状态。首先，看“进得来”的情况：成都作为我国中西部最大的客流分散中心，虽然每天有两班大巴车往返于成都—丹巴，但是由于丹巴地处康定、阿坝三角交界地带，属于典型的高山峡谷地形，进入丹巴的公路基本上是沿着河岸和翻越高山穿行，地势险要，弯道较多，路况相对较差，至今没有贯通成都至丹巴或者是康定等其他旅游城市至丹巴的高速公路。即便2016年9月底，长达7954米的巴郎山隧道贯通，在一定程度上降低了从成都进入丹巴的难度，但还是需要翻越海拔3900米左右的巴郎山，冬天一旦遭遇冰雪天气则有暗冰，夏季汛期又时刻面临泥石流和落石的威胁。所以，这并没有完全改变丹巴旅游进入性差的事实。另外，成都到丹巴的车站只有茶店子、新南门两处旅游集散中心处。尽管处于信息化时代，但并非

① 2019年8月，笔者再次进入丹巴，发现丹巴县城的道路正在进行全面维修，交通状况有所改善，但文中所反映的问题依然存在。

每一个游客都会是提前搜集进入旅游目的地相关信息的“成熟”旅游者；同时，大中尺度旅游者在很大程度上并没有将丹巴纳入第一旅游目的地，对丹巴旅游信息的获取存在很大的盲点。事实上，笔者在2017年“五一”小长假期间，在成都宽窄巷子、锦里和熊猫基地三个景区（点）随机采访游客是否了解进入丹巴的具体线路时，90%以上的游客给出了否定答案[①]。显然，这种状况在很大程度上限制了丹巴旅游市场容量的扩展。

其次，再看“散得开”的状况：无论是通过大巴车还是自驾形式进入丹巴旅游，都要以县城为中心向各个景区辐射（自驾从成都方向过来先行游览墨尔多神山风景区除外）。在县城通往上述八大景区的旅游主干道，除了甲居藏寨和墨尔多神山两个风景区是双行道标准道路以外，其他六个风景区由于地势险要，都是水泥硬化的单行道，道路狭窄，大巴车难以通行[②]，这就将拟以团队形式出行的潜在游客“人为地挡在”景区之外。笔者在通过微信宣传丹巴旅游时，曾遇到国旅和中青旅两家旅行社咨询大巴车是否可以进入中路和梭坡两大景区，笔者建议其先到丹巴游览甲居藏寨，而后再通过包车的形式进入其他景区。但两家旅行社因交通衔接问题取消了丹巴旅游行程。这虽然是个例，但也说明了丹巴县城通往各景区的内部交通现状在很大程度上限制了旅游市场的扩展和容量。同时，表六丹巴旅游市场调查问卷显示，目前进入丹巴的旅游方式基本以自驾为主也证实了这一点。再者，目前丹巴县城通往六大景区的道路弯道较多，路况较差，通行危险系数较高，对自驾技术要求高。这其中，距离县城较远但风景更为优美、对旅游市场有着较大吸引力的党岭和莫斯卡两大景区的道路不仅是单行道，而且从边耳到党岭和莫斯卡景区分别都有近20公里道路没有硬化，几乎全部是泥土路，夏季道路泥泞，冬季则有积雪与暗冰，路况最差。车子行走在这样的路上，颠簸厉害，当地司机戏称为“健胃消食路”。显然，目前丹巴域内的这种交通状况不仅在很大程度上限制了游客的进入，而且也“损伤”了丹巴的整体旅游形象。笔者在2017年4月23日、7月16日分别进入党岭和莫斯卡景区调研时，路遇由三辆自驾车组成的小团队游客一边抱怨丹巴路况差，一边将其与阿坝州的旅游路况进行比较，从事实上证明了这一点。

实际上，在丹巴八大主要景区中，都存在旅游基础设施不完善的状况。尤其是党岭天堂谷风景区目前还是“三不通”，即不通路、不通网、不通电，严重制约了该景区的旅游发展。虽然党岭天堂谷风景区和莫斯卡风景区定位为自然保护区，但随着游客的逐步进入，实际上已经“不自觉”地成为两个“待”开发的旅游风景区。从旅游业发展角度，甚至退一步讲，为了改善居住在该区域居民的生产与生活条件，即便是自然保护区，道路、电路与网络三项基础设施也必须具备。笔者2017年4月22日在去党岭调研的路途中，在距离党岭村17公里处，路遇两位来自北京的老年自驾游客，由于路况太烂，导致前胎爆胎，而两人对换胎技术并不熟悉，显然并非“资深”的自驾游爱好者。同时，信号不通，两人无法向外部发出求救信息。在其焦急等待了近一个小时之后，“恰遇”我们经过，帮其更换了轮胎。晚上，笔

① 注：笔者选择成都宽窄巷子、锦里和熊猫基地三大景区（点）随机采访游客的基本理由是：这三大景区（点）是成都的旅游形象代表，外地游客比较集中，在此调研游客对丹巴旅游的相关问题所得出的结论更具科学性。

② 注：笔者于2019年8月应丹巴县委县政府的邀请，与四川省考古研究院黄剑华研究员、西华大学法学院侯天友副教授、西华大学文学与新闻传播学院王燕飞副教授对丹巴景区讲解员进行培训。其间，笔者再次实地调研了甲居藏寨、中路景观村落、牦牛谷风景区、巴底土司官寨四个景区。笔者发现，中路景观村落自2018年6月开始实施道路拓宽与柏油硬化工程，目前尚未完工。

者夜宿在一家设施还算齐全的“藏家乐”，忽明忽暗的灯光引起了笔者的好奇。经打听才知道，党岭村不通电，村民自己利用水能发电，勉强能保证基本的生活需要，但并不能保证旅游接待的基本需要。显然，这大大降低了丹巴在游客心目中的旅游形象。

通过对上述丹巴“进得来”和“散得开”旅游交通现实状况的分析，我们可以看出，加强旅游交通的建设，尤其是保证丹巴县城与八大景区之间的道路的畅通性和便捷性是推进丹巴旅游业深入发展迫切需要解决的问题。

第二，其他旅游基础设施的建设。

除了旅游交通之外，包括旅游接待硬件设施在内的旅游基础建设也相对滞后。首先是导游标识牌的问题。在八大景区中，除了甲居藏寨公路沿线建有标准的旅游标识牌、观景台之外，其他景区标识牌要么不标准、要么干脆缺乏。县城缺乏整个区域导游示意图，这在很大程度上削弱了游客对整个县域旅游的感知；同时，从县城通向各个景区的交通主干道以及景区的分岔口也缺乏醒目的标识牌。笔者在莫斯卡景区调研时，莫斯卡村村长向笔者提出能否在磨子沟、党岭和莫斯卡景区分界处树立一标识牌的问题，即在通往两个景区的交通岔口分别树立党岭与莫斯卡景区的标识牌。笔者在两次前往上述两个景区调研的路上，都遇见了自驾游司机下车询问道路的情况。这从旅游经营和旅游需求两方面证实了这一问题急待解决。其次是垃圾箱的设立。县城垃圾箱的数量不仅设置偏少，而且缺乏科学的规划布局；八大景区内，除了甲居藏寨，其他景区根本没有设立垃圾箱，导致垃圾遍地、脏乱不堪，严重影响了景区整体旅游环境质量。此外，在全国范围内提倡的“厕所革命”，受限于融资渠道以及景区与景区内居民责权划分不够明确，丹巴的“厕所革命”动作迟缓。2016 年释放的“厕所革命”，2017 年 1 月才在甲居藏寨修建了第一所标准化的厕所。但因为缺水，直至 2018 年才正式投入使用。其他景区包括县城至 2019 年也没有建设一座标准化的厕所。显然，这些貌似细小的环节，恰恰反映了丹巴旅游基础设施建设亟待加强的问题。

2. 丹巴县城缺乏城市形象标示的“LOGO”。

“古碉·藏寨·美人谷”，这一文化意象群，虽然作为文化符号已经成为整个丹巴的旅游形象标志。并且，“中国最美乡村”“中国历史文化名村”“中国景观村落”“东女国故都”“大渡河畔第一城”“天然地学博物馆”等称呼也在一定程度上提高了丹巴的知名度。但是，丹巴县城作为游客进入丹巴的第一站，并没有具体的物态形象让游客感知到这一文化符号的文化信息。换言之，丹巴县城缺乏作为城市形象的“LOGO”，即城市的身份标识。每个城市都有以自我核心文化符号建立的“LOGO”，也可以说是城市的地标。但是，目前丹巴县城并没有形成“身份认同”的标志性建筑①。

文化符号是代表特定文化形态及其鲜明特征的凝练，独特的象征形式系统在文化形象的构建中有着特殊的意义。鲜明、独特的文化符号是特定文化形象的象征与标示。文化形象不是对特定文化精神的完整性、全面性的系统认知，而是对一系列典型的文化符号及其精神意蕴的综合感知。一种文化主体的文化形象，并不具有明晰的逻辑性、系统性，而通常是由一

① 注：笔者在 2019 年 8 月应邀进入丹巴，在县城的入口处，即三岔河的正面看到修建了一座雕塑群，以传统的嘉绒藏族美女及凤凰为“LOGO”，嘉绒藏族美女能体现“美人谷”的文化意蕴，但凤凰并非丹巴特有的文化符号，并不能反映出丹巴的旅游形象。

系列典型的文化符号来凝练并形象地标示。高度凝练、流传广泛的文化符号是文化软实力最直接的体现[①]。丹巴虽建有嘉绒文化非遗博物馆一处，但建筑面积仅有三十多平方米，展示内容简单，根本不能将丹巴历史悠久、内涵丰富的嘉绒文化予以展示，且该馆"隐藏"在县城一狭小的交通线路上，显然不能成为吸引游客前来参观的一个"景点"。笔者在该馆楼上上班，发现每天到该馆"旅游参观"的人数不超过 10 人。

3. 旅游资源的丰富性与向旅游资本的转化和利用程度低之间的矛盾凸显。

目前，旅游业的发展已经从投资拉动悄然转变为旅游者的消费拉动，而丹巴虽然拥有丰富的旅游资源，但整体上尚处于旅游开发、保护与利用的初步阶段，旅游产品种类单一。换言之，旅游产品的开发应该是立足自身特色，随着市场需求的变化不断地开发新的或者在原有产品的基础上进行升级换代，以满足游客多层次的个性化需求。但目前丹巴的旅游产品静态参观的过多，参与性与体验性的产品过少，这无疑减少了游客在丹巴的逗留时间，从而导致了旅游整体收益低。笔者在实地调研中，曾遇到游客"抱怨"说，来丹巴旅游，除了白天观看优美的自然景观和藏家风情之外，夜晚更希望能够欣赏美丽的夜景或者看到带有浓郁丹巴风情的民俗演出。但映入眼帘的几乎是笼罩在夜幕之中的古碉与藏寨，没有任何休闲娱乐设施，只能"呆"在房间打发无聊的时间。表四丹巴县 2007－2018 年旅游接待人次与旅游收入统计表显示，虽然来丹旅游人数逐年呈现增长的趋势，但过夜游客的比例并没有随之增长。在笔者实地调研的过程中，通过对游客的抽样访谈，发现在丹过夜超过两个夜晚的游客所占比例几乎不到 8%。这再次集中反映了制约丹巴旅游业深度发展的关键问题所在：丹巴旅游形象虽然有一定程度的"名声在外"，但却"留不住游客"[②]。

4. 旅游财政投入过低。作为县经济发展的支柱产业，县财政支持旅游基础建设的每年财政投入相对较低。以近两年的全县旅游投入为例：2016 年，全县地区生产总值 14.7 亿元，县财政支持旅游基础建设费用为 0.22 亿元，所占比例为 1.5%；2017 年全县地区生产总值为 15.3 亿元，县财政支持旅游基础建设费用为 0.38 亿元，所占比例为 2.5%[③]。显然，这对于旅游基础建设相对落后的丹巴而言是远远不够的。

5. 旅游管理制度不够健全。以旅游接待为例，县城以高中低档酒店为中心，各景区则是以民居接待为主。目前虽然旅游部门根据酒店和民居的建筑面积、床位数量、卫生条件等基本接待设施规定了酒店和民居的接待等级，但是由于缺乏详细的规章制度和有效的监管，导致了旅游接待，尤其是民居接待出现了较大问题。例如，目前八大景区内民居接待基本处于"自发"状态，民居接待客栈基本上是村民在模仿、复制周边的民居接待。笔者在中路田园景区调研时，在和一村民交谈的过程中获悉，该村民的儿子在外打工，年底准备返乡开设

---

① 桂学研究团队、广西文化符号影响力调查组：《广西文化符号影响力调查报告》，《广西师范大学学报》（哲社版）2012 年第 4 期。

② 注：2019 年 8 月，笔者再次进入丹巴，发现丹巴县城已注重旅游产品开发的多样性与多层次问题，如在县城嘉绒大桥与大金河和牦牛河交汇之处的建筑打造了夜光旅游产品，在一定程度上增加了旅游产品，但参与性与体验性的旅游产品所占比例依然较小。

③ 资料来源：知县网《（四川省）2016 年丹巴县人民政府工作报告》，http://www.ahmhxc.com/gongzuobaogao/5931.html；丹巴县人民政府网《丹巴县 2017 年国民经济和社会发展公报》，http://www.danba.gov.cn/13003/13028/13051/2018/08/17/10646668.shtml.

一家“藏家乐”。笔者询问其具体打算和民居接待的特色时，该村民回答说，看看别人如何修建就晓得了。在这种政府相关部门“监管缺失”或缺乏有目的引导的状况下，景区内部的民居接待基本上是按自己的意愿，而不是根据旅游市场需求的情况下，“盲目”修建。不仅造成了丹巴民居接待“千人一面”、缺乏特色的问题，而且住宿、厨房与卫生间基本不达标：住宿设施参差不齐、“厨师”基本上都是村民自己担任、卫生间卫生设施简陋。这一状况在党岭和莫斯卡两个景区表现尤为突出，莫斯卡景区甚至至今尚未建成一家真正意义上的民居接待客栈，更不用说专门的旅游接待酒店。

6. 景区环境规划不够合理。目前丹巴现有景区可以分为两类：居民生活区和自然与人文风景区。前者包括甲居藏寨、中路景观村落、布科藏寨、梭坡古碉群；后者包括牦牛谷天然盆景区、党岭自然保护区与莫斯卡自然保护区。居民生活旅游区道路交通过于凌乱。另外，由于缺乏有效的监控措施和规范制度的制约，部分居民为了开展民居接待或者扩大民居接待规模，私自建设或扩建民居建筑，整个村落不再是往日的错落有致的分布，而是显得杂乱、无序。这在一定程度上损坏了中路特有的田园风光特色。

7. 重开发、轻保护的现象在丹巴表现得相对突出，认为文化遗址的价值在于“有用”，即可以开发。以被列入国保文物单位的古碉、巴底土司官寨和中路新时期遗址为例。丹巴境内古碉是丹巴的旅游形象标志之一，全县 562 座古碉，不仅造型丰富、奇特，而且历史悠久，是整个嘉绒文化的重要载体之一。经历长期的风雨侵蚀以及 2008 年汶川地震的影响，2/3 的古碉遭到不同程度的破坏，亟需修缮。但目前没有一座古碉得到修复，并且由于古碉相对分散，无法在哪一处树立国保标示牌。另外，作为藏族人口聚居区十八土司官寨唯一保存相对完整的巴底邛山村土司官寨，尽管早在 1998 年就被列入国家级文物保护单位，但现在除了邛山一村村民阿约拥忠凭借个人的微薄能力在修缮之外，基本上处于无人保护的状态。笔者在 2017 年 3 月份到巴底土司官寨实地调研时，竟然发现该官寨已成为当地村民放牛的“牛栏”，真令人痛心①，并且在官寨内也没有树立国保的文物保护标示牌。相形之下，位于阿坝州马尔康县城 7 公里的卓克基镇西索村的卓克基土司官寨不仅保存完好，而且已经发展成为相对成熟的旅游景区。官寨依山而建，坐北朝南，被国际友人赞誉为“东方建筑史上的一颗明珠”。官寨始建于 1718 年清朝乾隆年间，为四层碉房，1936 年毁于大火，1938—1940 年，土司索观赢组织人力进行重建。1935 年 7 月，毛泽东同志及中央机关长征途中曾在官寨住宿一周。1988 年，卓克基官寨被国务院列为第三批国家重点文物保护单位。卓克基土司官寨有着重要的历史文化以及丰富的旅游资源。中路新石器时代遗址及石棺古墓群除了树有一块国保文物单位的标示碑之外，没有采取任何保护措施。一个新石器时代的文化遗址和石棺墓葬群就这样淹没在荒草之中，如果不采取及时有效的保护措施，这一重要的人类史前史文化的见证遗址将会堙殁殆尽。

（二）旅游市场建设方面

和谐有序的旅游市场秩序，是旅游目的地提升吸引力和竞争力的重要保障。但是，由于

① 注：2019 年 11 月 10 日，笔者接到巴底土司官寨所在地邛山一村村民阿约拥忠的电话，说他已当选为本村的村主任，现在正在县委县政府的支持下，着手对巴底土司官寨予以修复，但修复需要的资金是一个大问题，目前只能对其进行表层的维缮。

缺乏有效的监管，丹巴在旅游接待的过程中，尤其是“十一”和春节两个黄金周期间，依然存在哄抬价格、欺客宰客、强迫消费的现象，严重损害了丹巴的旅游形象。这个顽疾如果得不到及时有效的解决，丹巴整个旅游产业都会受到严重的影响。近几年，旅游局在黄金旅游期间几乎每天都会接到游客投诉民居接待过程中的此类现象。

另外，为了更清楚地摸清丹巴县旅游业在旅游市场发展方面目前存在的实际问题，我们制作了针对旅游市场的调查问卷。2016 年“国庆黄金周”旅游高峰期间，我们选择旅游咨询中心、兴吉与澜峰酒店等丹巴代表性高中档酒店和各景区发放调查问卷 156 份，回收 156 份，经过筛选鉴别，有效问卷 147 份，回收率达 90%以上，符合统计学的相关要求；另外，笔者在甲居藏寨、中路景观村落、梭坡古碉群、布科藏寨、党岭天堂谷、巴底嘉绒歌舞之乡、牦牛谷天然盆景区等 7 个重要景区采访了 24 位“藏家乐”经营者，符合统计学的抽样调查要求。根据统计学的理论及原理要求，现将调查数据反馈的问题梳理如下：

表六：丹巴县旅游市场抽样调查问卷数据分析表

	调查项目内容	人数及所占比例		
11	年龄结构	15—24 岁	25—44 岁	45 岁以上
		38/25.9%	69/46.9%	40/27.2%
22	常在地	成都	省内其他地方	省外
		86/58.5%	24/16.3%	37/25.2%
33	是否了解丹巴旅游景点（区）	熟悉	了解	不了解
		29/19.7%	36/24.5%	82/55.8%
34	了解丹巴旅游信息的方式（渠道）	网络、电视等媒体	旅行社	其他
		96/65.3%	21/14.3%	30/20.4%
55	之前是否来过丹巴旅游	来过两次以上	来过一次	没来过
		12/0.71%	33/22.4%	102/69.4%
56	来丹巴旅游的目的或原因	休闲/度假/观光	探亲访友	商务
		129/87.8%	16/10.9%	2/1.4%
77	来丹巴的出行方式	自驾	大巴车	其他
		102/69.4%	32/21.8%	13/8.8%
78	在丹巴的住宿情况	星级宾馆	商务宾馆	景区居民接待及亲朋家
		29/19.8%	78/53.1%	40/27.2%
9	购买商品情况	熟悉丹巴特色商品，打算购买	听说过，但不熟悉	不了解
		11/7.5/%	38/25.9%	98/66.7
510	对丹巴旅游的服务印象	好	一般	差
		23/15.6%	69/46.9%	55/37.4%

续表

	调查项目内容	人数及所占比例		
511	打算在丹巴旅游停留时间	两天及以上	一天	不足一天
		29/19.7%	81/55.1%	37/25.2%
512	制约丹巴旅游业进一步发展的主要因素	缺乏旅游吸引力	交通不便	其他
		21/14.3%	117/80.0%	9/6.1%
113	理想中的丹巴旅游	原生态的自然和民风民俗	便利的交通和优质的服务	康养休闲
		45/30.6%	78/53.1%	24/16.3%

表七：丹巴县“藏家乐”经营者抽样采访调查问卷数据分析表①

	调查项目内容	人数及所占比例			
11	年龄结构	20—29 岁	30—49 岁		50 岁以上
		8/30.0%	13/54.2%		3/12.5%
22	常住地	丹巴	成都或省内其他地方		省外
		19/79.2%	3/12.5%		2/8.3%
33	学历构成	大学	中专（含高中）		初中及以下
		3/12.5%	11/45.8%		10/41.7%
34	经营“藏家乐”受到哪一方面的影响	政府引导	自发经营		受他人影响
		3/12.5%	16/66.7%		5/20.8%
55	“藏家乐”的接待规模	6 间客房及以下	7—15 间客房		16 间以上
		12/50.0%	8/33.3%		4/16.7%
56	对自己经营“藏家乐”的档次评价	高档	中档		不清楚
		4/16.6%	14/58.3%		6/25.0%
77	对自己经营“藏家乐”的特色评价	交通便利	嘉绒民俗特色鲜明		不清楚
		5/20.8%	9/37.5%		10/41.7%
78	营销信息的传递情况	网络营销	亲友及游客的宣传		不清楚
		9/37.5%	8/33.3%		7/29.2%
9	平均月收入情况	3000 元左右	5000 左右	>10000	不清楚
		13/54.2%	5/20.8%	2/8.3%	4/16.7%
510	目前遭遇到的最大困难情况	缺乏资金	服务质量不高		不清楚
		15/62.5%	3/12.5%		7/29.2%

① 注：目前丹巴县各景区在文旅广新局登记在册的民居接待共有 156 家，从八大景区中根据民居接待的经营状况，抽样 24 家作为考察对象，符合统计学的要求。

续表

	调查项目内容	人数及所占比例		
511	希望政府帮扶	资金扶持	政策优惠和技术指导	不清楚
		13/54.2%	5/20.8%	7/29.2%
512	需要改进的项目	增加餐饮品种	改进服务质量	不清楚
		11/45.8%	6/25.0%	10/41.7%

通过对《丹巴县旅游市场调查问卷》以及《丹巴县“藏家乐”经营者抽样采访调查问卷》的数据分析，我们发现了诸多问题。结合丹巴县目前旅游市场发展的实际状况，笔者对此进行了重点分析：

1. 客源市场狭窄。146 名游客中，110 人来自本省，占 75%；36 人来自外省，主要为浙江、江苏、重庆、山东、北京、云南、陕西、湖南、辽宁、贵州、安徽、广东、广西、西藏和内蒙古等 15 个省（市），占 24.5%。境外游客所占市场容量不足 3%，来自本省的，70%又来自成都。可见，国内市场是目前丹巴的旅游市场的主体，其中成都市是目前丹巴旅游市场的主体组成部分。另外，笔者在成都宽窄巷子和锦里两个景点随机选择采访省外游客是否有进入丹巴旅游的意愿时，90%以上的游客表示不了解丹巴的具体旅游信息。但是，当笔者向其简要介绍丹巴的旅游特色时，80%的省外游客表现出了浓厚的旅游意愿。

2. 游客逗留时间短，这是制约丹巴旅游业进一步发展的根本原因。在受访的游客中，80%以上的游客选择 1—2 天的逗留时间。仅有近 20%的游客打算在丹巴停留 2 天，并非因为丹巴旅游景点的多样化，而是出于交通安全的考虑。表六显示，近 70%的游客是通过自驾的方式来丹旅游，且在受访的自驾游旅游者中，大部分人在抱怨成都到丹巴的路况太差，路程太远，而选择大巴车则需要 7—9 个小时。另外，游客在丹巴停留时间短的另一重要原因在于景区过于单一，基本上全部是观光景区，缺少休闲和游客参与性的旅游项目。游客一般选择甲居藏寨、中路田园风景区或者梭坡碉楼，仅用一天即可游览完毕。景色更为宜人的党岭天堂谷和莫斯卡风景区受限于道路的通畅性，令大部分游客“望而却步”。目前，丹巴缺少一个来丹游客输送至各个景区的旅游中心点，或者说是旅游凝聚点。换句话说，仅靠几百户的甲居藏寨和中路同质化的藏寨景观难以支撑整个丹巴的旅游业。

3. 旅游商业环境不够完善。大众旅游发展的基本矛盾突出表现为人民群众日益增长且日渐变化的旅游休闲需求与落后、单一的产品供给方式与商业经营模式之间的矛盾①。在休闲和散客时代，旅游目的地的商业环境已经成为吸引游客的独立因素和旅游产业竞争力的决定性因素，在某种程度上，其重要性已经超过了传统的“二老”景区，即“老天爷”留下的自然景观和“老祖宗”留下的人文景观。这些景区缺乏改进和创新，旅游产品一成不变，但门票价格却在不断变化，导致旅游市场对其产生了审美疲劳②。可以说，商业环境的完善程

① 中国旅游研究院编：《2016 年中国旅游经济运行分析与 2017 年发展预测》，中国旅游出版社，2017 年版，第 49 页。

② 中国旅游研究院编：《2016 年中国旅游经济运行分析与 2017 年发展预测》，中国旅游出版社，2017 年版，第 63 页。

度是区域旅游业健康发展的解释变量。但是，现在丹巴县城包括各个景区并没有形成相对成熟的商业环境。交通、餐饮、酒店、超市、酒吧、咖啡馆、电影院[①]、博物馆、图书馆、地方特色产品店并没有形成配套，这在很大程度上制约了旅游市场的扩展。

4. 旅游市场监管制度不够完善。笔者查阅了文旅局现有的关于丹巴县旅游业发展的管理制度，发现旅游业管理没有形成统一的行文，现有的制度大多是针对旅游业发展的某一方面，如《丹巴县酒店管理制度》《丹巴县民居接待基本规范》等，没有形成统一的诸如《关于丹巴县旅游业发展的规章制度》等宏观调控性较强的文件。这种情况就造成了在旅游业实际发展过程中，责权划分不够明确、管理不够细致等诸多问题，兹举两例为证。一是党岭景区。进入党岭村，村民“自发”地横一木杆，每人收取所谓的“环保费”。进入景区，整个景区内部没有设置一个垃圾箱，导致垃圾遍地；也没有修建一处厕所，游客只能随地便溺，严重破坏了整体生态环境，游客对此怨声载道。可见，这笔所谓的“环保费”并没有真正用于基础设施建设。据笔者了解，这笔违规收取的“环保费”，经村民合议，被“公平地”按人头分给了村民。二是莫斯卡景区。2017 年 7 月 16 日，笔者在莫斯卡景区实地调研时，遇到了这样的真实情况：笔者一行三人刚进入景区就有一村民上前询问是否需要住宿，当其得到肯定回答后，将笔者带到了一民居接待户内。刚一进入接待房内，就闻到一股刺鼻的味道，并且藏床上的被褥凌乱，显然不能接待游客。之后笔者被带入另外一家民居接待，住宿条件勉强达标，但藏床上的被褥显然也没有更换。入住后，笔者在村内寻找就餐的地方，但却发现整个莫斯卡村没有一家专门的旅游饭店。在此过程中，笔者路遇另一经营民居接待的村民，得知，经过村委会的讨论和“研究”，决定将 168 户村民分成十组，每组每月轮流接待游客。这种做法，貌似维护了当地旅游接待的“公平”，实则严重损害了旅游接待能力的健康发展。而实际上，整个丹东乡在文旅局备案批准开展民居接待的仅有 4 家[②]。换言之，莫斯卡景区的民居接待是属于自发的违规接待性质。

2017 年 7 月 26 日至 8 月 4 日，笔者再次去莫斯卡景区调研，在近十天的实地调研中，笔者每天都会遇到七八支自驾车队，人数在四十人左右。村民“强行”拉游客入住藏民家庭，但是由于卫生条件不符合游客的需求，游客拒绝入住，就自行在空旷地带搭建帐篷，结果村民过来要求收费，每辆车 30 元，帐篷 40 元。笔者以丹巴县旅游局副局长的身份对村民的这种行为予以了严厉的批评。但第二天这种现象再次出现，笔者只好与莫斯卡村村主任和村支部书记进行协商，但收效甚微。第四天，三支车队在遭遇这种情况之后，拍了几张风景与土拨鼠的照片之后，就离开了莫斯卡景区。笔者一方面挽留游客，另一方面向游客道歉，但游客带着满腹的不满和抱怨还是离开了莫斯卡景区；同时亦有部分游客建议，此种现象如果不加以整顿，莫斯卡景区就会因为村民的这种“野蛮行为”而走向死亡。无独有偶，本年度笔者在党岭景区内部调研时，看见几个村民在一号“温泉”内洗衣服。通过沟通，村民告知，由于村中尚未通电，家中烧柴太浪费，于是，温泉就“顺理应当”地成为当地村民的“洗衣池”。这再次表明了政府有关部门对当地旅游业的发展处于监管失控状态。

---

① 注：丹巴第一座集休闲、娱乐于一体的“美人谷影院”在嘉绒新区办公大楼北楼二楼于 2019 年 11 月 23 日正式营业。资料来源：腾讯网《丹巴县美人谷影院即将营业啦》，https://new.qq.com/rain/a/20191120a0i3n800.

② 资料来源：丹巴县文旅广新局。

5. 旅游配套和接待设施的建设相对滞后。在构建旅游业吃、住、行、游、购、娱的六大系统要素中，首先饮食方面，缺乏“丹巴菜”，也缺乏干净卫生的“大众菜”；住的方面，除了澜峰、兴吉、藏香阁等少数级别较高的酒店以外，丹巴大部分宾馆接待设施普遍不够完善，整体接待水平较低。同时，由于缺乏统一管理，旅游高峰期间，价格过高、设施又不够完善与旅游者希冀的高水平的旅游接待服务之间的矛盾凸显无疑。购的方面，笔者考察了整个丹巴县城，作为游客向各个景区集散的核心区，没有一家专门销售丹巴特色旅游商品的购物店。

6. 旅游服务建设滞后，导致旅游服务质量参差不齐。旅游服务建设滞后主要表现在两个方面：一是旅游服务人才的极度匮乏；二是旅游服务机构的缺失。旅游人才匮乏，全县现有登记在册的导游 43 名，但几乎全部是经过短期培训“仓促上岗”，仅有 2 人获得正规的“导游资格证”。其中，1 人已是年逾古稀的老人。从学历构成上分析，仅有 5 人是高中学历，其他 36 人为初中和小学学历。这样的受教育背景，使得这些“导游”对嘉绒文化特质理解不够深刻。笔者在甲居藏寨实地调研的过程中，竟然遇到这样一名“导游”，在笔者问及丹巴县名的来历时，该导游竟然回答不清楚；询问丹巴景区另一位导游，藏寨为何采取白、红、黑三种颜色，该导游给出的答案是“好看”。丹巴县委与县政府已深刻认识到景区讲解员对于景区建设的重要性，决定举办景区讲解员的培训。2019 年 8 月，笔者应丹巴县委县政府的邀请，与四川省考古研究院黄剑华研究员、西华大学法学院侯天友副教授以及西华大学文学与新闻传播学院王燕飞副教授分别从景区讲解员的基本素养、丹巴嘉绒藏族文化内涵、藏家乐经营的法律责任以及景区讲解员的语言讲解能力等方面对丹巴景区 49 位讲解员予以了培训，希冀这一培训能提升丹巴景区讲解员的整体讲解能力。经考核，46 人达标，颁发了甘孜州景区讲解员的证书。同时，由于没有统一的景区、景点及旅游线路讲解词，导致讲解水平参差不齐。这样的讲解服务无疑大大“损害”了嘉绒藏族深厚的文化内涵。

旅游服务机构的缺失主要表现在丹巴缺乏旅行社和旅游服务中心。旅行社是联系旅游者和旅游目的地的重要介体，是履行服务性质的企业。旅行社的主要职能是：向公众提供有关旅行、住宿条件以及时间、费用等服务信息；受交通运输、饭店、餐馆及供应商的委托，以合同规定的价格向旅游者出售旅游商品，是连接旅游供给和旅游需求的纽带。随着“大众旅游新阶段”[①] 的到来，旅行社服务转向个性化与多样化，是旅游业发展的支柱产业之一[②]。但是，截至目前，丹巴没有一家正规的旅行社向游客提供旅游服务。

另外，区域旅游服务中心是区域旅游行业实施对外咨询和直接旅游服务的窗口，不仅担负着游客咨询、酒店预订、景点介绍、旅游线路推荐、导游人员安排、地方特色旅游商品推介等旅游职能，而且也具有业内教育培训、导游人员管理、旅行社与旅游协会的协调以及传递旅游信息等多项职能，是游客接受旅游目的地旅游服务的第一站。目前，丹巴县城虽然在沙子坝设有一处游客服务中心，但受限于经费和人员编制原因，无法配备专业服务人员，所

---

① 注：“大众旅游新阶段”是李克强总理 2014 年 8 月在《国务院关于促进旅游业改革发展的若干意见》中提出来的，意思是指旅游市场的全民化。资料来源：中华人民共和国中央人民政府网 http://www.gov.cn/zhengce/content/2014－08/21/content_8999.htm.

② 韩勇主编：《旅行社经营管理》，北京大学出版社，2006 年版，第 6 页。

以该中心常年基本上处于关闭状态，只是在“五一”“十一”以及春节三个黄金旅游期间，由文旅局工作人员暂时轮值。同时，该旅游服务中心所在的沙子坝既不是游客进入丹巴的第一站，也远离游客分散的县城汽车站，实际上起不到任何实效作用。

7. 作为景区接待服务的主力军，民居接待基础设施及服务水平参差不齐。民居接待是以民宅、民房、民居为载体经过设计、改动成为具备游客接待条件的住宿产品。其最大的特征在于“民”，即强调利用民居经营。目前，丹巴八大景区内的旅游接待主要以民居接待为主。表七显示，80%以上的民居经营者文化程度普遍不高，且大多为自发经营状态，对如何经营、如何增加旅游体验项目、如何定位、如何打造、如何营销等民居接待内在的规律缺乏普遍的认知，导致旅游接待整体水平不高。以丹巴中路的“阁佐民俗精品酒店”为例，和该酒店的经营者二西交流之后得知，该酒店在中路属于中档，入住率在“五一”、“十一”、秋季及春节期间较高，其他时间几乎为零。餐饮接待主要以自己家人为主，没有获得厨师资格证的厨师，其特色就是从自家菜地里面采摘新鲜的、无公害的蔬菜。除此之外，旅游接待设施，尤其是休闲设施不够齐全。旅游服务质量也是出于经营者自我认识给出的接待。最重要的是，通往二西家的道路不够畅通。所以，尽管该藏家乐的整体接待环境在中路属于中档，每天每间客房收费 200 元，含早、晚餐，应该说价格适中。笔者在实地调研入住游客时，大部分游客表示费用可以接受，但休闲设施还是不能满足他们的需求，比如想在房顶看星星，却没有相对高端的座椅；想喝杯咖啡，该酒店也无法提供。近年来，随着民居接待数量的增加，旅游投诉率也随之增加。

8. 尚未形成完整的旅游产业运行链条。即使在县城高中档的酒店也缺乏丹巴旅游指南、丹巴旅游攻略等基本的旅游信息小册子。目前，旅游业从业人员基本上是当地居民，尤其是民居接待，几乎全部是当地居民，他们没有经过专业化的培训，就“自发”地上岗经营，旅游服务意识淡漠。上文提到的莫斯卡景区至今没有一家真正意义上的民居接待客栈，卫生脏、乱、差，没有洗漱的单独卫生间。他们所提供的“质”与游客付出的“价”并不能形成对等关系。这是丹巴旅游业整体收益较低的又一重要原因。

9. 域内旅游景区发展不均衡。目前丹巴的八大风景区，发展不均衡，仅有甲居藏寨发展相对成熟，其他七个主要景区尚处于初步开发阶段。造成这种状况的主要原因就是缺乏全域旅游统筹规划意识。2014 年制定了《丹巴县旅游发展规划》，但由于资金投入不足，其他七个景区基础设施建设相对滞后，尤其是道路交通问题，严重制约了景区的发展。以距离县城较近的中路田园风景区为例，虽然县城到中路修通了环山公路，但由于弯道多、道路狭窄、路况险要等因素，旅游大巴无法通行；同时，村内道路缺乏统一规划，错乱不堪，有的地方没有进行硬化建设，一旦遭遇雨雪天气，村内道路泥泞，严重影响该景区的健康发展[①]。

10. 旅游整体环境需要进一步优化，集中表现在景区垃圾处理、服务人员服务态度。笔者在甲居藏寨、中路、梭坡、布科藏寨、牦牛谷天然盆景、莫斯卡、党岭天堂谷等景区（景

① 注：目前，丹巴县委县政府拟重点打造中路景观村落，规划方案正在逐步落实。资料来源：丹巴县文化广播电视和旅游局。

点）实地调研时，都发现了大量垃圾的存在。尤其是党岭天堂谷风景区，由于管理失范，整个景区没有一个清洁工人，也没有一个垃圾箱，垃圾遍地。甲居藏寨缺水，“山无水不秀，水无山不幽”，缺少了一份灵气。笔者在甲居藏寨实地调研时，一些民居接待经营者反映生活用水不够，希望政府能够帮助其解决用水问题。解决方案可考虑在景区内部，即居民生活区内修建若干“蓄水池”，或者将寨子下面的大金河河水提升至寨子内部，通过修建环绕寨子的小水渠，一则增加景区内部的“灵气”，二则保障村民基本的生活和农业生产用水问题。另外，作为游客集散中心的县城，观景台路线上没有建一间厕所，也没有设置一个垃圾桶，致使垃圾遍地，臭气熏天。

11. 旅游产品的供给方式不协调，集中表现为休闲公共产品的供给短缺、旅游景区和潜在资源的低效利用。截至 2015 年底，全国有 7000 多处 A 级景区，其中 4A 级、5A 级高星级景区 1500 多处。虽然丹巴的旅游资源极其丰富，但是，由于上述所列因素，目前，丹巴仅有甲居藏寨被列为 4A 级景区，其他景区尽管在省内具有一定的知名度，由于达不到星级评定的标准，还处于无星级的状态。这样就无法以门票销售的方式予以营销和推广[①]。

（作者单位：西华大学文学与新闻传播学院）

① 注：目前，中路景观村落拟申报 4A 级景区。资料来源：丹巴县文化广播电视和旅游局。

四川宣汉县红色文化资源的保护与传承研究①

黎　洁　吴会蓉

内容提要：红色文化是在革命战争年代，由中国共产党人、先进分子和人民群众共同创造出的极具中国特色的先进文化，蕴含着丰富的革命精神和厚重的历史文化内涵。宣汉县是一个红色文化资源丰富的地级县，其所蕴含的革命精神和历史文化具有相当的价值，值得去深挖。本文以宣汉县拥有的红色文化资源为切入口，探究其红色文化资源的特色、价值及保护和利用现状，分析其在保护和利用中存在的困境，进而提出相关的对策，从而更好地促进宣汉县红色文化资源的传承和利用。

关键词：宣汉县；红色文化资源；保护与传承

宣汉县是四川省达州市的地级县，位于四川盆地东北大巴山南麓，地处川、陕、渝三省市结合部，距离达州市约 40 公里，与成都市相距约 480 公里。从空间上来说宣汉位于四川较为偏远的地区，实则是拥有丰富红色文化资源的革命老区的重要组成部分之一。1923 年，王维舟组织社会进步青年、学生在清溪场建立了川东第一个共产党早期组织——清溪共产主义小组，并在清溪宏文校进行马列主义宣传，为中央建立红色政权打下了坚实的理论和群众基础。此外，1929 年川东游击军在宣汉组建（该军于 1933 年改编为红三十三军），为中国的革命事业做出了重要贡献。当然宣汉县所拥有的红色文化资源远不止这些，可以说宣汉县是川东马克思列宁主义的传播地，是川东武装革命斗争的策源地，是川陕苏区的奠基地，是反击敌人“六路围攻”的主战场，是红三十三军的成立地。这些红色文化资源所传达出的革命精神、红军精神和教育价值，不仅在当时对推动中国革命发展起了重要作用，而且对当前

① 基金项目：2019 年四川革命老区发展研究中心资助项目“四川宣汉县红色文化资源的保护与传承研究”（项目编号：SLQ2019C—08）。

新时代的中国及其发展仍具有重要意义。宣汉县的红色文化资源及其价值值得深入挖掘。

目前学界的研究多侧重于探讨川东游击军及由此而改编的中国工农红军第三十三军的历史功绩，研究红色人物——王维舟与王定烈的历史贡献，专门探讨宣汉县红色文化资源保护与传承的成果尚不多见。鉴于此，本文以宣汉县为对象，着重分析其红色文化资源的构成、特色、价值及其保护现状与对策。

一、宣汉县的红色文化资源

宣汉县虽然离成都等中心城市较为偏远，但其红色文化资源极为丰富，红色文化底蕴深厚，是丰富的红色文化资源承载地。其红色文化资源包含红色革命遗址、红军石刻标语、红色歌谣、纪念馆、巴山红军公园等。本文从以下几个方面对宣汉红色文化资源进行介绍。

（一）红色文物

目前在王维舟纪念馆中还保存着大概116件可移动文物，这些文物大多是红军和革命烈士用过的物品，如王维舟用过的收音机、皮箱和公文包、老红军王波用过的风箱、红军用过的地瓜手榴弹、教科书、火药枪及川陕苏区邮票等。这些红色文物见证了当时革命先烈的先进事迹，讲述着老一辈无产阶级革命家为了实现民族独立和人民解放而艰苦奋斗的光辉历程。

（二）革命战斗遗址

宣汉曾经历众多战役，留下了诸多的革命战斗遗址，由此而发展成为川东的革命圣地。杨柳关阻击战遗址，位于今宣汉县上峡乡杨柳村，为宣汉、开江、开县交界处。杨柳村唐家湾系杨柳关阻击战前线指挥部遗址。圣墩寺战役遗址，位于今宣汉县南坝镇圣墩村，1980年、1996年，圣墩寺战役遗址先后被列为县级重点文物保护单位和县级爱国主义教育基地。除了这两个比较重要的战役遗址外，还有马泥爪战斗遗址、虾耙口战斗遗址、插旗山战斗遗址、万鼓楼战斗遗址。宣汉的战役遗址都是值得深挖的红色文化资源，每一个战斗遗址背后都隐藏着重要的教育及军事价值。

（三）红军石刻标语

宣汉还保存着很多红军石刻标语，如“活捉刘湘”“红军是穷人的军队”“扩大游击战争，保卫赤区，消灭刘湘”。这些标语大多在红军碑林中有复刻，但是很多其他标语还分布在各乡镇上，这些标语都体现出当时当地人民支持红军，要奋起反抗，要翻身做主人的信念，也体现出红军始终是站在人民的立场上，为民解忧，为民服务，反映了中国共产党领导的红军是为人民谋幸福的军队。

（四）红色革命遗址

宏文校工字楼位于四川省宣汉县清溪乡街道以北200米，1982年公布为宣汉县重点文物保护单位，1983年公布为地级重点文物保护单位，2001年公布为市级重点文物保护单位。这所学校以共产主义小组成员为核心力量，把学校和社会联系起来，把课内外活动和中国革命事业联系起来，贯彻为工农服务的方向，为后来的川东游击军的建立和红三十三军的建立及其配合红四方面军开拓川陕苏区奠定了基础，培养了骨干力量，进行了思想和组织准备，是川东革命的摇篮。

除了宏文校以外，还有很多旧址存在，比如王维舟办公室、红三十三军军部遗址黄石三湾岩冉家院子、马渡乡县苏维埃政府旧址、红四军工农医院旧址、红三十三军军部政治部旧址等，在宣汉，这些旧址依然能找到，只是时间久了，有些看起来比较破旧，需要及时修复。

（五）红色建筑、纪念碑及塑像

王维舟纪念馆是巴山红军公园的“灵魂”，建立于 1983 年，川东民居式建筑，青砖琉瓦。整馆是以五级阶梯式布局，王维舟将军的铜像塑在第二级阶梯。纪念馆占地面积 3600 多平方米，主要由陈列室和红军碑林组成，陈列室由王维舟专题纪念馆、将军纪念馆、罗家坝遗址出土文物陈列室三个展厅组成，其中陈列的图片资料 135 幅，各种革命实物 129 件，红军碑林分布在展馆四周，围墙上嵌有 200 余通石碑，每一个石碑上都镌刻着不同的红军标语及无产阶级革命家墨宝题词，气势雄伟。1995 年 12 月 18 日，王维舟纪念馆被中共四川省委和四川省人民政府授牌命名为“省级首批爱国主义教育基地”，2012 年被命名为“省级民族团结进步教育基地”，还分别被市、县命名为革命传统教育基地、党史教育基地和最佳精神文明单位等。王维舟专题纪念馆展厅分为五个部分，这五个部分讲述了王维舟将军的一生，王维舟的故居和王维舟参加辛亥革命的历程；陈列有关王维舟回乡创校，积极宣传马列主义的相关事迹资料；大量照片展现王维舟在土地革命时期所做的贡献，组织农民群众积极配合红四方面军开展斗争；展示王维舟抗日期间的努力及他为解放大西南做出的贡献。王维舟的一生是革命的一生，也是艰苦奋斗的一生。

王维舟将军的塑像和“红三十三军纪念碑”屹立在红军公园的山顶，彰显着宣汉县红色文化的气韵。将军塑像后面以红军队伍雕像为背景，精神饱满的王维舟将军坐在跃马上，左手牵着缰绳，右手高高举起，似乎在指挥将士们战斗，这一英姿飒爽的将军形象让人敬佩万分。而“红三十三军纪念碑”坐落于王维舟驰马石雕塑像后面梯步上方的平台上，碑高 14.2 米，碑正面刻着由徐向前题词的“中国工农红军第三十三军成立纪念碑”，正面下方刻着红三十三军的斗争史，西北、东北、东南面分别刻着许世友、张爱萍、王波的题词，赞颂了红三十三军为革命而英勇奋斗的不屈精神。

（六）红色人物

宣汉县还有众多爱党爱国的革命先烈，也就是红色人物了。毛泽东曾亲手赠词“忠心耿耿，为党为国”给王维舟，他为马克思列宁主义在宣汉的传播及川东游击军的建立做出了重要的贡献。宣汉还有长征途中最小的女红军王新兰——王维舟的小侄女，小小年纪的她就担起传递秘密文件的任务。还有即使身负重伤仍旧坚持战斗的雷玉书，因大山深处医疗条件差的原因，英勇叱咤川东的他为革命献出了宝贵的生命。宣汉的红色人物很多，王维舟纪念馆中的将军纪念展馆就展出了诸如杨克明、王定烈等 251 位在宣汉战斗过的红军将帅的资料。

（七）红色革命精神

红色精神是中国共产党领导中国人民在新民主主义革命、社会主义建设和改革开放时期所形成的伟大革命精神、建设精神和改革精神的总称[①]。在宣汉同样也形成了红色革命精神。

1. 艰苦奋斗和军民团结的精神

以一个县为单位的川东游击军的建立并非易事，1929 年 4 月到 1930 年 7 月，四川东部万源、宣汉和梁山（梁平）农民起义武装和国民党军起义的 2 个连，先后组成川东游击军第 1 路军、第 2 路军、第 3 路军，但川东游击军成立不久就遭遇国民党的围攻而失败。尽管如此，余部仍然坚持战斗。1931 年，王维舟不顾自身危险（当时国民党张贴了抓捕王维舟的悬赏令）奉命重建川东游击军，川东游击军在重建后逐渐扩大，从几百人扩建到 2000 余人。1933 年 11 月改为中国工农红军第三十三军，随后参加川陕苏区反“六路围攻”。川东游击军建立的过程是艰辛的过程，体现出川东游击军的艰苦奋斗精神，而很快能扩大到 2000 余人，显示出宣汉人民踊跃参军，对川东游击军的支持，体现出军民团结的精神。

2. 爱国主义精神

王维舟纪念馆是省级爱国主义教育基地，里面收录了大量革命时期的文物，包括宣汉县各位将军用过的公文包、红军战士用过的手榴弹等，这些文物见证了当时宣汉革命人物的爱国情怀。王维舟在宣汉宣传教育、宣传马克思列宁主义、倡导革命，宣汉人民积极参与红军，共同反抗军阀的压迫与剥削，为中华人民共和国的建立贡献出自己的力量，这些都能体现出宣汉的红色文化资源饱含着深厚的爱国主义精神。

（八）红色诗歌创作

在革命时期，宣汉的红军和人民群众共同创作出大量红色诗歌文化资源，同样具有挖掘的价值。如歌谣《宣汉有个王维舟》：“宣汉有个王维舟，领导干人杀瘟牛[②]。杀了瘟牛炖汤锅，老蒋哭得泪长流。”[③] 还有百姓口口相传的红军歌谣：“红军打下杨柳关，红军打下杨柳关，干人（指穷人）心里好喜欢。土豪吓得钻洞洞，刘湘吓得喊皇天。”[④] 童子团也有红军歌，同样充分体现了豪绅的无情与残酷，童子们要不畏生死与之斗争。这些歌谣能体现出当时百姓对军阀的愤恨，也表达出对中国共产党革命事业的支持。

二、宣汉红色文化资源独具特色

宣汉县的红色文化资源有着当地独特的韵味与特色，虽与其他红色文化资源一样都是诞生在中国革命的大背景下，然其结合当地独特的自然环境和人文情怀，产生了独具特色的红色文化资源。宣汉县的红色文化资源分布广，主要集中在宣汉南部地区，红色革命遗址、文物点众多。

宣汉县的红色文化资源具有广泛的群众性。宣汉以其县为范围，建立起了川东游击军，后来改编为红三十三军，因此而赢得了“一县成军”的美誉。由此可知，当时宣汉县人民群

---

① 黄遵斌、刘俊楠：《红色精神动力论》，《理论与改革》2012 年第 6 期。

② 此句中的“干人”系指穷人，“瘟牛”指军阀刘存厚。

③ 宣汉县人民武装部：《宣汉县军事志 1911—2005》，解放军出版社，2007 年版，第 353 页。

④ 此歌谣为访谈资料，由崔书明提供。崔书明，四川宣汉人，2014 年毕业于西华大学历史系，现在宣汉县工作，致力宣汉歌谣资料的收集与整理。

众的参军热情高涨。红军热爱人民，人民踊跃参军。“当红军去”“上前线去”，红军每到一地，老百姓都争着报名参军，到处是母送子、妻送郎、亲朋互送参加红军，甚至几个乡村几天内就有数百人争先恐后报名参军的感人场面。全县 1933－1934 年参加红军的就有近 3 万人。创建川陕苏区的红四方面军，也由入川时的 4 个师 1.5 万人发展到 5 个军 8 万余人。川陕苏区总面积达 4.2 万平方公里，包括 24 个县市 700 多万人口。毛泽东把川陕革命根据地誉为全国“第二大苏区”①。由此也可以看出当时的老百姓勇于参军、乐于参军，他们相信红军，所以愿意积极参军壮大红军队伍。由广大人民群众参与创造的红色文化资源具备着广泛的群众性。

宣汉县红色文化资源也具有革命性。当时的宣汉被军阀刘湘控制，宣汉人民受到压迫与剥削，生活苦不堪言。马克思列宁主义来到宣汉，在这里的宣传成效俱佳，先进的思想武装了人们的头脑。在王维舟的带领下，组建了川东游击军，并在宣汉、达县等地发动群众，扩大队伍，打击敌人，在“六路围攻”中发挥了重要的作用，后改编为中国工农红军第三十三军。在宣汉的很多红军石刻标语，表明宣汉人民不想再过被压迫与剥削的生活，用革命的思想武装自己的头脑，不能坐以待毙，而要奋起反击。从这个角度来说宣汉县的红色文化资源是具有革命性的。

三、宣汉红色文化资源的价值

宣汉县的红色文化资源内涵丰富，形式多样。不同形式的红色文化资源都展现着不可忽视的价值，能为宣汉县经济、文化与社会方面的发展发挥重要的作用。

（一）教育价值

教育一直是一个国家值得重视的话题，对青年一代的教育更为重要。邓小平曾讲道：“特别教育我们的下一代下两代，一定要树立共产主义的远大理想。一定不能让我们的青少年作资本主义腐朽思想的俘虏，那绝对不行。”② 宣汉县的红色文化资源饱含丰富的教育价值。一是能够丰富人们的精神世界，从而使得社会主义核心价值观更能内化于心、外化于行。宣汉红色文化中饱含爱国主义精神，不仅对于青年学生起到爱国爱党的教育作用，而且对于党员干部群众路线的教育起着重要作用。二是能够丰富中国近现代史纲要教材的内容和教学的形式。地方性的红色文化资源，往往具有较强的具象性，是中国近现代历史事件的见证者③。将地方性的红色文化融入教学中去，不仅能激发当地学生的学习热情与兴趣，更能调动学生的学习主动性，使他们能更深入地了解历史，避免陷入历史虚无主义。

（二）经济价值

习近平总书记在中央扶贫开发工作会议上讲到我们必须动员全党全国全社会力量，向贫困发起总攻，确保到2020 年所有贫困地区和贫困人口一道迈入全面小康社会。宣汉县目前

---

① 宣汉县人民武装部：《宣汉县军事志 1911－2005》，解放军出版社，2007 年版，第 356 页。

② 邓小平：《邓小平文选》第 3 卷，人民出版社，1993 年版，第 111 页。

③ 谭晓旭：《地方红色文化资源融入〈中国近现代史纲要〉教学路径研究——以四川省红色文化资源为例》，《新西部》2019 年第 12 期。

还是国家级贫困县，脱贫问题亟待解决。充分挖掘宣汉县的红色文化资源，发展红色旅游，打造属于宣汉的红色品牌，吸引游客来宣汉参观旅游，带动沿线经济发展，从而推动宣汉经济的发展，帮助宣汉县打赢脱贫攻坚战，助推宣汉脱贫奔向小康，从而使中国特色社会主义发展的成果共享于宣汉人民。

（三）生态价值

生态是目前的热门话题，习总书记强调："树立'绿水青山就是金山银山'的强烈意识，努力走向社会主义生态文明新时代。"① 人类是大自然的一部分，我们不能只顾着经济的发展而肆意破坏生态环境，而要运用创新的理念，形成创新发展方式。宣汉县环境优美，红色文化资源丰富且形式多样。开发和利用红色文化资源的过程是绿色生态的过程，对环境并不会造成破坏，而是在保护的基础上实现经济的发展，比如开发红色文化资源中的红色精神，既能丰富人们的精神世界，而且还可进行德育教育；开发红色文化资源发展红色旅游，既能增加宣汉经济收入，也能保护宣汉生态环境。

四、宣汉县红色文化资源的保护现状及困境

（一）保护现状

1. 设置保护标志碑

据调查，宣汉县人民政府曾在 2012 年发出关于各乡镇对辖区内红色革命遗址竖立保护标志碑的通知，要对全县 30 处（包括红四军革命法庭旧址、红四军工农医院旧址等）红色革命遗址竖立保护标志碑。在 2013 年完成了对这些革命遗址的保护标志碑的竖立。保护碑的设立能够引起大家的重视，也能够更深入地挖掘该地红色革命遗址的价值。

2. 设纪念馆对红色文物进行保护

王维舟纪念馆建于 1983 年，2008 年向全社会实行免费开放，馆内收录了大量革命时期红军在宣汉用过的文物，并有专人进行管理与保护，纪念馆还有讲解员对每个展厅进行讲解。另外还设置了宣汉县文物管理所及宣汉县第三次全国文物普查办公室，纪念馆外的红军碑林刻录了红军石刻标语，使得红军石刻标语能够跨越时间与空间集中展现在人们的眼前，更能凸显这些文物的价值所在。

3. 宣传方面

对红色文化资源的宣传不仅能够使人们了解历史，而且还能引起民众的重视，这也属于保护与传承宣汉红色文化资源的一个重要环节。宣汉县人民政府的官方网站设置有一个宣汉特色文化专区，其中就包含红军文化板块，红军文化这一板块介绍了宣汉的红色基因，不但包含宣汉的红色文化资源，而且还有相关红色文物的小故事。宣汉县人民政府在新浪微博还特别申请了帐号（中国宣汉和宣汉旅游），在网络平台上发布宣传宣汉红色文化资源以及传承红色文化资源的活动的文章，这是在网站平台上面向全社会公开宣传与展示宣汉红色文化资源。另外宣汉人民政府甚至还结合红色文化，打造廉政教育基地（主要是清溪宏文校和王

---

① 《习近平谈治国理政》第二卷，外文出版社，2017 年版，第 393 页。

维舟纪念馆），这一举措既能利用红色文化促进党风廉政建设、打造扎实为人民服务的政府，又能传承和发展红色文化资源。

而王维舟纪念馆在宣传方面也做了很多努力，每年都会开展活动，举办临时展览数十场次，还会深入到各乡镇开展博物馆流动展览，同时还会进入社区、学校、机关单位、企业等，对王维舟同志和川东游击军的光辉战斗史进行大力的宣传。众多学校也会组织学生和老师前往红三十三军纪念碑、王维舟纪念馆、川东第一个共产主义小组建立地和“工字楼”进行参观与学习，对爱国主义教育和红色文化传承都具有重要意义。

（二）面临的困境

1. 对红色文化资源的内涵挖掘不够

宣汉县拥有众多的红色文化资源，但是很多红色文化资源的内在价值还没有被充分挖掘出来，比如红军石刻标语背后深藏着当时百姓的心声，深藏着宣汉人民对祖国的热爱，对党对红军的信任与拥护。王维舟将军“忠心耿耿，为党为国”的一生、他的艰苦奋斗、为祖国的未来奔走、他的教育思想等都值得深挖，目前对于他的研究尚显不足。当然，宣汉的其他红色文化资源都应该深度挖掘其内涵，使其蕴含的价值得以发挥从而达到传承与发扬的目的。

2. 不可移动的革命遗址面临破坏

虽然保护标志碑和纪念馆都能够起到保护红色文化资源的作用，然而很多革命旧址和不可移动文物是露天的，极易遭到人为和自然的破坏。从人为破坏这方面来说，由于人们对于红色革命遗址保护的认识不够，特别是在较为偏远的乡镇，可能只有老一辈的人知道其价值所在，而大多数人忽视其重要性，可能会对其造成损坏。从自然方面来说，高温、冰冻、大风和酸雨等对其未开发的红色文化资源的破坏是无情的，很多已经立的碑刻标语等在没有刻意对其保护的情况下就很难恢复原有的模样。

3. 经费与人才不足，保护意识薄弱

对红色文化资源的保护与利用的经费投入不足，因此有些革命旧址不能得到及时修复。由于人才相对缺乏，对红色文物的保护手段掌握不足。而对于爱国主义教育基地及其相关文物的历史认识方面也缺乏专业人才，有了专业的人员，介绍红色文物的时候才不会显得生涩枯燥。目前对于红色文化资源的保护主要是政府引导，老百姓的保护意识相对薄弱，然而只依靠政府的力量是远远不够的，也需要宣汉人民群众主动加入保护红色文化资源的队伍中来。

4. 宣传力度不够

虽然宣汉有举办活动以达到宣传和传承的效果，然而宣传的力度还不够。比如政府官网尚未设置宣汉红色文化资源专区对宣汉拥有的红色文化资源进行详细介绍，对于主要的爱国主义教育基地的地址和前往路线等并没有明确标示出来。而其他受众更多的网络平台上对于宣汉红色文化资源的宣传也并不多，宣传力度不够。有关保护文物法律方面的宣传较为缺乏，当法律深入人心的时候才不会知法犯法，在宣传《中华人民共和国文物保护法》的同时也能增加红色文物在人们心中的重要性。

5. 红色品牌和红色旅游打造不足

宣汉县是川东马克思列宁主义的传播地，是川东武装革命斗争的策源地，更是川陕苏区的奠基地，这些宣汉的品牌似乎都被隐藏起来了一样，变得黯然失色，打造专属于宣汉的红色品牌这一问题亟待解决。宣汉的红色文化旅游发展需接上时代潮流，据了解，来参观王维舟纪念馆等爱国主义教育基地的多是学校和机关单位组织而来，自主来参观的还比较少，省外的游客占比更少，所以宣汉县需要打造特色红色旅游路线，使得游客在接受红色教育的同时还能享受到旅游的乐趣。

五、保护与传承的策略

（一）深度挖掘宣汉红色文化资源的内涵

宣汉县的红色文化资源还有很多，然而真正得到有效利用的尚显不足。要更好地利用红色文化资源，充分发挥红色文化资源的价值，必须要对当地红色文化资源的内涵进行深度挖掘。在发展与传承红色文化资源的同时也需要这些红色文化资源作为源头支撑。未开发出来的红色文化所包含的革命精神、爱国情怀、坚韧不拔的意志和开拓创新的精神等都值得提炼，而且还可以作为中国近现代史和思想政治教育的活案例，学生更易受启发，印象更深刻，也为传承中华文化打下坚实的基础。

（二）加强对红色文化资源的保护与管理

由于宣汉县的红色文化资源分布在各个乡镇上，并不集中，但是无论是哪一处的红色文化资源，都值得重视，因其是中国共产党成长的见证者。习近平总书记曾强调："文物承载灿烂文明，传承历史文化，维系民族精神，是老祖宗留给我们的宝贵遗产，是加强社会主义精神文明建设的深厚涵养。"① 被开发利用的红色文化资源同样值得采取手段将之保护起来。马渡乡县苏维埃政府旧址、川东游击军军部遗址、杨柳关阻击战前线指挥部遗址等文物点要确定保护级别，引起当地党员干部和民众的重视。不可移动的红色文化资源是露天的，应该定期对其进行修复，以免出现碑牌受雨水冲刷等而导致字迹不清等相关问题。

其次是要加大对红色文化资源的财政投入，引进文物保护相关人才对红色文物采用新手段进行更加有针对性的保护，培养专业的讲解员使得讲解有趣又有内涵。增加红色旅游配套设施（如停车场和参观等），以保障游客的体验舒适度，从而吸引全国各地的游客前来参观。另外，要树立和增强宣汉人民的文化保护意识，从而在政府积极引导的情况下，能将保护与利用红色文化资源的效果发挥到更佳。

（三）加大当地红色文化宣传力度

1. 运用多种方式达到宣传效果

宣汉县应加大宣传红色文化的保护力度，加大在各网络平台宣汉公众号里的红色文化资源板块设计宣传，扩大宣汉红色文化资源的知晓度。通过宣传《中华人民共和国文物保护法》来提高人们对于红色文化资源的重视度，并且要多开展红色文化活动让每个人（特别是

① 刘崂：《习近平谈世界遗产》，《人民日报海外版》2019－06－06（9）

青年人）对当地红色文化有一个系统的认识。如每一年的春节可以开展文艺演出，用表演的形式再现革命时期红军的英勇善战、顽强不屈及爱国爱党等精神品质；每年的清明节可以组织民众进行扫墓祭奠先烈，并邀请健在的老红军讲述亲身经历的感人故事；每年的建军节可以组织相关代表慰问老红军、参观川东游击军建立地——清溪宏文校，也可参观红三十三军纪念馆，听解说员讲述红三十三军的战斗史。通过深入群众开展活动的方式达到保护与传承地方性红色文化的效果。

除此之外，通过拍摄影视也可以达到保护和传承的作用。宣汉县政府也可以聘请专业人士对宣汉县的红色文化进行拍摄，拍摄好的宣传视频可以放在政府的官方网站上滚动播放。同时在新浪微博、微信公众号上也可以设置一个宣汉特色专区，用来播放红色文化视频和图片，这样能够让更多人了解宣汉红色文化资源。

2. 打造具有宣汉特色的红色文化品牌

宣汉县打造专属于自己的红色文化品牌，比如一提到红三十三军就能想到宣汉。这样地方性红色文化的受众面就变得更加广阔，不再仅仅局限于当地群众。宣汉可以主打中国工农红军第三十三军和入党比建党早的王维舟将军，加大对王维舟纪念馆的资金和技术投入，让红色文物“讲故事”，打造出更吸引人的红色文化宣传方式。

（四）打造精品旅游路线

宣汉县不仅拥有着丰富多彩的红色文化资源，绿色生态景区也有很多，而且宣汉与达州市的其他县城交通方便，与四川巴中、南充等革命老区也比较接近，这样有利于打造精品旅游路线。

1. 精心设计宣汉县内红色文化旅游线路

宣汉县内的红色文化资源虽然较为分散，但可以将巴山红军公园作为旅游线路的中心点，再连接其他点，形成特色线路。比如王维舟塑像－中国工农红军第三十三军纪念碑－王维舟纪念馆－王维舟故居－清溪宏文校或者巴山红军公园－王维舟故居－清溪宏文校－宣汉县苏维埃政府遗址－红三十三军成立大会遗址。既可以根据省级或者县级保护级别的红色资源为旅游路线，也可以根据红色旅游点的相隔距离来设置路线。

2. 打造宣汉县与其他市、县的红色文化旅游路线

宣汉县与达州市的其他县距离近，交通便利，打造宣汉县与达州市其他县的红色文化旅游专线，是旅途较为轻松且对达州市红色文化进行保护与传承的佳选。比如万源市驮山公园的万源保卫战战史陈列馆－宣汉县巴山红军公园内的王维舟纪念馆－通川区梓桐红三十军政治部旧址－达州红军文化陈列馆与张爱萍故居－达县河市镇陈伯钧纪念室及“中国红色第一街”（达川区石桥列宁街）－渠县苏维埃纪念馆。

宣汉与南充市、巴中市和广安市在地理位置上也是比较接近的，可以打造跨市红色文化旅游精品路线。旅游路线可大致是宣汉县巴山红军公园及清溪宏文校－巴中市川陕革命根据地博物馆－南充市朱德故里－广安市小平故里。这样的路线虽然耗时较长，但是对于宣传和保护四川红色文化，提升四川红色文化的品质具有积极作用。

3. 打造宣汉县绿色生态与红色文化相结合的精品旅游路线

宣汉县是一座风景优美、拥有众多原生态景区的绿色生态县，将其绿色景区与红色文化

相结合，打造宣汉特色旅游线路。旅游路线可大致包含巴山红军公园－清溪宏文校－国家4A级景区峨城山森林公园－国家4A级景区洋烈水乡－国家4A级景区巴山大峡谷。将绿色景区与红色文化相结合的线路是发展宣汉经济最为生态的路线，也是保护和传承宣汉红色文化具有联动力的方式。

（作者单位：西华大学马克思主义学院）

述忆与口述历史

学海历程纪略

谢桃坊

内容提要：本文追忆了自己一生的学习和学术研究经历。笔者早年曾在私塾启蒙，又在从事工农业余教育时接触到新文化。1954 年到小学教书时结识林宝树等好友，时时在茶馆聚会闲谈或讨论学问，并在此期间养成自学的良好习惯。笔者于 1956 年考取西南师范学院中国语文系，在这里打下了系统而坚实的知识结构与专业基础，并孕育了从事宋词研究的学术志向。此后笔者经历了近二十年的人生低谷，于 1980 年考取四川省社会科学院文学研究所，专职从事中国古代文学专业研究工作，终于实现了青年时代的志愿，成为一名学者，也由此找到了理想的人生归宿。在这一时期，笔者以宋词为专业研究方向，完成了《宋代民间词论略》《宋词概论》《中国词学史》等代表性著作。1998 年笔者六十三岁之时又进入了四川省人民政府文史研究馆，拓展了自己对客家学、蜀学和国学的学术研究新园地。

关键词：学海历程；宋词；客家学；蜀学；国学

我在青年时代即希望成为一位学者，转瞬六十余年过去，可算如愿了。人生的旅途毕竟有终点，人生的舞台总会有落幕，谁知何处是终点，何时会落幕，这似自有冥冥注定，个人的意志不可能抗拒。我的一生甚为平凡，尽管有过二十年的苦难，也有过一些小小的传奇故事，这些均无必要记述。现在已值桑榆之境，此际特别感谢我的亲人、尊师、朋友、编辑、读者、至交，以及许多善良的人们。他们曾对我抱有很大的期望，或给予关爱、支持和帮助，或给予深厚而真诚的情谊；他们使我具有生活的信心和力量。这里，我仅记述学术思想发展的轨迹，以此表明我已尽到一位学者的最大努力，而高境距离我仍然是很遥远的。

一、启蒙与接收新文化

1935 年乙亥六月十三日，我出生于成都市外东牛市口上水巷 42 号后宅。父亲讳世宫，字俊德，以字行，自制糕点，兼地方公益事务。他深谙社会人情世故，诙谐机智，为人和善，虽然仅具初等文化水平，却对有学问的人特别尊重。我以为父亲是最能干而善于处世的人，故最为崇拜，每感难以效法。他认为我是很懂事的孩子，让我的性格自由发展，从不对我干预或教训，特别关爱我。母亲范素珍不识字，刚强勤劳，持家谨严，很讲礼节，对我们姊妹和弟弟极其严厉，然而遇事是深明大义的。1948 年 1 月我于成都市外东大田坝华阳县高级中心小学毕业，成绩属于中等，胸中并无大志，只待将来去商店当学徒，然后成家立业，孝敬父母。从幼年到少年，对我思想产生影响的有三件事：一是听织布师傅讲《薛仁贵征东》和《薛丁山征西》；二是在场口茶铺听民间艺人讲评书，最喜听《三国演义》《封神榜》《大清传》《济公传》；三是借阅石印本古典小说书，印象最深的是《红楼梦》《兰花梦》《平山冷燕》《今古奇观》《七侠五义》等。我从这些通俗的故事里接受了具有民间性的中国传统文化的零散知识，至今还记得许多生动的故事情节和诗词联语，它们使我产生一些奇异的想象，对开启智力是很有帮助的。在传统的观念中，小孩六岁时进学校读书是为“发蒙”，即使小孩的智力得以开发，也是启蒙之意。我深感启蒙应是指个人对知识产生了兴趣，有一种渴求的心理，使智力得以自觉地启动。所以我认为我的真正的智力是刘杲新先生开启的。

我见到刘杲新先生时，他已是一位古稀老人了。先生字少农，以字称；曾经入刘存厚军幕，接受过维新思想，以楷书大字和学养深厚知名乡里。先生极佩服赵尧生，晚年先生退隐乡下，自耕八亩田，家中七口人，缺乏劳力，生活十分清贫。先生居住在成都外东牛市口（德胜场）场外刘家大院，他经常到牛市口水巷子鸿春茶舍饮茶，总是独自一人，茶后慢慢地回家。我父亲认识杲新先生，而且很尊敬他。我家住在牛市口上水巷，我曾多次见到先生身着深蓝色或深灰色的长袍，低着头，拖着沉重的步履缓缓行走在小巷里。他以右手摩擦颧骨，陷入沉思的状态，或者拈弄着稀疏的胡须似在吟咏。这是典型的落魄文人，他不在意过往的人，也没有人向他招呼。他的同事张子郁先生是当地最有声望的豪绅，人们称为副长官，他和张子郁偶尔谈诗论文，但仍很疏远。先生门口贴有一副对联：“自知性僻难偕俗，且喜身闲不属人。”这可见先生处世的高傲自洁的态度。

1944 年的岁末，我小学毕业，未考起中学，便在成都市棉纱公会门内卖香烟，这终不是长久之计。1948 年秋天，我满了十三岁，父亲送我去杲新先生私塾读书。刘家院子在牛市口下水巷外，院子很大，大门进去是一排敞厅，院的左边有一个很大的粮仓。正厅为堂屋，门上贴有“神荼”和“郁垒”的红纸大字，庄严肃穆。右正房和东厢房是杲新先生一大家人居住，修缮一新。左正房带过厅数间屋是杲新先生一家居住。院前是一片田野，有一条小路通向下水巷，院后是茂密的竹林，环境清幽，虽近市井而无喧嚣，适宜读书求学。父亲领我拜见杲新先生，又向至圣先师孔子行礼，然后入学攻读。私塾里只有四五名学童，他们读《三字经》《增广贤文》《百家姓》《五字经》等蒙书，在过厅里高声背诵，杲新先生依照传统的教学方法叫学童死记硬背。我与兆临同学一起去的，他也是小学毕业生，先生待我们甚厚，让我们在正屋书房里读书。正屋有二十余平方米，一半为先生卧室一半为书房。书房靠窗有一张楠木桌子，我坐在靠书架的一边，兆临同学坐在对面。我读的是朱熹的《四书集注》，兆临同学读《幼学琼林》。每日上午读书，下午习字、作文。先生不叫我背书，让我自已认真阅读朱子的注解，偶尔选一两段重要的文字讲解。他开宗明义给我讲解《大学》的朱子引言：

> 子程子曰：大学，孔氏之遗书，而初学入德之门也。于今可见古人为学次第者，独赖此篇之存，而《论》《孟》次之。学者必由是而学焉，则庶乎其不差矣。

先生说这是学习《四书》的纲领，他说明程子是北宋理学家伊川先生程颐，然后着重讲“入德之门”和“为学次第”。先生正襟危坐，慢条斯理，为我循循讲说。我站着静听，似懂非懂，因其中有很高深的道理我尚难以体会。以后先生又讲过《中庸》的“天命之谓性，率性之谓道，修道之谓教”，讲孟子关于义利之辩，等等。先生讲后，我再看朱子的注释，可以略知大意。下午习字，先生耐心地指点我，讲解笔法和间架结构，并当即示范。这引起我和兆临同学最大的兴趣，我们互相以书法竞争，投入了巨大的热情。兆临同学习赵字，我习柳字。我此后又学颜字，有了颜筋柳骨，又学魏碑。先生家有清代何绍基的《三苏祠诗》手迹的双钩临本，这是行书，功力深厚，雄浑飘逸，我受之若狂，将此重临数遍，使我书法大进。我在成都春熙路商务印书馆购得《颜楷晚年遗墨真迹》，这是民国初年四川著名书法家颜楷的各体书法珂罗影印的本子。颜楷的书法富于独创，善于变化，我非常喜爱。从此我的书法学得杂，先生并不责备我，只惋惜我写的字不润泽，注定不会有富贵的命运。我除了主要习大字而外，也习工整的小字，先生以我的书法进步甚快而欣喜。邻居请先生写祭文，先生草稿完成后，叫我誊正，又教我怎样写神主牌，有意培养我的书法技能。下午我交上习字本，先生评阅后便在旁边写下作文题，或出一个上联，由我去做。作文题有“学而时习之”“论温故而知新”“学而不思则罔”等，这只看朱子的注释而加以发挥即可。我对这些作文并无兴趣，因学力尚不及之故。我最喜作对联，这比作文有趣。有次先生写了上联“千钟粟”便踱步出去了，过了一会儿他回来见我对的“一品官”，高兴地说：“好！对得不错，语意贴切，极好。”又一次先生写了上联“劝君更进一杯酒”，他说这是绝对，对不上就算了。他又踱步走了。此是唐人王维的名句，必须从唐诗中选出来对，这确实很难。我的桌上恰好有新买的商务印书馆出版的《李白诗》，又恰巧正翻开的是《将进酒》一篇，我一下就看到“与尔同消万古愁”一句，于是对上了。先生回来座椅上，手拈着稀疏的胡须连连点头说，妙！妙！他又说：“这是绝对呀，你怎么对上的，太妙了。”先生欣喜不已，似乎以为我是很有才的学子了，然而我自知实属偶然，后来我读张恨水的小说，发现他早已有此集句对联了。《四书集注》我半年就读完了，遂读《唐诗三百首》，因我购得广益书局出版的江都余春亭编的《诗韵集成》，先生遂教我将五言律诗和七言律诗每首所用的韵部注出，弄不清楚的去查《诗韵集成》。当我对几十首唐人律诗的韵部注出后，便掌握诗的用韵规则，能够区分韵部，并能辨识字声的平仄了。这应是学习诗律者辨识韵部与字声平仄的最简单而最有效的方法。1949 年的春天我在春熙路的地摊上购得一部漱石斋精印的明代顾从敬编的《分调类编草堂诗余》，这是一部通行的唐宋词选集，我请先生圈点讲解，发觉唐宋词的艺术之美与其表达的情感的优雅含蓄，遂背诵了许多作品。在读诗词的同时，我又在先生的指导下读《古文观止》。端阳节私塾放假，下午，我拿了家里两个银元到春熙路广益书局买了《左传》《战国策》《周易》《庄子》《孙子兵法》等书，高高兴兴回家，谁知母亲早就拿着马鞭子等候我了，一进门便将我抓住乱打，打得我哭不出声来，父亲默不作声，不敢救我。我将买的新书带到私塾里读，每本都未读完。当时我想找到一本能够指导我人生道路的书，但是没有找到。先生叹息说，能通读一本书就行了。先生书柜里有两部印本丛书——《古今说部丛书》和《香艳丛书》，第一部汇集了古代的笔记杂书和传奇小说，第二部汇集了关于古代妇女的轶事和诗文。我闲时读了这两部丛书，增加了关于中国古代的文化知识，开阔了视野。先生还有一部珂罗版影印的《清代八贤手札》，它汇集了清代李鸿章、左宗棠、曾国藩、曾国荃、罗泽南、胡林翼、彭玉麟、张之洞八人的书信手迹，我因学过草书，能阅读这些书信。这时我想读一切书，对知识有种渴求的欲望。

杲新先生的侄子刘壁是身高强健的青年，他读过大学，毕业后回家务农并管理家业。每日上午他做完农活时约 10 点钟了，便在祠堂里高声吟诵诗文。我读书的隔壁便是祠堂，刘壁的书声抑扬有致，表现古典诗文之优美，乃是很正宗的传统的读文方法。私塾里学童读书是一种疾读方法，只求达到背诵的目的，这与吟诵的读法是不同的。杲新先生是会吟诵的，但他从来不教我们。我多次听刘壁吟诵，遂懂得了吟诵方法。刘壁对伯父杲新先生很敬重，时有往来。他的英语水平很高，翻译了一篇外国中篇小说，是写第一次世界大战时期一名普通战士的经历。他将译稿带到私塾来，请我抄写誊正。我用毛笔小楷抄写了数日。在抄写的过程中第一次接触到新文学，甚感新奇。杲新先生并不严管学生，每日上午和下午，学生做完规定的功课后，便可自由活动，先生也就上街去饮茶了。

1949 年 12 月成都解放后私塾停办，我从刘杲新先生学习一年半。这段时期我自由地读书，自由地和少年朋友玩乐，身心得到良好的发展。自从接受杲新先生教育之后，我将世俗的东西都看得很轻，更志于学习知识，追求真知，渴望达到一种高远的境界。三年后当我偶然遇见先生时，临别之际先生说："我就只有你这个学生。"我深知先生对我有着很高的学术期望，他为我后来走上学术专业研究的道路起到了非常重要的引导。

1950 年秋我们全家迁回老家——成都外北八里庄鲜家坝谢家祠务农，自耕五亩六分田。这时我已十五岁，自觉学习农活，随即被邀参加华阳县保和乡农协会第七分会的群众工作，任青年组长，兼任村文教委员。1951 年初夏农协会迁至苏姓地主院内，空屋里堆满了新旧图书。我从中选择了一些书，其中《高尔基自传》鼓励了我志于文学兴趣。农会订有《川西农民报》《人民日报》《川西文艺》和《说说唱唱》等刊物，我由此懂得时事并喜爱新文艺，萌动文艺创作的志愿。当我从报纸上读了刘绍棠的处女作《红花》时，我激动不已。刘绍棠当时十六岁是河北通州的中学生，他的这篇小说充满革命的热情和青春的气息，而且形象优美，表现了新中国青年的积极进步的精神。我与他是同龄人，回顾自己则甚为惭愧，似乎他的才华是我不可能企及的。后来刘绍棠平步青云，成为著名作家，以写淮河边上农村题材为主，然而终未有重大的艺术突破。个人所蕴蓄的潜在能量或是才华，它有多少，怎样开发，能发挥多大的作用，这皆难以预料的。北宋时晏殊和仲永俱是很早知名的神童，但他们的命运却完全不同。

1952 年全国开展扫除文盲的运动，以注音符号为汉字注音，可以迅速认识汉字。6 月我参加成都市扫盲师资训练班学习速成识字法，9 月调到成都市龙潭区政府文教科为专任教员，负责培训师资和考察农民识字班的情况。我们一共四位同事，我的年龄最小，文化程度最低，其余三位都是从各地小学校调来的业务水平很高的青年教师。我们有一段时期甚闲，住在文化馆内，可以读到新的书刊。同事中蔡德亨的学识最广博，他的书法、棋艺皆佳，可以翻译英文，常常整日演算高等数学，似乎百科知识皆懂。我有一次问他什么是科学，他说科学乃分门别类的有条理有系统之学问。这样的解释是可以的。同事中何盛铨二十八岁最年长，他负责整个工作，组织能力很强，善于演讲，充满政治热情，有一种谨严的务实作风。他常说算术看似简单，但不易精熟，四则杂题便可能难住多少人。同事龚承基的精力充沛，俨然是一位马克思主义理论家，他遇事总得阐发理论原则，具有真正革命者的风度。我佩服这三位同事，潜心学习他们的优长，他们也都喜爱我。我们有时喜好下象棋，但不是蔡德亨的敌手，有一次由我与老蔡对敌，何盛铨与龚承基相助，我们三人合力才战胜了老蔡。我在与同事工作与言谈中学习到许多新的知识，尤其是在文化馆里读了大量的新文学著作，最喜爱读的是鲁迅的杂文集和《人民文学》发表的新作品，因而逐渐与新的工作环境相适应了。此年 12 月参加了成都市文教局工农教育科办的政治学习班，学习马克思主义政治理论，学习了五个月。科长龙贵云三十余岁，原是学音乐的，曾为地下革命工作者，他文雅又具政治家的风度，目光锐利，沉默威严；我们皆敬畏他。我到学习班之初，一次见到龙科长在办公室前与一位科员谈话，科员于远处指着我向科长耳语；这大约是科长希望认识我。我在数十人的大班里仍是最年幼和学历最低的，谁知竟任我为小组长，组织十余位学员学习。这次学习提高了我的政治理论水平。关于政治是经济的集中表现，战争是政治斗争的最高形式，国家、法律、军队、监狱是统治阶级专政的工具；这一系列的马克思主义的基本政治观点为我所接受，它应是科学的社会学的理论基础，对社会科学研究具有指导意义。1953 年 11 月，我参加全国普选工作结束后，时值工农业余教育工作进行调整，由教育局组织部分工农业余学校教员和小学教员到成都师范学校进行文化补习。这个特殊的补习班仅有三十余人，文化程度差异很大，有读过高中的，也有小学毕业的，但都学习初中一年级的课程。此次学习至 1954 年上期结束，为时七个月，初中一年级的课程并未学完，然而却为我补习了最基本的自然科学知识，并进一步向文学创作的方向发展了。教师们有的曾在国民时期的高校教过书，有的是本市知名的教师，这应是学校特意安排的。叶植嵩先生教语文两个月，他朗读白话散文虽用成都官话却清晰而富于节奏感，具有传统的儒雅之风。赵幼文先生教语文一学期，他本是研究《三国志》的专家，曾在西北大学任教，其父少咸先生时为四川大学著名的音韵学家。幼文先生平易近人，随和而又风趣，我们很敬爱他。在讲课时向我们谈了许多文学创作的知识，特别生动地分析了高尔基创作成功的原因，又时常结合课文讲解修辞方法。我曾用通俗的民歌体写了一首咏秋收的诗，先生叫我到校园漫步时，含蓄地指出不宜向此种诗风发展，说明文学表现形式应当注意的问题。伊伦甫先生讲历史，用的是胡华的《新民主主义革命史》，讲述明晰而有条理。我的数学、化学、物理都学得不好，仅仅略知一些基本概念，这也是相当有益的。饶庆明先生讲生物学，谨严有法，剖析细致，体现出精深广博的知识，这引起我很大的兴趣。一位姓张的老师教地理，对地图十分熟悉，随手在黑板上很快画出地图；这使我悟得绘制地图的方法。我在补习班有幸认识林宝树同学，他亦是华阳县得胜乡高级小学毕业的，高我两班，而且也是从事工农业余教育的，我们在补习班同坐在第一排，是最好的同学。我们常常讨论诗歌创作，以及各种新的学术问题，虽然我们的认识非常浅薄，但还是据理力争。关于中国历史分期，这是一个复杂而艰难的学术问题，我们很幼稚，对此问题竟当着许多同学争论不休，我持范文澜的意见，他持郭沫若的意见，互不相让。从此建立了我们真挚的终身友谊。

二、自学的兴趣

1954 年 9 月初，我被调到成都郊区第三中心小学，教历史和语文，每周二十四节课。当时我十九岁，身材瘦小，教师背地叫我“小娃”，学生背地叫我“小老师”。我的第一节课是为六年级学生讲近代史，窗外十余位教师来看我上课，但当我随手在黑板上写了“鸦片战争”并开讲几句话，教师们慢慢散去了；因我有讲演的经验，练习过书法，而且早读过范文澜的《中国近代史稿》，完全可以胜任教学了。在小学的两年间有两件事值得记述：一是友谊，二是吃茶。

我所在的学校位于成都市外北驷马桥，即汉代司马相如高车驷马回成都之处。林宝树同学在成都郊区龙潭寺中心小学。他周末到驷马桥来，我们一起到书店阅读新书，或于灯下讨论和定制读书计划，或议论新文学作品。他的阅读范围极广，喜爱购买各种学术书籍，但总是看看序言、目录和后记，随便翻阅后则束之高阁。他的许多藏书后来都送给我了，其中即有中国科学院文学研究所编的《中国文学史》、黑格尔的《精神现象学》，以及《元刊本梦溪笔谈》和《古典文艺理论译丛》等。他一生即使在最困难的时候都无私支持我学习。另一位好友是王善初，他年长我八岁，身材高大，自学音乐，能识西方古乐谱，用高音歌唱有声震林木的效果，而语音却又很柔和。他在民国时期的银行工作过，对事物的认识深刻，而其思想则含蓄难测，辩理时很有逻辑力量，而又颇为诡谲，其潜在的智能未得到充分的发挥。1954 年的冬天，他到郊区第三中心小学来教音乐，因我们原都是成都市工农业余教育工作的同事，故一见甚为亲切。他常和我谈论音乐，指示某一乐曲中某一段旋律之美，并教我唱俄罗斯歌曲，也互相讨论文学创作。我用铅笔画的俄园诗人普希金或勃洛克的像贴在办公桌旁墙壁上，他则暗中学会画像的技巧。1955 年元旦夜晚，我和林宝树、王善初从城里回小学，天空飘着雪花和细雨，我们在田野的路上，善初豪放地歌唱，我说我们是三个幸福的年轻人。善初同样毕生支持我的事业，尤其在我最困苦的生活时期经常给予帮助。我从这两位友人的交往中受到他们良好品质的感染。

成都的茶馆不仅是休闲之所，也是社会、江湖、商务、技艺、学界等各种人群汇聚之所，店铺众多，茶资低廉，泡一碗茶可坐一整天，这应是中国很特别的地方。我曾说我的学问是从茶馆里学来的。在成都北门的留春茶园和西河茶园是我和几位小学教师每周星期日上午聚会之处。何盛铨在北门豆腐街小学，他介绍我认识该校一位姓洪的历史教师和一位姓张的数学教师，蔡德亨也常来饮茶。洪老师的历史知识丰富，谈起史学著作和史学家时，口若悬河，目空一切，似乎比任何史学家高明，因为他可以指出某位学者的错误。老蔡则喜谈中文翻译之难，也讲数学家的故事。何盛铨则讲教学的经验和技巧。我和药店学徒小胖子最年幼，叨陪末座，只能洗耳恭听，直到午后一点钟，感到饿了，大家才散去。有一次我写了篇《论写景及其作用》的论文请诸位赐教，他们便不能指导我了。1956 年小学教师可以自由报考高等学校，成都教育界一两千人参加考试，在郊区我和清水沟小学的曾伟生——也是被称为“小姓”的考取了，那位药店的小胖子也考取了，而众多的学问很好的小学教师却未考取，这是很奇特的文化现象，古代也是如此，故有“时人莫讶登科早，自是嫦娥爱少年”。在茶馆里我听诸位老师高谈阔论，我自觉知识贫乏而惭愧，使我努力学习，也使我的学术视野开阔了，并且启发我思考许多问题。我一生都保持在茶馆闲谈的习惯。成都的唐诗研究专家刘开扬先生写作时是在闹嚷嚷的茶馆里完成的，他竟要在此环境里才能展开学理的思路。成都市中心的红五月茶社曾是教师、学者、新闻记者和艺人交流聚会之所，我也曾常常去，可惜早就不存在了。

在小学校里每周星期一至星期五晚上七至九点为备课和政治学习时间。散学后教师们大都到驷马桥附近吃宵夜，我独自在办公室里点着煤油灯读书，已养成自学的习惯和兴趣。从多年的经验中，我悟到治学主要依靠自学，而自学应有一种纯粹的求知愿望驱动。小学校的两年里我对自学达到痴迷的程度，渴求一切知识，自知文化水平很低，遂努力学习以补救。此时期涉及的学术范围主要是历史、文学和哲学。

历史方面学习范文澜的《中国通史简编》和尚钺的《中国历史纲要》，并读《历史教学》和《光明日报》历史专栏的文章，仅对中国历史发展的过程有大致的了解，因未接触基本的史料，故对历史的真实无法进一步认识。

文学方面主要致力于文学理论的学习。维诺格拉多夫的《新文学教程》和巴人的《文学论稿》以及季摩菲耶夫的《文学原理》所建构的理论体系为我所接受，形成了基本的文学批评观念。在读李长之的《中国文学史略稿》和弗里契的《欧洲文学发展史》时，则因读的作品太少，难以形成文学史的概观；特别是弗里契的著作则基本上读不懂，其中所述西方的文化历史背景于我最为陌生，所以即使读几遍也觉得茫然。我读歌德的《浮士德》不能理解它的意义，而屠格涅夫的《罗亭》的典型意义我更感到是奇异的非现实的，它们距离我认识的现实社会非常遥远，竟使我怀疑它们的文学价值。巴金译屠格涅夫的《父与子》是我很喜爱的，最欣赏其中富于诗意和哲理的片段，而对巴扎洛夫的典型形象也无法理解。我对西方的历史文化是无知的，但读了这些陌生的作品产生一种与中国传统文化不同的新奇之感，促使我后来去努力学习。

哲学方面的学习是这期最有成效和对我今后学术的发展具有重大的影响的。我自知缺乏系统的基本的自然科学知识，若要学习科学研究的方法，其最佳途径是学习逻辑学，这恰是中国传统文化中最贫乏和薄弱的。我反复读维诺格拉多夫和斯特罗果维奇的著作，写提要，记重点，渐渐可以略知大意，而黑格尔的《小逻辑》则完全读不懂。哲学是由本体论、认识论和逻辑学组成的，逻辑学应是一门研究一切哲学、自然科学和社会科学的基本方法。冯友兰谈到近世从西方引进逻辑学的意义说：“就我所看出的而论，西方哲学对中国哲学的永久性贡献，是逻辑分析方法……西方的哲学研究虽有那么多不同的门类，而第一个吸引中国人注意的是逻辑。”我有了初步的逻辑学常识以后，更注重在治学中逐渐去应用。为了补救对科学知识的欠缺，我还认真读了何兆清的《科学思想概论》，这是一部用浅易文言写的著作，实际是一部西方自然科学发展的历史书，这使我获益匪浅，对西方自然科学有了较全面的初步的了解。我深感无论研究自然科学、哲学、社会科学和中国学术的学者们都应该读科学思想史，这样可以克服由专业产生的狭隘的学术眼光，若将自己的专业成果置于人类科学思想发展的历史中来关照则可以避免盲目的夜郎自大了。此时又读了薛格洛夫的《欧洲哲学史简编》初步认识了西方哲学的历史概况，正好与科学思想互为补充。我最热衷的是学习马克思主义理论，接受了历史唯物主义和辩证唯物主义的观点与方法，其中列宁的《哲学笔记》和《唯物论与经验批判论》、恩格斯的《自然辩证法》《家庭、私有制和国家的起源》阐述的理论对我学术观点的形成起到决定的作用，至今我亦认为历史唯物主义对我的学术研究一直起到指导的作用，它确为科学的社会学方法。

以上所述对历史、文学和哲学的自学，于我而言都是很困难的，尽管做了很多努力，而所得的知识仍是肤浅的，概念不清的，缺乏系统的，零碎而杂乱的，仅见到知识海洋的一角，不免望洋兴叹，也引起进一步求知的愿望。1956 年小学教师可以自由报考本区（西南地区）师范院校，我以同等学力考入重庆北碚的西南师范学院中国语文系，得以继续深造，这是我人生的一次重大机遇，改变了我的命运。

三、知识结构与专业基础的建立

我到西南师范学院学习时已二十一岁，开学的第一天在大礼堂由教育系心理学教授叶麐为新生讲学习方法，突出大学学习的特殊性和树立高远的学术目标，他由理论阐述到具体方法经验之谈，旁征博引，为我从所未闻，特别是谈王国维的三种境界乃古今成大事业大学问者必由之路，皆给我留下深刻印象，好像看见了一座辉煌庄严的学术殿堂之门。在四年的学习中，李景白先生讲先秦文学，荀运昌先生讲汉魏南北朝文学，徐永年先生讲唐代文学，林昭德先生讲宋元文学，潘仁斋先生讲文学概论，吴宓先生讲外国文学，耿振华先生讲现代文学，刘继华先生讲现代汉语语音，林序达先生讲现代汉语语法，徐德庵先生讲古汉语，刘兆吉先生讲心理学，朱挹清先生讲马列主义基础。这些课程我感到学得最好的，并且只有在课堂教学中才能学到的是先秦文学、宋元文学、现代汉语语法、文学概论、外国文学和心理学。

先秦文学是中国文学之源，它是用古老深奥的古汉语表述的，语词、文意均成为种种理解的障碍，很难自学。李景白先生最富课堂教学经验，普通话标准而清晰，极有教授风度。他第一课为我们讲学习中国文学史的意义时，讲得生动，丰富而有严密的逻辑，我们听后惊叹和佩服不已，使我们了解了中国丰富而珍贵的文学遗产及其价值。他讲殷商甲骨文与文学的关系时，介绍甲骨文的发现及研究的情况，让我感到新奇而惊骇，由此真正知道了中国文明之始。他讲《诗经》首先解说“毛诗”“郑笺”“孔疏”和“朱传”，使讲述进入学术研究的层次。他讲《七月》《采薇》《东山》《生民》《公刘》及《离骚》等是从字意义逐字逐句讲解，特别对古典的文言虚词的解析尤为确切，最后阐释作品的艺术特点与思想意义。这不仅使我能读懂作品，还启示了怎样解读古典文学作品，是我们获益最多的一门课。

宋元文学是异于中国传统文学发展的另一新型的以通俗文学为主的课程。学习它的困难在于文艺形式的特殊和俗语词语；这亦是难以自学的。林昭德先生参加过中国戏曲的改革工作，懂得表演艺术，对宋元词曲之辞语有深入研究。他讲话本、杂剧和南戏最为生动有趣，对人物和情节的分析体现了高度的艺术鉴赏水平，给我们留下深刻的印象，也使我对中国通俗文学产生浓厚的兴趣。

现代汉语语法的难点在于词法，即关于词的结构、词性及词性的变化，这需要很细的理解和反复的练习才可能掌握。我曾自学过语法，对句法结构颇了解，于词法则仅知大略。林序达先生讲语法细致生动，举证大量实例，辨析词类之间的关系及检验用词不当的方法，这使同学们的现代汉语学得很好。而我更注重行文大致符合语法规范，却不能加以理论的解说。

文学概论是中国语文系的基础理论课，我虽自学过文学理论但很不系统。潘仁斋先生讲课声音洪亮，有严密逻辑系统，对基本概念反复剖析，举例说明，在理论上已达成熟的高境。我犹记一次先生亲自辅导我们小班实习时，让我们讨论什么是文学的党性，鲁迅的《祝福》有无党性。同学们的发言大都认为党性即是布尔什维克党的党性。我曾读过列宁的《党的组织与党的文学》，他提出文学应当成为无产阶级革命事业的一部分，反对文艺创作的绝对自由，由此在文艺理论界引申出文学的党性原则。我发言以为“党性”即党派性，党派是某个阶级利益和政治思想的集中表现的代表者。列宁要求布尔什维克的文学要服从党的组织领导和为党的事业服务是完全正确的。我认为《祝福》已具有党性原则了。同学们惊异不已，纷纷反对我的意见。潘先生最后总结时完全赞同我对党性的理解，但指出鲁迅创作《祝福》时尚是进化论者，还未成为革命者，故《祝福》不存在党性。此即表明潘先生理论的成熟。我不满足于课堂的学习，还细读了毕达可夫的《文艺学引论》并抄录大量的笔记。

外国文学（确切地说应为世界文学）的翻译作品并不存在文字障碍，故事情节明白晓畅，但因历史文化背景的隔阂生疏，自学时不能理解其意义和文学史上的价值。吴宓先生是博通中西的著名学者，1917 年留学美国，初在弗吉尼亚大学英国文学系，后转入哈佛大学比较文学系，1921 年回国后在各大学讲授欧洲文学史，1949 年后在西南师范学院讲外国文学。我有幸于 1959 年下期至 1960 年听先生讲课，至今尚珍藏有先生编的外国文学史讲义。同学们向先生提意见，认为讲的事实材料太多，思想批判太少。先生表示接受同学的意见，然而在讲作家作品时仍很少批判。世界文学中的古埃及、古巴比伦、犹太、波斯、阿拉伯、希腊和欧洲中世纪文学作品难以读到，读了也难理解，先生系统地讲授使我们可以获得世界文学的源流的系统观念。关于 18 世纪欧洲启蒙运动的意义，先生说：这是全欧洲范围的学术、思想、文化、政治中之革新运动；起源于英国，极盛于法国，而流传到德国及其他各国。这运动的领导者和参加者是资产阶级进步人士，他们为反对封建主义和教会专横的斗争，做出了思想的准备，而不是要起来推翻封建制度，并非自身采取革命行动。他们是以理性为准则，要求回到自然的改良主义者。先生的讲说使我们了解启蒙运动的历史背景及其意义。我读过《巴黎圣母院》，但不理解其意义，先生讲课时指出：加西莫多的形象体现着仁爱和仁慈，上尉沙托贝和主教李斯是上流社会庸俗和自私的化身，艾斯卡达则是美和善的象征。我们由此可以去认识这部著作含蓄的真正意义了。先生讲述《高老头》时，具体描述了伏盖公寓的情形、高老头等人用餐的坐向、阁楼的狭小和房间的灰暗的生动画面。先生曾用德语为我们吟诵一首小诗，其中一句“雨点滴落在我的心中”，音韵谐美，情调感伤，先生流下了眼泪。先生讲课时每每引用丰富翔实的史料，有深邃的见解和细致的分析，进行中西文化比较，揭示艺术奥秘，提供学术线索。这使我们外国文学都学得很好，也使我可以进一步理解许多作品了。

心理学属于自然科学，它有专业的基本概念和严密的体系，很难自学而成。刘兆吉先生首先为我们讲心理学的理论基础——巴甫洛夫的高级神经活动学说，详细讲解直觉、感觉、知觉到概念形成的心理和思维的发展过程。此课原为教育学的基础课，但对文学研究的心理分析起到了理论的指导作用，成为文学的艺术分析的重要方法。高级神经活动学说不仅是心理学的基础，也是文化人类学、生理学和文艺学的基础，这对我以后研究词学和中国古典文学运用心理分析方法奠定了基础。

当时西南师范学院中国语文系的课程设置很重视中国文学史和汉语的专业，配置了相关的专业基础课，使同学们获得系统、全面而扎实的知识，也使我从正规的高等学校学习中建立了中国语文的专业基础。

治学实等于自学，它是主体的自觉的需要，是主动的吸取，以成为自己的知识。然而自学是有缺陷的，具有明显的片面性和杂乱性，亦无系统，难以建立合理的、专业的、全面的基础。正规的课堂教学固然可以克服这些缺陷，但主体是被动吸收知识的，仅凭教师传授的学问是难有创造性的，不可能独立进行学术研究。正规的高等学校的专业学习是必须的，治学还得依靠自己的自学，这是一个互补的关系。我已养成自学的习惯，在离开成都赴重庆的前夕，我向赵幼文先生告别，而他正准备到中国科学院古代史研究室工作。先生勉励说："为人应虚怀若谷。在学校要多进图书馆。"我记住先生的嘱咐，入校之初偶然到中文系教师阅览室，第一次见到仿宋聚珍版的《四部备要》全书，喜不自胜，立即将全书目录抄下，后又到历史系阅览室见到《四库全书总目提要》和《中国丛书综录》，从中抄下我需要的目录，继又从丁山编的《清人著述表》中摘录清人学术著述书目；这样使我大致了解到中国传统学术的总的情况。我为了弄清目录学和版本学，详读了姚名达的《中国目录学史》和陈国庆的《古籍版本浅说》，这使我进入文献学之门，知道怎样去寻找到所需要的文献资料。目录、版本和校勘是文献学的三个组成部分，是凡研究中国学术者必须具备的知识，也是做研究的重要的工具。

我不期望将来成为合格的中学教师，而是立志成为文学批评家，以捍卫马克思主义文艺路线，因为文学批评可将我对哲学的兴趣和对文学的爱好结合起来，企盼成为别林斯基、车尔尼雪夫斯基和杜勃罗留波夫式的人物。为此，我订立了一个庞大的规划，自学中国学术思想史、西方哲学和文艺理论、中国文学批评史，为文学批评奠立坚实的理论基础。我首先从系统学习中国学术思想史开始，遂以阅读侯外庐的《中国思想通史》和吕振羽的《中国政治思想史》为主要线索，每读一章即从图书馆古籍藏书室借阅原著，然后将读书心得写成札记。这样便涉猎了《白文本十三经》《四史》《资治通鉴》《诸子集成》《宋元学案》以及各种别集和清人学术名著，为时一年，将学习心得集为《中国思想史纲》，至今尚存。通过学习，我初步认识了中国传统文化思想，对中国学术的若干分支也有所了解，成为我后来研究词学和国学的基础。

第一学年结束时恰值 1957 年的政治运动开始，此年 7 月我的政治命运发生重大变化，若再侈谈捍卫马克思主义文艺路线则根本不可能了。我在困惑时期转向文献学和地方文化研究，但这不能与我的学术兴趣相适应，遂于1959年之初全力转向宋词研究。早在杲新先生私塾我购得成都漱石斋精印的《分调类编草堂诗余》时，我就极爱宋词所表现的优美含蓄的情感和华美精巧的艺术样式。研究宋词可以发挥文学批评的优势，亦可满足感性的审美趣味，于是决定以此作为终生的纯学术的研究方向。我从读吴则虞先生编的《词学知识讲义》和胡云翼先生著的《宋词研究》与《中国词史略》进入宋词研究之门，继而阅读毛晋编的《宋六十名家词》、万树的《词律》、张相的《诗词曲》、夏承焘的《唐宋词论丛》，以及种种当时能见到的词学书籍，为时一年积累了系统的资料，在《光明日报·文学遗产》发表数篇学术论文，写成八万字的《宋词发展史略》。我的目标不大，仅希望出版一部宋词研究的专著，然而这个小小的愿望在当时的现实中是很渺茫的，它却又成为一种信念给我在苦难的日子里生存下去的力量和勇气。

在北碚的四年间，除去自学中国思想史和做好宋词研究的准备而外，我如饥似渴地大量涉猎极为广泛的学术领域，以为今后离开学校再不容易读到重要的学术著作了。我阅读了哲学、美学、文艺理论、文献学、音韵学、敦煌学、中西交通史、经济学、方言学、语言学、精神分析学、文化人类学、群众心理学等众多学科的书籍。我能大致读懂并对我思想和学术有影响的书不多，但对各学科的性质和概况有了最初步的了解，扩大了学术视野。友人曾对我说过，记得一部书名，比不记得好。我想一位学者应该泛观博览，形成广博的知识结构，尽管这些知识很肤浅，但皆对研究工作可能产生意想不到的积极作用，尤其可以对自己从事的专业给予合理的定位。

在泛观博览的过程中不仅获得许多学科的知识，同时吸收了一些在我看来是极具理论或思想的指导意义的学术观点。现在反思时，历史唯物主义的观点于我是很牢固的，此外笛卡尔关于人们获得正确知识的方法论，摩尔根关于人类进入文明社会标志的理论，桑巴特提倡的理论的历史的研究方法，它们均在我思想形成时起到了重要的作用。在文艺理论方面，季摩菲耶夫虽有庸俗社会学的色彩，但他以为作家的全部作品构成一个艺术的体系，每个作家的创作存在一个发展过程。他关于主体思想、情节、结构、风格的论述均是最深刻的，其《文学原理》中有极丰富的合理的因素。文艺批评的根据是什么？它是批评者意识中的原型。这原型在康德的理解是精神在审美意义里的心意赋予对象以生命的原理。此即指创作主体使题材获得一种艺术生命，可以体现某种精神价值，可以理解为时代文化精神。这样的作品如泰纳所说，它们都表现一个深刻的经久的特征，即是用生动的形象表现一个历史时期的主要性格，或普遍人性中的某个片段和心理，亦是民族文化的精神特征。泰纳还指出作品表达的社会的伦理道德是有等级的，成功的作品的这种等级愈高，它的艺术价值也愈高。勃兰兑斯论文学思潮时认为凡是一个国家或民族只要它的文学是完整的，我们便可见到这个国家或民族的思想和情感的历史。这些文学观点超越了狭隘的片面的批评标准，是批评者的原型之所在。我原有从事文学批评的愿望，故对批评的原型最为关注，在求学时代获得的这些知识，此后竟为指导我的文学研究工作。在西南师范学院的四年，我没有浪费青春，不仅奠定专业基础，形成了知识结构，同时孕育了学术思想；这是我人生最有意义的时期。然而在1957年7月之后，我的大学生活是非正常的，但仍然坚持学习下去。

1960年秋毕业后，我被分配到四川广汉中学，学校安排我做杂务劳动。1963年2月我请求回到老家——成都郊区八里村务农，直到 1977 年 12 月始获得同社员一样的待遇。自 1957 年至 1977 年的二十年，即我二十二岁至四十二岁，这正是人生的黄金时代，我有幸生存下来了。

四、理想的人生归宿

1978 年 3 月 18 日，全国科学大会召开，科学的春天来临了。9 月 1 日我按公社的通知到成都圣灯中学代课，教语文。1979 年元旦，胡端昌和胡端祥兄弟约请我和吴天墀、王鲁雨、周清泉诸友在成都市南郊公园聚会，庆贺我们都重新工作了。在圣灯中学教学之余，以及星期日和寒暑假，我均步行进城到和平街的四川省图书馆历史文献阅览室（古籍部）查阅和搜集学术资料。最初阅读和搜集苏轼的资料。稍后即专致搜集宋代流行于民间的通俗的歌词，从《全宋词》中录出，查录相关的词话，对每首词作注释，完成《宋代民间词辑注》，以为进行宋词研究做好准备工作。1979 年 12 月 4 日《人民日报》发布《中国社会科学院和各省市自治区科研机构将于明年五月在全国招考研究人员》的通知，同事钟禄元老先生见此消息立即到语文教研室来兴奋地各诉我，并鼓励我去报考。12 月 6 日《人民日报》发布《中国社会科学院报考研究人员简章》。1980 年 2 月 5 日我到四川省社会科学院科研组织处报名，报考副研究员，呈交三种著作稿本——《宋词发展史略》《宋代民间词辑注》《词学论文集》，经审查后符合报告条件。1980 年 5 月 30—31 日参加考试，8 月 15 日在四川省社会科学院面试，很快接到以助理研究员录取的通知，1981 年 3 月 1 日正式到四川省社会科学院文学研究所从事中国古代文学专业研究工作。

人生应有一个目标，才不致在社会进取中迷失方向。人生应有一个安身立命之所，以为实现目标提供必要的条件。这当根据个人的气质、才性和兴趣所形成的价值取向而确定，而且必须有一个良好的社会文化环境，并做出坚持不懈的努力才可能做到。我的人生目标是成为一位真正的学者，从事学术研究，争取达到理想的学术境界。我到社科院从事专业学术研究工作，终于找到了理想的人生归宿。这时我已四十六岁了。

我深深地感到，当我们国家昌明，我的理想经过努力是可以逐步实现的。我也感到人生机遇仅可能出现一次或两次，不可能太多。所谓机遇是个人遇到可供人生价值取向选择的条件，它可决定人生所走的道路。我的第一次机遇是 1956 年报考西南师范学院，只有这一年小学教师可以自由报考，只有这一年文科不考数学、物理和化学，而且干部可以免试外语。我如果不参加这次考试便永远不能进入高校了。我的第二次机遇是参加中国社会科学院考试，只此一次，没有第二次了。我抓住了人生的两次机遇，是我两次成功的人生选择。在到社科院前夕，我读了刚出版的德国哲学家费希特的《论学者的使命》的中译本。费希特以为："学者有理由成为最谦虚的人，因为摆在他们面前的目标往往是遥远的。"因此，"他应当尽力而为，发展他的学科，他不应当休息，在他未能使自己的学科有所进展以前，他不应当认为他已经完成了自己的职责。只要他活着，他就能够不断地推动学科前进；要是他在到达自己的目的之前，他遇到了死亡，那他就算对这个现象世界解脱了自己的职责"。我们纵观古今中外真正的学者，实际上都是这样履行自己的职责的。这种职责是学者从内在的理性追求而为自己确定的使命，为学者前进的信念。

当国家昌盛富强，经济繁荣，文化高度发展的情况下才可能出现良好的学术环境，为学者提供必要的学术研究条件。中国改革开放以来的最佳学术环境，从哲学社会科学而言应是社会科学院了。我所从事的中国古代文学专业是属于纯学术的基础研究，由我自己选定课题，自由独立地从事研究工作，并有条件参加各种学术活动；这些皆得到院和所领导的大力支持。

我以宋词为专业研究方向，它属于词学研究的范围，词学则为中国古代文学的一个以文体分类的分支学科。因我在西南师范学院求学时已建立词学研究的专业基础，并在圣灯中学时搜集过宋代民间词资料，所以到社科院即完成《宋代民间词论略》，迅即在《贵州社会科学》杂志 1981 年第三期发表，又迅即在《中国古代近代文学研究》转载，并引起词学界的关注。1983 年发表了六篇论文，其中的《谈梦窗词与传统创作方法》发表于《光明日报·文学遗产》，是批评以西方意识流的创作方法附会吴文英的词；《张炎词论略》发表于《文学遗产》杂志，体现了以新的文学观念重新评价婉约词在词学史上的意义；《宋代歌妓考略》发表于《中华文史论丛》，是关于宋代歌妓制度与词的传播关系的考察。这三篇论文发表的时间集中，有新的观点，可以体现较为成熟的专业，故深得老一辈词学家称许，使我在词学界知名。当时的学术风气是很正常的，编辑们看重的是论文所达到的学术水平，并不以学术职称衡量论文水平的高下，也不注重人情关系，因而我这初出茅庐而与学界素无交往的助理研究员可以在重要的学术刊物上连续发表论文，这也是中国新历史时期以来良好学术风尚的体现，永远值得我们怀念。

自 20 世纪初年以来，已有几部词史著作了，此类著作是具常识的通俗的性质，体现的专业学术水平不高，又因关于作家的研究涉及面很广而难以深入。故我确定以研究宋代名家词为主，选择了晏殊、柳永、欧阳修、苏轼、周邦彦、李清照、辛弃疾、姜夔、刘克庄、吴文英、王沂孙、张炎十二家词人为研究对象，可以体现整个宋词的发展过程。此项研究为时七年，形成了《宋词概论》于 1992 年出版，2016 年再版。我对宋代词人的研究以柳永、吴文英和张炎较为深入，发表的论文亦较多。

柳永是一位深受民间喜爱的词人，他为歌妓们写新词以供演唱，表现了新兴市民阶层的思想和情感，因此在词史上给予批判的否定评价较多。新历史时期以来，由于文学批评观念的转变和学术思想的开放，很有对他重新评价的必要，特别是当时流行歌曲的热潮兴起与北宋通俗歌词的兴盛有某种相同之点。我对柳永的生平事迹做了较全面的考察，将其词分为俗词和雅词两部分以表明其创作的发展过程，特别肯定了他在表达市民情绪和发展长调艺术的重大贡献。上海古籍出版社连续为我出版了《柳永》《柳永词选评》《柳永词导读》，还由巴蜀书社出版了我编的《柳永作品赏析集》。

吴文英的词凝涩晦昧，多用僻字僻典，结构散乱，意象怪异，为宋词中最难读难解的，故是词学家们批判婉约词或格律派的典型。他的词集大量的是恋情词，关于其词的抒情对象，前辈词学家以为是“去姬”，或以为是两个，一为苏州之妾，一为杭州之妾。我细读作品后，认为其恋情词的抒情对象初为苏州一位民间歌妓，后为杭州某贵家之妾，由此可以突显作品的思想意义。梦窗词虽然艺术表现奇特，但仍然属于我国的传统表现方法，不能以现代意识流去附会，而且其词意的脉络是可以寻求的。我曾于 1982 年寄给《学术月刊》一篇《论梦窗词的艺术特征》的论文，时过一年多，编辑来信说准备刊用，问我是否修改一下，我回答说全部重写。此文发表于 1984 年。此例可以说明编辑处理稿件的认真负责的态度，而我对自己的文章也是认真负责的。关于梦窗词，我共发表了五篇文章。

张炎也是词学家们批判与否定婉约词或格律派的典型，尤其为王国维以“玉老田荒”而予以完全否定。张炎是南宋中兴四大名将之一张俊之后，宋亡后被抄家籍产，流浪于江湖。学者以为张炎不是遗民，或以为他不是宋人而是元人，我对此做了辨析。关于他参加元初的写经之役的时间一般以为是一年，表明他向元王朝投靠；我则以为其北游为十年，拒绝入仕而回江南做遗民了。此外对他的词学理论和作品的思想均给予了很高的评价，共发表论文四篇，并对《山中白云词》做了注释。

以上三例足以表明我受新历史时期拨乱反正、改革开放的思潮的感染，以新的文学和艺术标准重新评价宋代的婉约词人，力图恢复婉约词在词学史上应有的地位，尤其说明了对婉约词的解读是较困难的，应当细细寻绎，应改变庸俗社会学的观点和方法才能认识其真正的艺术价值。这也说明，现代人们对古典作品的评价总是表现了时代的思潮与审美理想，因而每个时代都有必要对古典作品的再认识以表现新的价值观念，故古典作品就这样不断被重新认识与研究。当我说对以上三位词人有较深入的研究时，暗示这“深入”仍是很不够的，与某些词学家和学者专门研究一家之词比较起来尚属肤浅的。然而我不愿专门研究某一家之作品或学说，总是浅尝辄止，追新务奇，不断寻求新的灵感。

我们对文学作品的思想和艺术的分析及对其在文学史上价值的判断，实为文学批评，而批评则是受文学理论指导的。我关于宋词的批评是采用了现代词学家胡云翼的理论——词是音乐文学，词为艳科，宋词无流派，将它们作了充分的发挥。由此可以明确词的特质，并将它与宋诗和其他韵文样式相区别。这是专业的理论，此外还得舍弃庸俗社会学的观念，采用以文学为本位的观念进行批评。新时期以来文学批评的理论是多元化的，大量吸收了西方现代流行的各种理论以求观点之新。我以为理论无所谓新旧之分，要看它能否合理地恰当地指导为所研究的文学现象的解释，并可达到对本质意义的深刻的认识，那种以某一新观念或概念去附会文学现象是易流于片面和浅薄的，正如流行的时装一样，很快随着时间而丧失其生命。我们凡是采用某一理论或某一观念，都必须经过自己严格的理性检验，以确认它是否合理与可行。因此我对任何理论或观念并无偏见，亦无宗派意识，根据研究的对象而选用自认为合理的理论。

1989 年，我估计宋词作家作品的研究在词学界已经取得新的成就，似乎已经完成了一种使命。今后的趋势可能向词学理论的方向发展，遂计划用两年的时间完成一部词学史，以探讨词学理论的发展过程。这是属开拓性的研究，易见成效，又值我精力最旺盛之际，遂如期完成了。《中国词学史》是我的代表著作，具有首创意义，建构了词学史的理论体系，而且较全面地探讨了词学理论的发展过程，有某些新的理论阐释，或可见一种批评的锐气。此著于 1993 年出版，经修订后于 2015 年已出第三版。它得力于我自青年时代即志于文学批评的愿望和对文学理论的学习所致。在研究宋词和词学理论的过程中，我遇到系列的词学问题，甚至是难题，它们引起我浓厚的兴趣，例如词体的起源、宋人词体观念的形成、宋词演唱的情形、宋词的音乐文学性质、宋词的艺术特征，以及一些词人事迹与词集的考证等问题。这些问题的解决是烦琐的，比起作家作品的批评困难得多，它们又是研究宋词和词学不可避免的问题。如果对这些问题仅借助已有的成果而未有学者个人探索所得结论，则其研究是缺乏坚实基础的。上海古籍出版社先后出版我的论文集《宋词辨》和《词学辨》便是解决某些词学问题的尝试。我相信，只要我所依据的资料是确实无误的，由此经推论和判断做出的结论是不容易被否定的，而据此形成的某些理论也就可以成立了。我往往对年轻人说：我没有理论，我是学者，面对的是一个又一个的学术问题。这两部论文集的出版，词学界的朋友以为我具考辨的优长；我则自知仅是喜好考辨而已。

宋人编集词集时，有的称为“乐章”或“歌曲”，这是很确切的，我们似可以称为“歌词”。词体文学是我国诸种韵文体式中最精巧严密和具丰富性的艺术形式。它属于配合音乐的文学，简称音乐文学，所配的音乐是唐宋时期中国音乐发展至极盛的燕乐；它是以词从乐的，以音乐为准度，区别于其他以乐从词的各种音乐文学；词属于中国古典格律诗体，是以调定律的，比其他任何诗体的格律严密得多，故只能按谱填词。词之文体形式为词体，由词乐、词韵和词律构成。关于词体的研究，因涉及的音乐及音韵等专门学问，故是非常困难的，以致整个20世纪对此的研究皆薄弱贫乏。我在探求词学的一些理论问题后，转向了词体研究，试图为建立词体规范尽到一点努力。

我们现在能见到的宋词音谱仅有南宋词人姜夔自度曲十七曲，但它并非通行之词调，清代所传宋词音谱多混入昆曲之音。在词乐失传之后，探讨词与音乐的关系极为困难，却又是研究宋词者不应回避的。音乐史家对宋词文献缺乏全面深入理解，词学家则对音乐专业隔阂，二者难以沟通，或者各言其是。戏曲史家洛地先生对音乐有精深的研究，他每劝研究词学的不要谈音乐，他研究戏曲又大谈词体的构成。我与他争论不休，直至他2015年去世。他认为宋词没有固定之音谱，是以字声行腔的；宋词的宫调与词调并无关系；不存在音乐文学。我发了三篇文章与他辩论，这并不影响我们的情谊，反而是最好诤友。我未学过专业的音乐，却很早读过杨荫浏先生《中国音乐史纲》以及凌廷堪的《燕乐考原》和日本学者林谦三的《隋唐燕乐调研究》，后来又请教音乐史家和乐律学家刘崇德、朱舟和李成渝等诸位先生，悟得一些关键问题：一、隋唐新兴的燕乐为七音阶，其中有两个半音，燕乐八十四调仅属理论推演，实用者二十八调，宋词用十九调，古代编钟可演奏八十四调和半音阶，实际并未真正实用；二、燕乐流行之后，朝廷祭祀和庆典用传统雅乐，世俗及朝廷宴饮皆用流行之燕乐，它乃是由西域传入的胡乐；三、唐宋词是以词从乐的，词体起源必然在燕乐盛行之时；四、词调即是乐曲，按谱填词即是依据某乐曲之音谱之节拍、旋律、声情而谱词；五、现在我们据保存下来之唐宋古谱译为今谱之曲谱歌唱，必须在唱法上注意“咬字”，这样才使之不同于现代歌曲之特色。这些是我概括音乐史家们的意见，因此才可能由此认识宋词的音乐性质。我们现在谈词乐，它仅是学术的研究，对词体实用的规范已丧失其意义了。

洛地先生坚持词体是讲究格律的，特别提出“律词”概念，以此可否定词体起源于民间之说，因为其严密的格律不可能是一般民众可以掌握的。我完全赞同此说，将它做了充分的阐发并运用到诸多词学问题的研究。南宋灭亡以后词的音乐性能丧失，已不能付诸歌唱。明代学者依据每词调之作品，比较其字数、句数、分段、字声、用韵的情况整理为词谱，使之成为纯粹的古典格律诗体之一。文人们依据词谱规定之格律作词，犹能体现每调之独特的声情与独特的艺术效果。词谱的整理至清代初年完成，此后并无新的进展。然而清人整理的词谱是存在许多问题的：一是因无律词观念，混入了不少的声诗、元曲和大曲，又有一些词调未收入，以至迄今尚无准确词调数目；二是每一词调之别体繁多，有一调数十体者；三是缺乏文学观念，未能说明某调之声情及艺术特点；四是断句。分段及字声等尚存在一些问题。此外词韵大致可参照诗韵，但诗韵难以规范词体的实际用韵。这涉及系列的频繁的考辨问题，我为此进行了大量的工作，探讨了词调之别体及分体，清人词谱误收之声和元曲，《词林正韵》之误，复原南宋词朱敦儒所拟之词韵，严格考订了唐宋词今存之词调。在此基础上编订了简明适用的《唐宋词谱粹编》，今即将出第二版，又于 2012 年由上海古籍出版社出版了《唐宋词谱校正》，并提出重建词体规范的意见。我的意见是否可行，我校正之词谱是否适用，这均由词学界师友及读者之批评与检验。

自我从事专业研究工作三十余年来主要的研究方向是词学，有计划地从宋词、词学史、词学问题、词体进行研究，为这一学科学的发展起到了一定的作用；这在词学界是有公正评论的，例如：

焦印亭《谢桃坊词学研究述评》，《蜀学》第四辑，巴蜀书社，2009 年。

王永波《追求理想的境界——论谢桃坊先生的治学成就与方法》，《社会科学战线》2014 年第 9 期。

郭一丹《当代词学的发展与词体规范的重建——谢桃坊词学理论述评》，《社会科学研究》2017 年第 6 期。

汤君《独钟词学成系统别富插曲亦华章——谢桃坊研究访谈录》，《文艺研究》2016 年第 9 期。

我总算实现了青年时代的愿望，尽到发展学科的责任。学者必须有学科意识和推动学科发展的使命感，这样才可能找到学术的定位和努力的方向；如果没有学科意识，其研究方向不明确，难以使成果构成一个系统，也就不易认识自己工作的学术意义。然而个人的知识、潜力、才能总是有限的，当从事某一学科多年必然在研究工作靠一段落，暂时未找到新的课题，或因长久从事此专业如矿藏开采将尽，难以再有新的感受和新的发现时，颇感身心疲惫，此际最佳的办法是暂时向邻近的有兴趣的学科转移。这样可以产生新的感觉，新的兴趣，激发新的灵感，产生新的发现，带来新的学术收获。如果一位学者具有稳固的专业，在专门的学科有所成就，又可以扩展学科范围，开拓新的学术园地，其视野必然扩大，则可能超越专家的局限而进入广阔的学术境界。这显然是受知识结构与个人素质制约的。我虽有强烈的学科意识，但学术兴趣颇为广泛，加上在求学时建立的较广博的知识结构，使我在词学研究过程中做短期的学术转移，由此产生一些插曲。在戏剧中配置一个独立性的乐曲是为插曲，它可用此比喻连续进行的事件中插入某个特殊的片段，它似白昼与黑夜之间的一个时段，似原子运动中的偶然偏离。治学中的插曲，有时会有偶然的幸运而导致成功，产生意外的收获；在个人的生命中若出现偶然的插曲，它将使个体生命焕发出耀眼的光彩和激起新鲜的活力。兹于此记述我的三支治学的插曲，即关于苏轼诗、市民文学和敦煌文化的探讨。

苏轼曾反对王安石变法，并写了许多攻击新法的政治诗。自 20 世纪初年以来因高度评价王安石改革的意义而批判苏轼，至70年代庸俗社会学盛行之际与两极观念强化之际，对苏轼的批判加剧。新时期以来重新评价苏轼成为宋代文学研究中的热点。1982年10月我路过重庆时见到孔凡礼先生整理的《苏轼诗集》出版，喜购之后感到关于苏诗的研究甚为薄弱，尚无专著，若立即完成一部系统的研究著作，应是最佳时机。我将宋词研究暂放下，于1984年以一年的时间完成了《苏轼诗研究》，于1987年出版，2017年第二版。我已习惯解读宋词，对苏诗甚陌生，难以认识其艺术特点和成就，而且涉及以怎样的文学观点来评价的问题，怎样将两千余首作品概括为一个艺术体系而加以分析的问题。我采取了季摩菲耶夫的某些文学理论，吸取了歌德关于政治诗论述的意见，特别是纪昀对苏诗的评点使我领略苏诗的艺术特色。此著出版之后，学术界甚为关注，《古典文学知识》的编辑特约请我谈谈写作的经验。许多年过去了，现在看来我的观点颇为陈旧，但很朴实，又似并未过时，它毕竟是第一部全面研究苏诗的专著。

我在西南师范学院学习时，购得王重民先生编的《敦煌曲子词集》初版本，极为喜爱，故引起对敦煌学的兴趣，阅读了当时能见到的敦煌文献，其中向达译的斯坦因的《西域考古记》、姜亮夫的《莫高窟年表》和向达的《唐代长安与西域文明》给我留下深深的印象，敦煌文化确是中国文化的伟大宝藏。我从未想到去研究这国际学，谁知1997年冬天在四川人民出版社见到王华光先生——他是词学家朱德才先生的弟子——他谈到正计划出版《失落的文明丛书》。我说敦煌文化也属失落的文明，幸而又被发现。他遂约我写一本谈敦煌文化的书，而且必须在六个月之内交稿。我表示并非此学专家，仅有一般的常识而已；在他的坚持下我便答应了。当接受了这一写作任务后，引起我浓厚的兴趣和巨大的热情，招来了灵感，命笔快意，遂于三个月内完成了《敦煌文化寻绎》，又抄写誊正费时三个月。我以为敦煌文书的发现使我们可寻到一个失落的中国古代文明，由此见到中华传统文化中曾经存在一种积极、开放、活跃的文化精神；在追溯敦煌历史时，我们见到汉族先民经营河西走廊、开通丝绸之路的宏伟气魄，也可以见到汉族和西北民族写下的壮烈篇章，还可见到淳朴的宗教信仰所产生的文化奇迹。在回顾敦煌学历程时，我们不能不对民族文化怀着神圣的情感，并对那些自觉肩负民族文化崇高使命的学者们表示由衷的敬佩。这是我在敦煌文化中所寻绎到的。现在此著已于2017年出了第二版，受到志于敦煌学的年轻人的喜爱，似乎可以由此窥见敦煌学之门。敦煌的历史、文献和敦煌学的内容繁富，涉及诸多复杂的学术问题，我试图以简明的、通俗的、生动的方式予以表述，将学术问题让一般的读者可以了解，为此在整体构思方面很费苦心，做了学术通俗化的尝试。插曲的出现确实太偶然了。

自新时期伊始，现代流行音乐、武侠小说和其他通俗小说兴盛，这种现象引起我深思，似乎是宋代瓦市技艺的重现与鸳鸯蝴蝶派及旧武侠小说的复活，它们应是市民文学的复兴或绪余。同样是由于我在西南师范学院学习时，由宋词而涉猎了宋以来的各种通俗文艺作品及学术著作，因而在完成《中国词学史》后需要休息时，忽然萌生研究中国市民文学的兴趣。茅盾先生曾在20世纪40年代于延安讲过市民文学，原稿散失了。他关于市民和市民文学的定义之说，我是不赞同的。什么是“市民”，市民阶层何时出现，市民文学有何性质，市民文学与民间文学、俗文学和平民文学有何区别？凡此皆是研究中国市民文学必须解决的理论问题，为此我做了极为艰苦的探讨。市民文学的种类繁多，某些类的作品浩如烟海或未加整理，例如宋人话本、元曲、艳情小说、凤阳花鼓词、时调小曲、白话青楼小说、现代武侠小说等，我得搜求资料，阅读大量作品，寻找它们的文学价值或思想意义，并透视其文化现象，而且其中有较多的叙述性的文学，还得考虑新的批评方式；为此耗费了很久的时间，断断续续历时七载始得完成《中国市民文学史》之稿。此著于 1997 年初版，至 2015 年已出第三版，受到古典文学爱好者的欢迎，而关于中国市民阶层兴起的问题亦得到学界的认可。在写作的过程中，［美］汤普逊《中世纪经济社会史》、［德］维尔纳·桑巴特《现代资本主义》、［比利时］亨利·皮雷纳《中世纪的城市》、［法］布瓦松纳《中世纪欧洲生活和劳动》、［日］加藤繁《中国经济史考证》等为我解决市民阶层起源问题提供了理论的借鉴和启发。欧洲的市民文学是很成熟的，西方学者已发现中西的市民文学在起源的时间与文学的性质方面皆有可比性，因而我在论述时偶尔加以比较，以见其异同及文化原因。我在写作过程中力求使用新的资料，突出市民阶层的反封建意识和市民文学的文艺消费形态；探求市民文学所表现的异于中国传统文化思想的精神，即是它的反封建的反儒家传统伦理道德的精神，认为此乃中国传统文化中的另一面的异质，体现了中国文化中最活跃最积极的精神。在我所有的著述中，此著最能表现我的人文思想，反映了我对中国传统文化的真实的认识，故我特别偏爱这支插曲。

以上三支插曲经历了学界师友和读者的验证，它们所表达的内容和表达的观点是可以成立的，而且是有影响的。它们在我的治学过程中真是："有意栽花花不发，无心插柳柳成荫。"从我的词学研究专业和这三支插曲中，或者可悟得治学的专与博的关系，也许二者是能够互补的。

五、新的学术园地

1998 年，我已六十三岁，进入了四川省人民政府文史研究馆，好似开始了人生新的征程。四川文史馆是川中名流和社会贤达汇聚之处，为我青年时代所知和所仰慕的，终于有幸忝列。在此可以与多学科的学者和书画名家聚会与学术交流，亦有机会在国内进行社会的与学术的考察，并在学术事业上得到大力支持，这有利于对新的学术园地的开拓。客家学、蜀学和国学，它们于我皆是新的学术园地。

我们此支蜀系谢氏家族之始祖子越公于清代康熙五十七年（1718）自广东连平州翁源县入蜀，初居简阳两乡坝，后迁至成都东山瓦窑沟建立宗祠。我的曾祖父君璜公于清末迁成都东北郊八里庄鲜家坝建璜公祠。此支谢氏属客家人，八里庄一代原亦为客家地区。1999 年四川客家研究中心成立，因我是客家人遂应邀参加成都东山客家文化考察。我与客家学者考察了东山二十余个乡镇，将考察的情况写成了《成都东山的客家人》。成都市附郭沙河一带曾经有很多客家人，但此地数十年间因城市的发展而使客家文化趋于消失。我受四川客家研究中心委托对沙河客家考察，写成了《成都沙河客家的变迁》。此两书均是以田野考察为基础写成的。近十余年来城市化发展迅猛，农村已城镇化，我所考察过的村落、老屋、祠堂、会馆、场镇、民居已荡然无存，访问过的客家老人已经去世，客家方言和民俗正渐渐消失。因此我的这两种小书已成为成都客家文化的历史了，自有其历史的价值。我之所以参加客家研究，是因为在西南师范学院求学时读到董同龢先生于20世纪40年代著的《华阳凉水井客家话记音》一书。我的母亲就是出生在成都东山凉水井的客家人，然而我仅志于客家文化的田野考察，再一次的自我挑战，看是否能胜任此项工作。当考察工作结束后，我感到客家学的范围狭小，除了客家话所保存的汉语中古音系的语言很有学术价值而外，其他的种种实用的经济的课题我并不感兴趣，而客家文化之消失是社会现代化的必然趋势，故我于2004年之后便未参加客家学研究了。关于客家学我形成了三个观点：一是南宋末年宋军败于粤东北山区（循州一带），逃入山中，保存汉族文化与习俗，习武务农，存活下来，到了清代人口发展，向广东西北和南边扩展，西方传教士发现这些乡民的语言异于粤语，而当地的人称之为客家人；二是客家方言有入声音，而平声分阴阳，这正是宋末元初中古的《广韵》音系；三是现在客家人逐渐为城市同化，确定是否为客家人之标准是祖父、父亲出生地是否为客家县乡，祖先神位是否为某某堂上历代始高曾祖考妣神位，是否还会客家话。最近我读容闳（1828—1912）著的《西学东渐记》谈两粤宣传福音者于“客家（HakkaS）族中。所谓客家者，两广间一种客民，迁徙无常，故俗称为客家云”。这记述太平天国时期之事，应是一则非常重要的史料。

四川的巴蜀文化热潮是在新历史时期之初兴起的，适应了地方经济文化的快速发展以弘扬地方文化促进经济而取得显著的社会效益。“巴蜀文化”本是考古学意义的概念，出现于20世纪40年代，新时期以来地方文化研究的学者们遂将它扩展为涵盖四川从远古到现代的历史与文化的地域文化概念。巴蜀文化研究主要关注的是四川远古的历史和文化，将神话传说与新发现的文化遗址联系起来，进行释古的论述：这的确对四川的经济特别是旅游业的发展起到了积极的作用，然而这样的研究方法及其依据是经不住学理检验的。我院已故的袁珂先生即将古巴蜀的传说视为神话，将神话传说附会为信史，这是我难以赞同的。西蜀的学术历史悠久，在宋代已显示出地域学术的特色，并在近代呈现复兴之势，故蜀学很值得研究。川籍学者王利器先生晚年回川访友，每次倡导蜀学。四川大学史学家胡昭曦先生自20世纪80年代以来在蜀学研究方面做了大量的开拓性的工作。我很支持两位先生弘扬蜀学的意见。2002年10月文史馆处长征询我开一次学术会议的意见，我建议讨论蜀学。此建议受到隗瀛涛馆长的重视，于12月21日由他主持召开“蜀学讨论会”，本馆及本地文史专家参加会议。2003年7月3日下午，文史馆派我与文史处长安山前去与西华大学商议共建蜀学研究中心。2006年由四川省文史研究馆与西华大学共同主办的大型学术辑刊《蜀学》创刊，由我负责组稿、定稿和编辑工作，至2011年出版六辑之后西华大学研究蜀学的学者可以独立编辑此刊，我遂不负主要责任。现在此刊已成为很有特色和影响的学术专刊了。自《蜀学》筹备时起，我即投入蜀学研究，发表了系列论文，探讨了四个重要的学术问题：

（一）巴蜀古史问题。我以为扬雄所拟蜀王世系是无根据的。巴蜀保存着初民的部族习惯，语言特殊，没有货币，没有文字，没有礼乐制度，是一个蒙昧的社会。无论是历史文献，还是成都平原出土的古文物与发现的古遗址，迄今并未发现巴蜀有自己的文字，而且也无中原的文字；什么“蚕丛”“鱼凫”“杜宇”来历不明，亦不可考；也未发现存在什么姓氏，更未出现人口、生产资料、商品和消费集中的城市：因此，古代巴蜀尚不具备文明社会的条件，而是处于人类社会原始阶级的后期。公元前316年秦国进军巴蜀时，巴蜀根本无力对抗文明强国，迅即彻底溃败并被彻底消灭。古代巴蜀的自然条件优越，先民们未遇到严酷的挑战，以致在很长时期内社会停滞不前，没有创造历史，没有体现社会发展的主体力量，没有创造文明。秦灭蜀后，古代巴蜀消失了，未留下任何有意义的东西。这是文明战胜愚昧的必然结果。

（二）古蜀史料真伪问题。我以为古蜀史是指秦国灭蜀以前西蜀地域的历史，它同中国殷商以前的古史一样，虽有一些传说性质的文献资料，却难以作为历史研究的事实，因而不能够构成真正的信史。尚古蜀地“史料”记载的“蜀之国肇于人皇”，“蜀王，黄帝后世也”，“禹本汶山郡广柔县人”，“蜀之先称王者有蚕丛、柏濩、鱼凫、开明”，这是拟构古蜀历史的基本事实依据，然而它们皆是伪造的。如果从汉代以后各种古籍所述，或唐宋以后地方志的记载会附会古蜀历史，或去推算各蜀王的在位时期，凡此皆是由于相信伪造之史料而产生的信古倾向。这是忽略了对“古旧史料”真伪的鉴别。

（三）蜀都建城的历史。我以为成都城市的兴建绝非是在古蜀国之时，因为贸易与人口的集中和政府的设置，无论对于古代城市或近代都市都是必要的条件；它的具备必须是农业生产发展到相当程度而有了剩余物资时，出现与农村分离的一个特殊的居住地才可能的。因此秦灭蜀后开始筑成都城，而且是在灭蜀后立即开始的，即设郡之日开始的。

（四）蜀学的特征。我以为蜀学是从秦灭蜀后引入中原文化而形成的具有地域特色的蜀中学术，它绵延至晚清而出现复兴之势。我对蜀中学人代表人物二十余人的学术思想进行概略的分析，以为固守传统而又对据学术前沿，以杂学见长而时有异端倾向，崇实而又富于思辨；这些特点分别体现在某些学者的著述里，构成蜀学的基本特征。当然这些特征，我们也可以在其他地域学术中见到，但它在蜀学中是相对突出的。

我作为蜀中学者，自然关心蜀学，亦参加地方的学术活动，对蜀学的重要人物苏洵、苏轼、张栻、魏了翁、花蕊夫人、李调元、廖平等的学术思想和有关的史实曾进行过探讨，希望能有助于现代蜀学的发展。我们研究地方文化易于出现的偏向是：一、将地方文化从整个中国文化中分离出来夸大其意义；二、迎合地方的需要而背离历史的真实，或附会地方传说，或违背学理的常识；三、力求实用价值而偏离正常的学术轨道：因此某些研究的成果是无学术意义可言的。我并不轻视和否定地方文化研究的意义，仅希望将它置于合理的地位，从学理的角度客观地阐释它在中华文化中的价值，其中优秀的成果固然会为社会去应用而产生社会效益的。

北京大学中国传统文化研究中心主办的《国学研究》于1993年创刊，标志着国学热潮再度在中国兴起。国学受到当代学术界的关注，在社会上发生巨大影响，众多的国学研究机构不断出现。2006年我的第二部词学论文集交付上海古籍出版社之后，词学研究可暂告一个大的段落，遂对国学产生了研究的兴趣。我读书自来喜好泛观博览，对各学科皆有兴趣涉猎，尤其是在西南师范学院求学时奠立了关于传统文化研究的坚实基础，故可以投入新的学术领域。什么是国学？学术界的见解极为纷乱，亦令人感到困惑。我习惯以客观的态度采取理论的、历史的方法考察20世纪国学运动的发展情况，阅读大量的史料，形成了初步的认识。2007年中央文史馆在京召开国学研讨会，四川文史馆派我出席会议。我向大会提交的论文是《论国学》，表述了我对国学的性质、对象和方法的意见。我的见解可能偏颇而不为多数学者赞同，仅程毅中和赵仁珪先生表示支持。此文于此年《学术界》第6期发表，继而发表了系列论文，出版的著作有：

《四川国学小史》，巴蜀书社，2009年。

《国学论集》，社会科学文献出版社，2011年。

《国学史研究》，台湾花木兰文化出版社，2017年。

四川省社会科学院于2014年成立国学院，院长是向宝云先生。国学院和国学研究中心这类机构近年在国内勃兴，但绝大多数是徒有虚名，甚至成立之后不知要做什么，或欲以之为产生经济效益的工具。向宝云先生征求我对国学研究的意见，我建议由我院与四川文史馆合办纯学术的、高级的、大型的国学研究集刊《国学》。2014年12月《国学》第一集出版，我作了《发刊辞》，并担任审定与组稿的工作，2015年5月在我院召开了隆重的发行会。《国学》自第六集改由四川师范大学中华传统文化学院与四川省人民政府文史研究馆主办，我仍担任审定与组稿工作。现在《国学》将出版第八集了，得到学界师友的大力支持，受到国内外读者的欢迎。这算是我为国学的发展所做的一件实事了。关于国学研究我形成了以下观点：

> 国学即中国传统学术，晚清时期的中国文化保守主义者为抵制西学与新学而主张保存国学，弘扬国粹，在学术界兴起了国学思潮。1905年上海由国学保存会创办的《国粹学报》创刊，标志国学运动的兴起。国学思潮存在一个发展过程，掀起了国学运动，迄于中华人民共和国的成立而结束。
>
> 国学运动存在两个明显的阶段，由文化保守主义者构成的国粹派以1911年《国粹学报》停刊而衰微，但国粹思想的残余却一直存在。
>
> 新文化学者提倡以科学方法整理国故，以北京大学《国学季刊》于1923年的创办为标志而出现国学运动的新倾向，此后为国学运动的主流。继起的古史辨派和历史语言学派是国学运动新倾向的两大流派，切实推动了国学运动的发展。
>
> 国学运动新倾向主导了国学运动的发展取得巨大的成就，成为时代学术思想主潮。我们现在为国学定义当以新倾向派所具有的学术性质与特征为依据。国学是以中国文献与历史上存在的狭小的学术问题为研究对象，采用科学考证方法，提倡疑古的批判的纯学术的态度，它是具有综合性质的新学科。
>
> 国学研究是具纯学术性质的，其成果可为各学科的理论的建立提供事实的依据，可以解决中国文化与历史上若干困难的深奥的学术问题，可以扫除传统文化中的诸多迷妄与错误，探求传统文化的真知。国学研究的对象和意义是有限的，仅是中国学术研究的一个不可缺少的组成部分而已，但可从一个方面起到弘扬中华文化的作用。
>
> 当代国学热潮再度兴起以来国学的概念紊乱，出现夸大国学的意义，将它等同中国传统文化，或以儒学为其中心而强调其现实意义，或与商业运作和经济效益联系，或以琴棋书画等为内容，或将国学研究与国学基础知识混为一谈；凡此均是当代国学热潮中出现的问题。国学研究向学术回归是学术界应当努力的。

以上的观点似狭隘和偏颇，难以为学界师友认可，但我这些结论是建立在历史事实的基础上，故我仍然坚持这一得之见。一位友人认为我近年的工作是在于对国学运动主流意义阐释，这应是恰当的批评。中国文献与历史存在的狭小的学术问题，这个学术范围极广的，问题是极复杂而多的，它是非常广阔的学术园地，有一个无限高远的境界。我由对国学运动的历史与理论的初步探讨，进而探讨我所感兴趣的一个又一个的学术小问题，去追求难以企及的高远的境界。

我们如果相信庄子说的“生也有涯，而知也无涯，以有涯逐无涯，殆矣”，则不必去追求无限的真知了。孔子说自己“好学不厌”，“朝闻道，夕死可以”，这是一种毕生追求真知的精神。学者应具这种精神才可能是真正的学者。我们治学与从事研究工作便是求知的过程，其客观的意义即是对中国的学术发展或者会有一点贡献。每当我们发现一个学术问题时，虽然对它有些了解也有怎样去研究的初步设想，但它实际上对我们来说尚是一个彼岸的未知的世界，它的奇异、深奥、玄秘却引起我们去探求的兴趣，此种性质探求是无止境的，我们只有一步一步地去逼近。

现在我不用手机，不用电脑写作，仍用旧的工作程序，依旧细读原著，查资料，抄卡片，打草稿，誊写抄正。此种做法看似落后、笨拙、迟缓费事，但有优长，它可以使心得充分精细地表达，常有命笔快意之感。在这种旧式工作程序中，我很重视科学的方法论和科学研究的规范与程序，将它归结为：从事实而探究义理，以明辨而寻求真知。

我现在生活有序，身体健康，思维清晰，精力旺盛，尚能工作，尽力偿还那苦难的虚度的二十年时光。我想人的一生，犹如驾驶一辆马车，两匹马拉着前进，一匹马似理性，一匹马似感性，它们必须和谐一致才能使车平稳正常地运转，若其中有一匹马出现问题——如受伤、疲惫、失脚，则可能使车缓慢或倾覆；如果两匹马疯狂地奔驰，则可能造成车毁人亡的严重后果。然而自古以来，历史上的个体生命要做到理性与感性发展的平衡是极不容易的。圣人孔子赞同舞雩咏归之志，朱熹以为它体现了天理之自然流行，具有圣象气象。由此似可以感悟到生命真谛之所在。我相信学者的生命之树是常绿的。

2019 年 9 月 27 日　于爽斋

（作者单位：四川省政府文史研究馆）

高校历史教研与城市社会服务[①]

——赖华明教授访谈录

陈　鹤

内容提要：赖华明，男，汉族，1945 年生，四川新繁人，民进成员。1965－1969 年在四川师范学院（今四川师范大学）政治教育系学习。1969 年毕业留校，此后长期任教于四川师范大学历史文化与旅游学院（历史系），担任秦汉史、中国史学史等课程的教学工作。赖华明教授长期从事秦汉史的研究，发表论文十数篇，参加编写教材多部，主持国家教委社科研究项目一项。同时，赖华明教授曾担任民进四川师范大学主任委员、成都市政协委员。任职期间，他积极建言献策，为成都经济社会的发展，贡献自己的力量。赖华明教授的经历，可以反映四川省高校历史教学的一个侧面，也可以反映高校学者服务社会的一个侧面。

关键词：赖华明；高校历史教授；教学科研；社会服务

时　间：2018 年 1 月 23 日下午
地　点：四川师范大学狮子山校区赖华明教授寓所
受访人：赖华明（四川师范大学历史文化与旅游学院退休教授）
采访人：陈　鹤（西华大学文学与新闻传播学院讲师，历史学博士）
整理人：陈　鹤

赖华明教授简介：赖华明，男，汉族，1945 年生，四川新繁人，民进成员。1965－1969 年在四川师范学院（今四川师范大学）政治教育系学习。1969 年毕业留校任教。1979

① 基金项目：成都市哲学社会科学重点研究基地成都历史与成都文献研究中心 2018 年一般项目“成都高校历史教授口述史”（项目编号 CLWX－18YB004）。

年曾在西南师范学院（今西南大学）历史系进修。长期任教于四川师范大学历史文化与旅游学院（历史系），担任秦汉史、中国史学史等课程的教学工作。发表论文十数篇，参加编写教材多部，主持国家教委社科研究项目一项。长期从事秦汉史的研究。1997 年至 2004 年任四川师范大学民进主任委员。2006 年初荣退。

问：能否先请赖老师介绍下您的家世？

赖：我出生于 1945 年，四川新繁人。父亲叫赖荣远，母亲叫宁望芬。我父亲 1947 年去世。因为我爷爷死了以后，一大家人，有几姊妹，我爸是老大，他兄弟姊妹好吃懒做，都不想做活路。爷爷死了，有个哥哥管着兄弟姊妹，但他们都不服。我家子女又多，那分家的时候，他们就更不高兴了。爷爷在的时候，租了地主 30 亩水田，在新繁清流场。现在还算好，但是过去，没有水，（田地）干了就干了，栽秧子，浇水浇田要水，栽秧子没有便利的水渠，没有畅通的流水，就只有用牛车挖了一个深坑，我们叫泉凼，用水车车水灌田。爷爷死了，我爸当家，兄弟姊妹都不齐心，春天正要下种（春种秋收嘛）。兄弟姊妹都睡懒觉，就我爸一个人赶牛车，里里外外都要他做。一天早上他把牛拴在牛车上，一气之下自己跳到泉凼中淹死了！简直是活不下去了！我父亲去世以后，就是我妈妈把我们五姊妹带大。当时我五姊妹，大的十几岁，小的半岁，我才一岁半，我排行倒数第二。要不是共产党来了，我一家人全部散了，根本找不到人了。感谢党，真的感谢党！所以我一直读书，都比较听话，因为受过苦来的。

我妹妹读小学的时候，有一次感冒，晚上我母亲一个（人），去医院很远，一个女同志晚上又不敢走（夜路）。所以第二天早上，我们（才带妹妹）去医院，医生第一句话就说，你咋不早点来，已经没有气了！（我妹妹）就这样死了！小时候我家里很穷，我几岁，跟着大人斗地主、打土匪、反霸这些。

问：请赖老师回忆您的中小学经历。

赖：我从小学到中学，再到大学，都是班长。我小学读的是新繁清流乡罗汉小学，是罗汉寺改造成小学的。读小学时刚解放，我们学校老师就是工作队干部。那个时候没有什么书，书都很少，就是老师给大家念书，大家把书抄下来。解放初期，我们读书就这么困难！但是老师是工作队干部，还有他正式的工作，他身上还带着杆枪！老师又要去工作，就把书拿给我，喊我照着书把课文写在黑板上，（然后）大家写下来。我就是班长，带着同学，大家都规规矩矩的。那时学生都听话，不像现在。（笑）

后来我中学读新繁一中，于 1965 年考入四川师范学院（今四川师范大学）政教系。

问：请赖老师回忆自己的大学生活。

赖：1965 年 9 月，我考进四川师范学院政教系。政教系招生，招了 2 个班，一共 72 个学生（政教系后来才分出来，变成历史文化与旅游学院）。当时毛主席说，知识分子要走与工农相结合的道路，所以这个专业，就叫政治教育系。但是我们读政治教育系，必须要与工农相结合，所以第一学期，学前学习了，老师同学互相认识了。之后，就把我们两个班全部派到琉璃厂，每个学生都住在农民家里，帮着农民做活路，然后就在农民家里住，和农民同吃同住同劳动。两个月过后，差不多这学期就结束了，就要过年了，大家就回来了，（大学第一学期）我们就没有读到书。然后第二学期，一竿子就把我们 72 个同学弄上大卡车，一天早上多大风，大马路灰尘又多（不像现在的马路，干干净净），弄到仁寿富加，当时说川师要（在那里）办个点。又住在农民家里，劳动，实行走与工农相结合的道路。两个月后，我们又到峨眉县磷肥厂，和工人一样劳动，上三班制，在磷肥厂劳动又是几个月，这（第二）学期又完了。1966 年上学期就没有了。1966 年 5 月底回到川师，6 月“文化大革命”爆发。我们的大学（学习）生活也就结束了。

问：请赖老师讲讲自己的“文革”经历。

赖：“文革”最初我是保皇派，保党委的，属于大专院校红卫兵。当时派系有“八二六”，有“红成”（红卫兵成都部队）。但我没有参加“红成”，后来他们把我弄成外围群众组织。我先是当保皇派，然后造反派打压，就垮了。四川省大专院校红卫兵就垮了，川师参加的“红成”，我没有参加。我想，你们去武斗，我何必跟你们去武斗，我不敢去武斗，他们要开会喊我去，我去。但是我不参加你行动，打哪里我都梭边边，比如打川棉厂、红旗橡胶厂啊，我没有去参加。他们都晓得，我不去。这个事情互相之间打起来，有啥意思，争啥子嘛，争个山头。后来慢慢地，你们去搞武斗，我又不参加。我们同学把手枪抢起来看，我说这些东西拿不得，搞不得啊，不对把人伤到了都不晓得。我没去参加，我心里晓得，不应该是你拿的这些东西。你拿来，啥意思嘛，你要争山头，我要争山头，有啥意思嘛！自己打自己，搞得不好，自己命都伤了，我就这样想。他们搞武斗，我没参加①。当时师范生，国家包伙食，我在学校伙食科领了饭票，就回家里去，帮家里挣工分，做活路去了，我又做得活路，本来就农村来的，帮到家里做活路。但恰好又留个残疾。我那么多年没有做活路，想帮家里、队上多做活路，挑谷子，结果担重了，把腰杆闪了！现在都还有后遗症，坐久了就痛。

当时我们两个班，后来为了下去劳动锻炼，和农民住在一起，方便管理，就把两个班合班了，我还是班长。毕业分配之前我们在 132 厂军垦农场，差不多住了一年，同学都在一起，军队解放军也住在一起。我们就在飞机场旁边开辟了农场，种麦子、种红薯，等待毕业分配。

就这样到了 1969 年，我们毕业的时候。1969 年 4 月，中共九大召开。我们系上教师和学生也弄到龙泉驿，住到农民家里头，每天白天上工，和农民一起劳动。我至今想不通，九大的政治报告，他们喊我去宣读！那个时候，反正领导喊我做啥，我都不推辞，我管你好不好，做不做是态度，做得好不好是能力！我就这样想的。我们老师、同学就在大面中学的礼堂，把我们那个全年级的同学都弄到礼堂里头。我们系上的总支书记给我说，你去讲讲你学习九大政治报告的体会。我结果看都没看过（九大报告），马上去找篇报纸来看政治报告。

① 关于成都高校的“文革”情况，还可参见李绍明口述，伍婷婷等记录整理：《变革社会中的人生与学术》，世界图书出版公司，2009 年版，第 207—220 页。

我说（内容太多）我记不到，于是我就把那篇报纸边念边给大家讲。当时我真的是听话，只要是领导交办的，我都做，我不管那么多。最后到 1969 年 7 月毕业分配，高年级早就走了，就把我留在学校工作了。

问：请赖老师谈谈自己留校后的教学和科研。

赖：当时我留校，其实也没做好多事情，主要是听老师上课。分教研室，恰好就把我一个人分到历史教研室，其他同学，有的教研室 2、3 个，党史组最多 5、6 个，我们那一年留下来大概 20 个同学，后来有的调走了，有的又在其他学校高就了，还有些回家了。

我们历史教研室，有罗孟桢（1907－1998）、崔宗复（1912－2008）、徐溥（1921－1988）、邓春阳、高孔修、杨祖泰、曾唯一等老师。其中，崔宗复老师和我接触较多，他是温江人，我是新繁人，当时都属于温江专区，比较熟一些。崔老“文化大革命”遭整，我看他很造孽（悲惨），当时他一个瘦瘦的老头儿被关牛棚，罪名是臭权威，“文革”前他就是教授，而且他是抗美援朝慰问团（中国人民赴朝慰问团西南分团）的副团长[①]。我很敬佩他，他关牛棚的时候，他要抽烟，要喝茶，当时烟票、茶票都要限制，一人一份，他被关牛棚，咋个够嘛！结果我又不抽烟，不喝酒，那个时候连喝茶都没学会。单位发的烟票、茶票、酒票，我都送给他。我有点胆子，没有被造反派抓出来。我一清二白，没有把柄给人抓。说老实话，我那时有点“瓜”，好像不怕事。所以后来分配，就把我一个人分到历史教研室。当时历史教研室的老教师都很喜欢我，我愿意为他们服务，就这样子。崔宗复老师下象棋下得很好，我们在农场劳动的时候，有些娃儿会下象棋，经常找人给他下，把他的棋子给悄悄摸（藏）一个，他都晓得，这有一个“走马”，这个格格不是空的，他不得搞忘。他的记性相当好！崔老下象棋是国手级别，也写过一些关于象棋的论文[②]。其他教研室，都是几个同学。我一个人在历史教研室，大家都很喜欢我。他们也知道学历史还是不容易，对我很重视。罗孟祯老师是文献学专家，但和我接触少一些。

高孔修老师是我毕业时的指导老师，政教系领导专门让他来指导我，我跟他学习了很长时间。高孔修先生是很有才华的历史老师。让他指导我，他研究秦汉史，我也跟着他学习秦汉史。“文革”期间，高孔修老师还被派去川师附中教中学历史，受到很多同学的欢迎[③]。高老师专研秦汉史，但发表论文很谨慎，现在已知发表的论文可能只有《秦始皇的统一与改革计首授爵政策》一篇[④]。

唐仕润老师是世界史老师，他后来是历史系的党总支书记、系主任。他夫人赵庆英老师是川师附中的政治老师，教学很有水平。

---

① 此事略有争议，参见王文彬《我两次率西南慰问团赴朝鲜慰问》；刘文权《两次赴朝慰问纪实》，见罗茂林编《重庆文史资料（第 8 辑）》，西南师范大学出版社，2005 年版，第 114－139、151－166 页。

② 崔宗复先生发表的关于象棋的论文，有《记象棋名著〈象棋指归〉》（《成都棋苑》1982 年第 8 期）、《从〈棋经论〉到〈象棋随笔〉》（《成都棋苑》1983 年第 11 期）、《记四川著名象棋手刘剑青》（《成都棋苑》1983 年第 13 期）、《记近代著名象棋家周德裕》（《成都棋苑》1983 年第 14 期）等。

③ 关于高孔修老师在川师附中的教学事迹，可参见刘俊《川附情节》，载宋晓兰主编《四川师大附中建校六十周年（1952－2012）校友回忆录》，2012 年版，第 58 页。

④ 高孔修：《秦始皇的统一与改革计首授爵政策》，《四川师院学报》1985 年第 2 期，第 98－105 页。

1979年春，川师正式向省高教局申报，要求恢复历史系，获省高教局同意，于当年秋季正式招生。由于师生人数较少，暂不设系建制，继续保留在政教系下招收历史专业学生。由于我大学时代基本上没有读到书，专业知识比较欠缺，于是1979年我被历史教研室派到重庆西南师范大学历史系进修，提高专业素养，为恢复历史系做准备。考察考察，学习人家，但也主要靠自己学习。在西南师大听了一些课，其中一位女老师——漆泽邦老师，讲《中国通史》，讲得很好[①]。她是重庆某中学校长（1957年曾被错划为右派）的爱人。我本来是进修，在校也遵守纪律，跟班上课，长了见识、长了知识，看他们怎么讲的。回川师后，自己慢慢摸索，人家怎样讲，自己学到点。现在在川师历史文化学院工作的吴达德、许晓光等老师，当时都是刚进西南师大历史系的本科生。此外，在成都还听过徐中舒、缪钺等几位前辈历史学家讲课。例如听川大历史系老教授缪钺先生讲课，缪先生眼睛不好，讲课全靠记忆，背诵。

1981年，学校正式恢复历史系。我就在系上讲授《中国古代史》先秦、秦汉部分。早在1979年初，为了方便政教系、中文系师生上好《中国古代史》课程，我协助向阳、高孔修、沈庆生、曾唯一等老师，编写了一本《中国古代史（试用教材）》。由于时间仓促，又是"文革"后刚刚恢复正常的教学秩序，因此该教材篇幅有限，但总算为我校《中国古代史》的教学，提供了最初的蓝本。我上先秦史的课程，比较注重经史交融和文史哲之间的渗透。例如，讲述周文王治岐的政策，我总会引用《孟子·梁惠王》中的"耕者九一，仕者世禄，关市讥而不征，泽梁无禁，罪人不孥"一句，明白了《孟子》这句话，就基本明白了文王治岐的政策。文史哲相互渗透，政治、经济、文化都要懂点，你缺了一块，讲历史就是干巴巴的。我认为学历史，还是需要记忆一些基本史实的，如教西汉历史，我总建议学生牢记西汉帝王的次序，并将之简化为"高惠高（后）文景，武昭宣，元成哀平，孺子婴、王莽、刘玄"。有了这些基础知识，自己以后读史料才有"本钱"。我毕竟是政教系出身的，因此很看重知识的系统性、条理性，如我讲授政治制度史，注重"官制、选官制、兵制、刑法制"四个方面，让学生系统掌握，就不会有太大遗漏。我平时爱写点书法，好临柳公权的楷书。这个爱好，对我的教学也有帮助。有学生就认为我"写得一手好板书，书法水平较高，因此记笔记很容易"。现在老师教学爱用PPT，但板书也不能少，所以传统的书法技能，还是不能丢的。由于学院同事的鼓励和支持，我于2003年10月，出任学院中国古代史教研室主任（10月25日正式下发通知）。2005年11月，我临近退休，学院决定由王春淑老师来接替我的工作，担任中国古代史教研室主任。2006年初，我从教师岗位上退下来，你们2005级是我教的最后一届吧！（笑）

川师历史系的很多学生，都很争气，也很尊重老师。其中1988级的黄勇，给我印象很深。读书的时候，黄勇很认真，爱拿一些复杂的历史问题来和我探讨。毕业后，黄勇还记得我，他喜欢篆刻，曾专门刻了一方印章送给我，表示对我的感谢。黄勇1992年毕业后，分配到川师附中工作，靠着自己的勤奋钻研，成了四川省教育科学研究院的历史教研员，现在

① 关于漆泽邦老师的生平，可参见曹亦冰主编《高校古籍整理研究学者名录》，北京师范大学出版社，1991年版，第845—846页；西南师范大学教授名录编写组《西南师范大学教授名录》，西南师范大学出版社，2000年版，第304—305页。

已经是一位历史教育专家了。

除了在川师上课外，我还为其他高校讲授历史课程。如有一年北大电大班在成都招生，主要是北大的图书馆管理学系，图书馆管理员要了解中国历史，就在当时省新华书店办了一个电大班。我去讲《中国古代史》，5 块钱一节课，后来北大图书管理学系还给我发了聘书。（笑）另外地质学院（今成都理工大学）也办历史班，2 块钱一节课。我骑自行车从狮子山到十里店去上课！此外，成都市教科所，我也去上过课，都是骑自行车来回。有些课是政教系程思进老师约我去上的，又不好不去，人家信任我嘛，呵呵！

为了配合教学需要，我也动手自己编写大学历史教材。例如 20 世纪 90 年代中期，我主编了《历史》（大学预科教材丛书）一书，是当时学校教务处和文学院一个管教学的老师委托我写的。历史系的田利军老师和潘树林老师参加，田利军写中国近代史，潘树林写世界史，我写中国古代史，最后由我任主编统稿。该教材 1996 年由电子科技大学出版社出版，当然现在看来很粗糙。

在科研上，我公开发表了十多篇论文。我大学没有读到书，全靠自学和一些好心老师的帮助。邓春阳老师，他是 1949 年前省立成都中学（今北京师范大学成都实验中学）[①] 和武汉大学的毕业生。我也请教过邓老师，邓老师还帮我修改过论文。我的第一篇论文是《论儒学传入巴蜀》（《四川师大学报》1990 年第 5 期），那篇文章是参加一个学术研究会——四川孔子研究学会，我报了名，彭久松老师推荐，还在大会上发了言，讲这篇论文的写作过程和主要观点。我发表的《论汉初的惠商政策与商业复兴》（《四川师大学报》1989 年第 4 期）、《西汉商人地位的演进》（《四川师大学报》1992 年第 6 期）、《论战国秦汉的商业潮》（《四川师大学报》1994 年第 1 期）等文章，都被人大复印资料《先秦、秦汉史》或《经济史》分册全文转载。由于对秦汉商业史研究较多，我的课题《秦汉商业史》被列入国家教委“八五”社科研究项目[②]。

问：请赖老师讲讲自己加入中国民主促进会（民进）和当选成都市政协委员的情况。

赖：其实我根本没想到我会加入民进，按我的家庭出身，应该加入中国共产党。（笑）我迟钝了一下。高孔修老师是我的指导老师，高老师也是民进会员。他那一天去过组织生活，不知道到哪里耍了回来，才下车。我正好走那里过，看见他们一个个红光满面，兴高采烈。我就问，你们今天干什么啊，这么高兴？他说，我们过民进组织生活！我接了一句，你们过组织生活还安逸呢！他说，你来不来嘛？我顺口答应，来嘛！结果我就当了民进会员！（笑）

我不是说不对，因为他们民主党派要发展人，结果我就糊里糊涂地加入了民进。后来一天，在路上碰到高老师，他给我说：“民进市委已经同意你参加民进了。你现在就写个申请书，填个表。”其实他没有正式征求我意见，我当时骑虎难下，他（高孔修老师）是我教研

① 邓春阳：《在省成中学习》，政协成都市委员会文史资料委员会编《成都文史资料（第 29 辑）》，成都出版社，1996 年版，第 231—237 页。

② 光蓉、大明：《我校〈楚辞研究全书〉等三项课题列入国家教委“八五”社科研究项目》，《四川师范大学学报（社会科学版）》，1993 年第 4 期，第 34 页。

室顶头上司，指导我，我想从他身上学点东西的嘛！我把人家弄得骑虎难下，咋办？我只有硬着头皮加入民进。再后来，我们民进四川师大主委李阳庚，当时是文学院一个教师，他爱人苟建丽是四川省政协主席副主席。李阳庚就在我楼上住，我在楼下住。那天晚上，李阳庚给我拿来一张表。他说，民进市委已同意我加入民进，要我填张表，就算是民进会员了。李阳庚也是我们新都人，以前就在物色人，他晓得我是新繁人，结果他就去民进市委说了，就这样，本来我应该是共产党员，结果加入了民进。你看，一个是我指导老师，一个是民进师大主委，他爱人又是省政协副主席、民进成都市主委。你说我干不干？只能干了！（笑）所以我这辈子好多笑话。

1997 年起我接替李阳庚，担任民进四川师范大学主任委员，直到 2004 年 5 月卸任，此后由文学院的马正平教授接任。

我是成都市第十、十一届政协委员。我在政协写了几个提案，政协一年开一次会议。大概是两届政协，开了几次会，我出谋划策，提建议，提提案，贯彻党的方针、政策，民主党派要做好本职工作，支持党的领导，拥护党的领导。所以，主要是开会，会下写提案，建言献策。我写了几个提案，有两个提案立案了，经提案审查委员会审查，通知各职能部门照着提案做。我写了有两个提案，比较受欢迎。当时成都城市发展较快，把种粮食的温江地区修成高楼大厦，而且造成成都城市污染。所以从这个角度讲，一是破坏了粮仓，等于把种粮的好地方都占了，温江属于成都西部地区，是粮食高产区，以后老百姓吃粮的问题就困难了。二是污染了城市。所以我提一个提案，成都城市建设要向东向南。你看现在仁寿那边，一个多钟头成都就到仁寿了，高速公路到处都是，可以挑近路走。后来成都市形成了“向东向南”的发展战略。直到今天，成都市又提出了“东进、南拓、西控、北改、中优”的十字发展方针。这些都是在我们政协提案基础上发展来的。还有一个，当时出租车才兴起，是新鲜事物，到处都是，到处都在上下客，把路也挤了，公交车走不过了，占了人行道。所以我提案，出租车要有停靠的站点。当时可能起了作用，现在起不起作用，我不知道，专门做一个指示牌，出租车停靠点。因为出租车随意上下客，影响交通，造成事故。市政协立案，交给市政府，再转交给职能部门，具体怎么运作，是你政府自己的事，政协只能提案。还有和其他政协委员共同提出的提案，我自己独立提出的提案，就是这两个。这也算是大学教师服务社会的一种方式吧！

近几年，我患了脑梗阻，最先是发现走路不稳，后来去医院检查，说是脑梗。断断续续住了好几年院，记忆力受了很大损伤，脑子昏沉沉的，最近才好了一些。好多往事都记不起来了，今天就谈这些吧！

问：衷心希望赖老师保重身体，早日康复！

（感谢吴达德、许晓光、田利军、成荫等老师对整理本访谈录的帮助！）

附录：赖华明教授发表论著目录

一、主编教材

［1］《历史》（大学预科教材丛书），电子科技大学出版社，1996年版。

二、论文

［1］赖华明：《论汉初的惠商政策与商业的复兴》，《四川师范大学学报（社会科学版）》，1989年第41期，第70—77页、第93页。

［2］赖华明：《论儒学传入巴蜀》，《四川师范大学学报（社会科学版）》，1990年第5期，第78—84页。

［3］赖华明：《西汉商人社会地位的演进》，《四川师范大学学报（社会科学版）》，1992年第6期，第63—70页。

［4］赖华明：《论战国秦汉的商业潮》，《四川师范大学学报（社会科学版）》，1994年第1期，第112—120页。

［5］赖华明：《论秦汉移民及其特点》，《四川师范大学学报（社会科学版）》，1995年第4期，第98—104页。

［6］赖华明：《秦汉移民政策及其特点》，《文史杂志》1996年第2期，第22—23页。

［7］赖华明：《论秦汉移民政策及其历史作用》，《四川师范大学学报（哲学社会科学版）》，1996年第4期，第78—83页。

［8］赖华明：《论晁错〈论贵粟疏〉的重农惠商性质》，《西南民族学院学报（哲学社会科学版）》，1999年第6期，第7—9页。

［9］赖华明：《秦汉移民与巴蜀文化的变迁》，《西南民族学院学报（哲学社会科学版）》，2002年第11期，第190—194页。

［10］赖华明：《试论道家人性论与无为而治的关系》，《西南民族大学学报（人文社科版）》，2003年第9期，第159—162页。

［11］赖华明：《汉代察举制的内容及其功过》，《西南民族大学学报（人文社科版）》，2003年第11期，第204—207页。

［12］赖华明：《汉代察举制概论》，《天府新论》2003年第6期，第92—96页。

［13］赖华明：《汉武帝经济改革新论》，《四川师范大学学报（社会科学版）》，2003年第6期，第81—86页。

（作者单位：西华大学文学与新闻传播学院）

1931 年九一八事变后从事学运、军运及抗日活动的回忆

林　蒙　口述　何　宁　整理

内容提要：林蒙，1911 年出生于四川邻水县。在 1931 年九一八事变后，林蒙长期从事学运、军运及抗日活动的斗争，人生经历曲折而丰富。本文据林蒙同志的口述整理，展现了一个共产党员无论在任何环境中都矢志不渝、坚持为党为人民工作的精神。本文对于研究 1931 年九一八事变后西南地区的抗日运动的历史以及当时中国共产党党员坚持斗争、永不妥协的精神具有重要的学术价值和现实意义。

关键词：林蒙；九一八事变；学运；军运；抗日

林蒙，1911 年出生于四川邻水县。1936 年 12 月在成都加入中国共产党。1938 年 3 月在成都各界救国联合会成立大会上被选为常委，从事救国会工作，活动范围扩到川南的宜宾、乐山、泸州等地。1939 年 8 月，林蒙调任宜宾中心县委宣传委员。1939 年 4 月，林蒙调任川东特委常委兼宣传委员，分工管宜宾中心县委、梁（山）大（竹）中心县委、涪陵五县委、荣昌直属县委以及重庆中城区委、江北县委、化龙桥区委等。1940 年重庆市委建立，林蒙主要负责中心县委巡视工作。同年 10 月调中共南方局，任抗战工作委员会秘书。1944 年赴延安参加整风和大生产运动。同年 10 月调西北公学。1946 年 8 月，调《解放日报》任编辑。同年 12 月调中央党校二部学习。1947 年调任中央政治研究室党派组副组长、代组长，11 月撤离延安到晋冀鲁豫中央局。1948 年 4 月分配到濮县任县委宣传部部长、县长。秋，任地委党校校长。1950 年 2 月参加边区南下干部队，9 月任刘伯承同志政治秘书、二野军政大学四总队政治部主任。11 月随部向西南进军，12 月初进入重庆，任中共西南局统战部副秘书长、秘书长。1952 年调西南军政委员会任副秘书长。1954 年到重庆市建交部工作。1957 年调重庆市人委任秘书长直至“文化大革命”。其后任重庆市委副秘书长、重庆市政协副主席。1993 年逝世。本文是根据林蒙同志的口述整理的，讲述了林蒙在 1931 年九一八事

变后从事学运、军运及抗日活动的斗争经历，展现了一个共产党员无论在任何环境中都矢志不渝、坚持为党为人民工作的精神。本文对于研究1931年九一八事变后西南地区的抗日运动的历史以及当时中国共产党党员坚持斗争、永不妥协的精神具有重要的学术价值和现实意义。

一、大革命时期赴北京读书

我原名甘固（1931年改名甘道生，林蒙这个名字是1939年到重庆川东特委工作时在党内用的化名，沿用至今），1911年1月生，四川邻水县丰乐公社人，出身于地主家庭。1924年夏，我13岁时小学毕业。时堂兄甘尚在北京读书，夏天回乡，把我带到北京上中学。到京后我考入“京师公立第一中学”（简称一中），1927年初中毕业，转入本校高中一年级，一学期末读完，即发生北京团市委被破坏事件，我便弃学躲藏在同学张国良家，1928年1月回四川。这是我第一次到北京。

1924年我到北京，时值国内大动乱时期，冯玉祥班师回京，结束了直奉军阀战争，孙中山北上。1925年时，南方已处在革命高潮的前夕，发生了“五卅”运动。北方因抗议日本帝国主义炮轰大沽口事件，掀起了学运高潮。1926年“三一八”惨案发生，全国震动。在这全国大革命初期，我虽然还是初中生，也受到学生运动的影响，卷入了当时的学生运动，初步具有了民族民主革命的思想。以下是我第一次到北京时的经历。

（一）1926年夏加入共产主义青年团

一中在北城，每星期日，我和三哥甘逸人都要到西城我两个哥哥处度假，因此认识了和甘逸人同公寓的两个四川同乡余永藻和彭蕴咸，二人均系共青团员（后来知道余是团市委员负责人之一），我受到二人的影响，特别是彭蕴咸多次和我谈话，启发、帮助、教育我，给了我《共产主义ABC》和《新社会观》等小册子阅读。余还将他编的《生之欲》刊物给我看，最后由余、彭二人介绍我参加共青团，这是1926年暑假的事。余永藻叫我回一中找李续刚联系。李是我同年级同学，原来他已先入了团。秋季开学后，回一中和李接上团的关系，即相继在同学中发展团员。我先介绍同班同学陈应咸入团，三人组成团支部，李为书记。以后，我又继续发展了陈承霖、胡燕，李续刚发展了张国良和侯俊源，均是我们低级的同学。余永藻1927年冬被捕，被奉系军阀杀害，是当时有名的北京十八烈士之一。

（二）1927年冬，团上级遭受破坏，我逃回四川

到了1927年，李续刚已被提拔，不在一中过团组织生活，我短期任支书。同年下期开学不久，上级蒋伯掀（法政大学学生）找我谈话，提我为团东北区区委组织委员，准备领导一中、今是中学、艺文中学三个团支部。其他区委一时还没召集起来，三个团支部也还没来得及接收，就发生了团市委遭破坏的事件。正在即将组成东北区委时，大约是1927年10月，北京团市委突然遭到破坏（这是北京党团史上的一件大事），蒋伯掀也没有来找我了（下级不知上级住地，无法找他）。一天，同学团员张国良告诉我，说他在学校号房（传达室）发现有侦缉队在号房打听甘固，我就迅速从我的住地（租用的东城一清真寺外院的一间空房，蒋伯掀事前要我不要住在学生公寓）搬到张国良家躲藏起来（张家住在水獭胡同），

无法找到上级。住在张家时，记得李续刚和我三哥甘逸人还到张家看望过我。我们三兄弟在京学习时，掌管三人经济的堂兄甘尚于1928年强行将我交给一个同乡带回四川，他怕我在京有危险。当时因北伐军进军正急，京汉路不通，就转道天津乘海轮到上海（在上海过春节）。到上海后因路费不足，加以当时国民党宁汉对立，长江也不畅通，就在上海等路费，打电报给我在重庆的叔父甘子言要路费。钱兑来时已是春节以后了，有了路费就搭轮西上回川。到重庆后住了几天，会见了我叔父甘子言，到邻水家乡时已是1928年3、4月间了。这年二哥甘固人结婚，我住在家中，直至1929年夏天才去上海。我由上海又回到了北平（这时北京已改名北平），开始了第二次北京时期的学生生活。

二、再到北平

1929年夏天回到北京（已改称北平），奉系军阀张作霖已于1928年撤到关外，1929年时统治北平的是冯、阎势力（已打国民党旗号），北伐已结束。1930年，蒋、冯、阎大战，冯、阎败退，下半年奉系张学良入关，重新统治北平（张以占北平为援蒋攻冯、阎的条件）。我1929年到北京后，考入今是中学高一，如1927年不退学逃走，这时应是高三，回家已误学两年。这时，我认识了同班同学赵行挈。入冬后年假时，原一中同学蔡乡、蔡芸、何增霈等人，拉我回一中。1930年春开学时，我就转学回一中高一下学期学习了，这时一中校长已换为孟世杰。

（一）拒韩（韩连选校长）风潮

1930年10月左右，张学良率奉系军队入关，赶走了冯、阎。一个叫韩连选的国家主义派的反动家伙随奉军入关，借奉系势力要更换原一中校长孟世杰，自己取而代之。学期之中更换校长是违反常例的，遭到全校师生的反对，引起拒韩风潮。当时，我在进步同学蔡乡、何增霈等人的支持下（他们是团员），被选为四个学生代表之一，和韩谈判，提出来三个条件为难他。殊不知韩以退为进，都答应了。三个条件是：1. 允许成立学生会，这在当时一般反动派是不答应的，因为这意味着学生有了组织，可以搞政治活动；2. 不更换原有教职工；3. 不处分学生代表。韩很狡猾地答应了三个条件，遂于一学期中期接管了学校，学潮暂时平息。后来才知道韩是为了伺机打击学生代表，以退为进，结果学潮后我和一些学生代表被开除。

1930年冬我被一中开除后，一直住在同学赵行挈家，直到1931年快放暑假时才感到不上学不行。但学籍被开除，没有转学证书，不能考学校，经过中国大学学生、四川人陈骏（新都人），还有一个叫张成均的给我伪造了一个四川万县师范后期休学二年的转学证书（那时四川学生有人专会伪造文凭），由张代我改个名字叫甘道生，暑假改入东城大同中学高三一学期入读，年级未变。

这一时期，由于自己家庭出身的限制，革命人生观没有牢固树立起来，所以那几年既接近革命，又不敢革命，一直没有重新入团的要求。原来一中的同学，团负责人李续刚和蔡乡等人仍继续革命，对我仍然信任，他们的若干政治活动并不避讳我。如有一次，李续刚正在家中赶写准备突击张贴的小张标语，我去了后他并不收捡，蔡乡也在场。在李的影响下，我也参加过一些飞行集会活动。

1931 年九一八事变后，我已考入大同中学，李续刚常到大同中学附近原一中同学方德鲁家。方德鲁和妹妹方澄敏都有革命活动。我常去方家。方德鲁在家编《少年通讯》（据方说这是团的刊物），也让我协助编辑。1932 年上半年，李续刚在党内出了问题。他对我说九一八事变后，在北平的学生运动中，党所领导的进步学运组织了“南下示威团”，逼蒋介石放弃不抵抗政策，而国民党反动派的官办学运则组织了“南下请愿团”，革命与反革命，旗帜差别很大。李说他在送南下示威团上火车时，党的上级发现他和一个托派说话，怀疑他和托派有关系，便停止他的党籍考察他，要他做出表现，他就办了一个小报叫《北方小报》，还要我为他的小报募捐出版费。1933 年我快回四川之前见到他时，他说他的问题还未解决，很苦闷，想到日本留学，后来听说他真到日本了。我和他关系一直很好，他经常骂我“地主的儿子”，意思是指我不敢革命。1952 年，我在北京开会时曾去看过他，但我没有问他关于当年的事，所以至今不了解李当时是什么问题。“文化大革命”前，他是北京市人委副秘书长，已有了党籍，后来知道延安审干时李也在延安。至于方德鲁，抗战初期任《大公报》摄影记者，北平失陷后被日寇杀害。

（二）大同中学的一年和参加反帝大同盟

1931 年秋季，我考入大同中学高三读文科，次年暑假高中毕业。在大同一年中，我住在东城无量大人胡同一家公寓。九一八事变后，北平学运又兴起了，主要是反对日寇侵略和反对国民党反动派的不抵抗政策。大同同学中，有从南开中学转学来的，其中有陈先逵、徐译、李维堂等人和我很要好。陈先逵出身贫苦，1931 年冬，陈介绍我参加了反帝大同盟，我们一起去参加过几次反帝反国民党的群众示威游行。一次是到国会街法学院听马哲民教授的讲演，实际是借此集合学生游行示威。另有两次是由西单商场集合经东西长安街到东市场解散。有一次还绕道宣武门外进前门到东安市场解散，沿途所喊口号除“反对日本帝国主义”外，还有“反对邮票加价”等。当时北平统治者张学良对游行队伍没有采取很暴烈的手段。

1932 年快要考试时，又发生了这样一件事。前面已经说过，我曾为李续刚的《北方小报》募捐和协助方德鲁编《少年通讯》。因为募捐，我曾找过大同校长贺翊新和训育主任为之捐款，他们两人捐了点钱。另外，我在《少年通讯》中写了一篇关于大同的通讯员报道，标题是“训育主任爱打官司”，讽刺大同训育主任欺压学生，这个训育主任平时欺压学生时爱说：“你不服，你去告我好了。”我投稿骂他，登在《少年通讯》上，我又在学校里卖《少年通讯》。学校当局大发雷霆，说我募捐去办小报骂师长，对师长不恭，放出话来要开除我的学籍。这一事件激起了文科学生的义愤，陈先逵带人串连了理科同学一致反对学校的无理处罚，校方惧怕风潮酿大，被迫改为：“着记大过两次，准予参加毕业考试。”事件就此平息。期末，我高中毕业，1932 年暑期考入辅仁大学英文系。

（三）我离开学校回四川

1932 年秋我考入辅仁大学英文系读一年级，冬天接到二哥甘固人的来信，说家中经济枯竭，不能再供我和弟弟甘靖人（在上海）读书了，要我停学回家。听到这一个消息，顿时心灰意冷，没有等到期末考试，我就向校方请假回家（校方同意保留学籍）。同时，由于系内教师不管对外国人还是中国人，上课时全说英语，一句中国话都不说，听讲有些困难。1933 年春路费寄到时，就出发，和同乡初中学生甘在洲一道经平汉路回川，直到 1933 年初夏才抵家中。1933 年下半年一直在家中，1934 年开年后，才带了我妹妹甘佩文经重庆去成都，开始了我第一次成都时期的生活。

三、在成都《明是日报》做编辑

1934 年春节后到了成都，大哥甘树人和雷见明一起在成都租房子住，我也住在那里。我原是去找工作的，但找不到，甘树人一个关系叫作范英士的介绍我到成都大同中学教英文。我把教本一看，是高中的，我教不下来，没有去。大约在 3、4 月间，甘树人的朋友胡芷俊介绍我到一家四川军阀李其相出钱办的报纸《明是日报》做社会新闻编辑，社长叫丁少斋，是一个市侩，不知有无党派背景。主编叫阳常孩，是一个国家主义派，版面只有四开纸大，社会新闻采用当时一些穷苦知识分子采访的黄色社会新闻，计件发给稿酬。这个报纸的副刊叫“二光”，是胡芷俊义务编辑的，胡又让给我编。月终发薪时，丁少斋给了我十元大洋，说：“甘老师，这是你的薪水。”我感到很受屈辱，在报社编辑室搭地铺住，每月才值十元钱，这是我进入万恶的旧社会所受到的第一个反面教育。在副刊上，我写过《京华回忆录》，几日连载，是用小资产阶级情调写的在北平和同学胡燕等游乐的回忆录；还写了一篇《小方的妹妹》，是综合几个女同学性格，主要写方德鲁的妹妹方澄敏的。我当时用的笔名是“九天玄量”（古典小说中有九天玄女，我用九天玄量以示调皮）。到了 1934 年 9 月的一天，早上报纸出版时，我发现我所编辑的副刊版面文字全部换了，刊头短文标题是“饭碗”，我一看就知道是主编有意逼走我（前几天他引来一个国家主义派青年在编辑部胡混，是个烂文人）。我一气之下，不辞而别，不干了，从此失业。大哥甘树人 1934 年上半年还有职业，这时也失了业。他曾在一女师代过课，但薪水极少。1935 年春完全失业，租不起房子，就搬到他早年同时留学日本的同学王仲甫家去。王这时也失业穷苦。甘树人到处打游击借钱来维持生活，我们兄弟二人这时生活较苦，生活负担很重。甘树人到处借钱过日子，受到一些刺激，这种处境对我教育很大，对旧社会的罪恶有了一些亲身体会。而反动派就要在这种情况下扩充势力，引诱人们向他们投靠才能获得一些职业以此谋生，去向他们讨乞。对于这点，当时我对他们感到藐视，坚决不投降。原先甘树人在顺庆联中时的同学袁育楚，是众所周知的复兴社反动分子。有一天他来找甘树人出去喝茶，甘回来后我问他袁找他谈什么，他回答说袁拉他入复兴社，以甘到协进中学当教员为诱饵（袁当时在协进中学当教务主任）。我坚决劝阻甘树人不要加入复兴社，也不去协进中学教书，甘同意了我的意见，拒绝了袁的政治引诱。此事过后，1934 年冬，我兄弟二人住在王仲甫家时，甘树人又对我说于渊的侄儿于至诚曾企图拉他入 CC 系，对此，我再次力阻。以上两件事均发生在我兄弟双双失业的情况下，那时我虽不敢革命，但由于感到向反动派投降乞讨之可耻，开始对旧社会有了一些感性的认识，从而才开始有了一些政治觉悟，但精神上受到了刺激。甘树人看到我情况不正常，说我脾气大，发神经，要送我到金堂他同学家休养，我不去而作罢。这是 1934—1935 年间在成都失业后的思想状况，后来甘树人一直失业到抗战以后，经党的安排，才有了工作。我则于 1935 年夏去铜梁教书，才有了半年职业生活。

四、参加重庆新文学讲习班，酝酿成立救国会

1935 年夏天，我遇见原来在北平时期读大同中学时认得的一个四川同乡胡芷浒（胡芷俊的弟弟）从重庆到成都来。当时他在刚成立的四川省政府教育厅当科员，他的科长是钟汝为。那时科长很吃得开，能够活动到校长职位。胡芷浒介绍了他上海的同学、铜梁人刘某的老婆夏明清到铜梁女中当校长，胡借此机会介绍我去铜梁女中当英文教员，他弟弟胡秦去当校医。1935 年 8 月，我和胡秦一道，借道他的家乡蓬溪到了铜梁女中。这半年，我在女中没有政治活动，只是在兼任初一班的班主任时对学生作了一些思想启蒙影响（通过改日记和谈话），后来这班同学中有几个人入了党，即周永汝、曾记佑、唐敬淑。在那时，我不过引导他们对旧社会的罪恶加深一些认识而已。到了这个学期的中间，学校教导主任（铜梁人曾希哲，也是胡芷浒介绍到女中的）因去峨眉山国民党的集训处集训回来后，变得很反动，期末就把胡芷浒介绍去女中的三个人，即我和胡秦、职员郭海涛解聘了。1935 年下半年放年假后我又失业，和胡秦一道又到了重庆。1936 年上半年在重庆一直失业。

我到重庆后，住在三哥甘逸人家。他当时在重庆市政府教育科工作，兼任夫子祠书报流通社负责人，我为他在书店选购书籍杂志。这个书报流通社是小型图书馆性质，社内买了些当时上海出版的进步刊物。住在这个社内的有两个蓬溪人，一个叫李茂林，一个叫郭祖烈（后来入了党，郭祖烈即 1939 年底新成立的重庆市委组织部部长郭文）。我因常去该社借书看，认识了李、郭二人。李常在《商务日报》副刊写文投稿，当时这个副刊较进步（这个报是重庆市商会机关报，后来政治态度时好时坏，抗战时期亦然）。我因李茂林的关系认识了这个副刊的编辑温嗣翔（温少鹤的弟弟），这个副刊提倡新文字。在接近暑假时，由温发起办了一个“新文字讲习班”，新文字即中国话拉丁文写法，据称是吴玉章在海参崴教中国工人文盲学习的一种文字改革。同时期上海出版了新文字报纸和用新文字写的政治经济学，只要能念拼音字母，即可懂得内容，是很好的大众教育工具。在这个新文学讲习班的教员有：温嗣翔教拼音，我教文法和政治经济学，侯野君教大众教育，陈克寒教青年修养。本来学新文字只需几天即会，因加其他课，所以办了一个多月。这个班主要借教新文学传播一些进步内容，如我讲的政治经济学重点讲剩余价值部分；还指导学生读进步书刊，如那时影响很大的《大众哲学》（艾恩奇编写）以及上海出版社的《书法生活》《知识周刊》《大众生活》等。学员大部分是女生，她们是重庆二女师、省职校的，也有巴男女中的，也有少数职业青年。

在新文字讲习班后期，以女师学生饶友瑚为中心组织了一个三八读书会，我和温指导她们读进步刊物，经常在民生路—南川人邱其芬开的知识书店楼上搞读书活动，这个书店当时主要售进步书刊。在此之前，在报上写文章批判金满成的假政治经济学。因温嗣翔是报界中人，通过温，我又认识了漆鲁愚。在这时，新文字讲习班的教员都在酝酿着成立救国会，为此，我曾和漆鲁愚在神仙洞庙内茶馆乘凉，做了密谈，交换意见，谈得投机，主要想成立救国会和找党组织。正在这时（1936 年 8 月），我因长期失业，大哥甘树人来信要我去成都。所以重庆救国会酝酿阶段我在重庆，在救国会正式筹建成立时，我已到成都了。新文字讲习

班的学生，不少人是后来重庆救国会的骨干分子，其中有不少人抗战后到了延安，这和他们在新文字讲习班时期所受到的进步影响是分不开的。

新文字讲习班开始是在朝天门接圣街开明英文补习学校内借教室办的。有一天，突然有一个住在浮图关的国民党反动派别动队的反动家伙到讲习班讲话，我这个教员也在场听了他的胡说八道，讲的是麻痹青年的一套反动话，这对讲习班是一个威胁。但同学们并未受他的反动影响，后来讲习班就搬家了。

以上是我 1936 年上半年在重庆的主要活动。在甘逸人家住着时，读了沈志远编的《政治经济学》和当时上海社会科学论坛上关于中国社会性质论战的若干文章，以及艾思奇的《大众哲学》等书。

上面谈到的温嗣翔，1949 年后改名温田丰，教员陈克寒是“文化大革命”前北京市委的陈克寒，在新华社当过社长。

五、第二次到成都（1936 年 8 月—1938 年 8 月）

（一）《力文》半月刊的活动

在重庆住在甘逸人家，吃别人的饭，感到不好。大哥甘树人来信要我到成都，我 1936 年 8 月又到了成都，开始了我第二次成都时期的生活，搞救亡活动、入党。到成都后甘树人仍无职业，住在于渊家吃闲饭。这时由于渊出印刷费，由甘树人、徐庆坚、胡遁情、郭祖劼四人为编辑，办了一个《力文》半月刊，实际上的编辑是徐庆坚（笔名夏芷），是个同仁刊物，不是什么社。这时赵忍安刚结婚，租了房子，我就住在他家。《力文》三期以前政治上是灰色的，我去后建议特载了上海救国会几个领袖的一篇时局声明。这个声明是一篇有名的历史性文献，这时救国会七领袖尚未被捕，署名的除沈钧儒、邹韬奋等人外还有陶行知。这个声明对当时全国救亡运动有较大影响，在成都由《力文》转载了，自然对成都救亡运动也起了推动作用（这时成都另一个有影响的刊物是《大声周刊》）。声明转载在《力文》第四期上，以后几期，直到被迫停刊的第七期，都先后登载了一些有关抗日救亡的短文。《力文》在成都的影响虽不如《大声周刊》，但在 1936 年 11 月成都各界筹备救国会的大会时，《力文》也被串连邀请，作为发起筹组单位之一，是我当代表去的。这是救国会酝酿的开始阶段（后面另述）。《力文》从第四期转载了上海救国会那篇声明以后，有了影响，引起了国民党反动派省党部的注意，被勒令停刊，在第七期终刊号上，封面上加了一个黑框文，以示抗议，由徐庆坚执笔写了一篇刊头短文，对国民党压制出版言论自由，做了抗议性的讽刺抨击。在《力文》停刊前，《力文》的人都没有什么政治活动，停刊后我才参加救国会活动的。

（二）关于救国联合会的活动

《力文》停刊前不久，成都最初搞救亡运动的分子分散各处，互无联系，经《大声周刊》车耀先的串连，如在 1936 年 11 月下旬发生上海救国会沈钧儒七领袖被捕事件后，在成都发起声援抗议大会。在这个会上，车耀先发了言。这次会议同时也是各界救亡分子的一次汇合见面联系的会（时间是 1936 年 11 月，在青年会小礼堂召开）。在会上，川大的韩天石、周海文、康乃尔等人和我交换了地址，约期见面，筹备救国会的组织工作等问题。会后，我们开始定期见面了。这个大会还未开完即遭到成都反动的复兴社学生把会场冲散了。这次大会以后，各地救亡骨干经常约定在北打金街一个教授家开会，他们是韩天石、周海文、康乃尔、张立（以上川大），蒋桂锐（伪四川省政府小职员），侯泰陛（天府中学被开除的学生）和我等人。大家研究当时形势和救国会的筹组工作，以上各人都有一些群众，如韩天石在搞“民先”（民族解放先锋队），蒋桂锐、侯泰陛等人还有“星光”“海燕”等半秘密组织，都是一些青年学生和具有抗日救亡思想的一些青年人；川大、华西协和高中、省师等大中学校都有群众。就在这个时候，我已到《建设晚报》工作了，以上人员有时也到《建设晚报》楼上开会。由于以上各筹备人员都有群众，经常设定约期各通知各的群众在北门外集会，组织农村宣传队到天回镇一带在农民赶场的聚集处进行抗日救亡的宣传活动，张贴东北沦亡的地图，散发文字宣传品。《力文》参加晚上开会的救国会筹备组成员就是带队的人，队伍是几个方面聚集的，统一又是在每次活动中汇合的，这时还没有统一的组织形成。这种农村宣传在北门外天回镇一带去过不少次，也曾去过东门外。活动是晚上开会，白天出城宣传直到1937年3月中旬“成都各界救国联合会”正式成立，才选出了执委常委。1937年3月14日，在北门的一个庙子叫十方堂内召集了各界救亡群众大会，正式成立各界救国联合会，选出执委二十至三十名，常委九人，即韩天石、康乃尔、周海文、张立、蒋桂锐、侯泰陛、周沅江（女）、甘道生（我）、叶雨仓。在救国会筹备组初期，我已入党。以上是1937年七七事变以前的情况。

从1937年3月成都各界救国会正式成立到1937年七七事变这段时间内，即1937年4月到7月之间，我曾到川南参加伪川康绥靖公署四川军阀刘湘的检阅组，工作了约三个月时间，不在成都活动（到川南一段另外叙述）。抗战爆发以后，我回到成都，这时成都救亡运动形势已大力发展，原来救国会的形式已不适应新形势了。为了便于在号召上更具有实际行动的意义，留在成都的原救国会的一些人，在我回到成都之前，便已组织起“华北抗战后援会”（上海八一三抗战之前抗战还局限于华北地区，还未形成全面抗战），并在北暑袜街时代村《新时代》杂志社租用的房子内公开办公，宣传活动规模更大了。这时，以救国会以下各系统的群众为基础，经常到凤凰山扩建机场土工地上向农民工做抗日宣传活动，我参加过几次这样的活动。后来大约10月左右，党的上级张曙时指定我到伪四川省政府保安处第三科工作，这种社会上的救亡活动我就参加得少些了。

也正是在1937年9、10月左右，全国一致抗战形势更向前发展，两党统一战线业已形成，蒋介石发表了庐山谈话，八路军开赴前线抗战。在成都，抗日民族统一战线的呼声也高起来了，就是在这样的形势之下，原成都救国会的一批骨干，曾和伪国民党省党部和国民党省党部的负责人做过一次谈判。国民党省党部书记长曹叙实大声说：“现在即已全面抗战了，不管什么党派，都来抗战吧！”在这种形势下，四川省抗敌后援会正式应运而生了。原救国会不少骨干都打入在省党部办公的省抗敌后援会（以下简称“省抗”）的组织和宣传组里工作，仍然经常组织原救国会的群众出北门到飞机场宣传。在这以后我虽在省抗宣传组，但因已到伪保安处三科工作，没常去省抗，也未全部参加省抗工作。

虽然从组织上已形成了统一的省抗敌后援会，但从路线上说，斗争还是极为激烈的，主要表现在对待群众的问题上，是发动群众抗战呢？还是单纯的政府抗战呢？这也是当时国共两党在抗日战争问题上斗争的焦点。记得有一次在原省议会圆形礼堂召开的成都文化界抗敌后援会成立大会上，以救国会为代表的正确主张的发言和以国民党代表的反动主张的发言（他们当中以国民党省党部做群运工作的许群力为代表），斗争十分激烈，主要是围绕要不要发动群众，允不允许群众起来支援抗战的问题。我参加了这次大会，但没有发言，救国会是其他人发的言。国民党反动派在抗战以后，为了打击进步的抗战派（救国会派），用栽赃陷害的手法制造飞机场的所谓“稻草案”事件，来打击陷害救国会领导人康乃尔，企图捕康未遂，而抓了进步教授黄宪章。臭名昭著的“稻草案”事件是这样的：当时救亡群众在机场宣传，发现农民工睡在水田地上无草作垫取暖，救国会发起募捐为民工买稻草。国民党反动派造谣康乃尔贪污稻草款。足见当时两党之间，进步群众和反动派之间斗争之激烈。省抗后来的情形，我因以后工作的时间少就不大清楚了，因为党给了我另外的工作。

（三）入党

在 1936 年 10 月以后，《力文》停刊，我在参加救国会筹组工作时期，住在赵忍安家里。由于当时生活无着，经甘树人的朋友王文鼎的介绍（王是老党员），我到黄聘三家当家庭教师，由黄每月给我二十元生活费，给他大儿子晚间补习功课。后来由于救国会工作繁忙，晚上没有给他儿子上课，黄仍继续给我发生活津贴，并住在黄家，吃饭不收费。在我搬去黄家之前，甘树人已迁住王文鼎家，并常去黄家闲谈。我去之后，黄和我们兄弟二人常谈到深夜，这时才知道黄过去在内战时期是一个上层党员（他做过一个县的伪税务局长）。常在黄家闲谈、玩耍的有黄子谷、王文鼎等人。黄聘三、甘树人和我三人深夜闲谈时，对抗战形势的发展大为兴奋，但也表现了政治上的苦闷，都想找党，参加革命工作，并相约找党。后来在 11 月左右，黄聘三、甘树人不知经何人介绍已入了党，见过张曙时并谈过话了。有一天，黄子谷突然告诉我说，要我写一个自传交给他。才几天，即 1936 年 12 月初的一天，即经黄聘三引见张曙时，正式吸收我入党。以后才知道黄子谷也是党员，是上海党的特科派到四川工作的。由于我自传中曾写到我在北京时期曾参加过共青团的情况，张曙时和我一见面，第一句话就说：“你现在又回到家里了。”

（四）关于在《建设晚报》当编辑的活动

当我在黄聘三家里当家庭教师不久，也正是我在黄家入党之前，不知由谁倡议要办一个同人报纸，来黄家吹谈的人就多了，主要是酝酿办报问题。有蔡毅公、王伯杰和缪向辰，其中蔡为办报筹款事奔忙最力。当时办报要在国民党省党部办登记手续，但取得合法手续不易，于是就顶了以军阀潘文华为背景的《建设晚报》的牌子来办，这样就免于另办登记手续。有了牌子（报名），当然人员全是我们的，王伯杰为社长，钟汝为为总编辑，甘树人为主笔，高克浪为经理，游元亮（伯镛）和我为编辑，以上所有人包括每天要上班编辑稿子的游元亮和我在内，一律不给薪金。另在北新街（或南新街）租了房子作社地，脱离原《建设晚报》的系统。这个晚报只有四开张那么大，没有副刊，不写社论。报纸态度灰色，政治态度主要表现在对国内外大事的标题的语气上。报纸出版大约在 1936 年 11 月，当时正值绥远抗战激烈的时候和 12 月西安事变时，这两件历史大事就能在标题上看出政治态度，所以它虽不直接发言（社论），但仍然可看出是主张抗战的报纸。在西安事变问题上，《建设晚报》不像其他地方报纸一样大骂张（学良）、杨（虎城），而是主张和平解决西安事变。每天游元亮写一篇综合报道，我编新闻稿，用剪刀剪凑各地大报消息和每天上海来的电稿。报纸稿件每日均要经过国民党新闻检查机关审查（这是国民党反动派兴的反动制度），所以这个晚报虽无鲜明的进步政治态度，但绝无反共内容。

这个报纸的人事背景，据我所知，为这个报纸奔走最卖力的蔡毅公是实际负责人，他是党员，但那时我不知道。1942 年初，我在南方局工作时，他和董老联系，我给董老当秘书，董老叫我在蔡来办事处时给他文件看，给他拿党费，还通过他了解一些当时国民党党政方面的人事情况（主要是指国民党小派别）。另为报社出钱的黄聘三是刚恢复关系的党员，社长王伯杰也是党员，他老婆贺敬辉是朱德同志的前妻贺亥的妹妹，朱德的女儿就寄养在他家。钟汝为是当时军阀刘湘的一个顾问，那时政治态度上是进步的。经理高克浪是一个失业的日本留学生，和甘树人原来就认识。游光亮和缪向辰也是党员，这些党员和我并无组织关系。那时为报出钱的都是以上这些人，当然这个报纸是在当时党的领导人张曙时支持下创办的。后来这个报纸何时停刊我忘记了。

（五）参加刘湘军队检阅组

还在成都救国联合会成立之前（1937 年 3 月成立），我入党后的上级张曙时有一天对我说："为了给救国会筹备工作解决一些具体问题，你可以去找黄慕颜接头。"这算是给我在救国会工作上建立的一个上层统战关系，因黄当时是军阀刘湘的高等顾问之一。我曾去找黄接过头。以后在 1937 年 3 月因救国会成立大会会场问题发生困难，我去找黄，黄通过他的家族与他家附近一个庙子十方堂的和尚的关系，救国会方借到北门内这个十方堂的厅房举行成立大会，算是黄为救国会解决了一个具体问题（当时救国会开大会借地址不易，青年会小礼堂 1936 年 11 月那次开会被反动派冲垮，开会的地点还需保密）。这样我和黄慕颜经张曙时的布置就建立了一个统战关系，黄 1949 年后当了省参事。

救国会 3 月成立后不久，张曙时要回延安开会，行前曾将黄聘三、甘树人和我组成了一个临时支部。他谈了一些形势问题之后，就布置任务，基本是我们三人成为一个统战小组，我主要还是做救国会的工作。那时甘树人主要做刘湘部一个旅长黄秋侠和黄部团长宋时仙的工作。会后不久张就回延安了，于是我们就独立活动了。有一天黄慕颜突然找我去说："现在有一个好机会，刘湘正要对他的部队进行全军检阅，已组成四个检阅组，你们救国会我可以介绍一个人，去参加一个组对刘部宣传抗日。"他要我去，我回家和黄聘三、甘树人一起商量，他们都极力主张我去。那时是 1937 年上半年，正是西安事变以后，四川军阀头子刘湘在西安事变中通电提出四条主张，也主张国内和平，对外抗战，是支持张、杨的。在此之前，刘曾和北方的冯玉祥及广西的李、白有过反蒋联盟关系。西安事变之后，蒋介石反动派仍不放弃其"安内攘外"的反动政策，一方面扣留张学良，另一方面又对各个地方实力派进行各个击破，企图在四川用兵，收拾刘湘。1937 年上半年，四川局势紧张，大有内战一触即发之势。而四川军阀刘湘除联络各方地方势力外，还通过一些关系也和我党有联系。这是 1937 年 4 月川康绥靖公署（刘湘为主任）派出检阅组的政治背景。当时，黄聘三、甘树人和我以及经常到黄家闲谈的一些人都有一些反蒋情绪，这并不是这些人与刘湘有什么政治关系，而是政治观点造成的，所以极力赞成我去，我就去了。这个检阅组的组长李御良，是刘部一个卸职的副师长，我算是政治宣传组员，佩戴上校领章，是绥署规定的级别。走过的路线是第一次去乐山郭勋祺师，然后返回成都，经内江、隆昌去泸州、南溪、荣县、自贡、宜宾，检阅了陈鸣谦师、陈兰亭师、穆银洲旅，又经自贡到乐山，然后到新津周绍轩旅。这时因发生七七事变，就听调回成都了。我在这个检阅组所走过的刘部的师、旅、团中所做的工作，主要是在以团为单位进行检阅集合讲话时，我就以政治检阅组组员的身份向士兵讲一次话，主要内容大体一样，是事前准备好的提纲。刘为了为反蒋取得政治资本，也打出“抗日民主”的口号。我的讲话内容则是从“九一八”事变以后的形势讲起，大意是日寇侵略东北和华北，国家危亡，而蒋一贯采取“攘外必先安内”的政策，对外妥协，对内用兵。四川军队应在刘主任（指刘湘）领导下，执行刘的“抗战”“民主”主张，积极抗日。关于批评蒋的“安内攘外”政策时，我讽刺为“按内让外”，这个提法我是记得的。宣传军队要为抗战做准备这一点是鲜明的。

此外，每到一个地方，主要是国民党专署所在地，我挟借军方势力，要求当地专署为我布置到当地中学校去做讲演，目的是对学生宣传抗日。我除讲抗日以外，还讲学生运动和“一二·九”以后的学运动态，鼓励学生起来救亡，在宜宾、乐山、泸州等地均有。在泸州川南师范，由于我的讲话调子不同（当时我身着军装，讲话大胆），在教员和学生中引起了反响。在宜宾时，带了从成都出发时饶孟文给的介绍信，找到了当地救亡骨干严亮畴和欧亚航空公司的职员陈质清，由他们召集当地救亡骨干开了救亡工作经验交流座谈会。记得在这个会上还碰到原来在成都就认识的川大学生邓照明（他暑假回乡）。在荣县时也经饶孟文介绍与当地救亡骨干见了面（饶是荣县人），也给予他们一些救国会的宣传品，这一活动是我从成都出发时就做了准备的，主要想借军方势力进行救亡运动的宣传，和各地救亡骨干联系。

检阅组最后到了新津周绍轩旅，这时七七事变爆发，四川和蒋内战形势已不存在，绥署电令检阅组迅速撤回成都。到成都后，因我不是现役军人，而是黄慕颜推荐去搞临时宣传工作的，所以就和军方脱离了关系，仍回到黄聘三家去住。这时救国会组成了“华北抗战后援会”，我又去参加救亡活动了。直到 10 月，张曙时才指定我去参加伪四川省政府保安处三科的工作。

（六）在伪四川省政府保安处三科的活动

七七事变后，我从检阅组回到成都，这时张曙时已先我回成都了，我仍住黄家，无职业，搞“华北抗战后援会”的工作。到了 1937 年 10 月左右，一天张曙时我谈语，要我到伪保安处三科当科员，并说可以去陕西街张致和家找侯野君报到（侯是科长）。侯是我原先在重庆新文字讲习班时就认识的，这时才知道他到了成都。我找到侯后，他就叫我去三科报到，分配在三科宣传股当科员（同少校衔）。在去三科之前，党内仍是张曙时直接联系领导我。到三科不久，党就派当时专做军事工作的专职干部周俊烈来领导我和侯野君。这时我才知道侯也是党员了，我们成立了党小组，周是组长，这个小组直到 1938 年侯野君去汉口时为止。侯走后我仍和周联系，直到我 1938 年去宜宾时为止。这个科是伪保安处的政训科，科以上受保安处政治部主任郭秉毅领导，郭是刘湘的高级军事顾问，但是中共党员，能掌握人事和政治动向大权，还掌握“武德学友会”。科内分三股，组织股长刘力寒（不了解他的政治面貌），宣传股长彭兴道是个叛徒，训练股长辜瑞是刘部退职参谋长辜勉之的弟弟。我在宣传股主要是每周写一篇“政治通讯”（名称记得不太确切），是按当时报纸上的材料写成抗战形势的综合报道，每周印发给全川保安团队。那时因科长是党员，上面又是郭秉毅领导，我感到进步势力强。

伪保安处是军事行政机关，但不隶属于川康靖公署，而是四川伪省政府的一个部门。保安司令兼保安处长王陵基、副处长韩全朴是职业军人。据说刘湘率部出川抗战（七战区司令长官），后方又要防备蒋介石侵占他的老巢四川，所以留下一部分正规军改为保安团队留守后方，为其看家。这样，这部分武装就可以不受蒋的调遣，算是暗藏的地方军队。军事上由王陵基负责后方，政治上由郭秉毅当家。1938 年刘湘死后，王陵基投靠蒋介石，率保安团队编成川集团军出川。

刘湘为在政治上巩固其留川保安团队，效忠于他，1937 年入冬以后曾以三科组成班部，开办“四川省保安人员训练班”于草堂寺。郭秉毅兼教育长，侯兼教官，我被派去做中队指导员，辅导一个中队搞学习，搞墙报。党给我的任务是在学员中发展党员，这个训练班完全不像一个旧军队的训练班。以课程为例，还专设了一门课叫“抗日民族统一战线”，这个名词在国民党内是视作眼中钉的，这是我党的政治主张。班内活动，民主性大，办墙报、政治课是郭秉毅制定的，比较进步。我作为中队指导员，因考虑到上面进步势力大，对学员谈政治是比较放手的，只是不暴露自己的党员面貌而已。我记得我发展了三个分队长一级的学员入党，三个党员发展后就交给周俊烈领导了，我发展后接触少，所以记不起名字。我是在中队小组讨论和墙报稿件中发现和物色党员培养对象的。

1938 年春，刘湘病死汉口，引起了四川局势的急剧变化，蒋和地方实力派刘系之间争夺四川省主席的斗争很激烈。蒋派张群主川，两次被拒（张群二次被拒后，由蒋亲兼四川省主席）。四川势力指示刘部王赞绪代主席。四川刘系军阀原是叫他去假投降，后来成了真投降，王投靠蒋介石，四川逐渐“中央化”了。这是后话。因刘湘一死，四川局势变化，前述那个四川保安人员训练班也就草草之结束了，到了 1938 年春夏之交，我们在这个三科的工作也不大好做了，科长侯野君先于我离开三科到武汉找工作去了，我先是不大去上班，后来大约在 1938 年 4、5 月间干脆不辞而去，退出了保安处三科。

六、宜宾工作时期（1938 年 8 月—1939 年 4 月）

1938 年 8 月，上级邹凤平找到韩天石和我谈工作，要我们二人去宜宾参加中心县委。我和韩一起出门乘岷江小木船去宜宾，传达了省工委决定，原任中心县委书记廖寒非调走，以韩为书记，我任宣传，原中心县委王世英任组织，其他委员赵利群、冯愚庸照旧。1938 年 10 月以后，省工委召开扩大会议，要韩去参加，赵利群同时调走。韩去后没回，省工委任命我继韩后任中心县委书记，其后中心县委又提报了本地人邹先文为中心县委委员，随后又提了店员支部书记侯润白为委员。1939 年春，因发现邹先文内战时期在双石铺被捕自首，组织上找到了他当时的反共宣言书面证据，经中心县委决定对邹作秘密清洗。但因考虑到他知道的宜宾党员较多，仍派人和他联系，推动他做一定工作。1938 年底，王世英调重庆南方局学习未回，这时，上级川东特委另派黄觉庵来宜宾顶王的工作，并兼庆符县委书记

(1938 年省工委扩大会议后，省工委撤销，另成立川康、川东两个特委，宜宾划归川东特委领导)，原庆符县委书记陈野萍也是 1938 年冬去重庆学习后，未回宜宾的。

我在宜宾工作八个月，主要抓城内工作。当时宜宾形势还好，群众抗日救亡运动开展得早，抗战前已建党。我在城内主要抓店员、工人支部，没有下过乡；后又抓码头工人支部的开辟工作，抓学生、妇女工作的发展，但是进展不大。我于 4 月下旬去重庆。

七、参加川东特委

1939 年 4 月，我到重庆见到了特委书记廖志高。他说南方局批准我到川东特委任常委兼宣传。那时，特委除书记廖志高外，还有一个常委兼组织的宋林（即李应吉）。除三大常委外，还有管工人运动的王一清，管青年工作的陈光（即杨述），管妇女工作的陈雪等。5 月 4 日杨述被捕，9 月上级派荣高棠来搞青年工作，派王致中来顶王一清的工作（王一清病）。1939 年特委兼重庆市委，常委分工，我管内江北县委、中城区委（因轰炸，城内单位迁出城，这个区委等于撤销）、下城区委和化龙桥区委。

1939 年冬，特委酝酿成立重庆市委，以便腾出手来抓川东其他地区的工作。廖志高曾去过万县，我去过大竹、荣昌、涪陵等地。1940 年初，重庆市委成立，特委成员不再直接领导市区委组织；同时，1939 年夏秋之交，万县出了国华中学事件，万县中心县委被迫搬迁，于年底在大竹成立梁（山）大（竹）中心县委，代替了原万县中心县委工作；1939 年冬宜宾和原属川康特委领导的南充两个中心县委进行了交换，宜宾改划川康，南充归川东。为了适应这些变化，川东特委三个常委于 1940 年在分工管理上做了如下调整：廖志高分管重庆市委、泸川中心县委、南充中心县委（后由我管）；李应吉分管合川（北碚）中心县委和海员工作委员会，还管了些直辖县委；我分管梁、大中心县委、涪陵五县工委、荣昌直属县委、南充中心县委、江津直属特支。

从宜宾到重庆川东特委工作后，我在党内的化名是林蒙，至今未变。在宜宾之前，我一直用本名甘道生。

我在川东特委工作的十八个月中，川东地区出现过不少起党组织遭受国民党反动派破坏、党员被捕事件，属于我管过的地区有江津事件、南充事件，其他有重庆巴县县委所属南岸海棠溪特支事件，下城区 1940 年黄晓行被捕事件。现就我所知道的情况叙述如下：

特委委员兼青委书记杨述被捕事件。1939 年 4 月下旬我到重庆，先住在冉家巷甘逸人家，不几天廖志高要我搬到特委机关至诚巷八号汪敏家住。那时，汪家除汪母亲、弟妹等人外，还有特委书记廖志高、委员王一清、戴云夫妇和陈光（即杨述），我搬去时大约是在 4 月底（至诚巷在现邹容路南端右侧巷内）。5 月 4 日即发生了夫子祠广场群众大会上杨述被捕事件。事后得知的情节是：特委青委通过进步群众，组织在夫子祠广场召开五四青年节大会（国民党不承认五四青年节），作为一个特委委员本不应该去大会会场，但杨述去了。他生活邋遢，衣冠不整，外貌上像个革命者的样子。他站在群众队伍后面，身上掉下一卷书报，被监视会场的敌宪兵发现，借口抓汉奸把他抓了，杨沿途高呼"共产党万岁!"以示不是汉奸（因为群众见是汉奸，可能打他）。在柴家巷（今邹容路北端）遇见南方局宣传部部长凯丰，因此南方局立即知道杨被捕，迅即通知特委作应付措施。当天下午，有名的五四大轰炸警报拉响了。这时我正在柴家巷宋林家楼上，听到警报声，立即下楼回至诚巷。因想到仓平街赵忍安家有个洞子，我就到赵家石洞躲藏。警报解除后，柴家巷一带中弹起了大火，我和赵家几人去青年会楼上看大火。回到至诚巷时天已黑了，王一清夫妇正在紧张地清理杨述的东西，把一切有字的东西收来烧了，这时我才知道杨述被捕（记得当时廖志高未回来）。当时南方局住八路军机房街办事处离至诚巷汪家只半里多一点，所以通知得快。次日，我搬江北和陈野萍（江北县委书记）住在一起。以后很长时间没有听说至诚巷汪家因杨述被捕而发生被敌人搜查的事。到了 6 月，特委通过汪家在现重庆警司机关靠长江岩边盖了草房居住，汪母到农村。后来听廖志高说杨述被捕后，经南方局负责同志以中共代表名义将杨保出来了。那时国民党和我党的谈判代表是张冲。杨出狱后送去延安，不回特委了。6 月，特委通知我从江北迁回郊区草房住，廖志高结婚，我也结婚，和李莫止的母亲及汪敏同住，有男有女，有老有少，像个家庭了。1939 年 8 月，敌国防委员会要征地盖房，我们才搬南岸莲花山买的房子居住。这里环境好，除农民外，无国民党任何机关，防空安全也好。

江津特支书记王世鲁被捕叛变事件。党的江津特支，直属特委领导，特支书记即原来宜宾中心县委组织委员王世鲁。我到特委后，分工由我管，我还未来得及和王见面，就听说江津出事了。起因是一家工厂里一个叫岳青刚的被捕叛变，供出王世鲁，王也叛变，带领敌宪兵去白沙抓了重庆二女师支部书记朱芳尊。这大约是 1939 年暑假中的事。为此，廖志高还布置人去打听消息。后来特委又派原江北县委委员王高林（即李思源）前往江津清理组织，目的是将旧组织和新转来关系的新组织分开，以免新组织受到牵连。王叛变后，开除了党籍，后来不知道他的下落。

南充中心县委事件。这个中心县委是 1939 年底从川康地区划到川东的，开始由廖志高领导，后来改由我管。特委派去了一个叫彭红岩的去当组织部部长，因在旅馆打抱不平被敌警察逮捕，问他到南充找什么人，他供出中心县委一个干部，叫余鸿烈。余也被捕了，引起更多人被捕。因此中心县委被迫搬家到广安。1940 年 8 月，我曾去过广安，和中心县委书记刘传佛见过面，这时南充事件已经过去，广安未受牵连，没有发生事故。

李孝思被捕事件。梁、大中心县委 1939 年刚成立时，年底我曾去过大竹，和中心县委书记欧阳虎明、组织委员刘先慎、宣传委员李孝思见过面，大约住了一周就回来了。后来才听说李孝思、刘先慎被捕了。

1939 年 4 月我从宜宾调来重庆后，参加了川东特委领导工作。随即迁往设在现邹容路南段巷平街至诚巷 8 号汪敏家的特委领导机关，同住的有廖志高、陈光和王一清、戴云夫妇。其中除戴以外，都是特委委员，所谓特委领导机关，实际上就是地下党领导人为了工作，为了应付环境而与其家属组成的“家庭”。既然是一个家庭，就得有男有女，有老有少，还得有职业，有指定的人来来往往，才不致引人怀疑。

1939 年 5 月的大轰炸，特别是由于 5 月 4 日杨述在夫子池广场青年节群众大会上被捕以后，汪家的特委住地解散了，我去江北和县委陈野萍、刘大震一起住在江北永平门贫儿院侧党员王择兴家；廖志高搬到棉花街董老住地。6 月，我接通知迁回市郊浮图关附近叫江西坡的地方，由南方局出钱盖的小平房居住。在这个新设的川东特委机关里，除了我夫妇外，廖志高和陈奇雪已先住在此，另有李莫止的母亲同住，还找了一个女共产党员当“女仆”，帮助做家务事。为了环境有人应付，汪敏也在这里搭上一张床，不时住在这里，汪家弟妹也常来玩，很像一个“家庭”。后来（8月），伪国防部盖大楼，要赶走这一带的居民，我们的房子也在拆迁之列。

离开江西坡后，特委又在南岸龙门浩后山上的莲花山买了一所土墙瓦房，原住江西坡的同志除汪敏和那位“女仆”外都搬去了。这里环境比较单纯，除农民之外，无国民党任何机关。1940年特委常委三人分开居住，我夫妇二人搬到江北县城近郊大田湾的农村耕地上盖的土墙草房，住在一个私人院子里。同院住有一个浪漫女人，一个社会局的特务常来与她幽会，既是同院、邻居，有时碰见了还得若无其事地打个招呼。我当时是有职业的人，又是夫妇同住，有个小家庭，隐蔽得好，未引起任何怀疑。

从1939年到1940年，特委机关屡经搬迁，特委领导人住地也几经变动，由于特委把特委机关的安全作为首要问题来抓，根据不同情况，做了周密的考虑和妥善的安排，保证了领导机关的安全。

八、建立南方局地下交通站

1940年10月，特委通知我工作调动，关系转到南方局。先后受叶剑英同志和董必武同志的直接领导。在南方局工作期间，我曾任过董老负责的统战工作委员会的秘书，1942年又调宣传部，兼搞统委地方政治组的工作。

1941年，也就是国民反动派发动第二次反共高潮前夕，蒋介石猖狂反共，在国民党统治区内到处抓共产党员。1940年成都出现了“抢米事件”，逮捕、杀害共产党员。南方局为了预防反动派对我南方局机关（对外为：八路军办事处）进行突然袭击，为了掩护领导人安全撤退，准备布置建立秘密的地下撤退站，以防万一出现突然事变时，我南方局首长可以相应秘密撤退。这个任务由南方局负责人之一的叶剑英同志交给我去办理。在1941年9月之前这一段时间，我隐居市内，只和叶帅保持单线联系。当时，叶帅拿出重庆以东军用地图，指示要以我的家乡——邻水丰乐场的家庭为第一站，并规定撤退路线不能走群众习惯上所走的大道，而是走邻水与长寿间的山路到丰乐场，再从山路往东北方向为第二站。为此，叶帅安排如下：

（1）从重庆市地下党员中调一划小船的船工由我掌握，并由叶帅支付大约三百元伪法币买一支小木船。这只船停放在红岩村前嘉陵江边上摆渡，假做营业的样子（实际上党开支这个党员的生活费用），以备遇上突然事件时，住在红岩村办事处的南方局首长即可就近在江边上船，偷渡嘉陵江，经江北县境进入长寿—邻水间山区，这段路上有向导带路。

（2）南方局从川东特委指调一个邻水籍农民党员到重庆，专做向导工作，结果调来刘德明。南方局经我的手交给刘一部分钱用，要他充当鸡蛋小商贩身份，往返重庆到邻水丰乐场间，但必须取道上述山路，以便熟悉沿途道路和社会情况。

（3）因需取得我的家庭掩护，我遵照叶帅指示，于1941年1月同爱人胡明一道，以探亲为名回到丰乐场。我向当家的二哥甘固人说明，如今后刘德明（甘家亲戚，甘固人认识）

带了客人来，应很好接待，保证隐蔽安全，客人走时，应满足客人要求，协助安全送走。甘固人知道我在外参加了革命，他是能够意识到要他掩护的是共产党，但不知道要来的客人是什么身份。待甘固人同意后，我即回重庆向叶剑英同志汇报。

（4）为了了解我的家族环境和熟悉当地情况，叶帅还派了当时协助我搞这一项工作的杨继干到丰乐场我家住了一段时间。1941 年皖南事变后，叶帅回延安，改由董老和我联系。1941 年 9 月董老通知我到南方局机关工作，撤退站工作就交给杨继干了。

我的家乡是第一站，第二站布置在大竹，由梁（山）大（竹）中心县委宣传部部长李孝思承担第二站的任务。李的家庭是地主，在当地是有地位的士绅家庭，易于掩护。第三站布置到哪里我就不知道了，撤退方向是向川陕交界地区延伸，相继撤退到陕北根据地。这个撤退站后来虽未用上，但为了防备国民党的突然袭击是必要的。1943 年 3 月底，我乘八路军办事处的车辆到延安。

九、从延安到冀鲁豫解放区

1943 年到延安后，住在中央组织部招待所。7 月开始审干抢救运动。10 月，我被调到中央情报部社会部办的情报保卫学校“西北公学”做历史审查。1944 年参加大生产运动，1945 年夏天做了结论，没有政治问题，恢复组织生活。8 月调《解放日报》当编辑，1945 年底调中央党校二部，1946 年调中央政治研究室做党派组副组长。11 月延安大撤退前夕，经中央组织部批准，我和胡明同志随党校三部女学员、部分中央疗养所病员撤离延安到晋冀鲁豫中央局分配工作。沿途在山西柳安和襄垣县城郊住了几个月，直到 1947 年 4 月才由中央局分配到冀鲁豫边区工作。后在某县委做宣传部部长，1948 年春“三查三整”后任县长，5 月调南峰县委任常委兼宣传部部长，地委土改工作团团长（土改复查）。1948 年秋后调九地委任宣传部副部长，兼地委党校校长。1949 年 2 月参加南下干部队，在菏泽集中时，中央组织部电调我夫妇去北平。去后才知道二野刘伯承司令员需要政治秘书。1949 年 4 月，经中组部介绍，我随一部分干部南下，5 月 1 日过长江，在南京找到了刘司令员。暑假后调二野军政大学四总队做政治部主任，11 月向西南进军。到汉口后，调我到西南服务团，协助陈子健筹组西南局统战部，12 月向重庆进军。12 月 8 日进重庆，在西南局统战部先后任秘书室主任、副秘书长、秘书长。1952 年调西南行政委员会任副秘书长。1953 年因讲党史，被认为有错误，撤销工作，到市委建交部工作。1957 年调市人委做秘书长，直到“文化大革命”开始为止。1972 年任市委副秘书长、政协副主席。1980 年省委受中组部委托，对我 1954 年的处分进行复查，1981 年 2 月省委通知平反 1954 年的处分，恢复原级别八级。

以上就是我的家庭状况，以及从事革命活动的经历，现在将它回忆下来，作为珍贵的历史史料，留给后人。

一九八一年采访

（作者单位：西华大学马克思主义学院）

《地方文化研究辑刊》稿约

《地方文化研究辑刊》系四川省社会科学重点研究基地、四川省教育厅人文社科重点研究基地“地方文化资源保护与开发研究中心”创办的学术辑刊，由巴蜀书社出版，一年两辑。本辑刊长期面向海内外学者征集稿源。

一、征稿选题范围

有关地方文化资源保护与开发的理论与对策研究、岷江流域文化资源保护与开发研究、四川名人研究、四川文化史研究、巴蜀文化研究、非物质文化遗产研究、全国各地方文化资源保护与开发研究、地方文化与文化中国研究、口述历史研究等。

二、来稿投寄方式

电子投稿请以 word 文档的附件形式发至：xhdxdfwh2018@126. com 或 1214745829@qq. com。纸质投稿请寄：四川省成都市金牛区金周路 999 号西华大学地方文化资源保护与开发研究中心《地方文化研究辑刊》编辑部张李文娴。邮编：610039。

三、稿件要求及相关说明

1. 来稿要求遵守学术道德，文责自负。
2. 来稿应观点鲜明，符合本刊选题范围，能自圆其说。
3. 来稿要求具有一定的学术原创性，系未公开发表过的论文（内部刊物发表除外）。
4. 来稿需提供内容提要和关键词（不需英文翻译），可加课题项目名称，注释一律采用脚注。脚注用小五宋体，包括文献作者、文献题名、出版社及出版年或期刊的年（卷）、起止页码，用带圆圈的阿拉伯数字序号标注，每页单独编号。例：

①孙砚方：《都江堰水利词典》，科学出版社，2004 年版，第 54－55 页。

②冯广宏：《创立一门新蜀学——都江堰学》，《西华大学学报》（哲学社会科学版）2005 年第 4 期。

5. 来稿请在文章后注明作者姓名、出生年月、性别、工作单位、职务职称、主要研究方向、通信地址、邮政编码、电子邮箱、电话号码等。

6. 来稿字数原则上应在 5000 字以上，15000 字以内，个别特稿不受此限制。

7. 编辑部有权对拟采用来稿进行删减修改等处理。如作者不同意，请在来稿中注明。

8. 来稿一经刊用出版，即赠送样刊 2 本，并付相应稿酬。

9. 来稿三个月未得到用稿通知，可自行处理。由于编辑人员有限，来稿一律不退，请作者自留底稿。

联系电话：028－87723062；15308190159

《地方文化研究辑刊》编辑部

著作权使用声明